ullstein

»Unterhaltsam. Eine Hommage. Ein schwungvoller und rhetorisch eleganter Text, eine selbstbewusste Erkundung.«

Deutschlandradio Kultur

»Wie reich Andreas-Salomés Leben gewesen ist, zeigt diese Biographie. Ein hervorragend geschriebenes Buch, eine Entdeckung.«

rbb

»Es sind prägnante Kommentare, die Deckers Werk über Lou Andreas-Salomés Lebensgang zum Lesevergnügen machen.«

Süddeutsche Zeitung

»Was für ein Frauenleben! Decker setzt gekonnt auf Empathie und vergegenwärtigt ein außergewöhnliches Leben.«

Frankfurter Rundschau

»Ein wunderbar umrissenes Charakterbild. Federnde Leichtigkeit. Schöner, virtuoser kann man sich ein Lou-Portrait kaum denken.«

Neues Deutschland

»Kerstin Deckers materialreiche, anregende Biographie führt rasch über sich hinaus zum Lebensprojekt von Lou Andreas-Salomé.«

Frankfurter Allgemeine Zeitung

»Wir bekommen ein neues Bild, das bewusst auf vorgeprägte Urteile verzichtet und Widersprüche zulässt. Wunderbar.«

Lesart

»Decker erforscht ihre Protagonistin, entschlüsselt so manches Rätsel – und formt daraus ein Wesen tiefer Menschlichkeit.«

Leipziger Volkszeitung

»Die mit Abstand gehaltvollste und lesenswerteste aktuelle Biographie zu Lou Andreas-Salomé.«

Tages-Anzeiger

Das Buch

Wer war Lou Andreas-Salomé – Muse oder Monstrum? Den Männern schien sie beides. »Du warst der Abgrund, der mich verschlang«, schrieb Rilke. Den Heiratsantrag des Orientalisten Friedrich Carl Andreas nahm sie unter der Bedingung an, nie das Bett mit ihm teilen zu müssen. Ihre Liebhaber wählte sie selbst. Vor allem aber schrieb sie bis heute beeindruckende Bücher über Ibsen, Nietzsche und Rilke. In ihrem essayistischen Werk, das es noch zu entdecken gilt, dachte sie über »Jesus, den Juden« und Gott nach, über Weiblichkeit, Erotik und »Psychosexualität«. Sie war das Paradebeispiel der emanzipierten Frau, stand der Emanzipation jedoch skeptisch gegenüber. Jenseits aller Klischees gelingt es Kerstin Decker zum ersten Mal, das noch immer rätselhaft, ja widersprüchlich erscheinende Wesen dieser Frau überraschend einheitlich zu deuten, im Sinne einer tiefen Menschlichkeit.

Die Autorin

Kerstin Decker, geboren 1962 in Leipzig, ist promovierte Philosophin, Reporterin des *Tagesspiegel* und Kolumnistin der *taz*. Sie lebt in Berlin.

Von Kerstin Decker sind in unserem Hause bereits erschienen:

Mein Herz – Niemandem. Das Leben der Else Lasker-Schüler

Kerstin Decker

Lou Andreas-Salomé

Der bittersüße Funke Ich

Ullstein Taschenbuch

Besuchen Sie uns im Internet:
www.ullstein.de

Alle Zitate aus Lou Andreas-Salomés Werken, Tagebüchern und Briefen sind kursiv gesetzt. Die Orthographie wurde beibehalten. Besonderer Dank gilt Dorothee Pfeiffer in Göttingen, die mir Einblick in den Nachlass von Lou Andreas-Salomé gewährte.

MIX
Papier | Fördert gute Waldnutzung
FSC® C021394

PRODUZIERT MIT VERANTWORTUNG

Ungekürzte Ausgabe im Ullstein Taschenbuch
1. Auflage August 2012
7. Auflage 2026

Bei Fragen zur Produktsicherheit wenden Sie sich bitte an
produktsicherheit@ullstein.de
Lektorat: Jürgen Engler
Umschlaggestaltung: bürosüd° GmbH München, unter Verwendung einer Vorlage von Morian & Bayer-Eynck, Coesfeld
Titelabbildung: © Lou Andreas-Salomé-Archiv, Göttingen
Satz: LVD GmbH, Berlin
Gesetzt aus der Sabon
Druck und Bindearbeiten: ScandBook, Litauen
ISBN 978-3-548-61107-5

INHALT

I. Lob des Eigensinns

II. Lob des Daseins

III. Lob des Alters

I.

LOB DES EIGENSINNS

»Von welchen Sternen sind wir hier einander zugefallen?« – Ein Frühling in Rom und eine Kindheit in Petersburg

I.

Ein erfolgloser Schriftsteller im kritischsten Alter eilt durch Rom, vorsichtigen, doch sicheren Schritts, die Schultern ein wenig vorgebeugt.[1] Er will in die Via della Polveriera. Was das kritischste Alter für einen Mann ist, weiß Friedrich Nietzsche genau: sechsunddreißig.

Mit sechsunddreißig Jahren starb sein Vater. Mit sechsunddreißig starb Lord Byron, mit sechsunddreißig endete Hölderlins tageswaches Leben, von Büchner nicht zu reden. All die Großen, ihm Nahen: Frühverstorbene.

Immerhin hatten sich Hölderlin, Büchner und Byron den frühen Abschied leisten können; die Welt wusste bereits, dass sie Hölderlin, Büchner und Byron waren.

»Ich erwachte eines Morgens und fand mich berühmt«, berichtete Letzterer. »Ihre neue Schrift, Herr Professor, hat bis jetzt aber noch gar nicht Fuß fassen können«[2], pflegen Verleger dagegen auf das Erscheinen seiner Bücher hin mit Gleichförmigkeit zu äußern.

Nichts scheint Friedrich Nietzsche gewisser, als dass auch er ein Großer ist, ein ganz Großer sogar, nur besitzt er zur Stunde keine Mitwisser, ein paar Freunde ausgenommen. Aber auch die wollen ihn vielleicht nur schonen, weil er krank ist. Und doch besteht, wenn er sich das genau überlegt, ein Spaltbreit Hoffnung: Er ist jetzt schon siebenunddreißig! Und er hat einen Januar erlebt, einen unvergleichlichen Januar, der ihn alles hoffen lässt.

Auch die Wahlrömerin, die er besuchen will, kennt seinen

Rang, da hegt er keinen Zweifel. Er hatte ihr – sein nahes Ende sowie das ihrer Freundschaft vorausfühlend – bereits einen Abschiedsbrief geschrieben. Es ist höchste Zeit, diese Post nun auch durch persönliches Erscheinen zu widerlegen. Bis jetzt hatte er jede ihrer Einladungen abgelehnt, schon weil der Denker des Todes Gottes eine instinktive Abneigung gegen dessen nur allzu lebendige Hauptstadt hegt. Er hat gleich mehrere Gründe, sie diesmal zu überwinden.

Wer sich selbst totsagt, genießt mitunter den Vorteil, Zeuge der eigenen Wiedergeburt zu werden, und Friedrich Nietzsche ist fest entschlossen, wiedergeboren zu werden. Es ist der 24. April 1882, und es ist Frühling in Rom.

Vielleicht kommt er über die Piazza S. Pietro, Malwidas Lieblingsplatz, ihrer Wohnung in Vincoli schon ganz nah. Auf der einen Seite ist die Kirche S. Pietro, auf der anderen das Kloster der Mönche vom Libanon. In ihrem Garten steht eine der höchsten Palmen Roms, und dahinter steigt, schon ganz blau vor Ferne, die Acqua Paola auf dem Janiculum, halb verdeckt vom Kapitol. Das ist die fromme Hälfte der Piazza. Auf der anderen liegt ein alter Palast der Borgia, dessen schwarzen Mauern die Gegenwart ihren Schrecken nehmen wollte, weshalb sie das Polytechnische Institut hier einziehen ließ. Nietzsche mag solche Plätze: der architekturgewordene Wille zur Macht ganz still in der römischen Frühjahrssonne. Aber noch denkt er nicht in solchen Wendungen.

Auch wenn kein Platz in Rom so ruhig sein sollte wie die Piazza S. Pietro – wahrscheinlich hat er jetzt trotzdem keinen Blick für sie. Denn gleich wird er vor Malwidas Tür stehen, und es geht nie ganz ohne Verlegenheit ab, Menschen wiederzubegegnen, von denen man sich bereits endgültig verabschiedet hat. Und möglicherweise ist Malwida von Meysenbug auch nicht allein. Ja, im Grunde ist es das, was er hofft: Sie möge nicht allein sein!

Was heißt, er habe wohl keinen Blick für die Piazza? – Wahrscheinlich könnten seine nach eigener Auskunft vierfünftelblinden Augen die Acqua Paola hinter der romhöchsten Palme ohnehin nicht erkennen. Hauptsache, sie sind noch empfänglich genug, die Russin von ihrer Mutter und Malwidas sonstigen Gästen zu unterscheiden. Ein junger weiblicher Schemen bewegt sich anders als ein älterer oder gar männlicher, er wird schon aufmerken, wenn sie vor ihm steht. Und ihre Stimme, die er noch nie gehört hat, wird es ihm sagen. Ja, er ist nicht nur hergekommen, um seine alte Malwida wiederzusehen. Er will die Russin kennenlernen.

Der Philosoph hat nicht vor, allein wiedergeboren zu werden. Er möchte eine Frau dazu. Und wenn es eine für ihn, Friedrich Nietzsche, gewesener Professor zu Basel, verkannter Autor, Welterneuerer, früherer Freund Richard Wagners, entronnener Todeskandidat, geben sollte, dann diese. Er braucht sie nicht erst zu kennen, um das zu wissen. Er hat von ihr gehört. –

»Du gehst zu Frauen? Vergiss die Peitsche nicht!« Vielleicht wäre die böse Handlungsanleitung für gekränkte frauenbesuchende Männer nie geschrieben worden, hätte er nicht das Mädchen getroffen, dem er jetzt mit so starken Absichten entgegengeht. Oder soll die Nachricht nur lauten: Vergiss nicht, dass da, wo Männer und Frauen einander ganz nah kommen, immer auch die Peitsche, die Unterwerfung droht? Überließ der Autor absichtsvoll den Gröberen die gröbere Lesart? Gleichgültig wie, vielleicht wäre der ganze »Zarathustra«, dieses Kult-Buch der vorigen Jahrhundertwende, dessen Strahlkraft bis in die Gegenwart reicht, nicht entstanden – zumindest nicht so bald und nicht in dieser Form.

Vor einem Monat, da war er noch in Genua, kam ein Brief seines besten Freundes aus Rom. Er ist nicht erhalten, aber was darin stand, veranlasste den Empfänger zu folgender Antwort: »Grüssen Sie diese Russin von mir wenn dies irgend einen Sinn hat: ich bin nach dieser Gattung von Seelen lüstern. Ja ich gehe nächstens auf Raub darnach aus – in Anbetracht dessen was ich in den nächsten 10 Jahren tun will, brauche ich sie.«[3] Schon seiner Augen wegen wäre jemand zum Abschreiben künftiger Manuskripte seiner unbekannten Bücher zu wünschen, Freund und Korrekturleser Peter Gast in Venedig wird immer unzuverlässiger und ist ohnehin weit weg. Schmerzlich vermisst er auch eine »Vorlesemaschine«. Überhaupt hat der kranke Mann etwas Komfort vor Ort nötig, also sagte er seinem Freund Paul Rée schon im nächsten Satz, welchen Preis er zu zahlen bereit wäre: »... ich könnte mich ... zu einer zweijährigen Ehe verstehen.« Und er setzt ein »höchstens« vor die zwei Jahre.

Auch 1882 weiß kein Gesetz der Welt von einer zweijährigen Ehe. Aber ebendarum schreibt er es Rée. Die Minima Amoralia gehören zum guten starken Freundeston. Nietzsche nennt die nüchtern-scharf-kalte Geistesart des anderen, die ihn so tief beeindruckt hatte, dass er sich längst selbst darin übt, schon um Wagner zu ärgern, den Réealismus. »Es lebe der Réealismus!«

Gut, dass Malwida, die Frauenrechtlerin der ersten Stunde, die Briefe der Freunde nicht lesen kann. Und vielleicht sollte man an dieser Stelle ausdrücklich feststellen: Der Mann, der bald durch den Satz »Du gehst zu Frauen? Vergiss die Peitsche nicht!« auffallen wird, ist mit einer adligen Dame vertraut, die ihr ganzes Leben der Befreiung der Frau gewidmet hat. Ja, er war schon vor Jahren zum Einsatz als aktiver Emanzipationshelfer der Frau bereit.

Damals, zu Beginn des Jahres 1877, waren sie zu viert in Sorrent gewesen, um sich selbst und den Winter zu überstehen, er, Paul Rée, Malwida von Meysenbug und ein Vierter, der an der Lunge litt, all seine Hoffnung auf das milde Klima von Italiens Süden setzte und Malwida beim Apfelsinenschälen half. Sie studierten die alten Griechen, Rée las vor, denn Nietzsche und die Freundin konnten schon damals Buchstaben mit bloßem Auge nicht eben gut erkennen. Wahrscheinlich teilten alle Mitwirkenden des Sorrenter Winters die Ansicht der damals 60-Jährigen: »Wir repräsentieren doch wirklich eine ideale Familie; vier Menschen, die sich früher kaum gekannt, kein verwandtschaftliches Band haben, keine gemeinsamen Erinnerungen, und nun in vollkommener Eintracht, in ungestörter geistiger Freiheit« zusammenleben.

Die mütterliche Freundin bekam damals viel Post von fremden Menschen, was bis in die Gegenwart des Jahres 1882 und darüber hinaus anhalten sollte. Es waren »Sympathie- und Solidaritätsbekundungen«, denn die »Memoiren einer Idealistin« waren soeben erschienen, der Lebensbericht einer Frauenbefreierin, die für ihr Ziel alle verlassen hatte, die es nicht teilten, zuerst ihre Familie. Was der anhaltende Posteingang auslöste, beschreibt die Empfängerin so: »Diese Tatsache gab einer Idee

Nahrung, ... nämlich ein Missionshaus zu gründen, um erwachsene Menschen beiderlei Geschlechts zu einer freien Entwicklung edelsten Geisteslebens zu führen, damit sie dann hinausgingen in die Welt, den Samen einer neuen, vergeistigten Kultur auszustreuen. Die Idee fand den feurigsten Anklang bei den Herren; Nietzsche und Rée waren gleich bereit, sich als Lehrer zu beteiligen. Ich war überzeugt, viele Schülerinnen herbeiziehen zu können ..., um sie zu edelsten Vertreterinnen der Emanzipation der Frau heranzubilden.«[4] In Sorrent, »in der wonnevollen Natur«, sollte das Missionshaus der Emanzipation errichtet werden, doch der Baubeginn verzögert sich bis zur Stunde. Auch kam es bald, insbesondere nach der Abreise Rées, als Malwida und Nietzsche allein in Sorrent zurückgeblieben waren, zu gewissen Unstimmigkeiten der beiden, die Frauen betreffend. Nietzsche hatte längst begonnen, wie die französischen Moralisten über die Frauen zu sprechen, im kühl überlegenen, leicht überdrüssigen Ton des erotisch bewanderten Herrn von Welt, worauf Frau von Meysenbug erwiderte, dass jene ein Recht dazu gehabt hätten, weil sie im Gegensatz zu ihm viele Frauen gekannt hätten, während Nietzsche, sehr streng genommen, nur seine Mutter und Schwester kannte. Außerdem, so sagte die langjährige Wahlpariserin, würden die Urteile der Ersteren für deren Gesellschaft gelten, welche sich von der ihren durchaus unterscheide.

Aber es ist doch gut, dass er Malwida nach so langer Zeit im Februar gemeldet hat, dass er noch immer existiert. Vielleicht hatte er diesen erstaunlichen Umstand schon am ersten Tag des neuen Jahres bemerkt, er notierte: »Noch lebe ich, noch denke ich: ich muss leben, denn ich muss noch denken. Sum, ergo cogito: cogito, ergo sum. Heute erlaubt sich Jedermann seinen Wunsch und liebsten Gedanken auszusprechen: nun, so will auch ich sagen, was ich mir heute von mir selber wünschte und welcher Gedanke mir dieses Jahr zuerst über das Herz lief, – ... Ich will immer mehr lernen, das Nothwendige an den Dingen als das Schöne zu sehen: – so werde ich einer von denen sein, welche die Dinge schön machen. Amor fati: das sei von nun an meine Liebe!«[5]

Und es gelang, fast einen Januar lang. Was er jetzt schrieb, war anders als alles Vorherige, war Wort und Bild und Musik zugleich, war Dichtung und doch gedacht, war Denken und doch Dichtung. Es würde einmal der vierte Teil der »Fröhlichen Wissenschaft« werden und den stolzen Namen dieses Januars tragen: »Sanctus Januarius«. Selten ist diesem verkannten Monat ein solcher Jubel zuteil geworden, selten taugte einem der Januar zu höchster Schöpfungszeit. Es liegt an mir, nicht am Wetter, meinen wohl die Kalenderlosen. Er wusste es besser: Ohne die hohen, klaren Wintertage in Genua wäre es nicht geworden. – Wer also im Januar auf glückhafteste Weise spürt, dass er noch lebt, der darf das spätestens im Februar auch seinen Freunden mitteilen.

Malwida antwortete sofort, auch in ihren Briefen war die Russin vermerkt, die gerade nebst ihrer Mutter in Rom eingetroffen war. Und zwar mit Worten, die ihn alarmieren mussten: »Ein sehr merkwürdiges Mädchen ..., scheint mir ungefähr im philosophischen Denken zu denselben Resultaten gelangt zu sein, wie bis jetzt Sie, d. h. zum praktischen Idealismus, mit Beiseitelassung jeder metaphysischen Voraussetzung ... Rée und ich stimmen in dem Wunsche überein, Sie einmal mit diesem außerordentlichen Wesen zusammen zu sehen, aber leider kann ich nicht zu einem Besuch Roms rathen, da die Bedingungen des Lebens hier für Sie nicht wohlthuend sein dürften.«[6] Darf er darauf Rücksicht nehmen, jetzt?

Sie würden demnach fast in der alten Runde wieder zusammentreffen. Rée, er und Malwida. Nur der Apfelsinenschäler fehlt; er war kurz nach dem Sorrenter Winter seinem Lungenleiden erlegen. Dafür würde die Russin da sein. Sollte gar aus dem alten schönen Plan doch noch etwas werden, ein Frauen-Missionshaus, notfalls also mit nur einer Frau darin und ihm als Lehrer?

Wahrscheinlich öffnet Malwidas treues Faktotum Trina, Lou zumindest wird diese Bezeichnung später passend finden. Vielleicht prallt der Besucher schon beim Eintreten in Malwidas Salon unwillkürlich zurück. Wagner! Das so vertraut gebliebene, so fremd gewordene Gesicht. Seine Marmorblässe sowie der Sockel darunter beruhigen den Philosophen jedoch über den Grad von dessen Gegenwärtigkeit. Die Hausherrin ist da, der Freund und die

Fremde sind es nicht. Er verfehlt sie noch ein weiteres Mal. Aber da weiß Malwida, wo sie zu finden sind. Im Petersdom.

Anzunehmen ist, dass Nietzsche diese Ortsangabe überrascht. Was machen zwei Gottesleugner, solche wie er, den ganzen Tag im Petersdom? Dass nicht nur der Freund, sondern auch diese allerseltsamste Russin ein höchst skeptisches Verhältnis zu dem symbolischen Inhaber dieser Riesenkirche unterhält, muss ihm fraglos sein, sonst hätte Rée ihren Verstand nicht gepriesen. Noch zuletzt in Messina hatte er folgende réealistische Beschreibung der Unbekannten empfangen: »Ich halte bei Frl. v. M. Vorträge über mein Buch (über die Entstehung des Gewissens – K. D.), was mich einigermaßen fördert, zumal auch die Russin zuhört, welche Alles durch und durchhört, so daß sie in fast ärgerlicher Weise schon immer vorweg weiß, was kommt, und worauf es hinaus soll.«[7]

Ja, er empfing noch manche Nachricht, die Russin betreffend, denn er war nicht gleich nach Rom aufgebrochen, er ist ein scheuer Jäger. Nur dass er dringend aus Genua wegmusste, hatte er schon im Februar mit aller Klarheit gewusst. Er liebte die Stadt, doch nun ertrug er sie nicht mehr. Der Sanctus Januarius war vorbei. Seine empfindliche, überreizte Natur spürte jede Wolke am Himmel einzeln. Was er braucht, ist ein offener Himmel, und ohne Sonne wäre er vollkommen. Das unendliche Blau tut ihm gut, die Sonne aber bringt ihn um. Der pensionierte 37-jährige Professor führt seit nunmehr drei Jahren das Leben eines Klimareisenden. Er fährt grundsätzlich dorthin, wo er die seinem Befinden zuträglichste Großwetterlage vermutet.

Vielleicht, ja wahrscheinlich sogar war es Angst vor den eigenen Worten, den eigenen Vorsätzen, die ihn zuerst an Rom vorbeifahren ließ. An der Wahl des Verkehrsmittels hat auch der »Sanctus Januarius« schuld. Ihm war plötzlich so nach Ausfahrt zumute: »Auf die Schiffe, ihr Philosophen!« wird er schwarz auf weiß seinen Mitdenkern zurufen. Gedankenschiffe, geistige Weltumsegler hat er im Sinn, aber Schiff ist Schiff. Im Hafen hatte eine Brigg nach Messina gelegen, nicht für Passagiere vorgesehen, aber man erklärte sich bereit, den Wetterflüchtling mitzunehmen. Die Richtung stimmte, er würde unterwegs Muße genug haben, die römische Unternehmung zu erwägen. Es ist unsublim, geradewegs auf sein Ziel loszusteuern, besser, man schaut es erst einmal von der Seite an und – fährt vorbei.

War es sein altes Leiden oder die Seekrankheit? Wahrscheinlich beides. Bohrender Kopfschmerz und Erbrechen. Er weiß nicht mehr, wie er in Messina ankam. Aber das kleine Zimmer an dem stillen Domplatz, in dem er sich wiederfand, gefiel ihm. Und für vier Pfennige bekam er hier drei Apfelsinen. Wo sonst hätte er so billige Apfelsinen gekauft?

Doch durfte er wirklich in aller Frühlingsruhe in Messina Obst essen, während Rée sich in Rom aufhält und dieser rätselhaften jungen Frau nun seit schon fast zwei Monaten philosophische Vorträge hält? Dass beide gemeinsam abends durch die Stadt laufen, oft nicht vor zwei Uhr nachts nach Hause kommen, konnte er nicht wissen und würde es gewiss nie vermutet haben, denn nichts schickt sich weniger für ein junges Mädchen, als mit einem Mann, mit dem es nicht verheiratet ist, spazieren zu gehen und dann auch noch nachts.

Die verzweifelte mitreisende Mutter des Mädchens, eine strenge Petersburger Generalswitwe, von Freunden nur die Generalscha genannt, die jedoch nie die Befehlsgewalt über ihr Kind erlangt hatte, sieht das genauso. *Missbilligung meines auswärtigen Mädchenlebens* wird die Tochter einmal den Grundgestus nennen, der sich in Gedanken, Mienenspiel und Worten der machtlos Gegenwärtigen verfestigt hatte. Selbst Malwida erscheint das Betragen der jungen Frau im höchsten Maße unpassend, allein auch sie hat keine Chance, gehört zu werden. Dabei hat Paul Rée nichts weniger im Sinn, als dieses Wundermädchen zu kompromittieren, weshalb er bereits in aller Form, Inständigkeit und mit tiefster Überzeugung bei Louise von Salomé der Älteren, der Frau Generalin, um die Hand von Louise von Salomé der Jüngeren angehalten hatte. Das alles kann der Interimssizilianer nicht ahnen.

Rée schrieb ihm, wie sehr er Lou mit seiner Messina-Fahrt irritiert habe. Ja, die Russin sei so begierig, ihn endlich zu treffen, dass sie schon einen Abstecher nach Genua eingeplant habe, würde er nicht nach Rom kommen. Aber wieso denn jetzt bloß Messina? Rée sagt es noch deutlicher: »... und sie war sehr zornig, Sie so ganz entrückt zu sehen.«[8] Diese Russin kennt ihn noch gar nicht und muss sich schon über ihn ärgern? Das hat er nicht gewollt. Und Friedrich Nietzsche fielen alle Apfelsinen Siziliens aus der Hand, er fuhr gen Rom, ungeachtet dessen, dass er wegen seiner miserablen Gesundheit noch immer Bettruhe brauchte. Rée allein in Rom mit der Frau seines Zweijahresplans? Er hatte keine Stunde mehr zu verlieren. In Rom war jemand, der sich auf ihn freut!

In wie viele Beichtstühle mag er geblickt, vor wie vielen Altären mag er gesucht haben, bis er die beiden Atheisten in der größten Kirche der Christenheit fand? Keiner der Beteiligten hat eine genaue Schilderung der Begegnung gegeben; immerhin wird Lou Andreas-Salomé gewissenhaft genug sein, den Ort des Zusammentreffens zu erklären. Rée habe *in einem besonders günstig zum Licht stehenden Beichtstuhl ... seinen Arbeitsnotizen* – die, so darf man annehmen, mit dem Geist des Ortes nicht das Geringste zu tun hatten – *mit Feuer und Frömmigkeit*[9] oblegen, als der Freund hinzutrat, das knabenhaft schlanke Mädchen mit den blauen Augen in seinem schwarzen hochgeschlossenen Kleid erblickte und sich zu folgender Anrede entschloss: »Von welchen Sternen sind wir hier einander zugefallen?«[10]

Wie lange mochte er sich diesen Satz zurechtgelegt, ihn hin und her gewendet haben? »Von welchen Sternen ...« Das war schön gesagt, das war unverfänglich, gebührend originell und poetisch gleichermaßen und doch, wie längst bemerkt wurde, eine Art kosmischer Heiratsantrag. Gleich im allerersten Satz. Wenn sie so klug ist, wie Rée behauptet, würde sie das bemerken. Wenn sie so klug ist, wie Rée behauptet, wird sie sich nicht anmerken lassen, dass sie es bemerkt hat. Damit musste er rechnen.

Die Erwiderung der 21-jährigen Lou von Salomé auf diesen Satz ist nicht überliefert, ihr erstes Gewahrwerden des Mannes sehr wohl. Lou, die Menschenerkennerin: *Ich möchte sagen: dies Verborgene, die Ahnung einer verschwiegenen Einsamkeit, – das war der erste, starke Eindruck, durch den Nietzsches Erscheinung fesselte. Dem flüchtigen Beschauer bot sie nichts Auffallendes; der mittelgroße Mann in seiner überaus einfachen, aber auch überaus sorgfältigen Kleidung, mit den ruhigen Zügen und dem schlicht zurückgestrichenen braunen Haar konnte leicht übersehen werden. Die feinen, höchst ausdrucksvollen Mundlinien wurden durch einen vornübergekämmten großen Schnurrbart fast völlig verdeckt; er hatte ein leises Lachen, eine geräuschlose Art zu sprechen ... Wahrhaft verräterisch sprachen auch die Augen. Halbblind besaßen sie doch nichts von dem Spähenden, Blinzelnden, ungewollt Zudringlichen vieler Kurzsichtigen; vielmehr sahen sie aus wie Hüter und Bewahrer eigener Schätze, stummer Geheimnisse, die kein unberufener Blick streifen sollte. Das mangelhafte Sehen gab seinen Zügen eine ganz besondere Art von Zauber dadurch, daß sie, anstatt wechselnde, äußere Eindrücke widerzuspiegeln, nur das wiedergaben, was durch sein Inneres zog.*[11] Noch täuscht sie das ausgesucht Formvolle, das Distinguierte seiner Art über die wahre Natur des Erwarteten.

Die drei Gottesleugner unter der großen Kuppel des Petersdoms unterscheiden sich von anderen, neuerdings in Scharen auftretenden Atheisten vor allem durch das Wissen, dass es sich beim Ableben Gottes um ein Ende handelt, bei dem die Hinterbliebenen nichts zu lachen und schon gar nichts zu erben haben. Ja, der Tod Gottes ist eine Katastrophe. Würde sie den langsamen Kältetod der Menschheit bedeuten?

Nietzsche selbst hat das in vollem Ausmaß im Sommer des vorigen Jahres begriffen, hoch oben in den Schweizer Bergen. Seitdem sucht er einen Mitwisser. In seinem neuen, fast beendeten Buch beschreibt er das grundstürzende Ereignis so: »›Wohin ist Gott?‹ rief er, ›ich will es Euch sagen: *Wir haben ihn getödtet!* – ihr und ich! Wir Alle sind seine Mörder! — Hören wir noch nichts vom Lärm der Todtengräber, welche Gott begraben? Riechen wir noch nichts von der göttlichen Verwesung? – auch Götter verwesen! Gott ist todt! ... Wie trösten wir uns, die Mörder aller Mörder? Das Heiligste und Mächtigste, was die Welt bisher besass, ist unter unseren Messern verblutet, – wer wischt dieses Blut von uns ab?‹«[12] Rée, dem Urpositivisten, sind solche Exaltationen unangenehm. Er sieht die Sache gefasster. Heißt Philosoph sein nicht, Fassung zu bewahren? Paul Rée ist längst dabei, seinen eigenen

Kältetod zu sterben, denn er hat kein Talent, den Konsequenzen seiner Philosophie aus dem Weg zu gehen. Und er ist das exemplarische Beispiel einer tiefen, tragischen Abneigung gegen sich selbst, die man »den jüdischen Selbsthass« nennen wird. Es scheint grundlos zu sein, aber Paul Rée verachtet sein Herkommen, er verachtet sich. Allerdings ist der Prozess des unweigerlichen Erfrierens von innen seit ein paar Monaten unterbrochen, Reé könnte den Augenblick dieses Aufschubs auch genauer angeben: Seit er dieses Mädchen kennenlernte, ist seine persönliche Klimakatastrophe vorerst ausgesetzt.

Gewiss hat ihm die Begrüßung des Freundes missfallen. »Von welchen Sternen …?« Entweder man ist Dichter oder Philosoph, glaubt Rée. Er mag die Zwitterexistenzen nicht. Vielleicht fürchtet er schon jetzt, die beiden anderen würden sich im philosophischen Erschrecken über das Schicksal Gottes näherkommen, als ihm lieb sein könnte.

Die wichtigsten Dinge, die es zu wissen gibt, kann man anderen nicht mitteilen, etwas in ihnen muss schon darauf vorbereitet sein. Nietzsche hat das in seinem neuen Buch, das noch in diesem Jahr erscheinen und den Publikumserfolg seiner Vorgänger teilen wird, gleich in mehreren Paragraphen begründet. Die meisten Philosophen, auch das hat er nachgewiesen, besitzen das Temperament und den Geist von Kanzleigehilfen. Diese 21-Jährige, das spürt er gleich, zählt nicht zu ihnen. Und doch kann Friedrich Nietzsche unter der Kuppel der größten Kirche der Christenheit kaum ahnen, wie urvertraut der kleinen Russin das Wissen um die Gotteskatastrophe ist. Glaubensgenossen, Denkgeschwister sind sie schon jetzt.

II.

Die Familie von Salomé und der Zar waren Nachbarn. Das Generalitätsgebäude, in dem General Gustav von Salomé mit seiner Familie wohnte, lag dem Winterpalais und der Ermitage schräg gegenüber. Im vorderen Teil befanden sich das Finanz- und das Außenministerium, im hinteren Teil lebten sie. Man darf sich die

Lebensumstände der von Salomés ganz so vorstellen, wie sie die Autorin später in »Ruth«, dem Roman ihrer Kindheit, schildern wird: Täglich *um vier Uhr, zur festgesetzten Mittagsstunde,* fand sich die Familie im Speisesaal ein, *der, hoch und groß, mit dunklen Mahagonimöbeln ausgestattet, in der Mitte einer Flucht von Gemächern lag.* Hinter jedem Platz am Tisch stand ein Lakai, der *in weißbaumwollenen Handschuhen geräuschlos bediente.* Die Wohnung des Generals war groß genug, um Bälle darin abhalten zu können, was unter demonstrativer Nichtteilnahme seiner einzigen Tochter in regelmäßigen Abständen geschah. Auch konnte sie sich nicht an die Ballgarderobe gewöhnen, kaum an Kleider. Die kleine Louise von Salomé in ihren einfachen Russenkitteln mit großem Tragekomfort war das schlechtangezogenste Mädchen weit und breit.

Wenn es ausgehen wollte, wurde es von Bediensteten begleitet, vorzugsweise von Tataren, deren Nüchternheit sie sehr vorteilhaft vom übrigen Personal unterschied.

Auch im Sommer folgten die von Salomés dem Zaren. Ihr Sommerhaus befand sich wie das seine draußen in Peterhof, wo die kleine Tochter des Generals inmitten des Gartens der großen Datscha eine kleine Datscha besaß, die nur ihr allein gehörte.

Die Todesstunde Gottes im Leben des Kindes, das noch nicht Lou, aber auch nicht mit seinem vollständigen Namen Louise gerufen wurde, sondern Lolja, geht zurück auf eine dramatische Nachrichtenübermittlung vom Sommerhaus der Salomés zum Winterhaus, von Peterhof nach Petersburg.

Ein Knecht der Familie brachte im Winter regelmäßig frische Eier von der Datscha in die Stadt – und Neuigkeiten vom verschneiten Landleben. Vor der Tür der kleinen Datscha hätten soeben ein Mann und eine Frau gestanden, ganz in Weiß, um Einlass bittend. Er habe sie jedoch abgewiesen. Vielleicht war das Kind zu überrascht, um gegen so viel Härte zu protestieren, vielleicht gab es dem Bediensteten auch neue Befehle – als dieser kurz darauf wiederkam, erkundigte sich Lolja sofort nach dem Paar, *wohl weil es mich beunruhigte, daß es inzwischen gefroren und gehungert haben mußte; wohin mochte es sich gewendet haben?*

Lou Andreas-Salomé erinnert sich noch Jahrzehnte später an

die Auskunft des Eiermanns: *Ja, entfernt habe es sich gar nicht, meldete er. – Also dann stehe es immer noch vor dem Häuschen? – Nun, das doch auch nicht: es habe sich nämlich allmählich ganz verändert, immer dünner und kleiner sei es geworden: dermaßen heruntergekommen sei es, und endlich vollends zusammengesunken; denn als er eines Morgens vor dem Häuschen gefegt, da habe er nur noch die schwarzen Knöpfe vom weißen Mantel der Frau vorgefunden und vom ganzen Mann nur noch einen zerbeulten Hut, den Platz aber, wo das gelegen, noch bedeckt von beider vereister Tränen.*[13]

Philosoph ist wohl, wer nicht umhinkann, in diesem Bericht des erzählerisch begabten Dienstboten mehr als das Protokoll einer Schneeschmelze zu erblicken. Dem Kind ging zwar augenblicklich die wahre Identität des Paares auf, und doch wirkte diese Erkenntnis nicht befreiend, im Gegenteil. Nur oberflächliche Menschen, Dienstboten und Physiker sind mit einer derart harmlosen Auskunft zu trösten. Hier, das war ihr sofort klar, ging es nicht um Aggregatzustände, hier ging es um das Rätsel der Vergänglichkeit selbst. Also um etwas, das kein Kind begreift, solange es wirklich Kind ist. Sie konnte dieses Skandalon nur mit einem beraten: mit Gott.

Gott war für die Generalstochter nicht dasselbe wie für die meisten Kinder. Denn er war ihr einziger wahrer Freund. *Meine früheste Kindheitserinnerung ist mein Umgang mit Gott. Es klingt wunderlich, wenn man es ausspricht,* notiert rückblickend die 31-Jährige und versucht eine Erklärung. Alle Eindrücke ihrer Kindheit seien schließlich vor diesem einen großen Bild verblasst, oder vielmehr nur noch in Bezug auf dieses Bild existent. Sie weiß, Normalgesinnte vermuten hier eine besonders erfolgreiche religiöse Erziehung, aber gerade die war es nicht: *Denn es war kein Umgang mit den andern oder durch die andern hindurch, die mir … ursprünglich die Gottesvorstellung nah gebracht hatten, – es war vielmehr etwas ganz für mich allein und ganz verschwiegen; es handelte sich … nicht in erster Linie um den Gott der Kirche oder der Familie, sondern um meinen höchsteigenen, den ich zufällig in jenem entdeckt, – um mein E i g e n t u m.*[14]

Andere Kinder lernen zu beten. Wahrscheinlich hat das Kind Lolja nie verstanden, was das ist. Und warum soll man zu jemandem beten, wenn man sich auch mit ihm unterhalten kann? Dass die Unterhaltungen etwas einseitig waren, hat sie nie gestört. Philosophen neigen zum Monologisieren.

Schwer zu sagen, ob Gustav von Salomé diese Verkehrsform seiner Tochter mit dem Herrn gebilligt hat, immerhin war er der Gründer der deutsch-reformierten Kirche in Russland, genauer: Gustav von Salomé hatte beim Zaren um die Erlaubnis zu ihrer Gründung nachgesucht und sie erhalten. Warum hätte Alexander II. dem Träger des goldenen Ehrensäbels und neuerdings auch des russischen Erbadels die Erlaubnis verweigern sollen?

Nicht zuletzt Gustav von Salomé war die Niederschlagung des polnischen Aufstandes von 1830/31 zu danken. Natürlich, er ist ein Ausländer, mit französischen Vorfahren, wie schon sein Name verrät, aber wer ist kein Ausländer in Petersburg? In der Akademie der Wissenschaften, auf Anregung eines Ausländers gegründet, lauter Ausländer. In Hof, Heer und Handel – Ausländer. Das ganze Petersburg ist ein ausländischer Plan, entstanden in einem russischen Zarenhirn. Aber sind die Zaren denn wirklich Russen? Was ist russisch an der regierenden Linie Holstein-Gottorp der Romanow-Dynastie? So gesehen ist selbst er, Alexander II., ein Beinahe-Ausländer im eigenen Land. Auch die Aufhebung der Leibeigenschaft ist eine zutiefst ausländische Idee, und er hat sie durchgeführt. Und nun erheben sich überall in seinem Reich die Aufrührer und Umstürzler, nennen sich etwa ›Narodniki‹, Volksfreunde. Was kam es da auf eine fremde Religion mehr oder weniger an in seiner ausländischen Hauptstadt?

1861, in Louises Geburtsjahr, hatte der Zar die Leibeigenschaft aufgehoben. Zwei Jahre später begann der Bau der neugotischen deutsch-reformierten Kirche am Mojka-Kanal, Ecke Morskaja, heute Uliza Gerzena. Doch das Kind des Kirchengründers im Exil hob nunmehr die Leibeigenschaft Gottes am Menschen auf, indem es sich vorerst selbst daraus entließ. Bis dahin war sie seine beste Freundin gewesen. Nie wäre das Mädchen auf die Idee gekommen, Gott habe ihr etwas zu befehlen. Vielleicht lag es daran, dass Louise niemanden kannte, der ihr etwas zu befehlen hatte.

Ihr Vater hatte das nie ernsthaft versucht. Der General war, als sie geboren wurde, bereits ein alter General, 56 Jahre alt. Er war liebevoll zu ihr wie ein Großvater. Immer wieder wird sie ihn in großer Uniform, vom Galadiner des Zaren kommend, an ihr Gitterbett treten sehen, ein *bis zur Unwahrscheinlichkeit prachtvolles Bonbon* von der kaiserlichen Tafel in der Hand, ein Knallbonbon. Jedes Mal wartet sie auf das Bonbon, lässt es dann aber doch nie knallen. Sie weiß ganz sicher, dass es ein Zauberbonbon ist, aber die Erwachsenen sagen, es knallt nur. Indem sie es nicht auf die Probe stellt, kann sie in dem ebenso angenehmen wie angemessenen Bewusstsein der Überlegenheit leben, die Einzige zu sein, die weiß, dass es Zauberbonbons sind. Und dennoch, vielleicht wird sie das Konfekt nur deshalb nie vergessen, weil eine Bonbonübergabe so ganz anders war als alle zuvor: Der General trat wie gewöhnlich an das Bett seiner Tochter, zog sie an sich, und seine brennende Zigarette geriet an ihre nackte Schulter. *Natürlich schreie ich mörderlich los, und als er, zärtlich erschrocken ob seiner väterlichen Untat, mich über und über mit Küssen bedeckt, nehme ich wahr – in staunender Befriedigung verstummend – daß in seinen stahlblauen Augen ... Tränen stehen.*[15] Ein so großer Mann weint um ihretwillen, das wird sie sich merken. Ihre Mutter hätte sie nie geküsst.

Lolja hat drei zum Teil erheblich ältere Brüder, zwei weitere waren schon gestorben. Das Kind wuchs in dem Bewusstsein auf, anderen ein Wohlgefallen zu sein. Sie las es in den Augen der männlichen Familienmitglieder. Dieses Bewusstsein wird sie nie verlassen.

Nur in den Augen der Mutter las sie diese Wirkung eher nicht, was sie wohl zu einer etwas herablassenden Haltung ihr gegenüber verleitete. Ja mehr noch. Im Sommer fuhren Mutter und Tochter öfter *in unserem Kabriolet* bis ans Meer. Noch zu klein, um selbst ins Wasser gehen zu dürfen, sah das Mädchen seiner Mutter durch ein kleines Fenster ihrer Badehauskabine zu. Ertrink mal!, rief Lou von Salomé die Jüngere Lou von Salomé der Älteren zu. – Aber dann bin ich doch tot!, rief die Badende zurück, *worauf ich ihr das typische russische Wort ... entgegenbrüllte: Nitschewo!*[16] Das macht nichts! Männer, erfuhr sie, sind die entschieden vertrauenswürdigeren Personen, und Gott ist ein Mann.

Niemandem vertraute sie sich an wie ihm, niemand hörte so geduldig zu, irgendwo zwischen wirklichem Traum und geträumter Wirklichkeit, dem natürlichen Ganztagsaufenthaltsort einer ungekränkten Kindheit. Nie würde Gott sagen wie ihre Lieblingscousine Emma: »Aber du lügst ja!«, nur weil sie sich derselben Lieblingsbeschäftigung hingab wie er, der creatio ex nihilo. Vorsichtshalber fügte sie ihren Berichten an Gott nun aber immer öfter die Wendung »Wie du weißt« ein.

Nein, die gänzliche Unsichtbarkeit des Freundes hatte sie nie gestört. Wenn sie in die großen Spiegel der Generalitätswohnung sah, erblickte sie auch nur ein kleines Mädchen und wusste zugleich, wie wenig diese lächerlich bemessenen Umrisse ihr wahres Sein zeigten: *Wenn ich da hineinzuschauen hatte, dann verdutzte mich gewissermaßen, so deutlich zu erschauen, daß ich nur das war, was ich da sah: so abgegrenzt, eingeklaftert: so gezwungen, beim Übrigen, sogar Nächstliegenden einfach* aufzuhören.[17] Nein, nichts war plausibler als die Allgegenwart und die Unsichtbarkeit Gottes.

Bei den Hausandachten mit Vater, Mutter und den Brüdern meinte sie den Herrn zwar anwesend, *aber gewissermaßen nur halb persönlich, ... etwa so wie ein geliebter und vertrauter Mensch in seinem Gesellschaftsanzug und in einem Kreis von Fremden für uns noch anwesend ist. Ich pflegte daher auch während solcher Andachten zerstreut und gedankenlos dazustehen, ja, ich entsinne mich noch wohl des unterdrückten Lächelns meiner Eltern und der erstaunt auf mich gerichteten Blicke meiner Brüder, als ich einmal, aufgefordert das Vater-Unser herzusagen, in meiner Versunkenheit ein kleines, heiteres Kinderlied anzustimmen begann.*[18]

Sie sah mit einem gewissen Hochmut auf die *zeitlich begrenzte Gottesübung* ihrer Familie; ihre *Glaubensvirtuosität* hatte derlei nicht nötig.

Sie war *ein langes, stets von neuem begonnenes kindliches Zwiegespräch, welches den Tag begleitete und in welchem der Tag ausklang, wie mit einem letzten Gespräch bei Einbruch der Nacht – wie mit einem letzten zuversichtlich warmen Anschmiegen an den Unsichtbaren, immer Gegenwärtigen.*[19]

Auch erwies sich Gott als Gott besonders dadurch, *daß er nicht nur meine Wünsche erfüllte, sondern die meiner Eltern in bezug auf mich unerfüllt ließ.*[20] Er war ein *Gott der Opposition.* Selbst die Tatsache, dass das Kind sich ab und zu auf einer großen Holztruhe wiederfand, in der während des Sommers alle Winterpelze der Familie aufbewahrt wurden und auf der *ein Birkenreisig zu peinlichster Anwendung* zu kommen pflegte, konnte ihm den Gott nicht verdächtig machen. Im Gegenteil. In seiner Großmut bat es Gott, der Mutter diesen traurigen Exzess nachzusehen. Wenn es aber weniger großmütig gestimmt war, *besah ich mir tagsdarauf ganz unwillkürlich die ... Vorkommnisse daraufhin, ob sie nicht ein paar milde Gottesrügen in meiner Sache enthielten.*[21] Und dieses Verhältnis, wird die 31-jährige Lou betonen, habe nichts religiös Schwärmerisches gehabt, sondern, wie leicht zu ersehen, im Gegenteil etwas überaus Nüchternes. Sie vermutet darin dieselbe Nüchternheit, *die vielleicht im Götterglauben primitiver Menschen ausschlaggebend gewesen sein mag; vor aller Verstandesentwicklung verschmilzt uns das Wunderbarste ebenso natürlich, ebenso aller Mystik bar, mit dem Gegebenen der Wirklichkeit.*[22] Nur lasse sich *unter den erwachsenen Glaubensmenschen unserer heutigen Welt ... diese Gemütsstimmung kaum mehr wiederfinden, denn sie stehen in der Mitte zwischen der Nüchternheit der Naivetät und der Aufklärung. Auch die glaubensfestesten unter ihnen haben schon ein starkes Bewußtsein von dem – verstandesmäßig gesprochen – Unglaublichen, was sie glauben.*[23]

Gottes Aufgabe in der Mädchenwelt war denkbar einfach, er hatte nichts als *Ohr zu sein für das, was er selber bereits wußte.*[24] Vor allem aber war er Raum. Ein Lebensraum. Ein Spielraum. Ein Werderaum. Das Mädchen wohnte *in den weiten Falten und Taschen des Gottesmantels.* Es zweifelte nicht, *daß dieser alte Mann im Grunde seines Herzens ihm, dem Kinde, verwandt und ähnlich sei, – eben »halb Kinderspiel, halb Gott« in seinem Wesen.*[25] Und von *jenem tiefen Kinderernst, welcher glaubt zu s c h a f f e n, was er s p i e l t.* Und nun traf das skandalöse Verschwinden des Ehepaares auf ebendiesen Kinderernst. Jetzt war es zum ersten Mal mit Allgegenwart, Unsichtbarkeit und Zuhörenkönnen nicht getan. Jetzt sah das Kind Lolja zum ersten Mal auf unheimliche Weise hinaus aus Gottes Manteltaschen.

Der ganze Gottesraum stand auf dem Spiel. Jetzt musste der Freund etwas sagen. Jetzt musste er das tun, was andere für die Hauptberufstätigkeit Gottes halten: trösten. Zumindest musste er eine Meinung haben, mindestens ein Verstehen andeuten. *Auch diesmal mutete ich ihm nicht viel zu: seinem stummen Munde brauchten ja nur ein paar kurze Worte über die unsichtbaren Lippen zu gehen: »Herr und Frau Schnee.«*[26]

Aber der Freund antwortete nicht. Die Enttäuschung weitete sich zur Katastrophe. Das mit Macht anbrechende russische Frühjahr hatte das Ehepaar ausgebürgert. Inmitten all des Blühens saß nun ein kleines Mädchen auf seiner *gelben Kinderschaukel, zwischen Fliederblau und Birkengrün, saß und grübelte.* Es kam ihm *sonderbar und unbegreiflich vor, daß alles noch so zauberschön sein konnte wie früher und daß es noch einen Sommer gab. Auch er hatte seine Seele verloren, wie alle Gegenstände um mich, er hatte etwas Unwahrscheinliches und Künstliches erhalten, als wären seine Blumen aus Papier und sein Wohlgeruch unecht.*[27] Oder sollte man sagen: Sie nahm das alles zum ersten Mal wahr? Etwas wahrnehmen setzt voraus, sich selbst getrennt davon zu wissen. Bis eben hatte sie in all der Schönheit gelebt, jetzt gehörte sie nicht mehr zu ihr. Es ist die sich in jedem intensiveren, empfindsameren, wacheren Leben wiederholende Katastrophe des Sündenfalls. Die 31-Jährige, als sie auf das Kind zurückblickt, das sie war, benutzt das Wort nicht, doch sie beschreibt die Symptome genau: *Diese Empfindung, in der Nötigung zu den ersten Verstandeszweifeln nicht frei zu handeln, sondern d e t e r m i n i e r t zu sein, ist das charakteristische Merkmal der geschilderten Gottesentfremdung des noch kindlichen Menschen im Gegensatz zu derjenigen, die aus einer allmählichen beiderseitigen Beeinflussung von Glauben und Denken hervorgehen.*[28]

Dass das Denken nichts Selbstherrliches ist, sondern das Resultat einer Katastrophe, haben die allzu Diesseitigen aller Couleur nie begriffen. Zwei von den dreien im Petersdom wissen es. *Und es war nicht nur eine persönliche Katastrophe; sie riß den Vorhang auseinander vor einer unaussprechlichen Unheimlich-*

keit, die dahinter gelauert hatte. Denn nicht nur von m i r *hinweg entschwand ja der Gott, der auf den Vorhang draufgemalt gewesen war, sondern* ü b e r h a u p t *– dem ganzen Universum – entschwand er damit.*[29]

Ob Loljas alte Amme bemerkt hat, wie traurig das Mädchen auf seiner gelben Schaukel war? Es war eine russisch-orthodoxe Amme – die Mutter hatte das Mädchen im Unterschied zu ihren Söhnen wohl nicht selbst gestillt, nicht selbst umsorgt[30] –, und eigentlich gab es keinen Kinderschmerz, den das weite Ersatzmutterherz nicht heilen konnte. Aber hier vermochte die Wärterin, deren Glaubenskarriere erst mit der »Kleinen Heiligsprechung« ihrer Kirche enden würde, nicht zu helfen.

Der russische Frühling wird für Lou Andreas-Salomé immer etwas tief Melancholisches behalten. Aber der Frühling von Rom ist etwas anderes, er ist flieder- und birkenlos.

III.

Sie kennen sich kaum und gehen doch so leicht, so selbstverständlich miteinander um, als wären sie urvertraut. Sie beschließen – dem Genius Loci ihres ersten Zusammentreffens zu dritt folgend –, eine Trinität zu bilden, eine heilige, unheilige Dreieinigkeit. Alle Vollkommenheiten, zumindest die christlichen, sind drei. Nietzsche hat nichts dagegen, er kann nichts dagegen haben, Rée ist sein Freund, und doch ist ihm die Trinität nur ein Übergang zu einer noch höheren Vollkommenheit, dem Zweierbund, dem Paar. Es ist ihm unmöglich, das Zusammentreffen mit diesem Mädchen nicht als Fügung zu betrachten, je länger er sie kennt, desto mehr.

Aus dreien sollen zwei werden. Hat sie verstanden? Er sucht umsonst in ihren Blicken, Worten und Gesten nach den Zeichen einer Bevorzugung. Dabei müsste ihre Natur, die Natur der Frau, doch nach diesem Zweierbund drängen. Er kennt die Liebe der Frauen genau, zwar mit seinen 37 Jahren noch immer nicht unbedingt aus eigener Erfahrung, wohl aber aus seinen Büchern. Die Liebe der Frau sucht die bedingungslose Hingabe. Er wird dieses nicht unbedingt originelle Theorem später ausführlichst begründet. Übermut statt Verhängnis! Positivismus statt Tragödie! Oberfläche statt Tiefe! Das ist angewandter Réealismus, die englischen und französischen Positivisten in all ihrer Weltgewandtheit sind seine Bürgen. Auch die seiner herablassenden Abgeklärtheit dem anderen Geschlecht gegenüber: »Bei allem Zugeständnisse, welches ich dem monogamischen Vorurtheile zu machen Willens bin, werde ich doch niemals zulassen, dass man bei Mann und Weib von *gleichen* Rechten in der Liebe rede: diese giebt es nicht. Das macht, Mann und Weib verstehen unter Liebe Jeder etwas Anderes, – und es gehört mit unter die Bedingungen der Liebe bei beiden Geschlechtern, dass das eine Geschlecht beim andren Geschlechte nicht das gleiche Gefühl, den gleichen Begriff ›Liebe‹ voraussetzt. Was das Weib unter Liebe versteht, ist klar genug: vollkommene Hingabe (nicht nur Hingebung) mit Seele und Leib, ohne jede Rücksicht, ohne jeden Vorbehalt, mit Scham und Schrecken vielmehr vor dem Gedanken einer verklausulirten, an Bedingungen geknüpften Hingabe. In dieser Abwesenheit von Bedingungen ist eben seine Liebe ein *Glaube*: das Weib hat keinen anderen.«[31]

Müsste dieser Glaube nicht auch an der kleinen großen Russin erkennbar sein? Vorerst kann nur die eigene Philosophie ihn beruhigen, die er, der Allesdurchschauer, der große Unkonventionelle, nicht bis auf ihren Boden peinlichster Konventionalität durchschaut. Von der Liebe des Mannes weiß er: »Der Mann, wenn er ein Weib liebt, *will* von ihm eben diese Liebe, ist folglich für seine Person selbst am entferntesten von den Voraussetzungen der weiblichen Liebe; gesetzt aber, dass es auch Männer geben sollte, denen ihrerseits das Verlangen nach vollkommener Hingebung nicht fremd ist, nun, so sind das eben – keine Männer. Ein Mann, der liebt wie ein Weib, wird damit Sklave ...«[32] Ahnt er, dass das Leben im Begriff ist, ihn zur Testperson seiner eigenen Philosophie zu machen?

Zunächst ist er nicht wirklich beunruhigt, dieses Mädchen ist sehr jung, es versteht wohl noch keine Andeutungen. Ein Heiratsantrag hingegen ist deutlich. Er kommt gar nicht auf den Gedanken, sein Antrag könnte schon abgewiesen sein, bevor er überhaupt gestellt ist. Er fühlt seine furchtbare Migräne zurückkehren, er muss das hinter sich bringen und wählt einen Botschafter. Er schickt den Freund, er schickt Rée. Der kennt Lou und ihre Mutter schon etwas länger.

Mag sein, dass der neuernannte Heiratsvermittler Rée ein sehr unglückliches Gesicht macht. Mag sein, Nietzsche bemerkt es nicht einmal. Die Vorstellung, Rée könnte eigene Interessen an der Russin haben, liegt ihm fern. Rée ist Positivist. Und woher soll Nietzsche wissen, dass er da einen frisch abgewiesenen Heiratskandidaten mit der nächsten Werbung losschickt? Kein Abgewiesener gesteht gern sein Abgewiesensein.

Aber einen entscheidenden Vorzug hat Rées Stellung bei Lou doch. Ist er auch ein Abgewiesener, so ist er doch nunmehr ein Vertrauter. Rée eilt also nicht zu Lou, um ihr Nietzsches Heiratsantrag zu überbringen, sondern um sich mit ihr über diese große Peinlichkeit zu beraten. Sie konferieren wie zwei Eltern, die ihrem Kind einen besonders dummen Gedanken ausreden wollen, ohne es dabei zu verletzen, zum Weinen zu bringen oder in Wut zu versetzen oder alles zusammen.

Vielleicht hat Nietzsche gar nicht so unrecht gehabt mit seinem Theorem von der »vollkommenen, bedingungslosen Hingabe« des Weibes; in Lous Fall hat er nur die entscheidende Konkretion vergessen: unbedingte Hingabe ja, aber an sich selbst, an die eigene Zukunft. Von diesem Lebensplan wird sie nie abzubringen sein. Nur braucht sie keine Frauenemanzipation, um wollen zu wollen. Es ist kein Verdienst dabei, die Generalstochter kann nicht anders. Sie hat den militärischen Rang ihres Vaters einfach übernommen: Lou von Salomé, der General ihres Lebens. Sie wird sich lebenslang außerstande sehen, anderen Befehlen zu folgen als den eigenen. In frühester Jugend hat sie Gott verstoßen, danach einen 42-jährigen holländischen Pfarrer und Familienvater. Was macht da ein Philosoph mehr oder weniger?

Wie ihre nächste Zukunft aussehen soll, weiß sie genau. Zuerst muss ihre Mutter nach Petersburg zurückgeschickt werden, dann will sie mit Gleichgesinnten eine WG gründen. Zusammen leben, zusammen studieren! Links eine Schlafkammer, rechts eine

Schlafkammer, in der Mitte das gemeinsame Studierzimmer mit Blumen. Sie hat schon davon geträumt. Als Gleichgesinnte kommen nur Männer in Frage, denn Frauen wissen nicht genug. Insofern möchte sie Rée und Nietzsche nicht gern verlieren, aber zuerst müssen sie die Kinderei des Heiratens vergessen.

Rée, der viel ältere Mann, hat sich ihrer stärkeren Natur bereits unterworfen. Wahrscheinlich kann Paul Rée noch immer nicht ohne Schauder an seinen Antrag denken. Gilt es nicht als höchste Sehnsucht und Erfüllung eines Mädchenlebens, einen Heiratsantrag zu bekommen? Und selbst wenn sie nicht annehmen, sind sie doch zumindest geehrt, geschmeichelt. Keine dieser erwartbaren Reaktionen trat ein. Er hatte sich in aller Form an die Generalin gewandt. Die informierte ihre Tochter, welche in größtmöglichen Zorn geriet.

Sie ist mit ihm, Rée, spazieren gegangen. Sie hat gern und viel mit ihm gesprochen. Ja, auch nachts in den Straßen von Rom. Auch bei Mondschein. Aber wie nur kann man Spazierengehenwollen mit Heiratenwollen verwechseln? Und Rée erfuhr, dass dieses Kind endgültig genug habe von der Liebe. Oder wie es selbst sich ausdrückte: *Ich habe mein Liebesleben ein und für alle Male abgeschlossen.*

IV.

Wiederum war Gott schuld. Die Heranwachsende besaß ihm gegenüber die Loyalität, die man für jemanden hat, der dem eigenen Leben einmal viel bedeutet hat, ohne den man nicht geworden wäre, was man ist. Auch wenn der persönliche Umgang weit zurückliegt, hört man es doch nicht gern, wenn Lügen über ihn verbreitet werden.

Bislang hat der Vater alles von seiner Tochter ferngehalten, was ihr missfiel. Als auf der deutsch-reformierten Petri-Schule, die sie besuchte, in den oberen Klassen das Fach Russisch obligatorisch wurde, teilte sie ihrem Vater mit, dass sie so nicht lernen könne. Ohnehin lerne sie nichts in der Schule. Der alte General hatte ein Einsehen und ließ sein Kind fortan hospitieren. Die braucht keinen Schulzwang, erkannte er. Gewiss hätte die Mutter anders entschieden, sie wurde jedoch nicht gefragt.

Vom Konfirmandenunterricht der deutsch-reformierten Kirche konnte der Gründer der deutsch-reformierten Kirche in Russland die inzwischen 17-Jährige jedoch nicht freistellen, dabei empfand sie dies als noch größere Zumutung, als in Russland Russisch lernen zu sollen. Vor allem wegen der Falschlehren über die Existenzweise und das Wesen Gottes.

Hermann Dalton war ein Vertreter der protestantischen Orthodoxie. Was für ein fremder Gott trat ihr da entgegen. Sein Verkünder scheute nicht einmal davor zurück, Existenz, Macht, Rechte und Güte des Höchsten zu beweisen. Hatte Gott das nötig? War er ein Pedant, ein Buchhalter? Ist ein bewiesener Gott nicht ein toter Gott?

Sie schämte sich für den Lehrer. Sie verteidigte ihren Kindergott, der möglicherweise nicht existierte, aber wenn er existierte, dann täte er es niemals in dieser grundverkehrten Weise. Und so vernahm der erstaunte Schulmeister Gottes, als er daranging zu erörtern, dass es keinen Ort gäbe, an dem Letzterer nicht gegenwärtig sei, den ketzerischen Ausruf: *Doch, die Hölle!* – Dalton ließ sich nicht aus der Fassung bringen, sein Beruf bestand schließlich darin, die mannigfaltig irrenden Schäflein des Herrn zurück auf dessen Hauptstraße zu bringen, und er wusste auch schon, wie das zu machen sei. Louise von Salomé solle nur ein zweites Jahr seinen Religionsunterricht besuchen, so werde auch sie die Gottesreife erlangen und konfirmiert werden können.

Die Delinquentin wusste es besser: Sie musste aus der Kirche austreten, am besten gleich, denn alles andere wäre Lüge. Und die größte Lüge bestünde darin, sich konfirmieren zu lassen. Es gab nur ein Hindernis. Der alte General war sehr krank geworden, und die Mitteilung, dass die Tochter des Gründers der deutsch-reformierten Kirche in Russland aus dieser austritt, würde ihn gewiss nicht gesünder machen. Sie zögerte. Ihre Mutter hätte sie in aller Kühle von ihrem Entschluss in Kenntnis gesetzt. Louise von Salomé die Ältere existierte gewissermaßen nur auf der äußersten Umlaufbahn ihres Kindheitskosmos, und zwar als eher ungutes Gestirn. Es war nichts Förderliches von ihr zu erwarten.

Ja, vielleicht ist die Generalscha neben Gott die zweite Hauptschuldige am unbedingten Erkenntnisdrang ihrer einzigen Tochter. Denn sie ist ihr ein Rätsel. Fremd, streng, seltsam unpersönlich. Als hätte Hermann Dalton, der Advokat Gottes, sie geschaffen. Wenn ihr Vater oder ihre Brüder sprachen, waren sie es selbst. Wer aber sprach, wenn diese kühle Frau etwas sagte? Waren Frauen gar nur zufällige, ich-lose Schnittpunkte von Konventionen und Lehrsätzen? Andererseits achtete sie ihre Mutter, weil ihr Vater sie achtete und sich jedes Mal erhob, sobald seine Frau den Raum betrat. Untereinander verstanden sich die Eltern wortlos.

Louise von Salomé die Ältere ist ein Petersburger Kind mit norddeutschen und dänischen Vorfahren. Ihr Vater Siegfried Wilm war in früher Jugend von Hamburg nach Russland ausgewandert und dort als Zuckerfabrikant wohlhabend geworden. Als ihre Eltern starben, blieb ihr nichts übrig als zu heiraten, wollte sie nicht als Kostgängerin im Haushalt von Verwandten leben. Sie war fast zwanzig Jahre jünger, als sie 1844 den General ehelichte, still und gefasst: »Heute ist der letzte Montag, daß ich im elterlichen Hause als Mädchen weile! Welche Gefühle drängen sich mir auf, wenn ich an die baldige Veränderung meines Standes denke. Gott weiß es wie sehr ich meinen Gustav liebe, und ich bin fest überzeugt in der Verbindung mit ihm glücklich zu werden, aber welch ein Schritt ist es doch vom Mädchen zur Frau!« Gott möge ihr die Kraft geben, »das zu vollbringen was mein fester Wille ist, und mein eifrigstes Bestreben sein soll, meinem geliebten Manne alles das zu sein, was ihm sein Leben verschönern kann, und was eine Frau ihrem Manne sein soll und *muß*!«[33] Welch ruhige Unterwerfung unter die Prüfungen des Daseins. Eine Haltung, die sie sehr von ihrer Tochter unterscheidet, welche es als Lebensaufgabe betrachten wird, ihrerseits das Dasein zu prüfen. Und aus allem Müssen einer Ehefrau die Konsequenz zieht, möglichst nie zu heiraten.

Der alte General hatte sich immer ein Mädchen gewünscht und war sehr froh, endlich eines bekommen zu haben. Seine Frau seufzte. Ein Mädchen war ein Störfall in ihrem Männerhaushalt. Es wurde ein schwer erziehbarer Störfall, ein »schlimmes Kind«, was kein Wunder war, wenn der Vater als Erzieher derart versagte. Dabei wurde die Generalscha nie Zeugin der Zärtlichkeiten zwischen beiden, sie hätte solche Sentimentalitäten kaum verstanden, geschweige denn gebilligt.

Nein, Louise von Salomé die Jüngere hatte nicht vor, Louise von Salomé die Ältere zu schonen. Aber solange ihr Vater atmete, musste sie ein geistliches Doppelleben führen, was ihrer kompromisslosen Natur denkbar schwerfiel. Also noch ein Jahr Dalton. Da hörte sie, wohl von ihrer Cousine Emma, von einem Wunder-Prediger in Petersburg, einem Gegen-Dalton.

Hendrik Gillot war der berühmteste Kanzelredner der Stadt, Pastor der Niederländischen Gesandtschaft und Autor des Buches »De geschiedenes von den godsdienst«, einer Geschichte des Gottesdienstes nach dem Beispiel des liberalen Theologen Otto Pfleiderer. Er war hier als geistlicher Beistand der niederländischen Seeleute, hatte also keine feste Gemeinde, was seine Freiheit erhöhte. Er predigte meist auf Deutsch, vor allem im Winter; im Sommer, wenn die gebildetere Zuhörerschaft sich auf ihren Landsitzen befand, manchmal auch auf Holländisch. Leute wie Gillot erschienen Dalton wie direkt vom Teufel gesandt, nicht nur wegen ihrer unmöglichen Auffassung, dass selbst Gott eine Geschichte habe und seine Verehrung durch den Menschen erst recht.

Der Genealoge stand dem Dogmatiker gegenüber, und als Louise von Salomé ihn zum ersten Mal sprechen hörte, wusste sie: Er ist es! Er kennt ihren Gott. – Was Offenbarungen sind, ahnt sie seitdem. Auch deren gott-menschlicher Doppelcharakter war ihr vertraut. Sie sah ihn, den Mitwisser ihres Gottes, auf der Kanzel und wusste: Gott ist Mensch geworden. Sie wird ihn einmal, versteckt in einer Romanfigur, so beschreiben: Blond, *breit ausgebaut in Stirn und Schädelform, … ein im Sprechen und Lachen sehr ausdrucksfähiger Mund. … diese ein wenig groben Züge bedurften sicherlich mancher Jahrzehnte, um durchgeistigt und fesselnd zu wirken.* Seine *Züge waren beredt geworden in all jenen feinen Linien und Schatten, die ihnen erst seelischen Reiz verliehen, als die Jugend von ihm ging.*[34] Im Augenblick hätte sie das wohl kaum so formulieren können, gleichwohl: Sie sah es.

Sollte es wirklich ein ganzes Jahr gedauert haben, bis das Mädchen die Fassung fand, sich seinem Gottmenschen anzuvertrauen?

Im Februar des folgenden Jahres starb der alte General. Und Louise von Salomé die Ältere erfuhr, dass sie eine Atheistin zur Tochter hatte, die sich niemals von Hermann Dalton einsegnen lassen würde. Die Mutter geriet außer sich. Hatte sie sich nicht immer vor einer Tochter gefürchtet? Die Generalin erstaunte darüber, dass sie die Auseinandersetzungen mit ihrer Tochter überstand, ohne ernstlich krank zu werden, und kannte auch den Grund: ihren festen Glauben. Louise von Salomé die Ältere: »... ich bedurfte wirklich meine ganze moralische Kraft um mich aufrecht zu erhalten, und in den Tagen habe ich recht gefühlt, wie übrigens schon oft in meinem Leben, wie Gottes Kraft, wenn man ihm vertraut, in dem Schwachen mächtig ist; mein altväterlicher Glaube ist zwar nicht mehr Mode, aber ich bin glücklich, daß ich ihn habe!«[35]

Louise von Salomé die Jüngere brauchte Verstärkung. Kurz nach dem 13. Mai 1879 hielt Hermann Daltons Gegenspieler einen Brief in den Händen, die Generalbeichte eines jungen Mädchens, das nicht konfirmiert werden wollte, da ihr das Wichtigste, *der Himmelsschlüssel*, fehle, und das sei: *der blinde Glaube*. Dabei würde sie gern für *eine ernste, heilige Wahrheit* leiden, aber: *es ist unglaublich schwer, still zu sein, sich zu beugen, wenn die ganze Seele glüht, zu streben, zu ringen, zu handeln. Ich* kann *mir nicht die Binde vor das Gesicht legen lassen, um das Licht nicht zu sehen, vor welchem so viele die Augen schließen, weil es sie blendet ...*[36]

Diese jugendliche Zweiflerin vor dem Herrn wollte er kennenlernen. Er ließ es ihr ausrichten.

»Kommst du zu mir?«, fragte er, als er sie in seiner Tür stehen sah, und öffnete die Arme. Und da blieb sie dann vorerst. In der geistig-geistlichen Obhut eines 42-jährigen schönen, verheirateten Mannes und Vaters zweier Kinder in Loljas Alter.

Der Besprochenen selbst verdanken wir eine noch genauere Schilderung dieser ersten Begegnung ohne Dritte, von der die Mutter so wenig erfuhr wie von den folgenden. In »Ruth« heißt Lou Ruth, Hendrik heißt Erik und ist Lehrer statt Pfarrer:

Als er raschen Schrittes über den Flur in sein Zimmer trat, stand Ruth mitten in demselben, etwas vornübergeneigt und die Hände fest gegen die Brust gedrückt. Der erste Eindruck, den er empfing, war wieder der des Scheuen, Vereinsamten, wie in dem Augenblick, wo sie so still gesagt hatte: »Mir hilft niemand!« Wie er sie so dastehen sah und sie ihm mit großen, bangen Augen entgegenblickte, erinnerte sie in keinem Zuge mehr an den ausgelassenen Jungen im Schulhof.

Erik kam nur undeutlich die Vorstellung davon, daß man im Fall eines unerwarteten Besuchs zunächst einen Stuhl anbietet und irgend etwas Freundliches sagt. All dies Getue kam ihm wie zu einer anderen Welt gehörig vor, – jedes konventionelle Wort vergaß er dieser schüchternen, kindlichen, sichtlich aufs tiefste ergriffenen Gestalt gegenüber. ... Ganz unwillkürlich, aus diesem Eindruck heraus fand er nur das Wort der Freude: »Kommst Du zu mir?«

Das Du wirkte wie eine Erlösung auf sie. Es schien ihr in dieser Einfachheit ein Zauberwort, das die fremde, herzbeklemmende Wirklichkeit mit einem Schlage verwandelte, – sie umwandelte zur traumhaften Verwirklichung dessen, was Ruth ersehnt und ersonnen hatte.

Sie machte einen Schritt auf Erik zu, ein heller Ausdruck flog über ihr ganzes Gesicht, und, die Hände fester gegen die Brust pressend, deren Herzklopfen ihr den Atem benahm, sagte sie kindlich: »Danke!«

Er hatte sich auf einen der umstehenden Stühle gesetzt und faßte ihre Hände in den seinen zusammen. Die Hände zitterten, und es fiel ihm auf, wie blaß und schmächtig sie aussah, wenn nicht der Ausdruck übermütiger Lebenslust, den er an ihr gesehen, darüber hinwegtäuschte.[37]

Diesem Menschenkinde fehlt nur eins, erkannte Gillot sofort: Theorie! Und der Menschenfischer in ihm wusste auf Anhieb, dass dieser Fang – wenn er ihm denn gelingen sollte – kein ganz gewöhnlicher sein würde. Auch sein Roman-Alter-Ego Erik erkennt sofort die Aufgabe, denn noch lautet sie, in Kirchen und Klassenzimmern gleichermaßen: Wo Eigenwille ist, soll mein Wille werden! Es gibt Grund genug zu der Annahme, dass die im Roman geschilderten

Schwierigkeiten bei der Willensübertragung ein überaus reales Vorbild besaßen, das wegen seiner wunderbaren sprachlich-psychologischen Präzision etwas ausführlicher wiedergegeben sei:

»Du sprichst so viel von deinem Willen, Ruth. Und daß du nur hier bist, weil du gerade willst. Aber weißt du denn eigentlich auch, w o z u du es willst?«

Sie stutzte und blickte auf. Als sie nicht gleich eine Antwort fand, fügte er hinzu: »Ich weiß es für dich: du wolltest eben diesen Willen klären und erziehen lassen von jemand, der dich lieb genug dazu hat. Alles Lernen ist nur ein Mittel dazu.«

Ruth legte ihre Hände an beide Seitenlehnen des Sessels, und ihr Gesicht wurde noch ablehnender. »Wie wenn sie ein Visier vorgelegt hätte«, dachte Erik, sie betrachtend. Aber hinter diesem Visier arbeitete eine ständige Erregung in ihr. Die passive Stimmung, in der sie heute hergekommen war, hielt unter Eriks Andrängen nicht stand, aber noch weniger vermochte sie den Traum und das seltsame Glück des ersten Abends wieder zu erhaschen. Sie verschloß und verbarg sich instinktiv vor ihm, wie vor einer Macht, die man sich erst genau ansehen muß, ehe man sich mit ihr einläßt.

»Alles ist heute anders!« murmelte sie.

»Es wird immer anders sein, als du es dir willkürlich ausmalst«, entgegnete er ihr in ruhigem Ton, »und das soll es auch, Ruth!«

...

Ruth wurde unruhig. Sie kannte nur zwei Sorten Menschen, und daß sie Erik in keiner von beiden unterbringen konnte, ängstigte sie. Die eine Sorte bestand aus ihrer jeweiligen täglichen Umgebung, die ihr meist störend oder gleichgültig war und wirkungslos an ihr abglitt; die andere bestand aus den fremden Menschen, die sie, wie Schattenbilder, aus der Ferne betrachtete, und denen sie die äußere Anregung zu ihren Phantastereien entnahm. Zu diesen konnte Erik nicht gehören, denn die taten nur, was sie wollte, – s i e waren ja nur, was sie wollte. Er hingegen war Wirklichkeit, die auf sie eindrang. Sie konnte ihn aber auch nicht abwehren, wie sie die Ihrigen von sich abwehrte, denn es war etwas da, was sie mächtiger reizte und anregte, als es alle Schattenbilder zusammen getan.

Sie sah ihn scheu an.

»Ich will lieber ein andres Mal kommen«, bat sie leise, »ich kann heute nicht lernen. Ich kann's nicht.«

»Doch! Doch!«, entgegnete er beschwichtigend, »du kannst es. Und im Grunde willst du es auch. Aber wir können nicht in jedem Augenblick den Kampf darum von neuem aufnehmen. Der muß ein für allemal entschieden werden. Du oder ich, Ruth! Einer von uns beiden muß gehorchen!«

Da sprang Ruth plötzlich auf und sagte undeutlich: »Dann kann ich auch ganz fortbleiben.«

Es war ihr ganz spontan, wider alle Überlegung, entfahren.

Erik sieht sie erblassen, ihm ist ganz weich zumute, doch der Lehrer in ihm fordert, diese Situation in unnachgiebiger Strenge auszutragen. Gewiss könne sie fortbleiben, bestätigte er ihr ruhig, um alle Überlegenheit des Älteren auszuspielen, der sie nicht gewachsen ist.

Während er sprach, fühlte er beständig das große Mitleid. Sie sah nur ein einziges Mal auf, und wie sie dann seinem weichen Blick begegnete, da war es, als ginge ihre passive Abwehr in eine Art von Angriff über, als suche sie nach einer Waffe, nach irgend etwas, was sie von ihrem Leiden befreien, ihm weh tun und ihr Macht geben könnte. …

Ruth langte nach ihrer Wollmütze, die auf dem Schreibtisch lag, und drückte sie zwecklos in den Händen zusammen.

»Ich will nach Hause gehen!« wiederholte sie und zitterte am ganzen Leibe.

»Wie du willst.«

»Also adieu«, sagte sie, und ging langsam, wie gelähmt, der Türe zu.

»Adieu, mein Kind.«

Sie hatte Mühe, den Türgriff zu finden und niederzudrücken, ihre Hände waren kalt und gehorchten ihr nicht. Aber als die Tür offenstand, da blickte sie beim Schließen der Tür mit brennenden Augen ins Zimmer zurück.

Erik saß auf dem von ihr verlassenen Ledersessel am Fenster. Er hatte den rechten Arm auf die Lehne desselben gestützt und die Hand über die Augen gelegt.

Und plötzlich überfiel Ruth das Bewußtsein: daß all sein Herrschenwollen doch im Grunde nur ein Dienenwollen sei. Plötzlich überfiel es sie: daß er eben jetzt leide, – um sie leide, die ihn verletzt hatte.

Es traf sie mit einem Schmerzgefühl, aber dieses Gefühl war seltsam und berauschend: es lag Triumph darin. Es war ein Schmerz, der sich wie Glück anfühlte.

Noch immer zitterte sie am ganzen Körper, aber nicht mehr in der Angst der Flucht. Sie hatte mitten in der Angst ihrer Flucht Halt gemacht, sich gegen den Feind gekehrt und ihn besiegt gesehen.

Wer Ruth über den Flur gehen sah, der konnte meinen, sie sei trunken.[38]

Trotz solcher Komplikationen schritt ihre Ausbildung – unter ausdrücklicher Ausklammerung der Machtfrage – bald voran, und so wie für Erik im Roman die größte Enttäuschung seines Lebens darin bestand, nur Lehrer geworden zu sein, so sah auch der Autor von »De geschiedenes von den godsdienst« in der Petersburger Diaspora seine nicht zuletzt gottzersetzenden Verstandeskräfte nur unzureichend genutzt und errichtete mit großem Einsatz über ihnen beiden einen Himmel aus Kant, Leibniz, Fichte und Schopenhauer, aus Voltaire und Kierkegaard sowie der Geschichte sämtlicher Weltreligionen. Seine Schülerin las, konspektierte, exzerpierte, repetierte. Keine drei Jahre später werden zwei Philosophen in Rom vor der überlegenen Kant-Kennerin erblassen. Ihre späte Erinnerung, sie müsse einmal auf den Knien ihres Petersburger Lehrmeisters eingeschlafen sein, darf als glaubwürdig gelten.

Vielleicht haben wir mehr Grund, unserer heutigen Wahrnehmung zu misstrauen als der Lous und Gillots. Zwischen Kindern – Halbkindern – und Erwachsenen gibt es inzwischen fast keine unverdächtigen Berührungen mehr. Das ist zuerst: Verlust. Hält man sich an die Auskünfte von »Ruth«, waren sich beide so natürlich körperlich nah, wie es Eltern und Kinder sind – tröstend, anerkennend, schützend. Ohnehin suchte ihre Hand stets die des Mannes, den sie sich erwählt hatte, erwählt als etwas viel Höheres, Elementareres als ein Lehrer oder ein Mann je sein könnten:

als Heimat. Die Generalstochter Lou von Salomé hatte zum ersten Mal das Gefühl, wirklich zu Hause zu sein. Der Pfarrer begriff das sehr gut. Ihr Kopf in den Händen des Erziehers, seine Hände über ihren Augen, sie an ihn gelehnt – all das gehörte zum beiderseitigen Zuhauseseindürfen.

Dass auch er sich diesem Mädchen bald näher fühlte als all seinen Nächsten, gehört zu den Risiken des Erwähltwordenseins.

Hendrik Gillot war von den Fortschritten seiner Schülerin bald so beeindruckt, dass er sie an seinen Predigten mitarbeiten ließ. Zusammen studieren, zusammen schreiben! Die nun 18-Jährige fand die Passage aus Fausts Gottes-Zweifeleien »Gefühl ist alles;/Name ist Schall und Rauch« zu großartig, um sie nicht in Gillots Sonntagspredigt vorkommen zu lassen, was dem Vortragenden eine strenge Rüge des holländischen Gesandten eintrug, die dieser an seine Koautorin weitergab.

Auch bei der Frau Generalin stieß er auf großes Missfallen. Gillot hatte die Unvorsichtigkeit begangen, seiner Schülerin zu raten, ihre Mutter vielleicht doch von dieser etwas anderen Art Konfirmationsunterricht in Kenntnis zu setzen, den sie so regelmäßig besuchte. Die Angesprochene sprang sofort erleichtert auf, rannte zum Elternhaus, platzte mitten hinein in eine mütterliche Teegesellschaft und sagte laut: »Ich komme von Gillot!«

Die Generalscha brach in Tränen aus.

Irgendwann hatte sich die Frau Generalin so weit gefasst, den furchtbaren Pfarrer zu empfangen, und sie tat es mit den Worten: »Sie machen sich schuldig an diesem Kinde!«, worauf sie die Antwort vernehmen musste: »Ich will schuldig werden an diesem Kinde!«

Das Leben ist ein Groschenroman, manchmal, und das Leben dieser doch so gehirnlichen Frau scheint vor keiner seiner gewöhnlichen Pointen zurückzuschrecken. Mag sein, Gillot hatte diesen Satz mit einem Ernst gesprochen, der bereits mehr verriet als er sagte. Hatte er in diesen Worten Frau und Kinder bereits verlassen? Eine innerfamiliäre Zeugin des Konfirmationsdramas drückte, was wohl auch die Generalin empfand, so aus: »Daß er seinen Unterricht nicht auf Religion und Vorbereitung zur Konfirmation beschränkt, kommt mir selbstverständlich vor bei seinem ganzen Wesen und Wollen.«[39]

Nur eine war auf den Ausgang ihres Unterrichts nicht im mindesten vorbereitet. Es ist nicht überliefert, wie der erfolgreiche Prediger den Übergang von Kant, Schopenhauer und Kierkegaard zu seinem Heiratsantrag gefunden hat. Ja, er sei bereit, seine Familie zu verlassen. Er habe bereits alles vorbereitet.

Dies war Louise von Salomés letzte Unterrichtsstunde bei Hendrik Gillot. Gott ist Mensch geworden, ja, das hat sie geglaubt. Aber doch nicht so.

V.

Rom, 26/13 März 1882

Ihren Brief hab ich gewiß schon 5 Mal gelesen, aber kapiert hab ich ihn noch immer nicht. Was, in Dreiteufelsnamen, hab ich denn falsch gemacht?[40] Der sich das jetzt, drei Jahre später, von der einstigen Besucherin seines Privatkollegs fragen lassen muss, ist kein anderer als Hendrik Gillot, Pfarrer zu Petersburg. Seine entlaufene Braut hatte ihm soeben per Post ihren Lebensplan für die nächsten Jahre vorgestellt. Mit zwei Philosophen wolle sie zusammen arbeiten und leben, fast so wie mit ihm damals. Einen kenne sie schon, er heiße Paul Rée, den anderen kenne sie noch nicht, nur seinen Namen: Friedrich Nietzsche. Nun, wie finde er das?

Nicht gut, gar nicht gut, hatte Hendrik Gillot aufrichtigen Herzens geantwortet, weshalb er nun weiter lesen muss: *Ich dachte ja, Sie würden gerade jetzt des Lobes voll über mich sein. Weil ich doch gerade dabei bin zu beweisen, wie gut ich seinerzeit meine Lektion bei Ihnen gelernt habe. Erstens indem ich doch ganz und gar nicht einer bloßen Phantasie nachhänge, sondern sie verwirklichen werde, und zweitens, indem es durch Menschen geschehen soll, die wie direkt von Ihnen ausgesucht erscheinen, nämlich vor Geist und Verstandesschärfe fast schon platzen. Aber nun behaupten Sie statt dessen, die ganze Idee sei so phantastisch wie nur jemals eine früher … und so viel ältere und überlegene Männer wie Rée, Nietzsche und andere, könnte ich nicht richtig beurteilen. Darin täuschen Sie sich nun aber.* Im Falle Nietzsches ist das vorerst bloße Behauptung, und auch bei Rée, ja, so aufrichtig ist sie, gäbe es Komplikationen: *er ist noch etwas perplex, aber auf unseren nächtlichen Gängen zwischen 12 und 2 im römischen Mondenschein, wenn wir aus der Gesellschaft von Malwida von Meysenbug kommen, setze ich es ihm immer erfolgreicher auseinander.*

Es ist nicht anzunehmen, dass sie Gillot mitgeteilt hat, dass auch Rée so unmöglich reagiert hatte wie einst er selbst und gerade dabei ist, sich von seinem Heiratsantrag zu erholen. Dafür weiß Rée längst von seinem Vorgänger Gillot. Sie hat es ihm berichtet, um ihn zu trösten. Schließlich war ihre Ablehnung nicht persönlich gemeint.

Rée hatte, in tiefster Seele verletzt, Rom auf der Stelle verlassen wollen, als Malwida ihn schließlich zum Bleiben bewegen konnte und das schreckliche Mädchen ihn nun Abend für Abend tröstete und zu ihrem Plan überredete, der sich zu dritt leichter verwirklichen lasse als zu zweit. Rée brauchte Abstand, das sah sie wohl. An dieser Stelle kam Friedrich Nietzsche erst ins römische Spiel. Aber selbst Malwida ist als Komplizin nicht zu gebrauchen, das immerhin erfährt Gillot: *Auch Malwida ist gegen unsern Plan, und dies thut mir ja leid ... Aber mir ist schon seit längerm klar, daß wir im Grunde stets Verschiedenes meinen, selbst wo wir übereinstimmen. Sie pflegt sich so auszudrücken, dies oder jenes dürfen »wir« nicht tun, oder müssen »wir« leisten, – und dabei hab ich doch keine Ahnung, wer dies »wir« eigentlich wohl ist – irgendeine ideale oder philosophische Partei wahrscheinlich, – aber ich selber weiß doch nur was von »ich«.* Das kann er bestätigen. Und am liebsten würde er sich gewiss so ausdrücken wie Malwida.

Es war nicht nur Egoismus gewesen, als Gillot sie zu heiraten beabsichtigte, er wollte diesem theoretisch überanstrengten Mädchengeist eine Brücke bauen ins Wirkliche, woher sollte er wissen, dass sie das so erschrecken würde? So sehr erschrecken, dass sie fast augenblicklich beschloss, ihre Studien im Ausland fortzusetzen. Ihre Mutter hatte keine Chance, das zu verhindern, sie hatte nur die Wahl dazubleiben oder mitzukommen und wählte die für ihre Tochter lästigere Variante.

Gillot hat ihr abermals geschrieben, dass das rein Geistige für sie doch kein Endziel, sondern allenfalls ein »Übergang« sein könne. Sie versteht das noch immer nicht, sie will es auch nicht. *Ja, was nennen Sie »Übergang«? Wenn dahinter andere Endziele stehen sollen, solche* – etwa die Ehe –, *für die man das Herrlichste und Schwersterrungene auf Erden aufgeben muß, nämlich die Freiheit, dann will ich immer im Übergang stecken bleiben, denn das geb ich nicht dran. Glücklicher als ich jetzt bin, kann man bestimmt nicht werden.* Zwei gebändigte Philosophen, ein kleinmütiger Theologe – und das ganze Weltwissen liegt offen vor ihr. Sie ist sehr optimistisch: *Wir wollen doch sehn, ob nicht die allermeisten sogenannten »unübersteiglichen Schranken«, die die Welt zieht, sich als harmlose Kreidestriche herausstellen! Wohl aber würde mich erschrecken, wenn Sie da nicht innerlich mitgingen. Sie schreiben verstimmt, daß Ihr Rath wohl nicht mehr viel dagegen helfen könnte. »Rath«, – nein! was ich von Ihnen brauche, ist ganz ungeheuer viel mehr als Rath: Vertrauen.* Ja, es gibt noch immer eine Verbindung zwischen ihnen. Ohne ihn wäre sie nie geworden, was sie jetzt schon ist. Junge Menschen vergessen so etwas nicht. Als Gottmensch hat er sich als untragbar erwiesen, und doch ist sie gewillt, ihn auch weiterhin als gutes Omen ihres Lebens zu betrachten. Über den Verlust des Vaters war sie auch deshalb leichter hinweggekommen, weil Gillot schon an seine Stelle getreten war. Ersatzvater und Kindergottersatz in einem. Gillot gehört zu ihr, doch anders, als er sich das vorstellt.

Der abgelehnte Heiratskandidat und sein unbotmäßiges Mündel waren im Mai 1880 noch gemeinsam nach Santpoort in Holland gefahren, damit er sie einsegne.

Nur stand auch hinter dieser Konfirmation weder Nachgiebigkeit ihrer Mutter noch ihm gegenüber, sondern es war lediglich der Umstand, dass sie, ohne konfirmiert zu sein, keinen Pass bekommen hätte, Russland, die Heimat, zu verlassen. Und in die Kirche ihrer Eltern wäre sie nie eingetreten.

Also stand Gillot tatsächlich mit ihr vor dem Altar. Wieder war es Frühling, auch ein kühler, *über die Nordsee gingen orkanartige Stürme und durchbrausten die weiten, flachen Sanddünen.* Doch diesmal fühlte sie sich ganz eins mit dieser Jahreszeit, ihrem Aufbruch. Eine *kleine, unbekannte Dorfkirche im Auslande nahm mich dazu auf; ein Freund, der einzige, den ich besaß, reiste dazu vom Ausland ins Ausland, um mich dort so einzusegnen, wie es ihm, wie es mir entsprach.*[41] – Letzteres nun ist eine etwas leichtfertige Umschreibung des Tatbestands, denn was sich zutrug, war dies: Hendrik Gillot nahm seine Anwesenheit in seiner Heimat, in seiner Kirche zu diesem Zwecke durchaus nicht als »ihm entsprechend« wahr.

Im Gegenteil, er fühlte sich durchaus gedemütigt. Das Einzige, was in seiner Macht stand, war, seine Schülerin mit einem Einsegnungsspruch zu bedenken, der stark an jenes andere, ihm verweigerte Bündnis erinnerte: »Fürchte dich nicht, ich habe dich erwählt, ich habe dich bei deinem Namen gerufen: du bist mein.« Gott rief Jesaja, Gillot rief Lou. Beide hatten verstanden. Das Mädchen war froh, dass die mitgereiste Generalscha kein Holländisch verstand, im Gegensatz zu ihr, die Kant bereits in dieser nicht ganz naheliegenden Sprache gelesen hatte.

Und weil sie den Bund doch anerkennt, weil sie anerkennt, *was ich durch Sie geworden bin,* fordert sie sein Vertrauen. Auch ist das Ich-habe-dich-bei-deinem-Namen-Gerufen mitnichten eine Übertreibung. Lou. Den Namen, den sie nie wieder ablegen wird, hat sie von ihm. Er nannte sie Lou, weil er unfähig war, das russische Lolja auszusprechen.

Lou hörte das »Fürchte dich nicht, ich habe dich erwählt, ich habe dich bei deinem Namen gerufen: du bist mein« wohl ohnehin nur als Nebenstimme durch eine andere Hauptstimme hindurch: Das *Laub um die kleine Kirche stand in grünen und braunen Knospen. Eines der Fenster war geöffnet worden. … Ein Buchfink hatte sich auf der Fensterbrüstung niedergelassen und, aufhorchend, schmetterte er seine langen, fragenden Triller in die Kirchenstille. Mir ging in diesem Augenblick, in dieser Verschmelzung der Frühlingsstimme draußen mit der Feierstimmung drinnen, eine Erinnerung aus langvergangenen Kindertagen durch den Sinn. Jenes kleine, heitere Kinderlied glaubte ich wieder zu hören, das mir an Stelle des verlangten Vater-Unsers auf die Lippen gekommen war; und wieder glaubte ich etwas von jener warmen Kinderzuversicht zu fühlen, die ihren Gott in keiner Kirche anzubeten, von keinem Verstandeszweifel anzutasten braucht.*[42]

Und seltsam genug, ein Gebet kam ihr auf die Lippen, wenn es auch nur ein einziges war, und seine Worte waren noch nicht deutlich, ja, sie waren noch nicht einmal da. Und der Adressat dieses Gebets war auch nicht Gott, sondern ein viel mächtigerer, weil unbezweifelbarer, unwiderlegbarer. Es war das Leben selbst.

Bald wird sie die Euphorie des holländischen Sanddünenfrühlingsvormittags mit Gillot und Buchfink und »Fürchte dich nicht …« in folgende Zeilen fassen, die Geschichte machen werden:

Gewiß, so liebt ein Freund den Freund,
Wie ich Dich liebe, Rätselleben –
Ob ich in Dir gejauchzt, geweint,
Ob Du mir Glück, ob Schmerz gegeben.

VI.

Lou von Salomé und Paul Rée kommen überein, dem zweiten heiratswilligen Philosophen folgende Nachricht – durch den Mund des Freundes – zu überbringen. Nicht nur, dass das Fräulein eine tiefe Abneigung gegen die Institution der Ehe verspüre, sie könne den Antragsteller auch deshalb nicht heiraten, weil sie sonst die kleine Pension des russischen Staates verlöre, die sie als adlige Tochter nach dem Tod ihres Vaters beziehe.

Ohne Zweifel steigert diese Ablehnung Nietzsches Entschluss, Lou zu heiraten. Ein Mädchen, das genauso illusionslos über die Ehe denkt wie er selbst! Dass es das geben sollte! In der »Morgenröthe«, Aphorismus 387, heißt es: »Gesetzt, sie liebte mich, wie lästig würde sie mir auf die Dauer werden! Und gesetzt, sie liebte mich nicht, wie lästig würde sie erst da mir auf die Dauer werden! … heirathen wir also!« Wen sonst als eine Gleichgesinnte dürfte man zur Frau nehmen?

Es sind nur wenige Tage, die sie gemeinsam in Rom verbringen, und doch findet Friedrich Nietzsche Gelegenheit, den beiden aus seiner noch ungedruckten »Fröhlichen Wissenschaft« vorzulesen. Das Werk enthält sogar Aufhellungen bezüglich Lous großem Entsetzen angesichts der unheiligen Offenbarung des Gillot-Gottes als Mann: »Es ist etwas ganz Erstaunliches und Ungeheures in der Erziehung der vornehmen Frauen, ja vielleicht gibt es nichts Paradoxeres. Alle Welt ist darüber einverstanden, sie in eroticis so unwissend wie nur möglich zu erziehen und ihnen eine tiefe Scham vor dergleichen und die äusserste Ungeduld und Flucht beim Andeuten dieser Dinge in die Seele zu geben. Alle ›Ehre‹ des Weibes steht im Grunde nur hier auf dem Spiele: was verziehe man ihnen sonst nicht! Aber hierin sollen sie unwissend bis ins Herz hinein bleiben. ... Und nun! Wie mit einem grausigen Blitzschlage in die Wirklichkeit und das Wissen geschleudert, mit der Ehe – und zwar durch Den, welchen sie am meisten lieben und hochhalten: Liebe und Scham im Widerspruch zu ertappen, ja Entzücken, Preisgebung, Pflicht, Mitleid und Schrecken über die unerwartete Nachbarschaft von Gott und Thier.«[43] Hier wird Friedrich Nietzsche zum wirklichen Mitwisser der Frauen, und doch ist es schwer vorstellbar, er könne ihr eine solche Stelle geradewegs von Angesicht zu Angesicht vorgetragen haben.

Noch scheint ihm nicht der Gedanke gekommen zu sein, dieses Menschenkind könnte fatale Ähnlichkeit haben mit seinem Übermenschen, den er soeben zu verkünden beginnt: das »Ideal eines Geistes, der naiv, das heisst ungewollt und aus überströmender Fülle und Mächtigkeit mit Allem spielt, was bisher heilig, gut, unberührbar, göttlich hiess; für den das Höchste, woran das Volk billigerweise sein Werthmaass hat, bereits so viel wie Gefahr, Verfall, Erniedrigung oder, mindestens, wie Erholung, Blindheit, zeitweiliges Selbstvergessen bedeuten würde; das Ideal eines menschlich-übermenschlichen Wohlseins und Wohlwollens, das oft genug unmenschlich erscheinen wird.«[44] Eines, so ließe sich ergänzen, dass nur *Kreidestriche* erkennen will, wo alle Welt bis eben unüberwindliche Schranken sah.

Der Übermensch, wäre er, in seiner ersten Verkörperung, gar

ein Übermädchen? Und wie unmenschlich-übermenschlich es ihm noch scheinen wird.

Die Voraussetzung dieser neuen, gehobenen Existenzform ahnt er bald: »Wir Neuen, Namenlosen, Schlechtverständlichen, wir Frühgeburten einer noch unbewiesenen Zukunft – wir bedürfen zu einem neuen Zwecke auch eines neuen Mittels, nämlich einer neuen Gesundheit, einer stärkeren gewitzteren zäheren verwegneren lustigeren, als alle Gesundheiten bisher waren.«[45] Wer gesund ist, fühlt die vielen kleinen Anfechtungen nicht, vor allem nicht die Anfechtungen der Schwäche. Lou ist gesund, mag sie in Zürich auch Blut gespuckt haben und es an schlechten Tagen noch immer tun. Sie geht ihren Weg geradeaus, und wer nicht schnell genug ist, den lässt sie zurück. Rücksicht ja und nochmals ja – Rücksicht gegen sich selbst. Im Augenblick führt Lous Weg nach Norden, sie will an die oberitalienischen Seen und weiter, einem noch zu wählenden Dreier-Studienort entgegen. Und er, der Entdecker des Übermenschen?

Er bleibt schon jetzt zurück. Er kann nicht reisen. Die Anfälle kehren zurück. Es muss gar nicht gleich die ganz große sein, schon die kleine Gesundheit würde ihm genügen, manchmal. Er liegt im Bett, der Freund bleibt bei ihm.

Lou und ihre Mutter reisen voraus. An den Seen im Norden will man sich wiedertreffen. Doch die Mutter-Tochter-Eintracht trügt. Louise von Salomé die Ältere hat nichts gegen die Reiserichtung einzuwenden, doch soll sie ihre Tochter nicht an einen neuen Studienort bringen, sondern geradewegs nach Russland zurück, nach Hause. Allein, das weiß sie, hat sie nicht die mindeste Chance. Verstärkung aus Petersburg ist bereits angefordert, einer ihrer Söhne soll kommen, Eugen, Genja, Lous Lieblingsbruder.

Sie verzweifelt noch über diesem Kind. Liebevoll soll sie zu ihm sein, haben Verwandte ihr schon zum Zeitpunkt des Konfirmations-Schismas geraten, und sie hatte ihre Ohnmacht bekannt: »... aber wie ist mir das möglich bei einem so starren Charakter, der immer und in Allem nur seinen Willen durchsetzt ...«[46] Ein Professor wird ihr die Eigenart ihres Kindes bald so erklären: »Ihr Fräulein Tochter ist ein Wesen ganz ungewöhnlicher Art: von kindlicher Reinheit und Lauterkeit des Sinns und zugleich wieder von unkindlicher, fast unweiblicher Richtung des Geistes und Selbständigkeit des Willens und in beiden ein Demant.« Das letzte Wort hatte der Professor unterstrichen. Ein Diamant funkelt, aber er ist undurchdringlich. Kein Stein ist härter als er.

Den Lou-Spezialisten Professor Biedermann kennen Mutter und Tochter aus Zürich. Lou war von Petersburg aus geradewegs in diese Stadt gefahren, denn dort waren Frauen zum Universitätsstudium zugelassen. Außerdem besaßen sie Verwandte dort. Nur reichte die Auskunft, in Russland in der Schule hospitiert zu haben, in der Schweiz nicht als Studienvoraussetzung. Aber der große protestantische Theologe, der neben Diamantenkunde besonders Christliche Dogmatik betrieb und mit einem gleichnamigen Werk beinahe berühmt geworden war, hatte die theoretische Begabung der Ankömmlingin sofort bemerkt und sie einer Art Eignungsprüfung unterzogen, die sie glänzend bestanden hatte. Also nahm die Bildungsemigrantin ihre Studien fast in der alten Form und mit dem alten Eifer wieder auf.

Erhalten ist aus dieser Zeit eine »Allgemeine Religionsgeschichte auf philosophischer Grundlage«, deren Duktus verrät, dass es sich hierbei keineswegs um Vorlesungsmitschriften als vielmehr um einen ersten systematischen Versuch der noch nicht 20-Jährigen handelt. Er beginnt mit der Frage *Was ist Religionsgeschichte?*, um die bündige Auskunft zu erteilen, dass ihre gar nicht zu überschätzende Aufgabe darin bestehe, *die Entwicklung des religiösen Bewusstseins in der Menschheit* zu erforschen, ein Unternehmen, dem bis dato allerdings Grenzen gesetzt waren, weil die Religionsgeschichte sich weder vom philosophischen (metaphysischen, begrifflichen) Standpunkt, noch vom rein deskriptiven, geschichtlichen (latent begriffslosen) allein fassen lasse, was sich mit dem Auftreten der Autorin entscheidend ändern werde, welche nun über *formale Grundbegriffe der Religionsphilosophie, über den Grundbegriff der subjecktiven Phänomenologie der Religion sowie den der objecktiven Phänomenologie der Religion* stark hegelnd vorwärtsschreitet, unterwegs die anmutige Einsicht streifend, das Schöne sei nichts anderes als der Gott in der Kunst.[47]

Kunstgeschichte hörte sie bei Professor Gottfried Kinkel, Theologe, einst Gründer des revolutionären Maikäferbundes, Mitglied der preußischen Nationalversammlung, Symbolfigur und Märtyrer der Revolution von 1848, in der Folge prominentester Häftling der Festung Spandau, weshalb sich im ganzen Land bald Kinkel-Komitees gründeten. Diesen Mann, der selbst dichtete, hatte Lou zum Vertrauten ihrer kämpferischen Jugendlyrik gemacht, die überfloss vor Schicksalsentschlossenheit wie das »Lebensgebet«, dessen erste Strophe wir bereits kennen. Hier folgen – das große Du ist natürlich das Leben selbst – die nächsten:

Ich liebe Dich samt Deinem Harme;
Und wenn Du mich vernichten mußt,
Entreiße ich mich Deinem Arme
Wie Freund sich reißt von Freundesbrust.

Mit ganzer Kraft umfaß ich Dich!
Laß Deine Flammen mich entzünden,
Laß noch in Glut des Kampfes mich
Dein Rätsel tiefer nur ergründen.

Jahrtausende zu sein! zu denken!
Schließ mich in beide Arme ein:
Hast Du kein Glück mir mehr zu schenken –
Wohlan – noch hast Du Deine Pein.

Kinkels Urteil lautete: »stark und schön«.

Jahrtausende zu sein! zu denken! –? Es würde wohl beim Denken bleiben müssen, denn die Verfasserin hatte eben jetzt einen hartnäckigen Bluthusten bekommen. Hier braucht es Taten!, wusste der Professor, der einst auch nicht von den Kinkel-Komitees, sondern durch die wahnwitzige Aktion eines Freundes aus der Zitadelle Spandau befreit worden war und auf der Flucht vor der preußischen Regierung schon fast die ganze Welt gesehen hatte.

Die deutschen Revolutionsveteranen von 1848 durften sich in ihrer Heimat nicht mehr blicken lassen, weshalb sie sich, fest verbunden durch das gleiche Schicksal, über fast ganz Europa verteilten. So schrieb der Altrevolutionär Kinkel in Zürich an die Altrevolutionärin von Meysenbug in Rom, dass er da eine Studentin habe, die sich unbedingt unter ihrer Obhut im Süden erholen müsse. Kurz darauf starb er.

»Als Sie mir zuerst entgegenkamen, war es, als sähe ich meine Jugend auferstehen«[48], gesteht ihr Malwida und auch, dass sie lange nicht eine solche Zärtlichkeit für ein junges Mädchen gefühlt habe.

Und nun, längst nicht gesund, will diese Frühgeborene einer noch unbewiesenen Zukunft, wie Nietzsche sagen würde, schon wieder weiter.

Ohne Musik wäre das Leben ein Irrtum? Die Unmusikalische in Bayreuth

Es ist Mai, als die beiden Damen von Salomé gemeinsam in Begleitung zweier Philosophen am Orta-See eintreffen. In Mailand hatte man sich wiedervereinigt.

Dieses Mädchen darf nicht glauben, es solle einen Bettlägerigen heiraten, also schlägt Nietzsche eine Besteigung des Monte Sacro vor. Den Berg, der ihm widersteht, gibt es nicht. Die Generalscha sieht sich außerstande, sich solchen Strapazen zu unterziehen. Also gehen sie zu dritt? Nein, unmöglich, einer muss bei der Generalin bleiben. Ist es Nietzsche, der vielleicht eine Spur zu laut und zu erleichtert Rée vorschlägt? Oder bietet der Freund sich freiwillig an? Es ist nicht überliefert.

Es ist einiges nicht überliefert. Nietzsche wird die Besteigung des Monte Sacro – nach einem Zeugnis Lous, notiert für Paul Rée – bald »den entzückendsten Traum meines Lebens« nennen. Und immer wieder Andeutungen. Der Freund ihrer späten Jahre und Nachlassverwalter Ernst Pfeiffer wird von der alten Frau wissen wollen, ob Nietzsche sie damals geküsst habe. Sie wird mit »Vielleicht« antworten, was bei gewöhnlichen Damen durchaus Ja heißen, bei ihr aber genauso gut bedeuten mag: Das habe ich ganz und gar vergessen! Andererseits: Schloss eine Gesichtshaartracht, wie Nietzsche sie bevorzugte, Annäherung dieser Art nicht von vornherein aus? Und wenn sie doch möglich gewesen sein sollte, müsste dieser Vorgang den Beteiligten nicht für alle Zeit im Gedächtnis geblieben sein? Sie werden viel geredet haben, der Aufstieg ihrer Gedanken wird dem ihrer Füße ebenbürtig gewesen sein. Nietzsche, der Hochgebirgsdenker! Er würde ihr noch ganz andere Berges- und Gedankenhöhen zeigen. Und als sie wieder hinunterkommen, scheint zumindest Nietzsche diesen Abstieg nur für vorübergehend zu halten.

Rées Verstimmung bedarf keines Kommentars. Der Missmut der Generalin wiederum beruht darauf, dass beide zu lange fortblieben. Die Reisegesellschaft trennt sich vorerst. Nietzsche fährt voraus nach Basel, zu Overbecks, dem Freundespaar, er hat da etwas zu klären. Overbeck ist gewissermaßen sein Vermögensverwalter, insofern man das zu Verwaltende so nennen darf.

In Luzern, auf der Durchreise, schreibt der Vorauseilende an Rée eine Karte: »Mein Freund, wo finde ich den mehrerwähnten Goldklumpen, nachdem ich den ›Stein der Weisen‹ (es ist noch dazu ein Herz) gefunden habe?« Deutlicher will er nicht werden, der Freund wird, er muss verstehen.

Rée, der Rittergutsbesitzerssohn, soll von seinem ererbten Goldklumpen abgeben, damit sein Freund Nietzsche die gemeinsame Freundin heiraten kann. Denn er weiß es doch: Sie kann ihn nicht heiraten, weil sie sonst ihre kleine Pension verlieren würde. Und seine kleine Pension, die er als frühemeritierter Basler Professor bekommt, reicht nicht gut für zwei. Eine Frau zu haben kostet Geld, und dann erst eine, die in der direkten Nachbarschaft des Zaren großgeworden ist! Er muss den Goldklumpen beschaffen, koste es, was es wolle, und noch eins muss geschehen: »Ich muß durchaus Frl. L. noch einmal sprechen, im Löwengarten etwa?«

Scharfsinnig wie ein Adler, mutig wie ein Löwe sei sie, wird er Gast in Venedig bald mitteilen. Also im Löwengarten, in Luzern. Und Löwenmut wird sie brauchen, ihn zu heiraten. Inzwischen hat er Ida Overbeck in Basel erklärt, dass sie Lou und ihre Mutter einladen und dann mit Lou von Frau zu Frau sprechen und für ihn werben müsse. Nietzsche habe selten gesünder ausgesehen, befinden gerührt die Overbecks und versprechen, alles in ihrer Macht Liegende zu tun. Nietzsche reist zurück nach Luzern und findet im Löwengarten vor Thorvaldsens sterbender Großkatze die Löwin zwar nicht mit Wärter, doch seltsam reserviert vor. Nietzsche wiederholt seinen Heiratsantrag. Das Fräulein wiederholt seine Ablehnung. Doch das dürfe nichts an ihrem schönen Dreierbund ändern. Soll er verzagen, weil sich das Schicksal keine

Termine machen lässt? Amor fati! Notiert am ersten Tag dieses Jahres. Er kann warten. Immerhin gelingt es ihm, mit ihr unter Ausschluss des Dritten der Trinität nach Tribschen zu fahren.

Wie hängen dieser Ort und die Menschen, die einmal hier wohnten, mit allem zusammen, was er ist, was aus ihm geworden ist. Und mag er zehn Mal mit Wagner gebrochen haben, daran ändert sich nichts. In diesem Sommer noch soll der »Parsifal« uraufgeführt werden, das Werk, das ihr Zerwürfnis besiegelte. Er wird wohl nicht eingeladen werden.

Ohne Wagner wäre aus dem talentierten Altphilologen Friedrich Nietzsche – mit nur 24 Jahren auf den Basler Lehrstuhl berufen, ohne Dissertation oder sonstigen Befähigungsnachweis, allein auf die Empfehlung seines Leipziger Professors hin – wohl nicht der Philosoph Friedrich Nietzsche geworden. Ohne Wagner hätte er sich allerdings auch nicht schon mit seiner allerersten Schrift als Professor und als Philologe unmöglich gemacht.

Sie enthüllte nichts weniger als die Urszene der Zivilisation, und solche Demaskierungen sind keinesfalls Aufgabe der Philologie als seriöser Wissenschaft. Sie enthüllte dem Autor selbst, dass der Mensch nichts ist als das »noch nicht festgestellte Tier« und seine Kultur eine immer fragwürdig bleibende Sublimierung des Naturgrundes. Oder wie der Nietzschekenner Manfred Riedel formuliert: »Als *klassischer Philologe* von Beruf geht Nietzsche von der Einsicht aus, daß die Tragödie als künstlerisch höchste Kulturform des griechischen Menschentums aus dem *Satyrchor* entsteht, dem Gefolge des griechischen Gottes Dionysos, und ursprünglich Chor und nichts als Chor von Satyrn gewesen sei: halbmythischer Naturwesen zwischen Tier und Mensch. Sie veranschaulichen, daß *Kultur* nichts anderes ist und sein kann als verklärte, *gesteigerte Natur* im griechischen Wortsinn der *Physis*, wodurch das Menschentum ein verklärendes Gesamtziel seines Daseins bekommt.«[49]

Diese Entdeckung ist die eigentliche Stunde von Friedrich Nietzsches Gottverlust. Überhaupt sprengte seine Wahrnehmung des Dionysischen jeden nur denkbaren Rahmen: »Unter dem Zauber des Dionysischen schließt sich nicht nur der Bund zwischen Mensch und Mensch wieder zusammen: auch die entfremdete, feindliche oder unterjochte Natur feiert wieder ihr Versöhnungsfest mit ihrem verlorenen Sohne, dem Menschen ... Jetzt ist der Sclave freier Mann, jetzt zerbrechen die starren, feindseligen Abgrenzungen, die Noth, Willkür und ›freche Mode‹ zwischen den Menschen festgesetzt haben. Jetzt, bei dem Evangelium der Weltenharmonie, fühlt sich Jeder mit seinem Nächsten nicht nur vereinigt, versöhnt, verschmolzen, sondern eins, als ob der Schleier der Maja zerrissen wäre und nur noch in Fetzen vor dem geheimnisvollen Ur-Einen herumflatterte.«[50] Nein, kein Studium führt zu solchen Einsichten in den Urschoß, nicht einmal das Schopenhauers, das vermochten nur Wagner und seine Musik.

Doch Nietzsche war auch damals nicht der Mann, kopfüber in diesen Allvereinigungsurbrei hineinstürzen zu wollen; niemand, der hören kann, darf das wünschen. Die Musik, die das Ungeheuerliche aufscheinen lässt, ist selbst schon eine apollinische Haltevorrichtung. Man muss sich nicht vom dionysischen Zug zertrampeln lassen, sondern darf in einem Konzertsaal Platz nehmen. Das ist Kultur! Das ist Zivilisation überhaupt: Bändigung des dionysischen Urgrunds durch apollinische Formkräfte. – Ob Lou sich jemals in diese Regionen des Gedankens vorgewagt hat? Oder ist sie zu jung? Aber spätestens jetzt muss sie ahnen, was sie bei ihm, anders als bei Rée, würde lernen können.

Vor genau zehn Jahren hat der Jungphilologe das erste noch druckfrische Widmungsexemplar seines Buches »Die Geburt der Tragödie« Wagner übergeben, und der soll geweint haben vor Glück, so verstanden worden zu sein. Jetzt, in Tribschen, sieht Lou von Salomé Nietzsche weinen. Das letzte Buch, das er von Wagner bekommen hatte, war ein Exemplar des »Parsifal« gewesen, mit der Widmung: »Meinem teuren Freunde Friedrich Nietzsche. Richard Wagner, Oberkirchenrat.« Leider erhielt Wagner zur gleichen Zeit auch ein neues Buch Nietzsches. Es war »Menschliches Allzumenschliches«. Der Empfänger hat den Erhalt dieser Sendung nie verwunden. Da nützte alle Fürsprache seiner Frau und Malwidas nichts, bis auf diesen Tag. Vielleicht sagt Nietzsche es Lou gleich, er wird sie auch noch schriftlich daran erinnern: Sie dürfe nicht an diesen fatalen Kultort fahren, ohne vorher seine Schrift »Richard Wagner in Bayreuth« gelesen zu haben.

Er überredet Lou und Rée, sich gemeinsam fotografieren zu lassen, bevor ihre Reiserouten sich vorerst verzweigen. Der Dreierbund braucht ein Zeugnis, das zugleich wie eine versprochene Zukunft ist.

Jules Bonnet ist einer der bekanntesten Schweizer Fotografen, schon weil seine Aufnahmen, wie längst bemerkt wurde, den Geist der Zeit getreu widerspiegeln. Steif und voller Würde, mit oder notfalls auch ohne Pekinese, lautet die Formel eines gelungenen Bildes. So können sich Freigeister unmöglich fotografieren lassen. Nietzsche entdeckt unter den Requisiten des Fotografen einen kleinen Leiterwagen, der den Betrachter gewöhnlich davon überzeugen soll, hier ein Bildnis direkt aus dem Landleben vor sich zu haben. Lou muss in den Wagen, er lässt sich und Rée Zügel anlegen, die sie in der Hand halten muss. Fehlt nur noch die Peitsche. Sie wird aus einem kleinen Stock mit Bindfaden gemacht. Es ist Mai, Nietzsche besteht darauf, um der tieferen Symbolik willen, einen Fliederzweig daranzubinden. Vielleicht muss der Fotograf selbst ihn suchen. Zwei Philosophen, vor den Karren eines jungen Mädchens gespannt. Das Bild mag geschmacklos sein, wahr ist es.

Die Reiserouten der vier trennen sich nun. Nietzsche fährt zu Mutter und Schwester nach Naumburg, Rée fährt auf das Gut seiner Familie in Stibbe, begleitet die Generalin und ihre Tochter aber noch bis Zürich, wo sie die Verwandten besuchen wollen, die beide schon während ihres ersten Züricher Aufenthalts aufgenommen hatten. Den Beinamen »Generalscha«, der in bedauerlichstem Widerspruch zu ihrer tatsächlichen erzieherischen Ohnmacht steht, hat sie von den Zürichern verliehen bekommen. Aber diesmal will sie sich durchsetzen. Der jüngste Sohn der Familie, Eugen von Salomé, Genja, ist bereits zu ihrer Unterstützung entsandt. Mit ihm hatte Lolja ihre schönsten Kinderspiele gespielt, etwa »Pferde«, wobei das große Esszimmer der Salomés ganz zur Manege wurde, durch das sie galoppierte, *den Hals seitlich gebogen und mit derartigem Feuer, daß meine sehr scheckige Pferdemähne mir auf das natürlichste den Kopf umflog. Ich war ein Beipferd in Ekstase.* Dieses zu zügeln war Genjas Aufgabe als Kutscher. Manchmal durfte der ältere Bruder damals schon die undankbare Position verlassen, um auch Pferd zu werden. Das *Beipferd in Ekstase* berichtet das so: *Mir sagte diese* – galoppierende – *Lebensweise ungemein zu, obschon ich ein Pferd mit schlechten Absichten war: Ausguck haltend nach einem Bruderpferd, das es lehren sollte, mit ihm durchzugehen.*[51] Als Höhepunkt des Spiels und größte Auszeichnung zugleich durfte Genja dieses *Bruderpferd* werden, und nur unangemeldete Besucher konnten die Kleinstherde noch zum Stehen bringen.

Eugen von Salomé wollte Diplomat werden. Er hatte die einzige Tochter des Hauses auf einem der von ihr ungeliebten Bälle vertreten, ohne dass der Betrug einem ihrer Tänzer aufgefallen war. Lou schloss allein daraus auf sein überragendes diplomatisches Talent. Er würde mehr als sein diplomatisches Temperament nötig haben, um die kleine Schwester zurückzubringen, die ihr neues Bruderpferd schon gewählt hatte. Lou hatte als kleines Mädchen schon eine rigorose Art, Meinungsverschiedenheiten beizulegen, etwa indem sie eine Tasse heißer Milch nach dem Bruder warf. Eugen also ist unterwegs und die Generalscha zuversichtlich: Jetzt Zürich, dann noch ein Verwandtenbesuch in Hamburg und dann geradewegs nach Hause.

Lou bekommt viel Post in Zürich, fast täglich einen Brief von Rée, viel seltener einen von Nietzsche (»Rée ist in allen Stücken ein besserer *Freund* als ich es bin und sein kann; beachten Sie diesen Unterschied wohl!«[52]) und ab und zu ein Mahnschreiben von Malwida: »Wir müssen die Welt zur Achtung vor uns *zwingen*, weil wir ein Prinzip vertreten und deshalb müssen wir nichts thun, was unnötig ist zu dessen Vertheidigung und nur zu unserem Vergnügen dient, äußerlich aber eben so aussieht und daher auch so beurtheilt wird …«[53] Vielleicht ist die Vertreterin des Ich-Prinzips schon vor dem zweiten Malwida-Satz eingeschlafen, aber die Absenderin gibt nicht auf. In Hamburg, zu Besuch bei der Familie ihrer Mutter, liest die zu Warnende: »Allein mit den beiden jungen Leuten zusammen wohnen können Sie nicht. Nicht nur daß es der Welt geradezu ins Gesicht schlagen würde (das wäre das Wenigste), aber es hätte seine großen Unannehmlichkeiten, seine wirklich verletzenden Seiten, die Ihnen selbst erst in der Praxis klar werden würden.«[54] Wenn Malwida wüsste, wie sehr sie sich auf die Praxis freut! Beide Männer erwägen inzwischen, ihre Mütter zu Komplizinnen zu machen und das Mädchen zu sich zu holen.

Rée ist erfolgreich, Nietzsche schreckt in einem durchaus realistischen letzten Augenblick doch davor zurück, seine Mutter zu bitten, Lou nach Naumburg einzuladen.

Nietzsche sitzt in Naumburg, schreibt das letzte Kapitel der »Fröhlichen Wissenschaft« und späht nach Norden. Wenn Lou von Hamburg zu Rée nach Stibbe in Westpreußen will, muss sie über Berlin. Nun gut, dort will er sie treffen.

Unmöglich, schreibt Lou zurück. Nietzsches Antwort: »Meine liebe Freundin, seit einer halben Stunde bin ich melancholisch und seit einer halben Stunde frage ich mich, warum? – und finde keinen andern Grund als die eben durch Ihren liebwerthesten Brief gemachte Meldung, daß wir uns nicht in Berlin sehen werden. Nun sehen Sie, was für ein Mensch ich bin! Also: morgen früh um 11 Uhr 40 *will* ich in Berlin sein, Anhalter Bahnhof.«[55]

Er ist um 11 Uhr 40 am Anhalter Bahnhof, und seine vierfünftelblinden Augen taxieren die Ankömmlinge sämtlicher Züge aus Hamburg. Es kann nicht so schwer sein, das Mädchen auszumachen. Groß, schlank, im hochgeschlossenen schwarzen Kleid. Diese Silhouette würde er noch erkennen, wenn er ganz blind wäre. Aber da ist keine. Was macht er eigentlich in Berlin? Der Mann, der einmal durch Selbstvorstellungen wie »Ich bin Dynamit!« auffallen wird – von niemandem bestellt, von keinem abgeholt, allen im Wege. Lou ist nach einer Nachtfahrt schon in aller Morgenfrühe im Auftrag Rées von einem Freund erwartet worden, der sie zu Fuß zum Stettiner Bahnhof begleitet hat. Ihr Zug nach Westpreußen geht erst nach 11.00 Uhr, so verplaudern der Abholbeauftragte und die Frühangekommene fast fünf Stunden zwischen Anhalter und Stettiner Bahnhof.

Als sie – was er nicht wissen kann – längst fort ist, beschließt auch Friedrich Nietzsche aufzugeben und in den Grunewald zu fahren, um sich vom Anhalter Bahnhof zu erholen. Das Wort Wald klingt ihm vielversprechend. Aber im Grunewald, das begreift er bald, ist es fast noch voller und lauter als am Bahnhof.

Der Verirrte erkennt seine Lage: »In Berlin war ich wie ein verlorener Groschen, den ich selber verloren hatte und dank meiner Augen nicht zu sehen vermochte, ob er mir schon vor den Füßen lag, so daß alle Vorübergehenden lachten.«[56] Das erfährt aber nur Rée. Der Schicksalsmacht Lou gelingt es mit tatkräftiger Unterstützung von Paul Rées Mutter, die Lou ihrem Sohn zuliebe auch adoptieren würde, die Generalscha nach Hause zu schicken, statt selbst nach Hause geschickt zu werden. Auch der längst eingetroffene Eugen und sein ganzes Diplomatentum können daran nichts ändern. Am Ende ist er doch mehr Bruderpferd als Muttersohn. Man hat sich, eskortiert von Eugen, zur vertrauensvollen Lou-Übergabe in Schneidemühl getroffen. Und nun wird einen Restjuni und einen Juli lang besiegelt, was Paul Rée und Lou von Salomé einander künftig sein wollen: Haus und Schnecke.

Min Hüsung, sagt sie zu ihm. »Mein Schneckli«, sagt er zu ihr. Nur liederliche Schnecken verreisen ohne Haus. Und jedes Schneckenhaus ist sinnlos ohne Bewohnerin. Der unglücklich liebende Rée hat sich mit der Rolle abgefunden, die sie ihm einzig zugesteht. Komplementärschnecke niemals, Schutz, Zuflucht schon. Häuser können keine Ansprüche stellen an ihre Bewohner, umgekehrt schon. Undenkbar, Nietzsche hätte Lou »mein Schneckli« genannt.

Ja, sie ist nun in Stibbe. Rée hat gesagt, Nietzsche könne unmöglich auch herkommen, es sei kein Zimmer mehr frei. Sie formuliert das viel schöner für den Ausgeschlossenen.

Lou bekommt Post von ihm. Seine »anscheinend sehr thörichte Reise« habe ihn sowohl über den Grunewald als auch über sich selbst durchaus aufgeklärt. Eigentümlich ist nur die – zumindest seinen eigenen Definitionen zufolge durchaus unmännliche – Konsequenz, die er daraus zieht: »Heute aber bin ich schon ganz wieder in meine fatalistische ›Gott-Ergebenheit‹ zurückverfallen und glaube von Neuem, daß mir Alles zum Besten gereichen *muß* – – sogar diese Berliner Reise und ihre Quintessenz (ich meine das Faktum, daß ich Sie *nicht* gesehen habe).«[57] Will heißen: Er verzichtet jetzt und künftig auf ähnliche Eigenmächtigkeiten. Es mache ihm große Freude, ihr zu gefallen, hatte er kurz vor seinem Berlin-Ausflug geschrieben. Jetzt hat er ihr augenscheinlich nicht gefallen. Es wird nicht mehr vorkommen. Soll sie nur sagen, was sie mit ihm vorhat. Noch lautet der gemeinsame Herbstplan: Wien, bereits ab September. Er erklärt ihr schon mal, wie er dort einzutreffen gedenkt: »Mein Wunsch in Betreff Wiens ist jetzt, wie ein Paquetstück in ein Zimmerchen des Hauses abgesetzt zu werden, in welchem Sie wohnen wollen. Oder im Hause nebenan, als Ihr getreuer Freund und Nachbar F. N.«[58]

Er hat die Losung »Liebe dein Schicksal!« als adäquate Lebenseinstellung ausgegeben. Er gedenkt sich daran zu halten. Soll das Schicksal Lou nur walten. Er sagt ihr unmissverständlich, was sie für ihn ist: »Was ich nie mehr glaubte, einen Freund meines *letzten Glücks und Leidens* zu finden, das erscheint mir jetzt als möglich – als die goldene Möglichkeit am Horizonte alles meines zukünftigen Lebens. Ich werde bewegt, so oft ich nur an die tapfere und ahnungsreiche Seele meiner lieben Lou denke.«[59] Er hat sein Schicksal in ihre Hände gelegt. – Was soll ich damit?, müsste sie fragen.

Sie fragt es nicht, sie überliest solche Sätze wohl einfach, denn den Philosophen Nietzsche möchte sie durchaus näher kennenlernen. Den findet sie durchaus um einiges attraktiver als den Positivisten Rée, denn während Letzterer einer Lebensbehaglichkeit zustrebe, würde Ersterer doch die Philosophie als angewandtes geistiges Heldentum neu begründen, vermutet sie. – Er fühlt sich erkannt und liest weiter: *Die Morgenröthe* – Nietzsches letztes erfolgloses Buch – *ist mein einziger Gesellschafter. Sie unterhält mich aber im Bette besser als Besuche, Besorgungen und Reisestaub.*[60] Diese Mitteilungen grenzen in ihrer erotischen Fernwirkung bereits ans Infame. Allerdings hat die Leserin allen Grund, sich nicht nur gut unterhalten, sondern bezüglich des Stellenwerts der Kreidestriche des Lebens auch tief bestätigt zu sehen: »*Sittlichkeit und Verdummung.* – Die Sitte repräsentiert die Erfahrungen früherer Menschen über das vermeintlich Nützliche und Schädliche, – aber *das Gefühl für die Sitte* (Sittlichkeit) bezieht sich nicht auf jene Erfahrungen als solche, sondern auf das Alter, die Heiligkeit, die Indiscutabilität der Sitte. Und damit wirkt dieses Gefühl dem entgegen, dass man neue Erfahrungen macht und die Sitten corrigirt: das heisst, die Sittlichkeit wirkt der Entstehung neuer und besserer Sitten entgegen: sie verdummt.«[61]

In immer neuen Paragraphen darf sie sich und ihr ganzes Weltverhältnis gerechtfertigt sehen, doch sind auch merkwürdige darunter: »*Nacht und Musik*. – Das Ohr, das Organ der Furcht, hat sich nur in der Nacht und in der Halbnacht dunkler Wälder und Höhlen so reich entwickeln können, wie es sich entwickelt hat, gemäss der Lebensweise des furchtsamen, das heißt des allerlängsten menschlichen Zeitalters, welches es gegeben hat: im Hellen ist das Ohr weniger nöthig. Daher der Charakter der Musik, als einer Kunst der Nacht und Halbnacht.«[62] Sie wird das in der Festspielhaushalbnacht von Bayreuth überprüfen.

Noch hat Friedrich Nietzsche die Hoffnung nicht ganz aufgegeben, dass er sie nach Bayreuth begleiten darf. Aber woher eine Karte nehmen? Seine Schwester gibt ihm ihre bestimmt nicht. Er hätte nicht gedacht, dass er einmal so sehr wünschen würde, den ›Parsifal‹, dieses Dokument des Zu-Kreuze-Kriechens seines früheren Freundes zu erleben. Malwida schreibt er das mit den nötigen Änderungen: »Denken Sie, daß ich sehr zufrieden bin, die Parsifal-Musik nicht hören zu *müssen*. Abgesehen von 2 Stücken mag ich diesen ›Stil‹ nicht: das ist Hegelei in Musik.«[63]

Nietzsche sinnt auf Mittel, Lou aus Stibbe wegzulocken. Könnte meine Mutter Lou nicht doch einladen, überlegt er und verwirft den Gedanken. Er zieht es noch immer vor, Mutter und Schwester nichts von ihr zu sagen, und Lou erfährt auch den Grund: »Ich mußte schweigen, weil mich von Ihnen zu reden jedesmal umgeworfen hätte (es passierte mir bei den guten Overbecks). Nun, das erzähle ich Ihnen zum Lachen.« Ob die Empfängerin registriert, dass dies mehr ist als eine Liebeserklärung? Er hat Angst, die Frauen könnten erraten, wie es um ihn steht. Er hat Angst vor ihrem kleinbürgerlichen Sinn.

Eine Woche nach seinem Ausflug in die Hauptstadt des Deutschen Reichs hat sich die Informationslage von Mutter und Schwester dennoch geändert.

Der Pfarrer eines zwischen lauter Wald kaum auffindbaren kleinen Dörfchens in Thüringen hegt schon länger einen ehrgeizigen Plan. Er will es zur Sommerfrische machen, und nun endlich scheint es zu gelingen. Der erste Feriengast seit Menschengedenken ist da! Er heißt Friedrich Nietzsche und wird vielleicht den ganzen Sommer bleiben. Und möglicherweise noch mehr Gäste mitbringen.

Lou bekommt jetzt Post aus dem Thüringer Wald, sie erfährt, dass Tautenburg nicht weit weg Dornburg mit seinen Schlössern liege, wo bereits der alte Goethe einen Sommer durchdichtet hatte. Ob sie zu ihm kommen wolle? Seine Schwester würde auch da sein.

Nun kennt Elisabeth den Namen Lou und auch den Plan ihres Bruders, unter ihrer Schirmherrschaft gemeinsam mit dieser allermerkwürdigsten Russin im Wald zu studieren. Wann hätte er Ähnliches gewollt?

Elisabeth Nietzsche mag es, wenn ihr Bruder sie braucht. Spätestens in Bayreuth wird sie sich die Russin ansehen. Nein früher, überlegt Nietzsche und schlägt vor, sie könnten doch beide zusammen dorthin fahren. Elisabeth sagt nicht nein.

Und noch eine sagt nicht nein, was den Empfänger dieses Ja-Worts zu folgender Antwort bewegt: »Nun ist der Himmel über mir hell! … *Sie* sandten Ihre Zusage, das schönste Geschenk, das mir jetzt Jemand hätte machen können – meine Schwester sandte Kirschen, Teubner sandte die ersten Druckbogen der ›fröhlichen Wissenschaft‹; und zu alledem war gerade der allerletzte Theil des Manuscripts fertig geworden und damit das Werk von 6 Jahren (1876–1882), meine ganze ›Freigeisterei‹!«[64] Dass dieser »allerletzte Theil« das Buch selbst, die sechs Jahre, ja seine ganze »Freigeisterei« überschreitet – und Lou ist das Omen –, sagt er ihr nicht.

Sie macht ihn zum Dichter, zum Propheten. Auf den letzten Seiten der »Fröhlichen Wissenschaft« begegnen wir zum ersten Mal dem Namen Zarathustras. Und auch der nur allzu genauen Prophetie »Incipit Tragoedia!«, an die ihr Verfasser jedoch keineswegs glaubt, ganz im Gegenteil, welche souveräne Gelöstheit des Weisen in diesem Schlusskapitel. Alles Schwere scheint hinter ihm zu liegen: »Oh welche Jahre! Welche Qualen aller Art, welche Vereinsamungen und Lebens-Überdrüsse! Und gegen Alles das, gleichsam gegen Tod *und* Leben, habe ich mir diese meine Arznei gebraut, diese meine Gedanken mit ihrem kleinen Streifen *unbewölkten Himmels* über sich: – oh liebe Freundin, so oft ich an das Alles denke, bin ich erschüttert und gerührt und weiß nicht, wie das doch hat *gelingen* können: Selbst-Mitleid und das Gefühl des Sieges erfüllen mich ganz. Denn es ist ein Sieg, und ein vollständiger – denn sogar meine Gesundheit des Leibes ist wieder, ich weiß nicht woher, zum Vorschein gekommen.«[65]

Die Tautenburger erfahren inzwischen, welchen Preis es hat, ein Touristenort zu sein. Der einzige Gast weit und breit wohnt im Pfarrhaus, in dem die Kinder jetzt nur noch flüstern dürfen. Der Hofhund wohnt nun im Schlafzimmer der Gastgeber und darf nicht mehr bellen. Der dennoch schlecht schlafende Gast hatte sich weiterhin über einen Hahn beschwert, der ihn regelmäßig morgens um vier wecke. Der Hahn wurde geschlachtet.[66]

Mitte Juli mahnt der Geflügel-, Hunde- und Kinderfeind Lou noch einmal, seine Schrift »Richard Wagner in Bayreuth« zu lesen, Rée müsse sie doch haben. Rée hat zudem auch eine »Parsifal«-Karte, die gibt er Lou. Zu Beginn der letzten Juliwoche verlässt Lou das Rittergut gen Bayreuth. Die Einladung, auf die Nietzsche wider besseres Wissen und vielleicht gerade deshalb bis zum Schluss gehofft hat, trifft nicht ein.

Er macht sich Sorgen, dass Lou »der Klavierpartie« nicht gewachsen sein könne. Gleich fährt Elisabeth nach Leipzig, um sich mit ihr zu treffen – Nietzsche eilt nach Naumburg, um die Schwester noch schnell mit der »Parsifal«-Partitur vertrauter zu machen. Und über sie als Mittlerin vielleicht auch Lou? Peter Gast in Venedig, längst mit dem Korrekturlesen der »Fröhlichen Wissenschaft« beschäftigt, erfährt das Ergebnis: »Schließlich sagte ich: ›meine liebe Schwester, *ganz diese Art Musik* habe ich als Knabe gemacht, damals als ich mein Oratorium machte‹ – und nun habe ich die alten Papiere hervorgeholt und, nach langer Zwischenzeit, wieder abgespielt: die *Identität* und *Stimmung* und *Ausdruck* war märchenhaft! Ja, einige Stellen, z. B. ›Der Tod der Könige‹ schien uns Beiden ergreifender als Alles, was wir uns aus dem P. vorgeführt hatten, aber doch ganz parsifalesk! Ich gestehe: mit einem wahren Schrecken bin ich mir wieder bewußt geworden, *wie* nahe ich eigentlich Wagner *verwandt* bin. ... Sie verstehen mich wohl, lieber Freund, daß ich *damit* den Parsifal nicht *gelobt* haben will!! – Welche plötzliche décadence! Und welcher Cagliostricismus!«[67] Und noch ein Bekenntnis beinhaltet dieser Brief: »Aber vielleicht haben Sie auch ein Gefühl davon, daß ich, sowohl als ›Denker‹ wie als ›Dichter‹ eine gewisse Vorahnung von L. gehabt haben muß?«[68] Allerdings ist sein lyrisches Urteilsvermögen im Augenblick etwas beeinträchtigt. Der treue Gast ist sein Hauptmitwisser, ihm hat er bereits Lous Gedicht »An den Schmerz« geschickt und gestanden: »Es gehört zu den Dingen, die eine vollständige Gewalt über mich haben; ich habe es noch nie ohne Thränen lesen können: es klingt wie eine Stimme, auf welche ich seit meiner Kindheit gewartet und gewartet habe.«[69]

An den Schmerz

Wer kann dich fliehn, den du ergriffen hast,
wenn du die ernsten Blicke auf ihn richtest?
Ich will nicht flüchten, wenn du mich erfaßt,
ich glaube nimmer, daß du nur vernichtest!

...

Gewiß, du bist nicht ein Gespenst der Nacht,
du kommst, den Geist an seine Kraft zu mahnen:
der Kampf ist's, der die Größten groß gemacht,
der Kampf um's Ziel, auf unwegsamen Bahnen.

Und drum, kannst du mir nur für Glück und Lust
Das Eine, Schmerz, d i e e c h t e G r ö ß e geben,
dann komm' und laß uns ringen Brust an Brust,
dann komm' und sei es auch um Tod und Leben –

dann greife in des Herzens tiefsten Raum,
greif ein ins tiefste Innere des Lebens,
nimm hin der Täuschung und des Glückes Traum,
nimm, was nicht werth war unbegrenzten Strebens.

Gewiss macht die letzte Strophe, und hier wiederum die letzte Zeile, den Leser vollends wehrlos:

Des echten Menschen Sieger bleibst du nicht;
ob er auch deinem Streich die Brust entblösse,
ob er im Tode auch zusammenbricht: –
du bist der Sockel für des Geistes Größe![70]

Wir begegnen hier dem allerseltensten Fall eines genial-schlechten Gedichts, und man mag sich vorstellen, wie Nietzsche es aufnehmen musste, dass Gast dieses Werk ohne Zögern ihm zuschrieb und in typisch Gast'scher Diktion von »Ihrer Dichtung voll Hoheit« sprach, die er sich »treulich aufbewahren«[71] werde.

Wenn der Wagnerkult nur endlich vorüber wäre!

Schwester Elisabeth fährt nun nach Leipzig, um dort dieses bedenkliche Mädchen zu treffen, dessen doch etwas strapaziöse Lyrik bereits zwei Professoren – Kinkel mitgerechnet – als Geiseln genommen hat, um mit ihm weiter nach Bayreuth zu reisen. Es kann nur gut sein, sich jetzt schon etwas kennenzulernen, denn sie würden, so ist es geplant, auch gemeinsam zurückkehren und den Rest des Sommers gemeinsam verbringen. Zwei plus eins, damit die Leute nicht reden. Elisabeth Nietzsche, dem Heiratsalter bereits entwachsen, lebenspraktische, moralische und geistige Kleinstädterin – ein Wesen, das sie mit der Mutter teilt und das ihr Bruder bald unter dem Oberbegriff »Naumburger Tugend« zusammenfassen wird –, hat die Vorstellung, es könne neben ihr noch eine andere Frau im Leben ihres Bruders existieren, immer missfallen. Sie hat dem einstigen Basler Professor lange den Haushalt geführt, was seine Einsicht in das Leben als Grenzsituation sehr befördert hat. Die 36-Jährige besieht voller Argwohn die Generalstochter, die aussieht, als ob das Leben bisher alle nur erdenkbaren Rücksichten auf sie genommen hat, ohne ihr Gleiches abverlangt zu haben.

Lou von Salomé hegt keinen Zweifel, dass sie nichts von dem hören würde, was es in Bayreuth zu hören gibt. »Ohne Musik wäre das Leben ein Irrtum«, lautet einer der schönsten Nietzsche-Sätze. Wahrscheinlich würde Lou von Salomé eher die Musik zum Irrtum erklären; das Leben – nie spürte sie es so wie in diesem Jahr – ist ganz sicher keiner.

Als Lou geboren wurde, im Nochwinter 1861, kam in Paris auch eine Oper zur Welt. Es handelte sich um eine höchst schwierige, ja katastrophale Geburt. Noch hatte hier niemand Richard Wagners »Tannhäuser« gehört, und auch eine Oper ist wie ein Mensch erst dann auf der Welt, wenn alle den Ankömmling sehen und hören können. Es schien, als habe sich halb Paris verschworen, diese Ankunft zu verhindern.

Das hatte mehrere Ursachen. Malwida von Meysenbug hat sie wie folgt vermerkt: »Die Presse war unzufrieden, weil Wagner nicht, wie Meyerbeer und andere getan, den Rezensenten ›diners fins‹ gab, um ihren Geschmack im Voraus zu bestechen. Die ›claque‹, die sonst von jedem Komponisten förmlich engagiert wurde, war von Wagner geradezu verbannt und schäumte natürlich vor Wut. Auch im Orchester entstanden Parteien, besonders war der sehr unfähige Dirigent feindlichen Sinnes geworden.«[72] Außerdem waren die jungen Herren vom Pariser Jockey-Club verärgert: Es würde nicht nur kein gewöhnliches Ballett geben, es würde auch nicht zur gewohnten Zeit, nämlich im 2. Akt, stattfinden. Die Mitglieder des Clubs gedachten nicht, das hinzunehmen, und hatten sich schon lange vor der Premiere am 13. März 1861 Pfeifen gekauft.

Wann hätte es das je gegeben: die reine Sinnlichkeit, gebannt in Noten? Aber wahrscheinlich hatte ein großer Teil des Publikums keine Muße, das zu hören, denn es wartete auf seinen eigenen Einsatz, natürlich im zweiten Akt beim fehlenden Ballett, genau zum Wechsel »aus dem wüsten Bacchanal ... in die reine Morgenstille des Thüringer Waldtals«[73]. Diese Störung empörte nun die Anhänger des Komponisten, während Sänger und Orchester geduldig auf einen günstigen Augenblick warteten fortzufahren. Sie fanden ihn, ergriffen ihn, als der Tumult von Neuem losbrach.

Es blieb nichts als Abbruch. Die zweite Aufführung fünf Tage später traf Gegner wie Verteidiger in einer geistigen, seelischen sowie körperlichen Verfassung an, in der sie bereit waren, das Letzte zu geben. Auch die Revolutionärin von 1848 sah sich veranlasst, in den Kampf einzugreifen und schrie von ihrer Loge herab, natürlich auf Französisch: »Das ist das Publikum, welches sich anmaßt, der Welt vorzuschreiben, was Geschmack, was schön ist ...?« Der Komponist bat, eine dritte Aufführung zu verhindern, aber seine Anhänger dachten nicht daran. Zahlreicher und entschlossener als zuvor trafen beide Parteien aufeinander, so dass auch Malwidas Wahltochter Olga Gelegenheit bekam zu schlechtem Benehmen. »À la porte, à la porte!«, rief sie zwei pfeifenden Herren entgegen, welche sie bemerkten, »Elle est charmante!« sagten und nun noch einen Grund mehr hatten, ihr Instrument zu betätigen.

Wie anders ist, was die 21-Jährige nun erlebt. Nicht nur Lou ist inzwischen größer geworden, vor allem ist es der Komponist, allerdings mit Einschränkungen, die zu registrieren die Besucherin taktlos genug ist. Sie späht das Ehepaar Wagner wiederholt aus in einer hochwogenden internationalen und gänzlich pfeifenlosen Gästeflut: *Da, wo der Mittelpunkt sich befand, Richard Wagner – infolge seines kleinen, ständig überragten Wuchses immer nur momenthaft sichtbar ... – erscholl immer die hellste Heiterkeit; wogegen Cosimas Erscheinung sie durch Größe über alle Umstehenden hinausschob, an denen ihre endlos lange Schleppe vorbeiglitt – zugleich sie förmlich einkreisend und ihr Distanz schaffend.*[74]

Den Zutritt zu den Abendgesellschaften im Hause Wahnfried verdankt sie natürlich Malwida, welche nicht sie selber wäre, unternähme sie nicht auch diesmal wieder den tapferen Versuch, dem Meister von dem Menschen zu sprechen, der ihm wie ein Sohn gewesen war. Die Zeugin vermerkt bündig das Ergebnis: *Wagner verließ in großer Erregung das Zimmer und verbot, den Namen jemals wieder vor ihm auszusprechen.*[75] Malwida wohnt bei dem russischen Maler Paul von Joukowsky, der als Freund der Familie Wagner und Mit-Bühnenbildner des »Parsifal« das Haus neben der Villa Wahnfried gemietet hat.

Von Joukowsky ist der Sohn des russischen Lyrikers Wassili Andrejewitsch Joukowsky, welcher neben seinem Werk noch zwei weitere Hauptverdienste besaß: Er war der Erzieher des Zaren Alexander II. gewesen, und seine Übersetzungen brachten den Russen die europäische Literatur nahe. – Lou hat also Grund genug, in dem jungen Grafen einen neuen Bruder zu sehen.

Wir Russen! Und wenn der Graf als Szenenbildner des »Parsifal« Kritik an der Festspieleignung ihrer Garderobe übt, wird er recht haben. Ein anderes Kleidungsstück als ihr schwarzes *Nonnenkleidchen*, an das Rée sich inzwischen voller Sehnsucht erinnert, ist für das Jahr 1882 nicht bezeugt. Dass Joukowsky etwas von Kleidern versteht, wird jedermann schon beim Betreten der Villa Wahnfried offenbar, Auge in Auge mit der Heiligen Familie, also der des Gastgebers, gemalt von Joukowsky. Mit Siegfried als Heiland und den Töchtern als Engeln, gehüllt in faltenreiche Gewänder.

Vielleicht weil sie nur dieses eine Kleid hat, vielleicht, weil es schnell gehen muss, vielleicht, weil ohnehin alles in der Familie, also unter Russen bleibt, nimmt der Künstler die nötigen Änderungen gleich am bekleideten – zwischenzeitlich also nicht mehr ganz bekleideten – lebendigen Objekt vor. Diese Schneiderarbeit bleibt keineswegs »unter uns Russen«, selbst ins ferne Westpreußen dringt die Kunde binnen weniger Tage.

»1) Graf Jukowsky –. Du wirst finden, daß ich der lächerlichste Eifersüchtler bin, der Dir je vorgekommen«, barmt Paul Rée, »aber diesmal ist es wirklich eine verständigere Sorte von Eifersucht, mein Liebstes, ich fürchte, Du könntest mir genommen werden, und das kann ich nicht ertragen. Alle Dinge verlieren ihre Farbe, die Welt wird grau und gräulich, wenn ich es denke. Denn gewiß wird er Dich noch heirathen wollen.«[76] Nietzsche am gleichen Tag an Peter Gast: »Lieber Freund. Eines Tages flog ein Vogel an mir vorüber; und ich, abergläubisch wie alle einsamen Menschen, die an einer Wende ihrer Straße stehen, glaubte einen Adler gesehen zu haben. Nun bemüht sich alle Welt darum, mir zu beweisen, daß ich mich irre, – und es gibt einen artigen europäischen Klatsch darüber. Wer ist nun der Glücklichere – ich, ›der Getäuschte‹, wie man sagt, der einen ganzen Sommer ob dieses

Vogelzeichens in einer höheren Welt der Hoffnung lebte – oder Jene, welche ›nicht zu täuschen‹ sind? Und so weiter. Amen.«[77] Ist Elisabeth die nicht zu Täuschende? Zwei Tage zuvor hatte Lou Nietzsche gegenüber Elisabeth als »Ihre Schwester, welche jetzt auch beinahe die meinige ist«[78] bezeichnet und im Übrigen werde diese »Ihnen Alles von hier erzählen«. Darauf kann er sich verlassen, auch wenn Lou mit diesem Satz nur der Verlegenheit entgehen wollte, etwas über die Musik sagen zu müssen.

Ja, die Musik. Nietzsche weiß inzwischen schon, dass »der alte Zauberer« wieder einen »ungeheuren Erfolg« hat, »mit Schluchzen alter Männer u. s. w.«[79] Wahrscheinlich erregt das Bayreuther Publikum viel mehr das Erstaunen der Rationalistin Lou als die Musik. Immerhin ist sie damals wie später taktvoll und weise genug, nicht über das zu reden, was sie da hörte, nämlich: nichts.

Viele Menschen werden mit fortschreitendem Alter hörender, seelisch, nicht unbedingt akustisch; Lou scheint nicht zu ihnen zu gehören. Im »Lebensrückblick« formuliert die alte Frau das so: *Über das alle überwältigende Ereigniß des Bayreuther Festspiels selber darf ich hier nicht den leisesten Laut hörbar werden lassen, dermaßen unverdient wurde es mir zuteil, die ich musiktauben Ohres ... dastand.*[80]

Es gibt im Publikum wohl nur einen Menschen, dem sie sich ganz nah weiß: Trina, Malwidas *Faktotum*. Obwohl Wagner gerade auf Trina so große Hoffnungen setzt: Sollte die Seele eines ganz und gar einfältigen Menschen, also Trinas Unsterbliches, nicht im besonderen Maße für seine Musik empfänglich sein? So erhält Malwidas Dienstmädchen das einmalige Sonderprivileg, den »Parsifal« gleich mehrmals sehen zu dürfen. Der 1. Aufzug beginnt immer um 16.00 Uhr, der zweite um 18.30 Uhr, der dritte um 20.30 Uhr.

Leider erfüllt Trina die in sie gesetzten Erwartungen nicht ganz. Der Komponist bemerkt ihre abgrundtiefe Enttäuschung, als sie nach mehrmaligem Hören des »Parsifal« argwöhnt, wieder im selben Stück zu sitzen.

Tautenburg gegen Stibbe

Wie oft mag Paul Rée bereut haben, ihr sein Billett überlassen zu haben. »Lu in der großen Welt – die große Welt in Lu« – er schreibt ihren Namen immer ohne o, vielleicht kommt er ihm so noch vertrauter, noch zärtlicher vor – »Die Welt, in die Du erst wenig gekommen bist, für welche Du im besten Sinne geschaffen, für welche Du tausend Organe des Genusses hast, – sie muss Dich mächtig erregen, fesseln, zeitweise auch von mir entfernen.«[81] Und doch, so spricht er sich Mut und Hoffnung zu, würde sie zu ihm zurückkehren wie eben eine Schnecke in ihr Haus. Ihm ist so leerstehend zumute, solange sie nicht da ist; er ist unfähig, etwas zu tun. Aber sie wohnt in sich selbst. Rée hat sich in seiner Verzweiflung schon ein Foto Gillots als Beistand geholt, zusammen sind sie stärker. Es steht in seinem grünen Arbeitszimmer, in dem er nun weniger arbeitet, als Gillot ansieht und »seine energische Physiognomie« studiert. Kurz darauf findet er ein Bild von ihr und stellt es daneben.

Und sollte er die Prüfung Bayreuth überstehen, wie dann gleich die nächste, Tautenburg? Und wenn es nun »Trautenburg« (Rée) würde?

Im Zusammenwirken mit dem neugegründeten Tautenburger »Verschönerungsverein« ist es Nietzsche inzwischen gelungen, an ihm besonders geeignet scheinenden Wegen fünf neue Bänke aufstellen zu lassen für sich und die Erwartete. An einer von ihnen ist eine kleine Tafel angebracht, auf der steht: »Fröhliche Wissenschaft«.

Rée hat nur eine Hoffnung: dass das nichts wird. Lou verschiebt im letzten Augenblick, ein Brief Nietzsches kränkt sie, sie wird krank. – Darauf Nietzsche: »Kommen Sie ja, ich bin zu leidend, Sie leidend gemacht zu haben. Wir ertragen es miteinander besser. F. N.«[82] Und er hat inzwischen in Tautenburg das Ärgste eintreffen sehen: Wolken. Einen Himmel voller Wolken.

Am 7. August resigniert Rée: »Wärst Du doch erst in Deiner Hüsung. Also doch Tautenburg.«[83] Lou will wegen der Wolken vorerst nur bis nach Jena fahren, dort bei einer Pfarrersfamilie auf Nietzsches nach ihr reisende Schwester warten und gemeinsam mit ihr nach Tautenburg umsiedeln, wenn der Himmel blauer würde. Lou an Nietzsche: »In Jena sind wir Tautenburg so nahe, daß wir es mit dem ersten durchbrechenden Sonnenstrahl schnell erreichen können.«[84]

Schon die Abreise aus Bayreuth wird zur Katastrophe. Elisabeth Nietzsche hat unlängst einen der führenden Wagnerianer und Antisemiten des Reichs kennengelernt, und man dürfte konventioneller Weise sagen, dass das späte Mädchen und Herrn Dr. Bernhard Förster ein zartes Band zu vereinen beginnt, wenn die Gemütsbeschaffenheit von Menschen seines Schlages das Adjektiv nicht unangemessen scheinen ließe. Eben erst war der frühere Gymnasiallehrer, der nach einer Schlägerei mit dem jüdischen Fabrikanten Kantorowicz 1880 aus dem Schuldienst entlassen worden war, mit der Schrift »Das Verhältnis des modernen Judentums zur Kunst« hervorgetreten. Im Jahr zuvor hatte er mit anderen eine Viertelmillion Unterschriften gegen die Einwanderung der Juden nach Deutschland gesammelt und sie Bismarck überreicht. Die Schrift »Parsifal-Nachklänge«, »allen ächten Anhängern Richard Wagners gewidmet«, bereitet sich in ihm vor.

Dass Elisabeth Lou noch auf dem Bayreuther Bahnhof begegnet, liegt daran, dass sie Herrn Förster zum Zug begleitet. Und dieser betritt nun tatsächlich Lous Abteil, worauf ein lebhaftes Gespräch zwischen beiden beginnt, dessen ohnmächtige Zeugin auf dem Bahnsteig zurückbleibt. Kurz nach Lou kommt die »Schwester« in Jena an, um diese umgehend, wie üblich unter Schwestern, von denen eine älter und wissender, die andere aber jünger und darum dümmer ist, über das Leben und die Tücken desselben, namentlich für kleine Mädchen, zu unterrichten. Elisabeth beginnt etwa so: Das Wichtigste, was eine junge Frau zu verlieren hat, ist ihr guter Ruf. Er ist schwer zu erwerben, geht aber umso schneller verloren, und zwar unwiederbringlich. – Lou hört eine Predigt über die *Kreidestriche* des Lebens. Der dickste Strich trägt den Namen Joukowsky.

Mahnungen wie diese nimmt sie schon aus Malwidas Mund nicht unwidersprochen hin, um von anderen weiblichen Autoritäten gar nicht zu reden. Also antwortet sie Elisabeth versöhnend, wenn sie in Bayreuth ihren guten Ruf verloren haben sollte, so habe sie sich immerhin doch vortrefflich amüsiert. Vielleicht ist sie erstaunt, dass diese Auskunft Elisabeth nicht gelöster macht, sondern das genaue Gegenteil bewirkt. Sie hätte durch ihren Umgang mit Joukowsky ihren Bruder verhöhnt, der wie ein Heiliger sei. In Elisabeths Worten, etwas später gerichtet an die Gastgeberin im Jenaer Pfarrhaus: »So kam ich zu dir u. in Eurem Schlafzimmer bricht nun Lou mit einer Fluth von Schmähungen über meinen Bruder her.« Er wolle ihre »Geistesgaben« ausnützen, und nicht sie verfolge mit dem Plan, gemeinsam zu studieren, andere Pläne. Lou in der Wiedergabe Elisabeths: »... wer hat zuerst an eine wilde Ehe gedacht das ist dein Bruder!«[85] Im Übrigen kenne sie die Männer schon, es laufe immer auf dasselbe hinaus. Originalton Elisabeth: »... sie habe schon zweimal in solchen Verhältnissen gesteckt. Als ich nun natürlich außer mir sagte, das möchte wohl bei ihren Russen der Fall sein, sie kenne dann aber nicht meinen rein gesinnten Bruder darauf sagte sie voller Hohn wörtlich: ›Wer hat denn zuerst den Plan des Zusammenlebens mit den niedrigsten Absichten beschmutzt ...‹« An dieser Stelle betritt die Hausherrin die Szene, und deren »Entrüstung und die Thränen« in ihren Augen lassen Elisabeth glauben, Clara Gelzer hätte alles gehört. Also spricht sie zu ihr wie zu einer Zeugin: »Und diese Dinge sagte ein 20-jähriges junges Mädchen, diese Ansichten über die Männer im Allgemeinen und meinen Bruder insbesondere, und dabei hatte sie den Vorschlag des Zusammenwohnens gemacht!!«

Unter dem Einfluss der Hinzutretenden schließen die Damen Waffenstillstand und reisen ab. Der Umstrittene holt seinen Besuch noch am selben Abend und bestgelaunt vom Tautenburger

Bahnhof ab und bringt sie zur gemeinsamen Unterkunft im Pfarrhaus, als Lou beim Auspacken allem bereits Gesagten vielleicht in beschwichtigender Absicht anfügt, sie könne notfalls mit ihrem Bruder in einem Zimmer schlafen »ohne aufrührerische Gedanken« (Elisabeth). Wie sollte Lou ahnen, dass diese doch absolut tröstliche Nachricht Nietzsches Schwester zu verzweifelten Bitten ums Aufhören veranlassen würde.

Am nächsten Morgen erzählt Elisabeth alles ihrem Bruder: Lou in Bayreuth und die Folgen. Worauf ein heftiger Streit zwischen Friedrich Nietzsche und Lou von Salomé entbrennt, an dessen Ende ihr Entschluss unverzüglicher Abreise steht.

Paul Rée hat aus gegebenem Anlass viel über Lous Geist und den Geist Nietzsches nachgedacht: »Dein Geist hat das Angenehme, daß er nicht auf einem *lastet*. Dies thut z. B. Nietzsches Geist. Er drückt, erdrückt den meinigen; mein Geist versagt in der Nähe des seinigen.«[86] Um ein Haar hätte er ein Telegramm mit der Meldung umgehender Ankunft in den Händen gehalten, doch dann geschieht etwas, das Nietzsche seinem Freund Gast so beschreibt: »... ich habe eine starke *Probe* zu bestehen gehabt, und sie *bestanden.*«

Statt der Freundin treffen nun ein paar Tagebuchblätter in Stibbe ein, die nichts mehr von dem ahnen lassen, was Lou im Rückblick einmal die *Katastrophe von Jena* nennen sollte. Sie klingen so: *Tautenburg, Montag 14. August. Es ist wieder die Zeit der Sonnenstrahlen, liebe Hüsung. Sie scheinen wieder vom klaren Himmel herab und gedämpft durch das dichte, dunkle Laub des Tautenburger Walddörfchens dringend, spinnen sie ihr goldenes Lichtnetz über den Boden. ... Ich w u ß t e, daß wenn wir verkehren würden, was wir Anfangs beide im Sturm der Empfindung vermieden* – welch seltsame Umschreibung eines großen Streits –, *wir uns bald genug, über alles kleinliche Geschwätz hinweg, in unseren tiefverwandten Naturen finden würden.*[87] Dass Lou Rée geradezu als unverwandt empfindet, weiß er nur zu genau. Darauf beruht ihre Freundschaft. Nietzsche *kam immer wieder herauf und am Abend nahm er meine Hand und küßte sie 2mal und begann etwas zu sagen, was nicht ausgesprochen wurde. Die nächsten Tage lag ich zu Bett, er sandte mir Briefe zum Zimmer hinein und sprach durch die Thür zu mir. Nun hat mein altes Hustenfieber nachgelassen und ich stand auf. Gestern waren wir den ganzen Tag zusammen, heute haben wir einen wunderschönen Tag im stillen, dunklen Kiefernwald mit den Sonnenstrahlen und Eichhörnchen allein verbracht. Elisabeth war auf der Dornburg mit Bekannten. Im Wirthshause, wo unter großen, breitästigen Linden gegessen wird, hält man uns für ebenso zusammengehörig wie mich und Dich.* Man mag sich Rée nur ungern bei der Lektüre dieser Blätter vorstellen; Lou wird ihre besondere Begabung für nicht vorsätzliche seelische Grausamkeit immer wieder unter Beweis stellen, oder nennen wir es ihr fehlendes Talent, andere zu verschonen.

Es plaudert sich ungemein schön mit N – doch das wirst Du besser wissen. Dabei hat er ihr längst gestanden, dass ihm in Nietzsches Gegenwart der Verstand stillsteht. Ihr scheint es durchaus anders zu gehen: ... *ein besonderer Reiz liegt im Zusammentreffen gleicher Gedanken, gleicher Empfindungen und Ideen, man kann sich beinah mit halben Worten verständigen. Einmal sagte er ... »ich glaube, der einzige Unterschied zwischen uns ist der des Alters. Wir haben gleich gelebt und gleich gedacht.«* Die Philosophin findet es angemessen, Rée diese zwar nicht unerwartete, dennoch erstaunliche Tatsache noch genauer darzulegen: *Ist man einander so unähnlich wie Du und ich, so empfindet man die Punkte der Übereinstimmung und freut sich ihrer, – ist man sich so verwandt wie N. und ich, dann fühlt man die Differenzen und leidet an ihnen.*

Über den eigentlichen Inhalt ihrer Gespräche könne sie nichts sagen, denn es seien zu viele, und *eigentlich besteht der Inhalt eines Gesprächs bei uns in dem, was gerade nicht ausgesprochen wird.* Sie lachen viel miteinander.

Lou beginnt, Friedrich Nietzsche zu studieren, und was die 21-Jährige erkennt, macht in seiner vorwegnehmenden, prophetischen Kraft beinahe sprachlos: *Ganz im Anfange meiner Bekanntschaft mit Nietzsche schrieb ich Malwida einmal aus Italien von ihm, er sei eine religiöse Natur und weckte damit ihre stärksten Bedenken. Heute möchte ich diesen Ausdruck noch doppelt unterstreichen. Der religiöse Grundzug unserer Natur ist unser Gemeinsames und vielleicht gerade darum so stark in uns hervorgebrochen, weil wir Freigeister im extremsten Sinne sind.*

Im Freigeist könne das religiöse Empfinden sich *auf kein Göttliches und keinen Himmel außer sich* beziehen. – Tagebücher junger Mädchen klingen nicht nur damals anders. Das durch die Religionen entstandene religiöse Bedürfen, *jener edlere Nachschößling der einzelnen Glaubensformen*, könne so auf sich selbst zurückgeworfen zur heroischen Kraft werden, den Drang zur Selbstaufgabe eingeschlossen: *In N.'s Charakter liegt ein Heldenzug und dieser ist das Wesentliche an ihm. … Wir erleben es noch, daß er als der Verkündiger einer neuen Religion auftritt und dann wird es eine solche sein, welche Helden zu ihren Jüngern wirbt.*

Mit ihr als erster Jüngerin? Aber dass er ihr Lehrer sein will, vergisst er; zu viel lernt er selbst von diesem Mädchen.

Sie legt ihm ihre philosophischen Sentenzen vor[88], die sie in Stibbe begonnen hat und deren erster Korrektor, vielleicht auch Mitautor, Rée gewesen war. Sie verraten ein außerordentliches Maß an Einsicht zwischen Altklugheit und Genialität.

Nietzsche liest: *Die Idee Vorurtheile finden zu müssen, kann auch zum Vorurtheil werden.*[89] Er verbessert: »Der Hang, Entdecker von Vorurtheilen zu sein, wird leicht auch der Erfinder von Vorurtheilen.«

Hinter ihre Sentenz *Die Metaphysik ist die Religion des Verstandes* – Kant in einem Satz – setzt er ein vorsichtiges, sich nicht weiter erklärendes Fragezeichen.

Was nicht in unsere Empfindung tritt beschäftigt unser Denken nicht lange, hat sie notiert. Nietzsche findet »Was uns nicht Leid oder Freude macht genießt in unserem Kopfe nur kurze Gastfreundschaft« gelungener.

Ihrer Überlegung *Die Freundschaft zwischen verschiedenen Geschlechtern ist eine adlige Neigung* hat er nichts hinzuzufügen. In ihrer Notiz, es gäbe eine Größe des Herzens, welche der Schwäche entspringt, möchte er das Wort »Größe« durch »Weite« ersetzt wissen.

Es könnte einmal eine Zeit kommen, in welcher nur noch kleine philosophische Denker große philosophische Gedanken haben. Wie muss Nietzsche über dieses Kind staunen, doch würde er es vorziehen, von einer Zeit zu sprechen, »in welcher ›der große Gedanke‹ einen Beweis dafür abgibt, daß sein Urheber ein kleiner Denker ist.«

Vielleicht würde der ehrlichste Philosoph nicht bis zur Philosophie kommen. –? Nietzsche weiß genau, was sie meint und korrigiert: »Der redlichste Philosoph würde vielleicht nicht bis zum ›System‹ kommen dürfen.«

Ihren Einsichten *Der Schmerz ist der Accent auf dem Glück* und *Der Schmerz ist ein Grübler* hat er nichts hinzuzufügen.

Er ernennt sie zu seinem »Geschwistergehirn«. Gedanke um Gedanke muss er sich erkannt fühlen, wie sehr erst dort, wo ihr Geist den neutralen Schutz der philosophischen Abstraktheit verlässt und ans Innerste streift: *Entweder zwei Menschen gewinnen sich lieb, indem in der Brust eines Jeden der Resonanzboden ist, in welchem jeder Ton der in der andern Brust anschlägt, anklingt. Oder aber sie gewinnen sich lieb, weil sie finden daß in ihrer Brust dieselben Töne klingen. Im ersten Fall ist der Einklang die Folge der Liebe, im letztern Fall die Liebe die Folge der Eintracht.* – Das mag ja so sein, aber wie furchtbar ist es formuliert. Der Philosoph verbessert, wahrscheinlich nicht ohne große innere Anteilnahme: »Der Einklang im Gefühle zweier Personen kann die Ursache der Liebe oder auch die Folge der Liebe sein.« Und wie mag er die folgende Einsicht des Mädchens aufgenommen haben: *Um die Freundschaft verschiedener Geschlechter rein zu erhalten, dazu gehört entweder eine kleine physische Antipathie oder eine große geistige Sympathie.* –? Überboten wird sie nur noch von der Überlegung *Die geistige Nähe zweier Menschen verlangt nach körperlichem Ausdruck,– aber der körperliche Ausdruck verschlingt die geistige Nähe.* Hier korrigiert er nichts.

Nun ist es keineswegs so, dass nur der Ältere mit dem Rotstift über die Aufzeichnungen der Jüngeren urteilt. Ist sie sein Studienobjekt, so ist er währenddessen durchaus auch das ihre. Das Ergebnis teilt sie umgehend Rée mit, es handelt sich um eine Doppelanalyse: *Dein Stil will den Kopf des Lesenden überzeugen und ist darum wissenschaftlich klar und streng, mit Vermeidung aller Empfindung.* Sie nennt schon den Stil seines Jugendwerkes »Psychologische Beobachtungen« *grauhaarig.* Anders Nietzsche: *N. will den ganzen Menschen überzeugen, er will mit seinem Wort einen Griff in das Gemüth thun und das Innerste umwenden, er will nicht b e l e h r e n sondern b e k e h r e n.* Im Übrigen sei ihre verschiedene Art zu arbeiten auch bezeichnend für die Verschiedenheit ihrer Naturen, genauer: *N. ist, wie ich, b e s e s s e n von seiner Arbeit ... Du hingegen b e s i t z t die Arbeit.*

Der zuletzt Analysierte hat sich inzwischen bis nach Helgoland geflüchtet, um sein Schicksal abzuwarten, das ihm dieses Gehirn, versteckt in einem Mädchenleib, entweder zurückgeben oder nehmen würde. Er informiert sie über die Art seiner Lektüre ihrer Tagebuchseiten und Briefe, wobei der scheinbar gelöste Scherz die darunterliegende Panik kaum verdeckt: »Weißt Du, Schneckli, ich bin ein sehr dankbares Publikum. Wenn ich Deinen Brief habe, so sehe ich erst so hier und da hinein – ich nasche. Wenn ich ihn dann verzehrt habe, so sehe ich noch überall herum, wo wohl noch etwas steht oder was ich nicht ordentlich gelesen habe – ich nage ihn ab.«[90]

Nach dem Probieren, Verzehren und Nagen aber kommt das Verdauen, und Lou macht es ihm nicht leicht. Und selbst ihr Lob bleibt zweideutig: *Du hast nicht in dem Maße wie N., – der Egoist im großen Stil, – das Herz im Gehirne stecken und unlöslich mit demselben verbunden.*[91]

Wäre Letzteres nicht eher eine Selbstcharakteristik?

Sie findet jetzt manchmal schon beim Aufstehen kleine Sendschreiben Nietzsches vor. Eins endet mit Betrachtungen über die Liebe der Männer:

»Den Meisten wohl ist Liebe eine Art *Habsucht*; den übrigen Männern ist Liebe die Anbetung einer leidenden und verhüllten Gottheit. Wenn Freund Rée dies läse, würde er mich für toll halten. Wie geht es? – Es gab nie einen schöneren Tag in Tautenburg als heute. Die Luft klar, mild, kräftig: so wie wir Alle sein sollten. Von Herzen F. N.«

Einmal erwartet sie gar eine vollständige kleine Stilkunde, gültig bis auf den heutigen Tag. Punkt 1 fordert, dass der Stil, die Sprache also, leben soll. Punkt 5 konkretisiert: »Der Reichthum an Leben verräth sich durch *Reichthum an Gebärden*. Man muß Alles, Länge und Kürze der Sätze, die Interpunktionen, die Wahl der Worte, die Pausen, die Reihenfolge der Argumente – als Gebärden empfinden *lernen*.« Unter Punkt 9 erfährt das erwachende Waldmädchen, dass der Takt des guten Prosaikers in der Wahl seiner Mittel darin bestehe, dicht an die Poesie heranzutreten, aber keinesfalls zu ihr überzutreten. Punkt 10: »Es ist nicht artig und klug, seinem Leser die leichteren Einwände vorwegzunehmen. Es ist sehr artig und *sehr klug*, seinem Leser zu überlassen, die letzte Quintessenz unsrer Weisheit *selber auszusprechen*. F. N. Einen guten Morgen, meine liebe Lou!«[92]

Das sind die Tagesanfänge. Später geraten beide nicht selten an Gegenstände, die Elisabeths Gemüt etwa kaum an der äußersten Peripherie gestreift haben dürften, geschweige denn, dass sie diese einem Mann gegenüber erwähnt hätte. Selbst Lou spricht von *Abgründen*: *Seltsam, daß wir unwillkürlich mit unsern Gesprächen in die Abgründe gerathen, an jene schwindligen Stellen, wohin man wohl einmal einsam geklettert ist ... Wir haben stets die Gemsenstiegen gewählt und wenn uns Jemand zugehört hätte, er würde geglaubt haben, zwei Teufel unterhielten sich.*[93] Etwa über Wesen und Unwesen des Sadomasochismus. Schon aus der Natur der Themen sowie aus der speziellen Wertschätzung der Dritten der Tautenburger Waldeinsamkeit ergibt sich, dass diese von aller Gemeinsamkeit ausgeschlossen ist, was zu büßen ihr Bruder noch ausführlich Gelegenheit finden wird.

Aber so weit denken die beiden Waldweisen nicht. Lou hat unlängst eine kurze, uns leider nicht mehr vorliegende *Abhandlung über die Frau* begonnen, die ihr strenger Gutachter der Autorin zufolge stark missbilligt, besonders den Stil. Also entwirft er für sie die Gliederung eines solchen Essays, dessen Themen zugleich die Hauptcharakteristiken des Gegenstands verraten – gebildet am lebendigen Beispiel der Schwester? Die zeitlos interessanten und ohne weitere Erklärung einsichtigen Punkte seien hier wiedergegeben, auch weil sie mit Lous eigenem, von der sich formierenden Frauenbewegung bald scharf kritisiertem Frauenbild übereinstimmen und es mitprägen werden. Es ist das Porträt eines tief manipulierten Geschlechts in Stichpunkten:

»1. Das weibliche Urtheil und der Glaube (Aberglaube) des Weibes in Betreff seines Urtheils. …

3. Was von der Wirklichkeit sich das Weib *verhehlt*. …

7. Die Pflege der Kinder, theils zurückbildend und hemmend, theils allzusehr *ent*kindlichend (der weibliche Rationalismus)

Inwiefern die Weiber den Mann als Kind behandeln. …

9. Geschichte dessen, was vom Weibe als unweiblich empfunden wird, – je nach Volk und Sittenzustand. …

10. Der weibl. Glaube an irgend eine *oberste* weibl. Tugend, welche da sein müsse, damit irgend eine höhere Natur des Weibes erreicht werden könne – und der tatsächl. Wechsel dieser ›obersten Tugenden‹. …

12. Schwangerschaft als Cardinalzustand, welcher allmählich, im Verlauf der Zeiten, das Wesen des Weibes festgestellt hat. Relation aller weiblichen Denk- und Handlungsweisen dazu.

13. Verneinen, zerstören, allein sein, kämpfen, verachten, sich rächen: warum das Weib in alledem barbarischer ist als der Mann usw. usw. usw.«[94]

Gleich in mehreren, seinem Rotstift zur Beurteilung übergebenen Aphorismen hatte sie überlegt, wie sich Freunde von Liebenden, Verlobten und Ehegatten unterscheiden. Über Letztere befand sie: *Verlobte sind einander eine rosige Vermuthung u. Ehegatten eine bittere Erkenntnis.* Er erlaubt sich, »bitter« durch »grau« zu ersetzen. Über die erste und zweite Personengruppe liest er: *Die beste Unterscheidung von Freundschaft und Liebe liegt darin, ob das unverheirathete Zusammenleben Qual oder Freude bereitet.* Ihr macht es gewiss Freude. Er macht eine Anmerkung: »Unmöglicher Ausdruck!«

Sind wir uns g a n z n a h? Nein, bei alledem nicht, schreibt sie Rée die erlösenden Worte schon am 18. August und weiter: *Es ist wie ein Schatten jener Vorstellungen über mein Empfinden, welche N. noch vor wenigen Wochen beseligten, der uns trennt, der sich zwischen uns schiebt.*[95] Wieder müsste der Korrektor, könnte er das lesen, »Unmöglicher Ausdruck!« darunter schreiben. Was sie sagen will, ist: Sie spürt im Philosophen noch immer den um sie werbenden Mann. Der macht ihr Angst, so sehr, dass sie ihre Abreise zu planen beginnt. Und wieder erstaunt ihre Zukunftssichtigkeit: *Seltsam, mich durchfuhr neulich der Gedanke mit plötzlicher Macht, wir könnten uns sogar einmal als Feinde gegenüberstehen.*

Nietzsche denkt inzwischen, angeregt von Lous Forschungsgegenstand, weiter über die Frauen nach und kommt unter anderem zu folgendem Ergebnis: »Es liegt auf der Hand, daß für die Entstehung der Religionen das schwache Geschlecht wichtiger ist als das starke. Und, so wie die Weiber sind, würden sie sich, wenn man sie allein ließe, aus ihrer Schwäche heraus nicht nur beständig ›Männer‹ erschaffen, sondern auch ›Götter‹ – und beide, wie zu vermuten steht, einander ähnlich –: als Ungeheuer von Kraft!«

Es ist schon beinahe tragikomisch, wie wenig Lou in sein Frauenbild passt. Weit entfernt, Männer zu schaffen, sinnt seine Denkgefährtin auf Flucht, auf Abstand, gerade weil ihr der Mann zu nahe kommt. Und weit draußen in der Nordsee hebt ein großer Jubel an.

Der oben bereits vorgestellte Brief über die Rée'sche Lektüre der Salomé'schen Post ist schon getragen von unendlicher Erleichterung: »Was Du wohl für eine Attitüde, Betonung, Bewegung, Blickung mit den Worten auf dem Monte sacro verbunden hast. Warte nur, Schneckli. Enfin. – Alles soll in einem ungeheuren General-Pardon Dir so vollkommen, als ob ich der Papst wäre und Du mein Beichtschäfchen, verziehen werden, – wenn ich Dich wirklich heute über 8 Tage in Berlin Anhalter Bahnhof wiederhaben soll. Höre, Liebstes, ich freue mich so fürchterlich, daß es eigentlich besser wäre, uns erst am jüngsten Gericht, statt am Anhalter Bahnhof wiederzusehen.«[96] Ob sie ihrem Gastgeber wenigsten den Namen dieses fatalen Treffpunkts erspart?

Und der vermag so wenig. Am Tag vor ihrer Abreise zwingt ihn ein Anfall, auf ihre Gemeinschaft zu verzichten. Ein Zettel wird ihr überbracht: »Zu Bett. Heftigster Anfall. Ich verachte das Leben. F. N.«

Der Gruß am frühen Morgen danach lautet: »Meine liebe Lou,

Pardon für gestern! Ein heftiger Anfall meines dummen Kopfleidens – heute vorbei. Und heute sehe ich Einiges mit neuen Augen. – Um 12 Uhr bringe ich Sie nach Dornburg: – aber vorher müssen wir noch ein halbes Stündchen sprechen (bald, ich meine, sobald Sie aufgestanden sind.) Ja? – Ja! F. N.«

Sein »Ja!«, eigenmächtig wie einst die Fahrt nach Berlin, wird seine dreißig Minuten gewiss verkürzt haben.

Liebe ist auf Tragik angelegt, hatte seine launige Schülerin notiert. Ob er die Nummer des Aphorismus noch weiß? Er selbst hat ihre Sentenzen erst durchnummeriert. Es ist die 38. Und er hat »Alle« vor den Satzanfang geschrieben. *Alle Liebe ist auf Tragik angelegt.*

Zum Abschied schenkt sie ihm ein Gedicht und legt drei Mark Unkostenbeitrag auf den Tisch. Er übergibt sie dem Tautenburger Verschönerungsverein.

*

»Meine liebe Lou, einen Tag später als Sie gieng ich von Tautenburg weg, im Herzen *sehr* stolz, *sehr* muthig – wodurch eigentlich? Mit meiner Schwester habe ich nur wenig noch gesprochen, doch genug, um das neu auftauchende Gespenst in das Nichts zurück zu schicken, aus dem es geboren war.«

Elisabeth, die Überzählige dieses Sommers, voll ohnmächtiger Wut auf ihren Bruder, die ihn, das weiß sie wohl, kaltlässt, erklärte dem nunmehr Vereinsamten, dass sie der Mutter – und wenn es sein müsse wohl der ganzen Menschheit – die Wahrheit über Lou sagen werde. Elisabeth: Da »fing er gegen mich zu wüthen an«.[97] Giftköder hatte sie bereits ausgelegt. Es braucht nicht viel Phantasie, sich die Art und Weise vorzustellen: Dieses Mädchen benutze und verhöhne ihn, und er merke es nicht einmal. Und schimpfe statt auf die Unwürdige auf sie, die arme, besorgte Schwester. Aber auch sie ertrage die Gegenwart des Verblendeten nicht länger: »Schließlich als Lou fort war bat ich Fritz allein abzureisen, ... ich wäre so bekümmert um ihn u. ich wollte nicht, daß Mama meine verweinten Augen sehe, er sollte nur der Mama Alles selbst erzählen.«[98]

So sitzt Elisabeth nun allein in Tautenburg, erstaunt darüber, »daß mein Ideal so machtlos dem Bösen gegenüber war, ... daß er unter dem Joch dieser zweifelhaften Person einer so gefahrvollen Zukunft entgegen ging.«[99]

Der Unterjochte, argwöhnisch von seiner Mutter in Empfang genommen, beginnt inzwischen zu komponieren. Das Gedicht, das Lou ihm zum Abschied geschenkt hatte, ist kein anderes als das »Lebensgebet«. Als Kritiker ist er noch immer eine glatte Fehlbesetzung, kein Gedicht könnte ihm näher, teurer sein. Und handelt seine letzte Strophe, dieser Anruf des Lebens nicht auch von ihm? Sie sei noch einmal wiedergegeben:

Jahrtausende zu sein! zu denken!
Schließ mich in beide Arme ein:
Hast Du kein Glück mehr mir zu schenken –
Wohlan – noch hast Du Deine Pein.

Er macht wieder Musik. Und schickt Worte und Noten Gast, verbunden mit dem Geständnis, ein großer Sänger könnte ihm mit diesen Zeilen »die Seele aus dem Leib ziehen«, allerdings trage er Sorge, dass sich bei diesen Tönen »andre Seelen ... erst recht in ihren Leib verstecken«. Gast möge der Komposition doch ein wenig den »laienhaften Strich und Griff nehmen«. Der selbstironisch gelöste Ton überspielt den Ernst, den die Sache für ihn hat und immer behalten wird: sein Schicksal und das der geliebten Frau, verbunden in einem gemeinsamen Lied. Nur »Lebensgebet« gefällt ihm nicht, er zieht »Hymnus an das Leben« vor. Gast meldet sich umgehend und findet das Stück etwas »christlich-kreuzzüglerhaft«.

Am 7. September sendet er Gasts Befund an Lou, doch klingt sein Brief nicht hochgestimmt, im Gegenteil. Er werde noch am selben Tag nach Leipzig gehen. Von seinem anfänglichen Mut ist nicht mehr viel übrig: »Es kommt mir jetzt so vor, als ob meine *Rückkehr* ›zu den Menschen‹ dahin ausschlagen sollte, daß ich die Wenigen, die ich besaß, *verliere*. Alles ist Schatten und Vergangenheit. Der Himmel erhalte mir mein Bischen Humanität.«[100] Er meint Mutter und Schwester. Was ist geschehen?

Franziska Nietzsche, über Tage forschend auf ihren komponierenden Sohn blickend, hatte sich – wohl informiert durch die Tochter – schließlich zu dem Satz entschlossen, ihr Sohn sei »eine Schande für das Grab seines Vaters«. Das erträgt er nicht. Er packt seine Koffer.

Elisabeth Nietzsche sitzt derweil noch immer in Tautenburg, dort kommt die Mutter sie nun besuchen und findet ihr Kind nach dessen eigenem Bericht »aufgelöst vor Kummer u. mit einer Augenentzündung vom vielen Weinen«[101] vor. Als Elisabeth von der Abreise ihres Bruders erfährt, spricht sie, durchaus als seine unheimliche Mitwisserin: »Also begann Zarathustra's Untergang.«[102]

Rée und Lou müssen zu ihm nach Leipzig kommen. Und dann werden sie gemeinsam nach Wien gehen oder nach München – Lous Interimsidee – oder nach Paris. Vielleicht nehmen sie Rée mit, vielleicht, so mag Nietzsche hoffen, lässt er sich noch abschütteln. Man schreibt sich grundvernünftige Dreieinigkeitsbriefe.

Er freut sich über ihren psychologisch-philosophischen Scharfsinn: »Meine liebe Lou, Ihr Gedanke einer Reduktion der philosophischen Systeme auf Personal-Acten ihrer Urheber ist recht ein Gedanke aus dem ›Geschwistergehirn‹; ich selber habe in Basel in *diesem* Sinne Geschichte der alten Philosophie erzählt und sagte gern meinen Zuhörern: ›dies System ist widerlegt und todt – aber die Person dahinter ist unwiderlegbar, die Person ist gar nicht todt zu machen‹ – zum Beispiel Platon.«[103] Er weiß genau, dass sie längst dabei ist, ihn in dieser Weise zu reduzieren, also offenbart er sich bereitwillig: »Gestern Nachmittag war ich glücklich; der Himmel war blau, die Luft mild und rein, ich war im Rosenthal, wohin mich Carmen-Musik lockte. Da saß ich 3 Stunden, trank den zweiten Cognac dieses Jahres, zur Erinnerung an den ersten« – den hatten sie zusammen in Tautenburg getrunken – »und dachte in aller Unschuld und Bosheit darüber nach, ob ich nicht irgend welche Anlage zur Verrücktheit hätte. Ich sagte mir schließlich *Nein*. Dann begann die Carmen-Musik, und ich ging für eine halbe Stunde unter in Thränen und Klopfen des Herzens. – Wenn Sie aber dies lesen, werden Sie schließlich sagen: *Ja!*

Und eine Note zur ›Charakteristik meiner selber‹ machen.«[104] Und dann hat er noch eine Frage. Warum, um Himmels willen, wollen die beiden erst am 2. Oktober nach Leipzig kommen?

*

Und dann kommen sie wirklich, aber keinen Tag früher. Bis Anfang November werden sie bleiben. Sie essen gemeinsam die Geburtstagstorte, die Nietzsche aus Naumburg bekommt, obwohl er alle diplomatischen Beziehungen dorthin abgebrochen hat. Sie sehen gemeinsam den »Nathan«, was Lou Gelegenheit gibt, bisherige Nathan-Auffassungen zu korrigieren. Es sei Lessing in der Ringparabel nämlich nicht um die reine Wahrheit, sondern um die bekömmliche Wahrheit gegangen: *Nathan liegt es nicht daran, die Wahrheit an sich, den höchsten Ausspruch seiner Wahrheit zu sagen, sondern den geeignetsten Ausspruch.*[105] Lessing habe dem Volk *das Beste, nicht das Wahrste* geben wollen. Ihre Lessing-Kritik beginnt mit den Worten: *Heute Abend war unsere Dreieinigkeit in Nathan dem Weisen. Mittelmäßiges Spiel, Nathan sehr gut …*

Die Trinität hört weiterhin ein großes Richard-Wagner-Konzert mit den Bayreuther Sängern dieses Jahres, die auch Partien aus »Parsifal« vortragen.

Manchmal bleibt die Lessinggutachterin Tage im Bett, dann macht Nietzsche sich Sorgen um Lous Gesundheit, er nennt sie »bejammernswürdig, ich gebe ihr nun viel kürzere Zeit als noch in diesem Frühjahr«. Aber wahrscheinlich weckt gerade ihre Kränklichkeit wieder seine übergroße Zärtlichkeit. Sie beide, so klug, so krank … Wer dürfte noch daran zweifeln, dass sie zusammengehören? Nietzsche steht außerdem mit einem vierstimmigen Chor in Verhandlung, der Lous Lebensgebet in seiner Vertonung vortragen soll.

Peter Gast reist aus Venedig an und bestätigt den Befund des Freundes. »Sie ist wirklich ein Genie«, schreibt der Komponist, der keins ist, »und von Charakter ganz heroisch; von Gestalt ein wenig größer als ich, sehr gut proportioniert …, blond mit altrömischem Gesichtsausdruck.« Es wird Nietzsches Freunden einmal auffallen, dass in seinem Bekannten- und Freundeskreis eigentlich keiner blond war. Der brünette Philosoph, der bald von der »blonden Bestie« sprechen wird, weshalb jeder SS-Mann einmal annehmen wird, er sei gemeint, dieser Philosoph kennt eigentlich niemanden näher, der blond ist. Niemanden, bis auf Lou. Sollte gar sie verantwortlich sein für das missverständlichste Wort seines Werks und dieses selbst also ein ungeheures Missverständnis?

Noch erscheint sie ihm nicht als Bestie, obwohl Friedrich Nietzsche in diesem Leipziger Herbst wahrscheinlich durch alles und alle hindurch nur eines sieht und hört, etwas, auf das er so nicht gefasst war. Da ist eine große Vertrautheit zwischen der Freundin und dem Freund, die bemerkt er jetzt. Sie wohnen auch unter einem Dach. Da ist ein Bund, und in diesen Bund gehört er nicht.

In Dreierbünden mögen sich Götter zurechtfinden, Menschen nur selten. Trotzdem, und vielleicht auch, weil er nicht einfach hinnehmen kann, was er sieht, hält er am gemeinsamen Winter-Studien-Plan fest. Der Zielort heißt nun endgültig Paris statt Wien oder München. Friedrich Nietzsche, sonst für derlei Dinge durchaus unbegabt, knüpft alte Pariser Kontakte, bereitet die gemeinsame Reise vor. Lou dagegen hatte schon kurz nach ihrer Ankunft in Leipzig einem Berliner mitgeteilt, dass *wir Beide in etwa 2 Wochen auf längere Zeit in Berlin*[106] bleiben werden. *Wir beide*, das sind natürlich Rée und sie. Rées Mutter ist gerade in Berlin.

Das begabte Mädchen liest Nietzsche das Ergebnis ihrer Nietzsche-Analyse vor und treibt zwischen Theater und Konzert auch religionsphilosophische Studien in Leipzig, sogar solche am lebendigen Objekt. Das Resultat ihrer Einsicht lautet: *So wie die christliche Mystik (wie jede) gerade in ihrer höchsten Exstase bei grobreligiöser Sinnlichkeit anlangt, so kann die idealste Liebe – gerade vermöge der großen Empfindungsaufschraubung in ihrer Idealität wieder sinnlich werden. Ein unsympathischer Punkt, diese Rache des Menschlichen, – ich liebe nicht die Gefühle da, wo sie in ihrem Kreislauf wieder einmünden, denn das ist der Punkt des falschen Pathos, der verlorenen Wahrheit und Redlichkeit des Gefühls. Ist es dies, was mich N entfremdet?*[107]

Hatte nicht genau dieser Punkt sie nicht schon Gillot entfremdet?

Am 5. November reisen die Freunde ab, der Zurückgelassene möge inzwischen weiter Paris vorbereiten. Er schreibt der Generalin in Petersburg einen sehr langen, um Paris-Zustimmung werbenden Brief, schickt zwei Zimmer-Anfragen nach Paris und fällt in tiefste Traurigkeit. »... vielleicht habe ich nie so melancholische Stunden durchgemacht, wie in diesem Leipziger Herbst«, erfährt ein Freund. Lou, inzwischen in Berlin, liest:

»Sie wollten mir noch Etwas sagen?

Ihre Stimme gefällt mir am meisten, wenn Sie bitten. Aber man hört dies nicht oft genug.

Ich werde beflissen sein –« Soll heißen: Er wird tun, was sie will, für ein wenig Zuwendung. Aber die braucht er. Aber die kann er nicht einfordern. Er weiß es selbst: »Ah, diese Melancholie! Ich schreibe Unsinn. Wie *seicht* sind mir heute die Menschen! Wo ist noch ein Meer, in dem man wirklich noch *ertrinken* kann! Ich meine ein Mensch.« Er würde gern in ihr untergehen.

Noch am 7. November glaubt Friedrich Nietzsche, dass er in zehn Tagen an der Seine sein werde, und bittet einen Freund, ihm ein »totenstilles« Zimmer zu besorgen, »wie es für mich Einsiedler und Gedanken-Wurm paßt«.[108] Die Generalin antwortet und gibt ihr über zwei Seiten tief zögerndes Ja: »Sehr geehrter Herr Professor. ... Es mag ja sein, ich will es nicht bestreiten, daß meine Anschauungsweise eine veraltete nicht zeitgemäße ist, die den Wirkungskreis und das Leben einer Frau auf andern Gebieten sieht, als nur im Streben nach geistiger Vervollkommnung ... Ansichten, mit denen man alt wurde, lassen sich nicht wie ein altes Kleid abwerfen, namentlich bevor man klar und deutlich die Richtigkeit der andern sieht. *Gesetz* und *Zwang* sind nie gegen meine Tochter in Anwendung gebracht worden, selten ist wohl einem jungen Mädchen Alles so nach Wunsch und Willen gegangen, wie ihr.«[109] Und so füge sie sich auch diesmal widerstrebenden Herzens, »so sehr ich auch gegen das Leben in Paris bin«.

Das sind doch gute Vorzeichen, und so findet die zweite Novemberwoche ihn schon fast wieder zuversichtlich. Lou sei »für den bisher fast verschwiegenen Theil meiner Philosophie vorbereitet ... wie kein anderer Mensch«.[110] Er denkt an die Lehre von der ewigen Wiederkehr.

Zum Abschied hatte diesmal er ihr ein Gedicht geschenkt:

Freundin – sprach Columbus – traue
Keinem Genueser mehr!
Immer starrt er in das Blaue,
Fernstes zieht ihn allzusehr!

Wen er liebt, den lockt er gerne
Weit hinaus in Raum und Zeit –
Über uns glänzt Stern bei Sterne,
Um uns braust die Ewigkeit.

Kann sie dieses Hochseegedicht lesen und trotzdem im Hafen bleiben wollen, gar bei dem geistigen Binnenlandbewohner Rée?

Der Übermensch als Übermädchen. Zarathustras Nachtgedanken oder Die Dialektik des Mitleids

»Ich dachte, es werde mir ein Engel entgegengeschickt, als ich mich wieder den Menschen und dem Leben zuwandte …«

Friedrich Nietzsche

»An jedem Morgen verzweifle ich, wie ich den Tag überdaure. Ich schlafe nicht mehr! Was hilft es 8 Stunden zu marschieren! Woher habe ich diese heftigen Affekte! Ach etwas Eis! Aber wo gibt es *für mich* noch Eis? Heute Abend werde ich so viel Opium nehmen, daß ich den Verstand verliere. Ich habe nämlich wunderlicherweise zu viel Verstand, aber nur im Dienste der Vernunft: Wo ist noch ein Mensch, den man verehren könnte! Aber ich kenne Euch alle durch und durch!«[111]

Zwei kennt er ganz besonders.

Rapallo im Dezember. Vielleicht spricht er laut vor sich hin auf seinen immer gleichen Wanderungen. Morgens von Rapallo nach Zoagli, nachmittags von Rapallo nach Portofino. In welch stolzem, ruhigem Gleichmaß das Gebirge bei Porto-Fino zum Meer abfalle, hier »wo die Bucht von Genua ihre Melodie zu Ende singt«. Das hatte er eben noch in der »Fröhlichen Wissenschaft« notiert. Und jetzt? Er passt nicht mehr in die Landschaft, die er liebt. Mag sein, man redet schon über ihn. Nur Verrückte fahren um diese Jahreszeit ans Meer.

Friedrich Nietzsche ist der einzige Gast weit und breit.

Sein altes Genueser Zimmer war schon vergeben, als er in die Stadt kam, dreimal ist er dort gewesen, aber: »In Genua giebt es keine Öfen.«[112] Und diesmal braucht er einen – »ich habe in

Leipzig schon mich an Feuer gewöhnt – und zuletzt: ich habe nicht viel Wärme *zuzusetzen.*«[113]

In einem plötzlichen Entschluss war er aufgebrochen. Sitzengelassen in Leipzig, er, der größte Philosoph des Äons, nun gut, der größte unbekannte Philosoph des Äons! Sitzengelassen von einem kleinen Mädchen?

Bewegung tat gut. Sie gab ihm die Illusion, den aktiven Part innezuhaben. Nach Naumburg konnte er nicht. Er hat diesen Ort von seiner Landkarte gestrichen. Auch Genua nahm ihn diesmal nicht auf? Gut, er fuhr weiter, die Küste hinunter, stieg in irgendeinem gottverlassenen Fischernest aus. Santa Margherita Ligure. Auch hier: kein Ofen, kein Kamin. Er blieb trotzdem, da war es schon Ende November. Er hatte längst in Paris sein wollen.

Natürlich war da zuletzt doch die Angst vor den schweren Himmeln des Nordens gewesen, aber rechtfertigte das seine exzentrische Anwesenheit an diesem Novemberstrand? Alles, was ihm jetzt noch helfen konnte, waren klare blaue Tage. Es gibt sie an der ligurischen Küste, er weiß das. Aber nicht jetzt, nicht für ihn. Es herrschte Weltuntergang am Strand, über ihm hingen Himmel wie Grabsteine. Das Denker-Duo Rée-Salomé brauchte ihn nicht, Berlin war ihm lieber als Paris, Paris war den beiden gar zu weit? Er hatte verstanden. Er war zu allem entschlossen. In seinem Fall, im Fall des Philosophen des Übermenschen hieß das: Er war entschlossen zur Großmut. Zum Verzicht.

Aus seiner unterkühlten Klause in Santa Margherita sandte er zwei letzte Wärmebriefe an die Freundin und den Freund: »Ich gehöre Ihnen Beiden mit meinen herzlichsten Gefühlen – ich meine dies durch meine Trennung mehr bewiesen zu haben als durch meine *Nähe.*«[114]

Und unter dem schwerverhangenen ligurischen Himmel beschwor er die Freundin, einen anderen, viel wichtigeren aufzuklären: »Und nun, Lou, liebes Herz, schaffen Sie einen reinen Himmel! Ich will nichts mehr, in allen Stücken als reinen hellen Himmel: sonst will ich mich schon durchschlagen, so hart es auch geht.« Einen heiteren Himmel also. Und die Heiterkeit, das bemerkt er nun, habe ihrem Zusammensein wohl immer gefehlt. Mit Rée fand sie den leichten Ton. Warum nicht mit ihm? Er sagt es ihr: »Weil ich mir zu viel Gewalt *anthun* mußte: die Wolke an unserem Horizont lag auf mir!« Wenn Nietzsche von Wolken spricht, meint er das Lastendste unter der Sonne überhaupt.

*

Welche Wolke?, fragt die Freundin hinüber zum Freund. Der hebt die Schultern. Zwei Verschworene üben sich in Berlin in Textexegese. Lous römischer Frühlingstraum ist kurz vor Jahresende doch noch wahr geworden: Drei Zimmer, links eins, rechts eins zum getrennten Schlafen, in der Mitte das gemeinsame Studierzimmer. Gewiss stehen Blumen darin, wie sie es geträumt, wie sie es gewünscht hat. Es war nicht leicht, einen Vermieter in Berlin zu finden, der an die Lauterkeit dieser allerungewöhnlichsten Erkenntnis- und Wohngemeinschaft glaubt, aber sie haben ihn gefunden. Und nun sitzen sie da an ihren Schreibtischen und lesen nacheinander dieselben Briefe aus Italien. –

Und der Schluss der Wolken-Epistel erst! Sie soll sagen, dass sie seine Gefährtin ist im Geiste, dann will er allen Einflüsterungen seiner Schwester nicht glauben. Nicht, dass sie ihn in Bayreuth vor allen lächerlich gemacht habe. Nicht, dass sie wohl auch jetzt über ihn lacht. Er weiß doch, dass sie zusammengehören: »Ich fühle jede Regung der *höheren* Seele in Ihnen, ich liebe nichts als diese Regungen. Ich verzichte gern auf alle Vertraulichkeit und Nähe, wenn ich nur dessen sicher sein darf: dass wir uns dort *einig* fühlen, wohin die gemeinen Seelen nicht gelangen.« Ja, kann man diesen Verzicht nicht auch etwas unpathetischer ausdrücken? Lou von Salomé und Paul Rée sind auf so einfache, so gute Art glücklich, der italienische Tragödienton passt nicht in ihren Berliner November. Sie schreibt ihm. Ihre Antwort muss sehr anders ausgefallen sein, als er es noch in seiner äußersten entsagenden Bescheidenheit ersehnt hat.

Erst jetzt brechen alle Dämme »M. l. L. schreiben Sie mir doch nicht solche Briefe!«, beginnt er, um den eigenen nach drei Sätzen abzubrechen und es noch einmal zu versuchen: »Aber L. was schreiben Sie denn für Briefe! So schreiben ja kleine rachsüchtige

Schulmädchen.«[115] Diesmal kommt er viele Sätze weiter, um doch wieder aufzuhören. Nächster Versuch: »Sie haben in mir den besten Advokaten, aber auch den unerbittlichsten Richter! Ich *will*, daß Sie sich selbst verurtheilen, u sich Ihre Strafe bestimmen. M. l. L. nehmen Sie sich in Acht! Wenn ich Sie jetzt von mir weise, so ist das eine fürchterliche Censur über Ihr ganzes Wesen!«

Er erklärt den beiden minderbegabten Exegeten sogar die Wolke, doch die erfahren das nie, weil er auch diesen Brief – er ist an Rée allein – nie abschickt: »Lieber Freund, ich nenne L meinen leibhaftigen Scirocco: noch nicht eine Minute habe ich mit ihr zusammen jenen reinen Himmel über mir gehabt, den ich mit u ohne Menschen brauche. Sie vereinigt in sich *alle* Eigenschaften der Menschen, die mir ekelhaft und verhaßt sind u nun habe ich mir seit Tautenburg die Tortur auferlegt sie gerade deshalb zu *lieben*! Auf die Dauer aber quäle ich sie zu Tode. –«[116]

Friedrich Nietzsche findet nebenan in Rapallo das Albergo della Posta. Er ist der einzige Gast dort. Er hat nun ein Zimmer mit Kamin, aber in seinen Briefen findet eine Klimakatastrophe statt.

Er versucht, sich Rechenschaft über ihren Charakter zu geben. Der erste Befund: »ein Gehirn mit einem Ansatz von Seele«. Das Weitere liest sich zum Teil wie ein Almanach der bürgerlichen Tugenden, teils wie tiefste Einsicht. Selbst die Raubtiere, die Löwen werden ihm nun verdächtig, er nimmt sie plötzlich aus der Perspektive des Naumburger Stubenkaters wahr: »Charakter der Katze – des Raubtiers, das sich als Haustier stellt.« Anders hätte selbst Elisabeth das nicht formulieren können. Nein, der Sohn des deutschen Landpfarrhauses ist der Petersburger Generalstochter nicht gewachsen. Seine Hauptanklagen lauten:

»ohne Fleiß u Reinlichkeit ohne bürgerliche Rechtschaffenheit

Grausam versetzte Sinnlichkeit

Rückständige Kinder – in Folge einer geschlechtlichen Verkümmerung und Verspätung

Der Begeisterung fähig ohne Liebe zu Menschen, doch Liebe zu Gott

Bedürfnis der Expansion

Schlau und voll Selbstbeherrschung in Bezug auf die Sinnlichkeit der Männer

Ohne Gemüth und unfähig der Liebe
im Affekt immer krankhaft und dem Irrsinn nahe
ohne Dankbarkeit, ohne Scham gegen den Wohlthäter
untreu und jede Person im Verkehr mit jeder anderen preisgebend
unfähig der Höflichkeit des Herzens
abgeneigt gegen die Reinheit und Reinlichkeit der Seele
ohne Scham im Denken immer entblößt gegen sich selber
gewaltsam im Einzelnen
nicht ›brav‹
grob in Ehrendingen«.[117]

Und doch, er weiß es, richten sich diese Befunde gegen ihn selbst, gegen alles, was er in Lou gesehen und gegen Schwester und Mutter verteidigt hatte. Er hatte sie als die Erbin seiner Philosophie einsetzen wollen: »Damals in Orta hatte ich bei mir in Aussicht genommen, Sie Schritt für Schritt bis zur letzten Consequenz meiner Philosophie zu führen – als den ersten Menschen, den ich dazu für tauglich hielt. Ach, Sie ahnen nicht, welcher Entschluß, welche Überwindung das für mich war! ... Ich habe nie daran gedacht, Sie erst um Ihren Willen zu fragen: Sie sollten kaum merken, wie Sie in diese Arbeit hineinkämen. Ich vertraute jenen höheren Impulsen, an welche ich bei Ihnen glaubte – Ich dachte Sie mir als meinen Erben.«[118]

Aber wer war dieser Erbe denn, mit den Augen des Nichtliebenden, also mit denen der Welt betrachtet? Ein kleines Mädchen, das ihn behandelt hatte wie einen Studenten. Wie tief geht diese Scham! »Um des Himmels willen, was denken denn diese kleinen Mädchen von 20, welche angenehme Liebesgefühle haben und nichts Weiteres zu *thun* haben als hier u da krank zu sein u zu Bett zu liegen?«[119] Manchmal, sehr selten, ist er beinahe noch der Selbstironie fähig: »Sollte Lou ein verkannter Engel sein? Sollte ich ein verkannter Esel sein?« Aber ja.

Er nimmt seine unermüdlichen Wanderungen zwischen Zoagli und Portofino auf, um besser schlafen zu können, was ihm trotzdem nicht gelingt, sieht durch alles Meer hindurch nicht selten ein Berliner Studierzimmer vor sich und entwirft im Geiste Brief um Brief an die zwei, die er, wie er sagt, kennt durch und durch.

»Haben wir Lust einen großen Lärm zu machen?«, fragt er Lou, um auch diese Erkundigung für sich zu behalten.

Doch manchen Brief schickt er sogar ab. Er teilt der Freundin und dem Freund mit, eine »ungeheure Dosis Opium« eingenommen zu haben, um an Verstand zu gewinnen und die ausgenüchtertsten Nachrichten zu verschicken. Man nennt das auch Realismus. »Beunruhigt Euch nicht zu sehr über die Ausbrüche meines ›Größenwahns‹ oder meiner ›verletzten Eitelkeit‹« – wahrscheinlich hatte sie ihm vorgeworfen, Inhaber beider Defekte zu sein – »und wenn ich selbst aus irgend einem Affekte mir zufällig einmal das Leben nehmen sollte, so würde auch da nicht allzuviel zu betrauern sein. Was gehen Euch meine Phantastereien an! (Selbst meine ›Wahrheiten‹ giengen Euch bisher nichts an) Erwägen Sie Beide doch sehr miteinander, daß ich zuletzt ein kopfleidender Halb-Irrenhäusler bin, den die Einsamkeit vollends verwirrt hat.«[120]

Wahrscheinlich haben sich die Fischer von Rapallo längst an den merkwürdigen Strandläufer gewöhnt.

*

In Berlin treffen sich inzwischen mehrere junge Männer und ein noch jüngeres Mädchen zum regelmäßigen geistigen Miteinander-Wachsen. Niemanden vermissen sie in dieser Runde so wenig wie Gott. Der Titel des Höchsten ist ohnehin schon vergeben, nämlich an das Mädchen. Exzellenz, lautet die einmütige verehrende Anrede der Jungakademiker, während man ihrem Begleiter den Titel der »Ehrendame« zuerkennt. Paul Rée trägt und erträgt ihn mit Würde und Anstand.

Den Titel Exzellenz besitzt Lou von Salomé tatsächlich, er ist in ihrem Pass vermerkt. Immerhin ist sie die Tochter eines in den russischen Adel erhobenen Vaters. Wie Rée unter seiner Anrede gelitten haben mag, meint man zu wissen, fasst sie doch Nietzsches böse Diagnose mangelnder Männlichkeit in einen Scherz. So klug und über die Vorurteile ihrer Zeit hinaus all die Jungintellektuellen hier sein mochten: dass einer neben dieser Frau lebt und sie nicht zu seiner Frau zu machen vermag, weckt ihre witzig vorgetragene Verachtung sowie reihum den Willen, erfolgreicher zu sein.

Rée hatte sich gleich nach ihrer Ankunft in Berlin ein paar alter Freunde erinnert und erschien zuerst vor der Tür des Privatdozenten Paul Deussen, der soeben dabei war, sein »System des Vedanta« zu beenden, das Nietzsche nur wenig später unter die Augen kommen und das er »Ausgezeichnet!« nennen wird.

Rée und Deussen verbindet die Bekanntschaft einer Nacht am Vierwaldstätter See wenige Jahre zuvor. Spätabends war Rée in einer Pension erschienen und hatte nur noch ein Zimmer erhalten, in dem schon einer schlief. Trotzdem grüßte er der Form halber den Schlafenden, auch um sich als rechtmäßiger Eindringling zu erweisen. – Der Aufgeweckte grüßte zurück:

»Guten Abend. Doktor Deussen aus Marburg.«

»Sehr angenehm. Paul Rée, Doktor der Philosophie!«

»Philosophie im weiteren oder engeren Sinne?«

»Philosophie im allerengsten Sinne.«

Die Stimme aus dem Bett klang plötzlich hellwach: »Haben Sie sich schon an irgendeinen Philosophen näher angeschlossen?«

»Schopenhauer«, erwiderte Rée trocken, als Doktor Deussen aus Marburg, der große Schopenhauerianer, aus seinem Bett schnellte und tief bewegt seine Hand nahm, wie er es wohl auch diesmal getan hat.

Möglicherweise beschloss man schon am Abend von Rées Erscheinen vor Deussens Tür die Begründung eines intellektuellen Studienkreises im besonderen Interesse des Fräuleins von Salomé, das noch immer klüger und klüger werden will und dem Paul Rée als Lehrer durchaus nicht genügt. Insofern verzichtete sie ungern auf Nietzsche, aber 18 Privatgelehrte, von denen die meisten diesen ohnehin persönlich kennen – Deussen etwa noch von Schulpforta her –, sollten diese Leerstelle schon ausgleichen können. So steht der Einsiedler von Santa Margherita nach der späten Auskunft der unbestrittenen Vorsitzenden des Berliner Denkerkränzchens *gleichsam verhüllten Umrisses ... mitten unter uns. Denn stieß er nicht an eben jene Aufgerührtheit von Seelen, die innerlich d u r c h l e b t e n, was Verstandeserkenntnisse ihnen gaben oder nahmen, und die ihre Freuden und Leiden inmitten des sachlichsten Geist-Erlebens hatten?*[121] – Ein Umstand, der nicht zuletzt am weiteren Schicksal des ersten Gastgebers Ludwig Haller, eines angehenden Regierungsrates, deutlich wird. Aus *langer Schweigsamkeit und Arbeitsamkeit, droben im Schwarzwald,* sei er, ein Manuskript unter dem Arm, *niedergestiegen,* um den Denkern und der Denkerin in Berlin nun daraus vorzutragen. Ohne die Teilnahme der anderen an seinem Werk wäre er nie imstande gewesen, es zu vollenden, wird er zwei Jahre später der Vorsitzenden mitteilen. Allerdings wird die Vollendung des Buches, dem er den bescheidenen Titel »Alles in Allen. Metalogik, Metaphysik, Metapsychik« verleiht, trotz Unterstützung der anderen nicht ganz gelingen, da sich der Autor noch während der Drucklegung des ersten Teils auf einer Schiffsreise nach Skandinavien vorsätzlich ins Meer stürzen wird.

Die übrigen, meist privat dozierenden Teilnehmer, um die dreißig Jahre alt und unverheiratet, sind jedoch durchaus darauf bedacht, ihre intellektuellen Begeisterungen von ihrem Schicksal zu trennen, weshalb sich aus ihrem Kreis bald eine neue Elite der deutschen Universitäten rekrutiert. Um nur einige zu nennen: Hans Delbrück wird Historiker, der Schopenhauer-Herausgeber und Altindien-Experte Deussen wird Professor in Kiel, Ferdinand Tönnies wird Mitbegründer der modernen Soziologie, Hermann Ebbinghaus wird Experimentalpsychologe mit Lehrstühlen in Breslau und Halle. Der Ehrendame Rée entgeht nicht, dass gerade Ebbinghaus die Exzellenz beeindruckt. Er nennt ihn fortan unter vier Augen mit unter Scherz verborgener Angst »Deine Neigung«. Es befinden sich des Weiteren ein Arzt, ein Forschungsreisender sowie ein Lehrer unter den Teilnehmern. Und ein Däne: Georg Brandes wird nach seiner Rückkehr nach Dänemark in ein paar Jahren die europaweite Entdeckung Nietzsches einleiten.

*

Im Augenblick jedoch kann man nicht unentdeckter sein. Nicht einmal Mutter und Schwester wissen, wo Friedrich Nietzsche ist. Elisabeth: »Ist das schreckliche Wesen gar bei Fritz?[122] Nietzsches

Mutter sah am Ende des Sommers nur drei Möglichkeiten des weiteren Lebensweges ihres einzigen Sohnes: »entweder er heirathet sie, oder er erschießt sich, oder er wird verrückt«.[123] Sie würden gern wissen, welche dieser Möglichkeiten eingetroffen ist.

Nur Overbecks und Gast kennen seinen Aufenthaltsort, und die sagen nichts. Wahrscheinlich leitet Franz Overbeck die Briefe der Schwester weiter, die der Bruder dann doch nicht beantwortet. Allerdings macht er sich durchaus Notizen zu deren Form: »Du mußt über einen andern Ton nachdenken mit mir zu reden: sonst nehme ich keine Briefe aus Naumburg mehr an!«

Drei Affekte halten sein Hirn besetzt, die voneinander nichts wissen wollen. Er macht sich Sorgen um seine Ehre: »Wie ich einen Mann behandeln würde, der so über mich zu meiner Schwester redete, darüber ist gar kein Zweifel. Darin bin ich Soldat u. werde es immer sein, ich verstehe mich auf Waffen. Aber ein Mädchen! Und Lou!«[124] Andererseits wünscht er sich nichts so sehr wie ein ihn erlösendes Wort von Lou, das all sein Soldatentum zusammensinken ließe: »Wenn m. l. L. all die Qual meiner Seele das Mittel sein sollte um Ihnen dieses Gefühl u diesen Brief zu entlocken, so will ich gern gelitten haben.«[125]

Und dann ist da noch ein dritter Affekt, einer, der ihm, dem Überwinder Schopenhauers, nicht gut zu Gesicht steht. Das Mitleid, diese christlich-schopenhauerische Basisemotion, die er so verachtet, zu der er so begabt ist, überwältigt ihn. Er hat es in der »Fröhlichen Wissenschaft« selbst prophezeit: »Wo liegen Deine größten Gefahren? – Im Mitleiden.« Allerdings ist hier ein Spezialfall des Mitleids zu konstatieren: Mitleid mit sich selbst. Mit seinem von Lou zerstörten Leben, seinem von Lou zerstörten Ruf. »... und wenn ich selbst aus irgend einem Affekte mir zufällig einmal das Leben nehmen sollte, so würde auch da nicht allzuviel zu betrauern sein ...« In diesem Satz ist mehr als das »zufällig« zu viel. Gibt es etwas Traurigeres als einen Selbstmörder ohne einen einzigen Hinterbliebenen? Müsste nicht auch das schreckliche Mädchen in einem allerletzten Winkel seines Herzens zu rühren sein?

Und doch denkt er auch jetzt nicht daran, auf die Gebärde der Großmut zu verzichten: »Freund Rée, bitten Sie Lou, mir alles zu verzeihen – sie gibt auch mir noch eine Gelegenheit, ihr zu verzeihen. Denn bis jetzt habe ich ihr noch nicht verziehn.«

Was ist denn hier zu verzeihen?, haben bisherige Biographinnen dieser ungewöhnlichen Frau gefragt und festgestellt, dass diese Frage nie erhoben worden wäre, hätte der Liebesversehrte nicht Nietzsche geheißen. Also haben sie ihre Pflicht darin gesehen, die Liebesflüchtige zu rechtfertigen: Welche Lauterkeit der Antriebe! Welche Offenheit von Anbeginn! Und hätte sie die Zuneigung beider Männer je eigensüchtig benutzt? – Aber ja!, möchte man rufen, doch die Verteidigerinnen sind noch nicht fertig: Mit welcher Feinfühligkeit habe die junge Lou das Dreierverhältnis immer wieder ausbalanciert usw. – Sie übersehen das Offensichtliche: die ungeheure seelische Unbedarftheit dieses Wundermädchens. Sie selbst wird das später ihre *Kalbrigkeit* nennen.

Zeitgenössische Intelligenzen, gewohnt, die Welt moralisch zu betrachten und in Schuldige und Unschuldige einzuteilen – was Nietzsche schon an seinen Zeitgenossen sehr missfiel –, haben selten ein waches Gespür für tragische Konstellationen. Und dies hier ist eine, das heißt: Es gibt keine eigentlich Schuldigen, aber trotzdem ein Opfer. Im Grunde zwei Opfer, das zweite weiß es nur noch nicht.

Was sagt das über die Täterin? Allein der Umstand, eine Frau zu sein, war bis dato Prädestination für die Opferrollen des Lebens. Nietzsche hat das nur noch einmal zusammengefasst und zum Wesen des Weibes erklärt. Er hat Lou, schon tief im Dezember, auch Belehrungen wie diese zugedacht: »Ich sehe überall Fehler der Erziehung. Ein Mann soll zum Soldaten erzogen werden, in irgend einem Sinne. Und das Weib zum Weib des Soldaten, in irgend einem Sinne.« Im »Zarathustra« wird er es der Welt verkünden, leicht redigiert: »... und das Weib zur Erholung des Soldaten.« Sätze wie dieser in Nietzsches Werk sind vielen geläufig. Was daher kommt wie ein Gebot, was als stumpfe Kraftpose, als Sprüchemacherei in Verlegenheit setzt, erklärt sich aus seinem Bedürfnis, sich das Zusammensein der Freundin und des Freundes erträglich zu machen, indem er einen Grund findet, es zu verachten.

Die Frau als Erholung? Von Lou von Salomé werden sich noch viele zu erholen haben. Sie wird zeitlebens wenig Begabung zeigen für das Rollenfach ihres Geschlechts. Sie steht, im Sinne Nietzsches, jenseits von Gut und Böse, diese Vokabeln erreichen sie nicht. Was sie will und so weit als ihr möglich durchsetzen wird, ist ein opferloses Dasein. Das ist die Geheimformel ihres Lebens; es ist zugleich die des Übermenschen, seine barbarischen Züge eingeschlossen. Nietzsche, dieser Virtuose des Leidens, trifft auf eine, die gar nicht wüsste, woran sie leiden sollte. Doch möchte er nicht sein wie sie? Löwe und Löwin.

Bis eben, bis in den letzten Novemberbrief noch, hatte er sich und sie zusammendenken wollen: »Geist? Was ist mir Geist! Was ist mir Erkenntniß! Ich schätze nichts als *Antriebe* – und ich möchte darauf schwören, daß wir darin etwas Gemeinsames haben. Sehen Sie doch durch diese Phase *hindurch*, in der ich seit einigen Jahren gelebt habe – sehen Sie dahinter! Lassen Sie sich nicht über mich täuschen – Sie glauben doch nicht, daß ›der Freigeist‹ mein Ideal ist?! Ich bin –

Verzeihung! Liebste Lou, seien Sie, was Sie seien *müssen*. F. N.«

Antrieb. Dürfen dürfen und wollen wollen. Beides ist ihm ein solches Problem, dass er bald einen Weltantrieb eigentümlichster Art wird aufbieten müssen zur Rechtfertigung dieses Einfachsten – den immer wieder missverstandenen »Willen zur Macht«. Das Menschenkind Lou hat solche seelische Aufrüstung nicht nötig, sie darf – es sei wiederholt – geradezu als die Inkarnation seines Übermenschenideals gelten: stark, fast gewissenlos scheinend, instinktsicher und schön in all seiner gott- und mitmenschvergessenen Geradlinigkeit.

Nur wer soll das aushalten?

Warum mutet das Schicksal ausgerechnet ihm, Friedrich Nietzsche, die erste Probe auf die Bekömmlichkeit seines Ideals zu? Es lässt sich nicht leugnen: Der Philosoph des Übermenschen gerät aus der Fassung, als er dem ersten Exemplar dieser Gattung begegnet: dem Übermädchen.

Lou, ein Irrtum Gottes. Gedanken eines verhinderten Schöpfers über eine missratene Schöpfung: »Ich habe die Welt u Lou nicht geschaffen. – Hätte ich L. geschaffen, so würde ich Ihnen gewiß eine bessere Gesundheit gegeben haben, aber vor Allem einiges

Andre, an dem viel mehr liegt als an Gesundheit – und vielleicht auch ein Bischen mehr Liebe zu mir (obwohl daran gerade am wenigsten liegt).«[126]

»Ein solches Gedicht wie das ›an den Schmerz‹ ist in ihrem Munde eine tiefe Unwahrheit«, überlegt er. Er mag wohl recht haben. Noch hat sie nur vom Schmerz gelesen. Man könnte auch sagen: Sie weiß noch nicht, was Liebe ist. Mag sein, sie weiß noch lange nicht, was Liebe ist, aber eins weiß sie darum umso genauer: Sobald sie in den Besitz eines Mannes gelangt, ist das eigene Leben beendet. Gefallenes Mädchen. Statt einer Zukunft hätte sie dann nur noch eine Vergangenheit, wie das beredte Wort verrät.

Kurz vor Weihnachten nimmt die Krisis eine neue Wendung. Ist Rée nicht doch sein Verbündeter? Hat Friedrich Nietzsche nicht die Pflicht, ihn zu warnen? Macht dieses Mädchen nicht alles klein, was einst groß war, ihre Freundschaft, sie selber, ihre Namen vor der Welt? Er wirft Weckrufe aufs Papier: »Ich verstehe Sie nicht mehr, mein lieber Freund wie können Sie es neben einem solchen Wesen aushalten?« Und schickt auch diesen nicht ab.

Vor Weihnachten hat er sich schon oft gefürchtet. Weihnachten wiegt die Einsamkeit schwerer, und erst die Einsamkeit eines Antichristen! In den beiden letzten Jahren hatte er um diese Zeit genau gewusst, dass nun aller seiner Tage Abend gekommen sei. Und hatte doch weitergelebt. Jetzt wieder, schlimmer als je: Was für ein Advent!

Heiligabend kommt ein Brief der Mutter; er schickt ihn, ohne ihn geöffnet zu haben, nach Naumburg zurück. Er hat keine Familie mehr, nicht diese, eine andere auch nicht. Zuletzt hat ihn Lou also auch noch um seine Familie gebracht. Es gibt keinen Ort mehr, wo er hin kann, oder doch?

Am 1. Feiertag verkündet er den Overbecks in Basel: »Einige Male dachte ich auch ... meine Einsamkeit und Entsagung auf ihren letzten Punkt zu treiben und –«. Doch er überlebt auch den 1. Feiertag, er weiß nur noch nicht wie lange: »Dieser letzte *Bissen* Leben war der härteste, ... und es ist immer noch möglich, dass ich daran *ersticke*.«[127]

Neujahr ist er nicht unbedingt einen Schritt weiter, ja eher drei zurück. Malwida von Meysenbug erfährt über Lou, was sie längst weiß: »Ich fand eigentlich noch niemals einen solchen naturwüchsigen, im Kleinsten lebendigen, durch das Bewußtsein nicht gebrochenen Egoism.« Fast hört es sich wieder an wie Lobpreis, wie das Hohelied des Übermenschen: ein Mädchen, an dem alle Konvention abgeprallt ist, und bestehen gerade Mädchen nicht üblicherweise aus nichts als Konvention? Aber er ist nicht seiner Bewunderung, ja nicht einmal seiner eigenen Theorie gewachsen, wie der unmittelbare Fortgang zeigt: »In ihrer Erziehung müssen entsetzliche Fehler gemacht worden sein – ich habe noch kein so schlecht erzogenes Mädchen kennen gelernt.« Hatte es ihm die Generalin nicht selbst bestätigt?

Lou von Salomé, das unerzogene Kind. Nietzsche, der Erziehungstheoretiker. In gewissem Sinne darf man Lou auch als eine legitime Vorfahrin der Kinder des frühen 21. Jahrhunderts bezeichnen, über die Bücher mit Titeln wie »Warum unsere Kinder Monster werden« erscheinen. Die Auskunft: bleibende seelische Unreife durch dauerndes Gewährenlassen. Auch die 21-Jährige hat andere Menschen bisher nur als Agenten eigener Wunscherfüllungen wahrgenommen.

Andererseits, und das mag er wohl nicht denken: Wer nie den begründeten Eindruck gewonnen hat, dass das Leben für ihn da ist, statt dass es ihn nur benutzt, wird nicht stark. Wie musste ein Mädchen beschaffen sein, das mitten im 19. Jahrhundert die Familie, die Heimat verlässt, um eine eigene, eine ganz eigene Zukunft zu haben?

Silvester 1882 zieht Friedrich Nietzsche das Fazit des Jahres, in dem er versucht war, wieder an die Menschen und sogar an sich selbst zu glauben. Es lautet: »... es kommt gerade jetzt vieles zusammen, um mich der Verzweiflung ziemlich nahe zu bringen. ... So ein ›wunderlicher Heiliger‹ wie ich, der die Last einer freiwilligen Askese (einer schwer verständlichen Askese des Geistes) zu allen seinen übrigen Lasten und erzwungenen Entsagungen hinzugenommen hat, ein Mensch, der in Bezug auf das Geheimniß eines Lebenszieles keinen Mitwisser hat: ein solcher verliert unsäglich viel, wenn er die Hoffnung verliert, einem ähnlichen Wesen begegnet zu sein, das eine ähnliche Tragödie mit sich herumschleppt und nach einer ähnlichen Lösung ausschaut.«[128]

Auch Schwester Elisabeth hat das alles längst erkannt und noch prägnanter formuliert: »Fritz ist anders geworden er *ist* so wie seine Bücher.« Und seine Bücher seien wie Lou, »die *personificierte* Philosophie meines Bruders«.[129]

*

Auch die Vielbesprochene schreibt einen Neujahrsbrief.

Es ist vier Uhr morgens am 1. Januar 1883 in Berlin, Unter den Linden. Im *eleganten Wohnzimmer* einer eleganten Wohnung eines eleganten Freundes haben ein paar ledige Jungakademiker und die ledige Jungakademikerin – *wir Junggesellen unter uns* – das neue Jahr eingetrunken. Die Ehrendame Rée fehlt, er ist bei seinen Eltern in Stibbe.

Der Freund ist schon zu Weihnachten dort eingetroffen, einen Weihnachtsbaum, Geschenke sowie Blumen von Lou für Frau Rée im Gepäck. Seltsam, dass er allein gefahren ist. Der neue Schützling der Familie wäre in Stibbe sicher willkommen gewesen, doch was zählt die kurze Abwesenheit eines einzigen klugen Kopfes gegen die Anwesenheit, ja Überfülle kluger Köpfe in Berlin?

Egal wie es kam, sie blieb da. Nach mehreren Glas Bowle beginnt sie in der vierten Stunde des Jahres 1883 die Neujahrsgrüße an den Freund mit einem Rückblick auf ihren italienischen Frühling: *Wie viel von dieser Sonne lag auf unseren römischen Spaziergängen und Plaudereien, wie viel auf der Orta-Idylle mit ihren Kahnfahrten und ihrem monte sacro mit seinen Nachtigallen.*[130]

Gut, dass Nietzsche an der Ligurischen Küste nicht weiß, dass sie in der Lage ist, vom Orta-See und dem Monte Sacro zu sprechen, ohne ihn auch nur zu erwähnen. Ohne auch nur an ihn zu denken? *Und dann als ich mich von Mama trennte und das wiedergewonnene Leben gestalten wollte, da gingen wir jenes eigenthümliche Freundschaftsverhältniß ein, von dem bis auf heute unsere ganze Lebensgestaltung abhängt.*[131]

Vielleicht hätte Friedrich Nietzsche in Leipzig vor ihr nicht Kritik an Rées vermeintlich wenig männlichem Charakter üben sollen. Vielleicht hätte er nicht sagen sollen, dass er Rée für feige halte, weil er immer eine kleine Phiole bei sich trage. Erwägt nicht auch er gerade allerletzte Wege, immer wieder? Und wie konventionell, wie dreimal christlich muss man gesinnt sein, um an dieser Stelle Feigheit denken zu können? Lou hat später gesagt, dass nichts ihr Verhältnis zu Nietzsche so sehr habe abkühlen lassen wie seine Versuche, ihr Rées Männlichkeit zweifelhaft zu machen. Konnte er, Nietzsche, überhaupt ahnen, wie sehr er sich damit schadete?

Und noch immer verfolgt der Einsiedler von Rapallo in seinen Selbstqualen die gleiche Spur. Rée sei kein Mann, dass er sich auf diese Form des Zusammenseins mit einer Frau einlasse. Nur ein Nicht-Mann lebt so mit einer Frau. Herr und Dienerin – so wolle es die Natur.

Wie viel reifer, wie viel menschlicher scheint dagegen die Reflexion der 21-Jährigen. Und wie viele gäbe es, die in diesem Alter oder später ein menschliches Zusammensein wie sie formulieren könnten? Es hätte ihn tief beschämen müssen. Lou von Salomé über ihren Bund mit Rée: *Ein Verhältniß wie es vielleicht in dieser Intimität und dieser Zurückhaltung nicht wieder existirt, so wie auch vielleicht selten oder nie zwei Menschen einen Bund mit so viel Unbesonnenheit und so viel Besonnenheit eingegangen haben.*[132]

Und noch eine Selbstbestätigung hat das zurückliegende Jahr ihr gebracht, sie notiert es mit großem Sinn fürs Allgemeine, Grundsätzliche: *Es erwies sich, daß durch die Vermeidung des Scheines, durch die Beibehaltung der ganzen Schnürbrust von Vorurtheilen und Rücksichten, in welche man tausend der schönsten Lebenstriebe zurückzuzwängen gewohnt ist, nicht mehr Achtung und Liebe erworben werden können als durch die volle Auslebung der Persönlichkeit, die in sich ihre Selbstlegitimation trägt. Und wir selber, mitten in diesem reichen, eigenthümlichen und angeregten Leben, wir sind uns immer lieber und lieber geworden. Unsere Freundschaft, wie eine sorglich behütete und gepflegte edle Kunstpflanze, hat unsern Gärtnertalenten Ehre gemacht und heute steht sie mit tausend alten Blüthen und tausend jungen Knospen.*[133]

*

Man sage nicht, es musste so kommen, möglicherweise wäre er der Letzte gewesen, es zu behaupten, allein es geschah: Friedrich Nietzsche, der Einsiedler von Rapallo, wird hineingerissen in eine bestürzende, niederzwingende und zugleich erhebende Gemeinschaft, wie sie auch nur die wenigsten Menschen kennenlernen. Sie währt nach Angaben des Autors genau zehn Tage. Er beschreibt sie später so: »Mit dem geringsten Rest von Aberglauben in sich würde man in der That die Vorstellung, bloss Inkarnation, bloss Mundstück, bloss medium übermächtiger Gewalten zu sein, kaum abzuweisen wissen. Der Begriff der Offenbarung, in dem Sinn, dass plötzlich, mit unsäglicher Sicherheit und Feinheit, Etwas *sichtbar*, hörbar wird, Etwas, das Einen im Tiefsten erschüttert und umwirft, beschreibt einfach den Tatbestand. Man hört, – man sucht nicht; man nimmt, – man fragt nicht, wer da giebt; wie ein Blitz leuchtet ein Gedanke auf, mit Nothwendigkeit, in der Form ohne Zögern, – ich habe nie eine Wahl gehabt. Eine Entzückung, deren ungeheure Spannung sich mitunter in einen Tränenstrom auflöst, bei der der Schritt unweigerlich bald stürmt, bald langsam wird; ein vollkommenes Außer-sich-sein mit dem distinktesten Bewußtsein einer Unzahl feiner Schauder und Überrieselungen bis in die Fusszehen; eine Glückstiefe, in der das Schmerzlichste und Düsterste nicht als Gegensatz wirkt, sondern als bedingt, als herausgefordert, als eine *nothwendige* Farbe innerhalb eines solchen Lichtüberflusses; ein Instinkt rhythmischer Verhältnisse, der weite Räume von Formen überspannt – die Länge, das Bedürfnis nach einem *weitgespannten* Rhythmus ist beinahe das Maass für die Gewalt der Inspiration, eine Art Ausgleich gegen deren Druck und Spannung ... Alles geschieht im höchsten Maße unfreiwillig, aber wie in einem Sturme von Freiheits-Gefühl, von Unbedingtsein, von Macht, von Göttlichkeit.«[134] – Auch das ist der Januar 1883, genauer: Es sind zehn Tage in diesem Januar. Er ist allein und doch nicht allein. Welcher

Preis wäre zu hoch für diese Unio mystica mit sich selbst, die nur wenigen zuteil wird, wie der Autor sehr wohl weiß: »Dies ist *meine* Erfahrung von Inspiration; ich zweifle nicht, daß man Jahrtausende zurückgehen muß, um jemanden zu finden, der mir sagen darf ›es ist auch die meine‹. –«[135]

Gott hatte sieben Tage für sein Werk gebraucht, Nietzsche braucht zehn, für den ersten Teil. Der »Zarathustra« entsteht.

Welche Wolke? – Mit dem »Zarathustra« schafft er sich gewaltsam den offenen Himmel, den er zum Atmen braucht, lässt alle Menschenwirrnis tief unter sich. Der Preis: der schwerere Ton, der Predigerton, den er bis eben noch gescheut hätte und das endgültige Erkalten gegen alle, zu deren Vorteil sich nicht mehr sagen lässt, als dass sie am Leben sind.

»Der Übermensch ist der Sinn der Erde. Euer Wille sage: der Übermensch *sei* der Sinn der Erde!« Aber an wen wendet er sich? Nur Schafe lassen sich ein neues Du-sollst! aufzwingen.

Der Schöpfungsbericht des Zarathustra-Beginns verrät nicht zuletzt eins: Der entlaufene Professor hat die größtmögliche Distanz zur akademischen Redeweise erreicht. Professoren schreiben über etwas. Aber er schreibt nicht über Zarathustra, er ist Zarathustra, der altpersische, in seiner längst islamisierten Heimat vergessene Prophet. Im christlichen Gedächtnis Europas war er zum Schwarzkünstler abgesunken, seinen vorerst letzten Auftritt hatte er als Zauberer Sarastro in Mozarts »Zauberflöte«. Für Nietzsche aber war Zarathustra derjenige, der zuerst Geschichte gedacht hatte – im radikalen Widerstreit des Guten mit dem Bösen. Und nun tritt er an, seine Lehre zu widerrufen. Aus Einsicht. Aus Wahrhaftigkeit. Aus dem Moralisten Zarathustra wird der erste Immoralist, dazu Gegenspieler Buddhas, den die Schopenhauerianer und Wagnerianer längst für sich beansprucht haben. Und er ist mindestens ein Jahrtausend älter als Jesus und nach Auffassung seines Neuschöpfers auch ein Jahrtausend klüger, weshalb er alles Recht hat, ihn zu kritisieren, und er tut es mit großem Behagen: »Wäre er doch in der Wüste geblieben und ferne von den Guten und Gerechten!«, predigt Zarathustra über Jesus von Nazareth, »vielleicht hätte er leben gelernt und die Erde lieben gelernt – und das Lachen dazu!«[136]

Hier wird Weltgeschichte verhandelt, hier ist der Überwinder des Christentums am Werk, ein Selbstüberwinder zugleich, ein Erdrückkehrer, der für zehn Tage vergisst, dass er nichts hat, zu dem er zurückkehren kann – nichts als sich selbst. Am elften Tag spürt er es wieder und fällt in eine umso tiefere Depression.

Man hat gesagt, er hätte dieses Buch ohne Lou nicht schreiben können. Er selbst wird es bald so sagen, sie habe ihn zum Zarathustra erst reif gemacht. Doch was heißt hier: reif? Sie hat ihn tief aufgerissen, anders war das nicht zu schreiben. Der Übermensch, das wäre einer, der die neue gottlose Erde nicht nur erträgt, sondern an diesem Verlust über sich hinauswächst.

Er bringt sein Zehn-Tage-Werk zur Post, mahnt Verleger Schmeitzner zu äußerster Schnelligkeit des Erscheinens. Auf jeden Tag komme es an!

Doch ist er längst schon zurückgesunken in seine menschliche, allzumenschliche Existenz. Overbeck, sein bester Freund und Finanzverwalter, erfährt es als Erster: »Es ist wieder Nacht um mich; mir ist zu Muthe, als hätte es geblitzt – ich *war* eine kurze Spanne Zeit *ganz* in meinem Elemente und in meinem Lichte. Und nun ist es vorbei.« Er glaubt, er gehe unfehlbar zugrunde. Er glaubt noch mehr: »... ich ... sehe in mir jetzt das Opfer einer terrestrisch-klimatischen Störung, der Europa ausgesetzt ist. Was kann ich dafür, daß ich einen *Sinn* mehr habe und eine neue furchtbare Leidensquelle!«[137] Ein Pistolenlauf sei ihm jetzt ein vergleichsweise angenehmer Gedanke.

Zur selben Zeit bricht in Naumburg ein großer Jubel aus. Gleich aus drei Quellen »gute Nachrichten über Fritz«! Mutter und Schwester erfahren, »daß die Geschichte mit Frl. Salomé aus ist«. Elisabeth Nietzsche fühlt ihr Lebensglück, ihren Lebenssinn beinahe schon wiederhergestellt. Sollte sie nicht nach Italien fahren, Fritz zu suchen, sich mit ihm zu versöhnen?

Für einen Tag in Genua, erfährt er aus den Zeitungen von Wagners Tod in Venedig. Ein Zeichen? Er ist, tief erschüttert, entschlossen, es so zu sehen. Aber wie soll er es deuten?

Malwida lädt ihn nach Rom ein. Sie habe ein passendes Zimmer für ihn gefunden, also fast »totenstill«, und dazu noch jemanden, der bereit sei, täglich mehrere Stunden für ihn abzuschreiben, ein Fräulein aus der Nachbarschaft. Nietzsche sagt zu. Nietzsche sagt wieder ab. Nein, nicht nach Rom! Und außerdem: »Mir ist zu Muthe, als ob ich in diesem Jahre *Niemanden sprechen könne*. –«[138]

Sorgen macht ihm, dass die Schlafmittel nun gar nicht mehr wirken, weil er sich ständig übergeben muss. Er hat dieses Jahr, glaubt er, vielleicht erst ein paar Stunden geschlafen. Andererseits: Wagner ist tot, er lebt. »Nein! *Dieses* Leben! Und ich bin der Fürsprecher des Lebens!«[139] Der Empfänger dieser Februar-Nachrichten ist wieder Overbeck, und noch etwas erfährt er: »Lou ist bei weitem der klügste Mensch, den ich kennenlernte. Aber u. s. w. u. s. w.« Auch sei seine alte Klause in Genua wieder frei geworden, er ziehe also um in die Salita delle Battestine 8, interno 6, wo er im letzten Jahr mit Rée gemeinsam wohnte.

Vielleicht ist Rées Brief der erste, der ihn dort erreicht. Rée teilt ihm mit, dass er weiter an seiner Schrift über die Entstehung des Gewissens arbeite und sie dem Freund gern widmen würde. Der schafft es gerade noch, ein entrüstetes »Nein!« zurückzuschreiben, und er möchte nicht länger verwechselt werden, dann schreibt er erst einmal gar nichts mehr.

Denn mit seiner Ankunft in Genua in der Salita delle Battestine 8 kommt zur Influenza der Seele auch noch die Influenza des Leibes: »Wie gut, daß ich allein und *nicht* in Rom bin!«

Zwischen den Fieberschüben schickt er Nachrichten aus seinem »mißratenen Leben« an die Freunde. Der Gedanke an seinen Zarathustra hilft ihm nicht, er ist nicht einmal mehr sicher, ob er da nicht eine Spottgeburt zur Welt gebracht hat. Einmal glaubt er, sein bisher bestes Buch geschrieben zu haben, im nächsten Augenblick fällt aller Glaube von ihm ab. Am 24. März an Overbeck: »Ich entbehre und leide zu viel und habe einen Begriff von der Unvollkommenheit, den Fehlgriffen und den eigentlichen Unglücksfällen meiner ganzen *geistigen* Vergangenheit, der über alle Begriffe ist ... Das erinnert mich an meine letzte Torheit, ich meine den ›Zarathustra‹.«

Allerdings schwankt seine diesbezügliche Selbstwahrnehmung durchaus. Gast in Venedig ist wieder Korrekturleser und wird den Verfasser bald über das Genre seines neuesten Buches aufklären:

»Unter welche Rubrik Ihr neues Buch gehört? – Ich glaube fast: unter die ›heiligen Schriften‹.«[140] Der Freund und Schmeichler bestätigt so einen akuten Verdacht des Autors. Er hat eine neue Religion erfunden, eine Religion der Erde. Wie aber soll man deren Stifter nennen? Nietzsche mag es, Malwida zu erschrecken: »Wollen Sie einen neuen Namen für mich? Die Kirchensprache *hat* einen: ich bin – – der Antichrist.«[141]

Allerdings musste die Empfängerin gar nicht erst durch solche Selbstbezichtigungen alarmiert werden. Sie hatte längst einen jungen Bekannten in Berlin gebeten, einen Auftrag für sie zu übernehmen. Auch Ludwig Hüter verkehrt im Kreis der 18 Denker und einer Denkerin in Berlin, das hat die Denkerin ihr selbst mitgeteilt. Für einen Bericht über Letztere wäre die Wahlrömerin dankbar.

Malwida macht sich Sorgen um Nietzsche. Was hat Lou dem Mann zugefügt? – Malwida liest: »Sie fragten mich in Ihrem letzten Brief nach dem Eindruck, den mir Fräulein Salomé gemacht hätte ...« Der Berichterstatter gesteht, dass im Angesicht dieses Mädchens anfangs sein Verstand stillstand, »denn sie ist zu eigenartig für ein Mädchen, als daß sie leicht zu erkennen wäre. Eine so ganz andere Art trat mir in ihr entgegen, als ich sie bis jetzt in irgend einer Frau gesehen.« Aber er habe sie verstehen und schätzen gelernt und glaube daher, »daß Ihre Besorgnisse vielleicht doch etwas zu groß waren. Wenn man eine doppelte Art, die Welt zu begreifen, feststellen wollte, so würde ich sagen: Fräulein Salomé begreift sie wie ein Mann.« Ein Mädchen, das nicht kokett ist und doch von gewinnender Weiblichkeit. Ein Mädchen, das statt Schwäche Stärke zeigt. Ein Mädchen, das sich der Kunst nicht hingibt, sondern sie analysiert. Zumindest Letzteres könne so nicht bleiben, befindet Hüter.

Die Generalin fragt inzwischen bei ihrer Tochter an, wann diese gedenke, nach Hause zu kommen. Es werde Zeit für den Ernst des Lebens, Zeit zu heiraten. Vielleicht fürchtet die Generalin, dass Denken hässlich macht. Mit keinem Ansinnen konnte die Mutter ihre Tochter der Heimat ferner halten, und Lou schreibt sinngemäß zurück: Ich komme gar nicht! Lieber unter Rées Hut als unter der Haube.

Nietzsche hat von seinem neuen Buch nichts mehr gehört. Sein Verleger ist beschäftigt. Er muss vor dem Evangelium des Antichristen erst noch 500 000 Gesangbücher drucken lassen, denn die müssen bis Ostern fertig sein.

Wenn Einsame Post bekommen, täuscht sie das über ihren wahren Zustand, glaubt er. Und Post aus Naumburg öffnet er ohnehin nicht mehr. Cosima Wagner, hört er, will sich nach dem Tod ihres Mannes ganz aus der Welt zurückziehen. »*Ungefähr* will ich's ebenso machen ... Ich werde ›verschwinden‹.«[142] Denn je verschwundener er selbst, desto besser sei das für Zarathustra, den er nun beginnt, seinen Sohn zu nennen. Die Korrekturen sind beendet. Und dann ist plötzlich ein Brief von Elisabeth da, aber nicht aus Naumburg, sondern aus Rom.

»Meine liebe Schwester. Es war der reine Zufall, daß Dein Brief in meine Hände kam ... Aber es soll ein guter Zufall gewesen sein ... Es freut mich von Herzen, daß Du nicht mehr Krieg gegen Deinen Bruder führen willst.«[143]

Eben noch hatte er Overbeck gestanden, wie wohl ihm die Loslösung von seiner Familie tue: »Ich mag meine Mutter nicht, und die Stimme meiner Schwester zu hören macht mir Mißvergnügen.«[144] Und nun soll er sie doch wiederhören, fühlt akutes Missvergnügen und ist doch zu schwach, sich nicht mit seiner Schwester zu versöhnen.

Als es Mai wird, fährt Friedrich Nietzsche wie im Jahr zuvor nach Rom. Diesmal »zu versöhnlichen Zwecken«. Eine »*dumme* Reise in allen anderen Rücksichten!« Er hat keine Widerstandskräfte mehr. Oder anders: Er schöpft seinen Zarathustra aus so reinem Äther, da will er zumindest Ordnung schaffen in seinem Verhältnis zu den ihm nächsten Fernsten. Und mit der Schwester fängt er an.

Er ist der Philosoph der ewigen Wiederkehr. Amor fati! Also geht er wieder zu dem Haus in der Via della Polveriera.

Eine Restheimat auf Erden braucht selbst Zarathustra.

Im Hochgebirge

Der junge Gelehrte ist voller Begeisterung, er weiß nur nicht so recht, worüber – über diesen Julianfang in der Schweiz zu dritt oder über die Dritte selbst. Es ist wohl alles zugleich: »Wir leben hier in höchst anmutigem Trio; neugebautes Logierhaus, einer Schusterfamilie angehörig, wovon wir die ganze zweite Etage innehaben, welche nämlich aus 3 Zimmern besteht. Fräulein Salomé beherrscht diesen Haushalt mit einer überlegenen Sicherheit und Feinheit des Taktes, welche durchaus bewunderungswürdig ist.« Dieser Dreierhaushalt befindet sich in Flims, Schweiz. Gleich nebenan, ein paar Gebirgstäler weiter in Sils-Maria, wohnt Nietzsche. Alle vier sind bereits im Juni im Hochgebirge eingetroffen, Nietzsche von Rom, die anderen aus Berlin. Es ist Juli 1883.

Der Verfasser dieses Flimser Sommerberichtes ist das Mitglied des Berliner Denkerkreises Ferdinand Tönnies, der einmal mit seinem Werk »Gemeinschaft und Gesellschaft« auffallen wird, und er ist noch lange nicht fertig mit seinem Bericht über das Mädchenwunder von Flims: »... soviel Klugheit in einem 21-jährigen Mädchenkopf würde beinahe Schauder erwecken, wenn nicht damit eine echte Zartheit des Gemütes und die vollkommene Sittsamkeit verbunden wären.«[145] Man halte die Existenz eines solchen Geschöpfs schlechterdings nicht für möglich. Die Dame sei ein Genie. Und er lasse sich »beide Hände dafür abhacken«, dass er die Wahrheit spreche und nichts als die Wahrheit. Über Rée weiß er zu berichten, dass dieser sehr fleißig sei. »Es wird ein soziologisch-induktives Buch voll von Zitaten.« Rée arbeitet noch immer an seiner »Geschichte des Gewissens«.

Tönnies, 27 Jahre alt, hatte bereits in seinem ersten Semester in Leipzig das Büchlein »Die Geburt der Tragödie« entdeckt, dessen Lektüre ihn fasziniert hatte, weshalb er auch alle späteren Publikationen des Autors erwarb. Ein nicht unwesentlicher Reiz des Flimser Aufenthalts besteht für ihn nun darin, vielleicht dem Verfasser höchstselbst zu begegnen, was ihm nach eigener Auskunft gleich mehrmals gelingt. Tönnies fühlt »den stechenden Blick seiner schwachen Augen auf mich gerichtet«, wagt aber nicht, ihn anzusprechen.

Dieser hat zum Zeitpunkt von Tönnies' Loupreisung soeben das zweite ungeheuerliche Zehn-Tage-Werk dieses Jahres vollbracht. Hier in Sils-Maria ist es geschehen, wo ihm zwei Sommer zuvor am Surlei-Felsen der schwerste Gedanke seiner Philosophie, der Gedanke der Ewigen Wiederkehr gekommen war. Das Nachtlied gehört zum Schönsten im ganzen »Zarathustra«:

»Nacht ist es: nun reden lauter alle springenden Brunnen. Und auch meine Seele ist ein springender Brunnen.

Nacht ist es: nun erst erwachen alle Lieder der Liebenden. Und auch meine Seele ist das Lied eines Liebenden.

Ein Ungestilltes, Unstillbares ist in mir; das will laut werden.

Eine Begierde nach Liebe ist in mir, die redet selber die Sprache der Liebe.

Licht bin ich: ach, dass ich Nacht wäre!

...

Nacht ist es: ach, dass ich Licht sein muss! Und Durst nach Nächtigem. Und Einsamkeit!«[146]

Als er von Rom aufgebrochen war, Mitte Juni, war der Sils-Maria-Entschluss noch nicht gefasst. Rom hatte ihm gutgetan. Er hatte sich jegliche Erwähnung der Namen Lou und Rée verbeten, er war entgegen jedem Vorsatz viel in Gesellschaft und genoss es sogar, auch wenn er sich, sobald er allein war, so »tief erschüttert« fühlte wie noch nie in seinem Leben. Zum ersten Mal auch nahm er wahr, dass man sich durch seine Gesellschaft ausgezeichnet fühlte, ja dass sein Schweizer Vermieter es als Ehre empfand, ihn beherbergen zu dürfen. Und dann der Sils-Maria-Entschluss.

Es hatte dort bisher nach Aussage der Einheimischen das ganze Jahr geregnet, nachdem es nicht mehr geschneit hatte. Jetzt änderte sich das. Als Nietzsche am 21. Juni ankam, war er nur Stunden später eingeschneit. Und doch, er hatte seinen Bücher-Koffer – 104 Kilo! – nicht umsonst so weit gen Himmel geschleppt. Er hatte sein Zimmer nicht umsonst hellgrün tapezieren lassen, weil das Kalkweiß zu sehr in seine schwachen Augen stach, auch wenn ihm die niedrige Zimmerdecke fast die Stirn eindrückte. Denn egal, was noch kommen würde, dieses ganze Jahr, dieser Sommer war schon jetzt gerechtfertigt: Der zweite Teil des »Zarathustra« ist fertig. Dem Verfasser kommt der Gedanke, »daß ich wahrscheinlich an einer *solchen* Gefühls-Explosion und -Expansion einmal sterben werde: hol mich der Teufel!« Vor allem aber, teilt er seiner Schwester mit, vertrage er hier oben »keine Pfefferkuchen«. Jeden Tag isst er dasselbe: 2 Teller Bouillon und Beefsteak mit Piselli für 2,50 Francs. Könnten Mutter und Schwester zur Abwechslung nicht ein großes Wurstpaket schicken, auch »eine Schinkenwurst dabei«?

Lous und Rées hat er schon im Vorspruch zum zweiten Teil des Zarathustra gedacht: »– und erst, wenn ihr mich alle verleugnet habt, will ich euch wiederkehren./Wahrlich, mit anderen Augen, meine Brüder, werde ich mir dann meine Verlorenen suchen; mit einer anderen Liebe werde ich euch dann lieben.« Vielleicht sind es die Tage des zweiten Schöpfungszyklus, da Tönnies dem Wanderer von Sils-Maria begegnet.

Noch ist der Verfasser des Zarathustra zu erhoben von sich selbst, um ganz auf das neue Gift zu reagieren, dass ihm die Schwester soeben per Brief eingeflößt hatte. Elisabeth Nietzsche hat auch schon an Paul Rées Mutter geschrieben. Im Auftrag Malwidas, meldete sie, weil diese wiederum Post aus Petersburg bekommen habe, die ungehorsame Tochter müsse umgehend zurückkehren nach Russland, Malwida möge ihren Einfluss geltend machen.

Malwidas Einfluss? Welcher Einfluss? Elisabeth wollte ihn schon schaffen. Dies war ein Auftrag – vielleicht war es ohnehin ein Eigenauftrag – ganz nach ihrem Geschmack. Und das Verbot ihres Bruders, die Namen Rée und Lou auch nur in den Mund zu nehmen, galt für Rom; er hatte vergessen, es zu verlängern. Rées Mutter musste als Verbündete gegen die Russin gewonnen werden. Elisabeth schmeichelte dem Bruder, machte ihm, viel mehr noch als Lou, Rée verdächtig. Der Schöpfer des Zarathustra fühlte sich in seinen Absichten, seiner Unschuld, seinen Leiden im Brief seiner Schwester überaus gut getroffen: »Übrigens kann ich schwören, daß die mir in Deinem Briefe zugesprochene Denk- und Handlungsweise mit der Wahrheit übereinstimmt und nicht nur eine schöne Farbe ist.«[147]

Rée also, nicht Lou, entnahm er dem Schreiben der Schwester, war der eigentliche Ehrabschneider. Und er, Nietzsche, habe immer gefürchtet, der Freund »könnte sich das Leben nehmen. Zuletzt hat er über seinen verrückten Freund wohl nur gelacht!«

Noch ist da ein Rest der Gelassenheit, die er so mühsam wiedergefunden hat. Noch gilt seine größte Empörung einem anderen. Schmeitzner, der Hund! Zwar hatte dieser inzwischen seine halbe Million Gesangbücher gedruckt und den Zarathustra bald hinterher. Aber noch war kein Exemplar des neuen Evangeliums ausgeliefert, nicht einmal die Rezensionsexemplare verschickt, denn der Verleger war in dringenden Angelegenheiten auf Reisen gegangen. Schmeitzner war gerade dabei, sich und seinen Verlag zu einer führenden Stimme des Antisemitismus in Deutschland zu machen. Nietzsche war die Antisemiterei höchst widerwärtig, doch noch versuchte er es vor sich selbst mit der Überlegenheit des Weisen: »Es ist wahrhaftig zum Lachen: zuerst das christliche Hinderniß ... und nun das judenfeindliche Hinderniß, – das sind ganz ›religionsstifterliche Erlebnisse‹.«[148]

Doch der Name seines Nachbarn im Hochgebirge frisst sich ihm neu ins Bewusstsein. Bald ist nichts mehr übrig von der Zarathustra-Euphorie. Rée also viel mehr als Lou war der eigentliche Falschspieler, die Schlange, der Verleumder? Wer prüft noch Wahrheiten, wenn er sich in tiefsten Ängsten berührt fühlt?

Und wieder schreibt Friedrich Nietzsche Briefe, die er nicht abschickt. An Rée: »Zu spät, fast ein Jahr zu spät erhalte ich Aufschluß über den Antheil, den Sie an den Vorgängen des letzten Sommers haben: und ich habe noch nie so viel Ekel in meiner Seele beisammen gehabt, wie jetzt, bei dem Gedanken, daß solch ein schleichender verlogen heimtückischer Gesell jahrelang als mein Freund hat gelten können. Das heiße ich ein Verbrechen ...

Pfui, mein Herr! … Also von Ihnen stammt die Verunglimpfung meines Charakters, u. Frl. S ist nur das Mundstück, das sehr unsaubere Mundstück *Ihrer* Gedanken über mich gewesen? … Sie sind es, der behauptet hat, ich habe unter der Maske der Idealität in Bezug auf Frl. S. die schmutzigsten Absichten verfolgt? Sie sind es, der über meinen Geist zu äußern wagt, ich sei verrückt u. wisse nicht, was ich wolle? Nun verstehe ich freilich den Handel besser, der mir selbst beinahe das Leben gekostet hat u. mich beinahe den achtungswürdigsten und mir nächststehenden Menschen entfremdet hätte.«[149] Und er bietet dem einstigen Freund an, ihm kugelweise eine Lektion in praktischer Moral zu geben. Andererseits: Heißt es nicht dem Verräter zu viel Ehre antun, überhaupt noch das Wort an ihn zu richten? Also schreibt Nietzsche an Rées Bruder, den er in Leipzig kennengelernt hatte. Vielleicht hat der Lust auf einen Pistolengang?

Keinen Tag bisher hat er vergessen, dass seine Mutter ihn eine Schande für das Grab seines Vaters genannt hatte. Umso offenherziger teilt er Georg Rée mit, dass sein Bruder ihm und seiner Familie zur Schande gereiche. Er ist nun voller Hohn auf Rée und Lou. »Haben wir Lust, einen großen Lärm zu machen?«, hatte er das Mädchen vor einem halben Jahr gefragt, um schon nach drei Sätzen wieder zu verstummen. Ja, und welche Lust er hat! Rée habe Lou ihm gegenüber einmal sein Verhängnis genannt – Nietzsche: »Dieses dürre schmutzige übelriechende Äffchen, mit ihren falschen Brüsten – ein Verhängniß! Pardon!«[150]

Der Philosoph lässt sich gehen.

Und doch sind die beiden bedenklichen Adjektive gewiss nicht frei erfunden. Er mag seine ungehorsame Apostelin ein wenig unreinlich empfunden haben im Sommer zuvor. Er ist empfindlich in diesen Dingen. Doch mag er sie um solcher Schwächen willen erst recht geliebt haben. Wer schräg gegenüber vom Winterpalais aufwuchs, wusch sich nicht selbst, der wurde gewaschen. Gewiss rührte ihn die Unbeholfenheit des Mädchens, damals.

Zurück aus Rom, hat Elisabeth Nietzsche das Land bis nach Stibbe und Sankt Petersburg mit einem fein gesponnenen Netz aus Verleumdungen und Verdächtigungen überzogen. Ja, auch der Generalin hat sie schon geschrieben, welche Skandale, welche Unglücke ihre unmögliche Tochter im fremden, unschuldigen Land auslöst. Auch Rées Schwester ist unterrichtet.

Es muss doch möglich sein, dieser schrecklichen Person jeden weiteren Aufenthalt unmöglich zu machen. Elisabeth Nietzsche sieht sich außerstande, mit Lou von Salomé im selben Land zu leben. Und ihr Bruder, in aller Alpennähe, ist nun der Auffassung, dass auch er es gutheißen sollte, wenn seine Schwester »durchsetzen will, daß Frl. S wieder nach Rußland zurückgeschafft wird«.[151]

*

Nur eine erfährt von all der Aufregung nichts. Die Besprochene selbst. Paul Rée hält allen Rufmord von ihr fern. Nur die Petersburger Forderung, auf der Stelle zurückzukehren, lässt sich nun nicht länger ignorieren. Mit einem bloßen »Nein!« ist es nicht mehr getan.

Nietzsche hatte das schon richtig formuliert. Sie soll nach Russland »zurückgeschafft« werden, »tot oder lebendig«, fügt die Generalin zum Zeichen ihrer Entschlossenheit an. Zuerst könnte sie ihrer Tochter die Monatswechsel sperren.

Zarathustra im übernächsten Alpental, an Höllentage reich gewöhnt, erlebt inzwischen einen, von dem ihm noch lange die Knie beben: »Ich hatte eben zu Mittag gegessen, da meldet mir der Wirth meines Hotels ›um 3 Uhr kommt Familie Rée, 8 Personen‹. Ich kann nicht beschreiben, was die nächste Stunde mir Alles durch den Kopf gieng.«[152] Der Philosoph des Übermenschen läuft bei strömendem Regenwetter zur Post, erfährt, dass die nächste Postkutsche Richtung Basel erst am nächsten Morgen geht, bestellt aber trotzdem einen Platz. Wenn er am nächsten Morgen noch am Leben sein sollte, würde er den brauchen. Familie Rée! acht Personen! drei Uhr!, hämmert es in seinem Kopf. Schließlich sieht er keinen anderen Ausweg, als sich, krank vor Angst, ins Bett zu legen. Vielleicht würde dieser Aufenthaltsort die Rächer der Réeschen Familienehre besänftigen: »und wahrhaftig, ich zitterte bei jedem Geräusch im Hause«.

Rache und Gegenrache. Aber hatte er nicht gerade den Charakter der Rache – und den seiner Schwester – bis auf den Grund durchschaut? »Von den Taranteln« heißt ein Kapitel im »Zarathustra II«: »Schwarz sitzt auf deinem Rücken dein Dreieck und Wahrzeichen; und ich weiss auch, was in deiner Seele sitzt./Rache sitzt in deiner Seele: wohin du beissest, da wächst schwarzer Schorf; mit Rache macht dein Gift die Seele drehend!/Also rede ich zu euch im Gleichniss, die ihr die Seelen drehend macht, ihr Prediger der *Gleichheit*! Taranteln seid ihr mir und versteckte Rachsüchtige!/…/Und wenn sie sich selber ›die Guten und Gerechten‹ nennen, so vergesst nicht, dass ihnen zum Phärisäer nichts fehlt als – Macht!«[153] Das ist, als Fußnote sei es mitgesprochen, der authentische Quell von Nietzsches Gedanken des Willens zur Macht, nämlich Letztere den immer schon falsch Ermächtigten wegzunehmen. Und es wird – mit bitterer Ironie ist kaum etwas zu denken – wiederum die Schwester sein, die aus dem Willen zur Macht ein eigenständiges, also abgelöstes und damit falsches Theorem machen wird.

Der Philosoph, der die Nachwelt bald durch unerhörte, noch genauer zu erklärende Weltunterwerfungsphantasien in Verlegenheit setzen wird, bekennt am Ende seines Berichts über den angekündigten Besuch der Familie Rée: »Ich bin ganz und gar nicht gemacht zur Feindschaft. – Zuletzt ergab sich, daß ein Mißverständniß, ein ähnlich klingender Name an Allem schuld war.«[154] Diese Lektion in praktischer Moral wäre also an ihm vorübergegangen. Zwar ist er vor Schreck noch mehrere Tage krank, hält es dann aber umso mehr für angebracht, den Brief an Rées Bruder, den abzuschicken er bisher nicht den Mut gefunden hatte, doch zur Post zu bringen. Zarathustra sei sein Zeuge. Er will sich nicht selbst der Feigheit verdächtigen müssen. Lieber diese Tarantel-tapferkeit und eine Notiz für Elisabeth: »Dein Bruder ist ganz eigentlich unglücklich: ich habe nämlich den Brief an G(eorg) R(eé) abgeschickt.«[155]

Aber da er schon einmal dabei ist, findet der Philosoph in der ersten Augusthälfte – genau ein Jahr nach Tautenburg – auch noch Muße zu einer Nachricht an die ältere Louise von Salomé in Petersburg, gipfelnd in dem Satz: »Meine Schwester u. ich – wir haben beide alle Gründe, die Begegnung mit Ihrem Frl. Tochter im Kalender unseres Lebens schwarz anzustreichen.«[156] Gerechterweise müssen wir auch an dieser Stelle bemerken, dass ihm nach dem Versand solcher Nachrichten höchst unwohl ist: »... und seit diese Sache so weit fortgeschritten ist, daß eine Versöhnung mit jenen Beiden nicht mehr möglich ist, weiß ich nicht mehr wie leben; ich denke fortwährend dran.«[157]

An seine Schwester schreibt er: »Muß ich's denn immerfort noch büßen, mich wieder mit Dir versöhnt zu haben? Ich bin Deine unbescheidene Moralschwätzerei gründlich müde. Und soviel steht fest, daß Du und Niemand anders mein Leben in 2 Monaten *dreimal* in Gefahr gebracht hast! Einem Menschen wie mir – seine höchste Thätigkeit zu zerstören! Ich habe noch niemand gehaßt, Dich ausgenommen!« Diesen Brief schickt er aber nicht ab. Er fürchtet den Biss der Tarantel.

*

Zurück nach Russland?

Die Ritter und die Ritterin der Berliner Tafelrunde sehen sich mit einem außergewöhnlich praktischen Problem konfrontiert und beschließen, es mit einer List des Geistes zu lösen, auch stehen ihr andere nicht zu Gebote.

Die Beargwöhnte soll ein Buch schreiben!

Wenn ihre Familie es erst schwarz auf weiß vor sich sieht, wird man auch in Petersburg begreifen, was jeder hier weiß und wofür sich Ferdinand Tönnies beide Arme abhacken lässt: Das Mädchen ist ein Genie! Um aber ein deutsches Buch über das deutsche Geistesschicksal auf Deutsch zu schreiben, gibt es nichts Unpassenderes als einen Aufenthalt in Petersburg.

Schreiben lernen könne sie an einem Tag, hatte Nietzsche ihr erklärt, weil alles in ihr darauf vorbereitet sei. Sie beschloss nun, das genauso zu sehen. Nur worüber schreiben?

Der Herbst/Winter 1883 findet den einstigen Dreierbund in geteilter südlicher Schreibklausur. Paul Rée und Lou von Salomé haben sich in Gries-Meran eingemietet. Rée schreibt unermüdlich weiter an seinem Hauptwerk über die Entstehung des Gewissens, und das 22-jährige »Verhängniß«. Lou macht sich an die Lebenserinnerungen eines uralten Mannes, eines Einsiedlers im Hochgebirge, in dem unschwer der Prophet von Sils-Maria zu entdecken ist. Ob sie weiß, dass er in Sils einmal sterben will? Schon auf der ersten Seite heißt es: »Niemand kannte ihn mehr, Niemand hatte irgendwelche Beziehungen zu ihm.«

Wozu hatte sie Nietzsche so ausführlich analysiert? Zur ebenso nötigen wie angenehmen literarischen Freiheit gehört, dass sie die Hauptfigur zum Ich-Erzähler macht. Endlich aus der Perspektive eines Mannes sprechen dürfen! Von Frauen versteht sie zu wenig.

Sie sieht zwar rein fiktional, gleichwohl sehr klar: Auch der real existierende Nietzsche, bald vierzig Jahre alt, geht nun seinen Weg in die absolute Einsamkeit, in die Übersteigerungen, Überklarheiten, Schönheiten und Verhärtungen des Spätwerks, zuletzt in den Wahn. In den Augen der Welt – und in seinen Augen – ist er ein Gescheiterter. Manchmal fragt man sich, gerade angesichts des nun Folgenden, was anders geworden wäre, wäre sein Weg zurück zu den Menschen gelungen. Er legt fortan einen undurchdringlichen Panzer aus Menschenscheu um sich, es ist Selbstschutz und klarste Selbsterkenntnis zugleich: »Ich bin stolz genug für ein *unbedingtes* incognito, selbst in ärmlichen Verhältnissen: aber *halb* geehrt, *halb* geduldet, *halb* verwechselt fühle ich mich wie in der Hölle – dazu bin ich *nicht* ›stolz‹ genug.«[158]

Das Vorbild des Alten vom Berge zieht sich für den kommenden Winter nach Nizza zurück, das im Winter mehr reine Sonnentage haben soll als Genua im ganzen Jahr. Er hatte, nur Tage nach dem Brief an die Generalin, einer Freundin gestanden, Lou bleibe ihm ein »Wesen ersten Ranges« und: »… nach ihrer thatsächlichen Moralität mag sie freilich eher ins Zuchthaus oder Irrenhaus gehören. Mir *fehlt* sie, selbst noch mit ihren schlechten Eigenschaften.«[159] Jedes weitere Wort, das gegen Rée und Fräulein Salomé geschrieben werde, mache ihm das Herz bluten.

Der sich unter den Händen der 22-Jährigen gerade in Literatur verwandelt, nimmt sie auch noch nach Nizza mit: »Das eigenthümliche Unglück des letzten und vorletzten Jahres bestand im strengsten Sinne darin, daß ich einen Menschen gefunden zu haben meinte, der mit mir die ganz gleiche Aufgabe habe. Ohne diesen voreiligen Glauben würde ich nicht in diesem Maaße an dem Gefühle der *Vereinsamung* (Verkennung, Verachtung und was

Alles damit zusammenhängt) gelitten haben und leiden wie ich that und thue.«[160] Anfang November schreit alles in ihm nach jemandem, »der redlich ist und reden kann, sei es selbst ein Scheusal, wie Lou. Natürlich wären mir Halbgötter zur Unterhaltung erwünschter.«[161]

Er verbringt Weihnachten wieder allein; er teilt seiner Mutter mit, wie es zwischen ihren Kindern steht: »Ich habe nun ein paar Jahre wie ein zu Tode gemartertes Thier gegen L« – Liesbeth – »mich gewehrt und geflüchtet; ich habe sie beschworen mich in Ruhe zu lassen und sie hat nicht einen Moment aufgehört, mich zu martern.«[162] Naumburg habe er zu meiden, »um nicht thätlich mich an ihr zu vergreifen«. Die Mutter mag es ruhig wissen: »Du kannst mir nicht nachfühlen, welcher Trost mir jahrelang Dr R gewesen ist ... und welche unglaubliche Wohlthat mir gar der Verkehr mit Frl S gewesen ist.«[163] Geschrieben zum Jahresbeginn 1884.

Diesmal will er, statt von Portofino nach Zoagli, die ganze französische Riviera ablaufen bis nach St. Raphael und auf einen neuen Sanctus Januarius warten, der mit ihm an seinem Zarathustra weiterdichten wird. Allein.

Drei Bücher. Drei Autoren.
Das Jahr 1885

Frühjahr 1885. Der Roman eines Debütanten erregt Aufsehen im Bücher-Deutschland. Er heißt »Im Kampf um Gott«, besitzt durchweg die spezifische Leichtigkeit seines Titels und ist von einem literarischen Neuling namens Henri Lou. Sogar die Brüder Hart, die neuen Berliner Literaturpäpste, loben das Erstlingswerk über die Maßen, schon ob seiner Männlichkeit.

Einerseits war es eine kluge Entscheidung, ein männliches Pseudonym zu wählen, denn Bücher von Autorinnen nimmt keiner ernst, und dies ist ein überaus ernstes, also unweibliches, also männliches Buch. Vielleicht auch sind selbstgewählte Namen ohnehin viel wahrer als die zufälligen, die wir durch Geburt und Abstammung erhalten. Den Vornamen hat sie sich von Hendrik Gillot ausgeliehen. Henri Lou, zwei Namen in eins – ein Name wie ein Schicksal.

Andererseits scheint jeder bald zu wissen, dass der Debütant in Wahrheit eine Debütantin ist. Und erstaunlicherweise scheint das nicht zu stören, im Gegenteil. Das Mitglied der Tafelrunde Deussen, Schopenhauerianer und Vedanta-Autor, verliebt sich erst jetzt, Buchstabe für Buchstabe, Satz für Satz in die große Vorsitzende. Andere sind diesem Zustand längst ausgeliefert.

Im näheren Nietzsche-Umkreis nörgelt nur Erwin Rohde ein wenig und murmelt etwas von »gespensterhafter Körperlosigkeit«. Sogar Overbeck ist das Buch schon Ende April vor Augen gekommen, seine Frau hat es gar bereits gelesen und ist beeindruckt, erfährt Friedrich Nietzsche. Overbeck ist keineswegs der Erste, der ihm von diesem Buch spricht, der Empfänger fühlt sich belästigt: »›Den Kampf um Gott‹ habe ich nicht gesehn und mag ihn einstweilen nicht sehn«, antwortet der Lektüreverweigerer und setzt, wohl um nicht kleinlich zu erscheinen, hinzu: »Man bezeugt der Verfasserin, von sehr verschiedenen Seiten her, Respekt. Und wenn Deine liebe Frau auf Grund dieser Art Mémoires und Halb-Roman dem Frl. S. wieder eine etwas günstigere Beurtheilung gönnt, so soll es mir von Herzen lieb sein; zuletzt hat sie genau das ausgeführt, was ich von ihr in Tautenburg gewünscht habe. Im Übrigen hole sie der Teufel!«[164]

Der letzte Satz ist als Zusammenfassung seiner Haltung gegenüber der Debütantin jedoch ungenau. Sie geht noch immer unablässig durch seine Briefe. Im letzten Frühjahr hat er, noch in Nizza, sogar erwogen, einen kleinen Studienkreis einzurichten und Rée und Fräulein Salomé dazu einzuladen. Er habe einiges an beiden gutzumachen. Auch hatte er damals gehört, »von Frl. S. soll nächstens ihr erstes Buch erscheinen: ›über den religiösen Affect‹ – das selbe Thema, für welches ich ihre außerordentliche Begabung und Erfahrung in Tautenburg entdeckte – es macht mich glücklich, nicht ganz umsonst mich damals so bemüht zu haben.«[165] Eben erst war ihm klargeworden, dass alles Üble, was er von Lou geglaubt habe, »auf jenes Gezänk zurückgeht, das vor meiner näheren Bekanntschaft mit Frl. S. liegt«. Er wünschte jetzt nichts mehr, als ihr »einmal auch noch nützlich zu sein«. Ja, er wünschte sich, sie möge in Not geraten, damit er ihr helfen könne.

Diese Seelen- und Bewusstseinslage hat sich bis jetzt nicht wesentlich geändert, aber lesen möchte er trotzdem nicht. Auch ist das Mädchen weiß Gott nicht die Einzige, die ein Buch geschrieben hat.

Wer dürfte, streng genommen, behaupten, ihr Dreierbund hätte nicht gehalten? Alle drei Mitglieder der Trinität haben im selben Jahr ein Buch veröffentlicht! Als Dreigestirn sind sie fast zeitgleich am deutschen Bücherhimmel erschienen. Allerdings gibt es Unterschiede in der Lichtleistung, vielleicht auch darum will Friedrich Nietzsche nicht lesen.

Am 12. Februar 1885, an Lous Geburtstag und pünktlich zum Todestag Wagners, hatte er seinen »Zarathustra« abgeschlossen. Der vierte Teil war da. Aber was genau bedeutete das? Darf man die Existenz von ein paar selbstverschickten Exemplaren als Anwesenheit eines Buches in der Welt bezeichnen?

Im vergangenen Frühjahr hatte er seinen Verleger noch locken wollen: »Und haben Sie guten Muth: Sie haben jetzt das *zukunftreichste* Buch in Ihrem Verlag, das es giebt – – ich weiß sehr gut, was ich da sage und bin keineswegs toll oder eitel. ... Vor allem aber *presto, presto*!«[166]

Presto? Schmeitzner hatte von den ersten drei Teilen gerade mal siebzig Stück verkauft, »an Wagnerianer und Antisemiten«. Das ist Schmeitzners Kundenkreis. Siebzig Exemplare. Unbesprochen, denn der Verleger hatte es nicht für nötig gehalten, Rezensionsexemplare zu verschicken. Gibt es etwas Traurigeres als ein Evangelium, das keiner hört, das niemanden interessiert, das nicht einmal kritisiert wird? Andererseits: Wer druckt Konkurrenz-Evangelien? Henri Lous Buch hingegen ist von Wilhelm Friedrich in Leipzig herausgebracht worden, der Autoren wie Theodor Fontane, Detlev von Liliencron oder Bertha von Suttner verlegt. Der Autor Friedrich Nietzsche hatte die Drucklegung seiner Philosophie der Zukunft, vierter Teil, selbst bezahlt. Vierzig Exemplare lässt er binden. Einige verschickt er und hat kurz darauf nicht wenig Lust, auch diese wenigen wieder zurückzuholen. »Nach einem solchen Anrufe, wie mein Zarathustra es war, aus der innersten Seele heraus, nicht einen Laut von Antwort zu hören, nichts, nichts, immer nur die lautlose, nunmehr vertausendfachte Einsamkeit – das ist etwas über alle Begriffe Furchtbares, daran kann der Stärkste zugrunde gehen – ach, und ich bin nicht ›der Stärkste‹! Mir ist seitdem zumute, als sei ich tödlich verwundet.«[167]

Der Professor Friedrich Nietzsche ist mit dem »Zarathustra« zum größten deutschen Dichter seiner Zeit geworden, er weiß das sehr wohl – aber niemand sonst. »Nur Narr! Nur Dichter!«

Freund Rée geht es nicht viel besser. Welche Hoffnung hatte er gehabt, sich mit seiner Gewissensschrift endlich habilitieren zu können. Aber wer dürfte in Deutschland ein so feines, so göttliches Organ wie das Gewissen als Produkt der gesellschaftlichen Verhältnisse, des kruden Interesses gar vorstellen? Der Autor mag fleißig gewesen sein, er mag all seine Behauptungen belegt haben – umso schlimmer für den Autor. Er hatte in Jena versucht, die Arbeit einzureichen, zuletzt in Straßburg. Immer vergebens. Nun hat er sie doch veröffentlicht, gewissermaßen als Nachruf auf sich selbst, auf den Philosophen, den Theoretiker Paul Rée. »Die Entstehung des Gewissens« ist sein Testament, das kaum einer liest.

Rée, der zu den Menschen gehört, die sich selbst am schwersten ertragen, denen es nie gelingen wird, mit sich selbst befreundet zu sein, missgönnt der glücklicheren Freundin nichts.

Für den Sommer reisen sie wieder in die Schweiz, wieder ins Engadin, diesmal nach Celerina. Wieder wohnen sie in nächster Nähe zu Nietzsche, dem sie nicht begegnen. Erst spät im Jahr kommen sie herunter von den Bergen, in einem Postlandauer, um unterwegs überall auszusteigen, wo es ihnen gefällt. Nietzsche trifft inzwischen in Leipzig ein. Er hat keine gute Erinnerung an Leipzig im Herbst, und wieder bekommt er es in dieser Stadt mit den beiden zu tun: »Gestern fand ich, vom Buchhändler geschickt, Rées ›Entstehung des Gewissens‹ vor und dankte nach raschem Überblicke meinem Schicksale, welches es mit sich brachte, daß ich mir vor zwei oder drei Jahren die Widmung dieses mir zugedachten Werkes *verbitten* mußte. Armselig, unbegreiflich ›altersschwach‹ –. Zugleich, durch eine artige Ironie des Zufalls, traf auch das Buch des Frl. Salomé ein, das mich ganz umgekehrt berührt hat. Welcher Contrast zwischen der mädchenhaften und sentimentalen Form und dem willens- und wissenskräftigen Inhalte! Es ist Höhe darin; und wenn es wohl nicht das Ewig-Weibliche ist, was dieses Pseudo-Mädchen *hinanzieht*, so vielleicht – das Ewig-Männliche. – Übrigens hundert Anklänge an unsere Tautenburger Gespräche. –«[168]

Hundert Anklänge?

Lou hatte ihr »Stibber Nestbuch« mit den Korrekturen Nietzsches konsultiert, nicht zuletzt darum sagen alle Beteiligten hier höchst überlegenswerte Dinge. Aber der Rahmen, in dem sie es tun!

Das ist Courths-Mahler nach einer Überdosis Philosophie.

Lous Idee, einen alten Mann seine Lebensgeschichte erzählen

zu lassen, findet Nietzsche höchst spaßig. Ob er erkannt hat, dass er porträtiert ist? Kuno, Sohn eines deutschen Pfarrhauses wie er. Ein früher Rigorist Gottes, dann Immoralist usw. Ob Nietzsche sich gewünscht hat, dieser *Kuno* zu sein, trotz des unmöglichen Namens? Immerhin bringen sich gleich zwei Frauen seinetwillen um, die zweite ist leider die eigene Tochter, eine weitere, die Mutter des Mädchens, Freundin seiner Kindheit und später Geliebte, stirbt kurz nach ihrer Geburt.

Statt mit einer strapaziösen Schwester wie Nietzsche wächst sein Alter Ego also mit dem Nachbarskind auf, einer sanften Mädchenblüte namens Jane, in der Lou zusammenfasst, was Nietzsche über die Frauen und die Liebe der Frauen denkt, wenn er sich vorgenommen hat, gut von ihnen zu denken. Aber geben wir der Autorin ruhig selbst das Wort. Wir begegnen dem Ich-Erzähler Kuno und Jane als Kindern, nachdem Kuno bereits seine Gottesunschuld verloren hat: *Jane saß angeschmiegt neben mir, die frierenden kleinen Hände in ihr Schürzchen gewickelt und die Abendsonne wob um ihre kindlich weichen Züge und das Blondhaar einen zitternden Glorienschein. – Mir aber brannte sie im finstern Antlitz gleich glühend aufsteigender Scham.*[169] Das ist ein zeitgenössische Intelligenzen herausfordernder Duktus, den die Verfasserin in ihren Erzählungen und Romanen nie ganz verlieren wird, was den Kontrast zur Brillanz ihrer Essays umso schärfer macht. Was für ein unbeugsamer Wille zum Konventionellen. Aber sollten nicht auch wir lesen können, was Nietzsche lesen konnte?

Der Junge in der Abendsonne hatte Gott verloren wie einst das Mädchen Lou. Es ist ihr eigener Abfall, den sie beschreibt, aber das Wort Abfall ist ungenau. Nicht Lou oder Kuno fallen von Gott ab – Gott fällt von ihnen ab: *Mir war als müßte sich eine Gotteshand beschwichtigend, wie zum Abendsegen, auf meine fieberheiße Stirne legen, mir war als müßte eine Gottesstimme mich flüsternd seiner Nähe und Liebe versichern, – aber ich fühlte keine Hand und hörte keine Stimme. Es war der letzte bittende Ruf nach den Schutzgeistern meiner Kindheit. In jener Nacht hörte ich auf, ein Kind zu sein.*[170]

Einem Wesen wie Jane – einer Frau in ihrem ganzen Weltempfinden – kann das nicht geschehen: *Wohl zog sie mit mir manche Consequenz, welche mich völlig elend gemacht hatte … Man gewann den Eindruck, als gäbe sie einerseits mit einer großen Leichtigkeit einen Glaubenssatz preis,* was aber nichts in ihr beschädigte, *sondern die Gedanken schienen über ihre Seele hinzugleiten, ohne deren innere Tiefe in ihrem Frieden aufzuscheuchen.*[171] Der Junge neben ihr dagegen fühlte sich nun *allem Bösen verwandt und verbunden* und war doch zugleich voller *Heimweh nach Gott.*

Was diesen Kuno-Friedrich über andere hinaushebt, ist seine Unfähigkeit zur Gleichgültigkeit: *G o t t v e r l o r e n, – das Wort enthält eine Geschichte, welche unzählig Viele in unsern Tagen zu erzählen wissen. Aber unendlich verschieden sind diese Geschichten unter sich. Nicht Allen, in deren Leben das Wort eine flüchtige Episode gebildet, wurde es zur L e b e n s g e s c h i c h t e ihrer innersten Selbstentwicklung. Wie das kommt? Wohl daher, daß die Meisten Gott verlieren, noch bevor sie Gott besessen haben.*[172]

Wie vordem Nietzsche bezeichnet sie auch Kuno als *gewaltsamen Stimmungsmenschen.* Zwischen Askese und Exzess lebend, trifft er auf der Universität eine der ersten, ausgiebig belächelten Studentinnen und beschützt sie ein wenig, vielleicht weil sie Außenseiter ist wie er.

Die 23-Jährige erkennt ihre Stellung in der Welt – hätte sie Rée nicht als Schutz an ihrer Seite – genau. Preisgegebener, hoffnungsloser kann man nicht sein. Kuno rät, lieber gleich von der Universität fortzugehen. Kuno zu Margherita: *»Sie sollten dies alles lassen, auf diesem Wege können Sie in einem besonders glücklichen Falle eine Außergewöhnlichkeit werden, aber, so wie Sie sind und fühlen, keine wirklich seltene und großartige Frauenerscheinung. Sie werden keine Rarität, sondern ein Curiosum.«*[173]

Diese Margherita ist Lous Alter Ego, aber mit einem entscheidenden Unterschied: Margherita ist schwächer, genauer: willenloser, liebesfähiger. Und natürlich liebt sie ihren Beschützer, der sie aus Gleichgültigkeit verderben lässt, nicht ohne ihr mit dem Zynismus des Mannes noch die Gründe vorzuhalten: *»Wisse, es giebt zwei Reize am Weibe: daß es zart und kindlich in seiner Reinheit oder aber, daß es eine verführerische Meisterin in allen* *coquetten Künsten sei. Dagegen aber erscheinst du als eine zaghaft ungeschulte Anfängerin, die ihren süßesten Reiz verloren hat.«*[174] Welche Hoffnung durfte die Autorin selbst eigentlich habe, dieser Alternative zu entkommen? Margherita endet als Selbstmörderin.

Wir begegnen immer wieder Überlegungen des Tautenburger Sommers, etwa der, dass die Freundschaft zwischen den Geschlechtern einer kleinen physischen Antipathie bedürfe. Wir sehen uns außerstande, das vollständige Geschehen dieses Romans wiederzugeben, doch sei ausdrücklich darauf hingewiesen, wie Jane die hingebende Liebe der Frauen gegen Kuno verteidigt, der mit nur unwesentlichen Abweichungen Nietzsches Aufzeichnungen für Lou über die Schwäche des schwachen Geschlechts vorträgt. Zum Stand des Geschehens: Kuno ist zerrüttet in seine Vaterstadt zurückgekehrt, wo er die inzwischen unglücklich verheiratete Freundin seiner Kindheit wiedertrifft – anfangs vor allem zum gemeinsamen Nachdenken darüber, wie alles so weit kommen konnte, wie es gekommen ist.

»Oft setzt Bewunderung mehr Kraft voraus als Bewundertwerden«, sagte Jane leise.

»Das ist ein echt weiblicher Ausspruch«, rief ich lächelnd, indem ich vor ihr stehen blieb, »auf euer eigenstes Spezialgebiet, auf das der weiblichen Hingebung und Liebe, gehört diese Bewunderungsfähigkeit, von welcher ich sprach. Es ist wie eine Folge der Jahrhunderte lang beibehaltenen, dienenden und devoten Stellung des Weibes, daß dasselbe überall, wo es sich hingiebt, auch hinknieen will und darum so lange den Gegenstand der Hingebung idealisirt, ausschmückt, bis es sich eine Art Gott glücklich zurecht construirt hat. Die eigene Haltlosigkeit bringt es dahin, sich um jeden Preis eine stärkere Macht, an welche es sich anlehnen könnte, zu schaffen. Ich halte dies so sehr für den tiefsten Zug im Weibe, daß es da, wo es sich emancipirend denselben abstreift, gewöhnlich zur Verzerrung wird.«

Nietzsche hat das in der »Morgenröthe« schon ausführlicher begründet: »*Kettenträger.* – Vorsicht vor allen Geistern, die an Ketten liegen! Zum Beispiel vor den klugen Frauen, welche ihr Schicksal in eine kleine, dumpfe Umgebung gebannt hat, und die alt darin werden. Zwar liegen sie scheinbar träge in der Sonne da: aber bei jedem fremden Tritt, bei allem Unvermuteten fahren sie auf, um zu beißen, sie nehmen an allem Rache, was ihrer Hundehütte entkommen ist.«[175]

Allein, es ist – wie vieles bei Nietzsche – kein bloßer Ausfall gegen die Frauen, er selbst weiß sich als Kettenkranker, und nie hat er Lou das schöner und für alle gültiger gesagt als in jenen ersten Tagen, nachdem sie aus Tautenburg abgereist war und er in Naumburg ihr »Lebensgebet« komponierte: »Zuletzt, meine liebe Lou, die alte tiefe herzliche Bitte: *werden Sie, die Sie sind!* Erst hat man Noth, sich von seinen *Ketten* zu emancipiren, und schließlich muß man sich noch von dieser Emancipation *emancipieren!* Es hat ein jeder von uns, wenn auch in sehr verschiedener Weise an der *Ketten-Krankheit* zu laboriren, auch nachdem er die Ketten zerbrochen hat. Von Herzem Ihrem Schicksale gewogen – denn ich liebe auch in Ihnen *meine Hoffnungen.* F. N.«[176]

In Kunos Mund endet dieser Passus mit einer Frage an Jane: *»Glaubst du nicht auch, daß auch die Anhänglichkeit an Glaube, Religion, Moral, nicht weniger als diejenige an Menschen auf demselben Bedürfniß im Weibe beruhe?«*

»Nein«, entgegnete Jane, »obgleich ich mit dir annehme, daß unser tiefster Wesenszug die Befähigung für Religion und Verehrung ist. Aber ich halte dies nicht für die Schwäche, sondern für das schönste Privilegium meines Geschlechts, für seine einzige Größe.«

»Was in aller Welt liegt darin für eine Größe«, warf ich ein, »etwas heilig zu sprechen, geschlossenen Auges davor knieend, um sich darauf stützen zu können?«

»Darunter verstehe ich aber auch noch nicht des Weibes höchstes Lieben und Hingeben«, entgegnete Jane und schlug die Augen zu mir auf, »Lieben heißt nicht, die Augen vor den Mängeln einer Person oder eines Glaubens schließen; – sie ist umgekehrt ein so tiefer Blick in das innerste Wesen des geliebten Gegenstands hinein, wie ihn nur die tiefste Verwandtschaft ermöglicht, die innerste Einheit mit demselben verleiht. Lieben heißt gar nichts anderes als sich im innersten Geistsein aufschließen füreinander … Liebe ist Tiefblick.«

Der wirkliche Nietzsche weiß im Gegensatz zu Kuno wohl genau, wovon die Rede ist, hatte er sich doch unlängst – es sei noch einmal wiederholt – gar zu einer Form der Liebe bekannt, die nach seinen eigenen Begriffen als allerweibischst gelten muss: Lou »vereinigt in sich *alle* Eigenschaften der Menschen die mir ekelhaft und verhaßt sind u nun habe ich mir seit Tautenburg die *Tortur* auferlegt sie gerade darum zu *lieben!*«[177]

Sein Roman-Alter-Ego jedoch lächelt. Der Liebesbegriff der Freundin setze voraus, dass es sich bei dem zu Liebenden um *eine Art verkannter Gottheit* handele. Und überhaupt scheine ihm nach ihrer Schilderung, *»daß die Liebe als eine Kraft zu definieren sei, sich liebenswürdig zu täuschen«*.

»Dein Spott ficht mich nicht an«, entgegnet Jane lächelnd, »ich verstand unter der innersten Bedeutung ... eines geliebten Menschen ... nicht etwas Geheimnisvolles oder Extraordinäres ... Ich meine damit den höchsten Punkt, auf den dieser Mensch zu stehen kommen kann, wenn er im höchsten Sinn die Verheißung verwirklicht, die in ihm liegt ... Jeder Mensch hat seine eigne ideale Notwendigkeit, die durch tausend Irrungen von außen durchkreuzt werden kann.«[178]

An dieser Stelle verlassen wir Kuno und Jane, die die ehebrecherische Geburt ihres gemeinsamen Kindes nicht lange überleben wird, wie auch Letzteres die Liebe zu seinem eigenen Vater mit dem Tode bezahlen muss.

Die Autorin scheut nicht davor zurück, die Vokabel »Ringen« drei Mal auf einer Seite zu gebrauchen. Da ist ein *ringender Geist*, ein *qualvoller Kampf ringenden Empfindens* und *ein Gegner*, der sich erhob, *mit ihr* – Jane – *zu ringen*. Privilegierter als das Wort *ringen* ist hier nur noch *kämpfen*, wie bereits der Titel andeutet. »Im Kampf um Gott« ist Weltanschauungsliteratur im nicht ganz exemplarischen Sinne, denn das Weltanschauungshafte ist im Unterschied zu allem Übrigen durchaus bedenkenswert.

Was mag Nietzsche gedacht, gefühlt haben, sollte er seine Lektüre bis an Stellen wie *Die einsamste aller Einsamkeiten ... die Selbstverlassenheit*[179] ausgedehnt haben? Ein Zustand, den die Autorin nicht kennt, Kuno-Friedrich dafür umso mehr. Wie kann sie das von ihm wissen?

Und dann dieser gespenstische Satz: *Was wir oft die Liebe zu einem Menschen nennen, ist nichts als seine Art uns produktiv im höchsten Sinne zu machen.*[180] Sie hat eine Art gehabt, ihn produktiv zu machen, eine ihn fast zerstörende Art – sollte er sie darum lieben, geliebt haben?

Falls der Einsiedler von Sils-Maria zu Ende gelesen hat, wird er noch etwas wissen: Das geht nicht gut aus!

Das Leben als Trivialroman oder Ein Orientalist tritt auf

Courths-Mahler nach einer Überdosis Philosophie? Aber was heißt hier Groschenroman? Manchmal überbietet das Leben selbst, erst recht das Leben dieser Frau, alle Phantasie eines Trivialautors. Und im Hinblick auf das nun Folgende – ein Heiratswilliger tritt auf, der sich am Vorabend seiner Verlobung vor den Augen der Braut das Messer in die Brust stößt usw. – weiß selbst die Biographin nur eine Entschuldigung: Nichts davon ist erfunden!

Der gescheiterte Gelehrte Paul Rée will ein neues Leben beginnen. Genauer: Eine Hälfte soll neu werden. Die andere Hälfte, seine Gemeinsamkeit mit Lou, ist auf ihre stille, entsagende Art vollkommen. Und wenn er sich von der ganzen Welt »Ehrendame« nennen lassen müsste.

Nicht oft ist von einem Menschen zu sagen, dass er das ganze Glück eines anderen ist. Lou ist es für Rée. Er wollte ihr verbergen, dass er ein Spieler ist. Dabei wusste sie es schon im Augenblick seines Erscheinens bei Malwida. Er hatte sich nicht angekündigt, sie hatte nicht mit ihm gerechnet. Doch bei Nennung seines Namens trat sie als Erstes mit einer gewissen nervösen Gespanntheit an ihren Sekretär und nahm Geld heraus. Lou meint sich noch Jahrzehnte später zu erinnern, dass ihr feines schwarzes Seidentuch, das sie immer um den Kopf trug, vor Erregung flatterte. Sie verließ den Salon, und als sie, Rée im Arm, wieder hereinkam, waren beider Mienen sehr gelöst. – Rée hatte, von Nietzsche aus Genua kommend, sein Geld in Monte Carlo verspielt, gewissenhaft bis auf den letzten Pfennig. Eigentlich hätte er nun als Bettler in Monte Carlo bleiben müssen, doch es fand sich ein mitleidiger Kellner, der ihm das Reisegeld nach Rom auslegte, zu seiner Privatbank Malwida. Der junge Spieler hatte sich nicht in ihr getäuscht, der Bote war mit Malwidas Geld schon auf dem Rückweg.

Kurz nach ihrer Rückkehr aus Tautenburg wurde sie Zeugin eines Rückfalls. Da schrieb er ihr einen Abschiedsbrief, noch im September 1882. Etwas in ihm, schrieb Rée, der Skeptiker des Lebens, der ohnehin nicht glauben wollte, dass er dieses Mädchen an sich binden konnte: »Ich fürchte, wir müssen uns trennen; denn obgleich ich ein Schutz und Halt für Dich in der Welt bin, so bist Du doch zu ehrlich, dies auch dann noch zu wollen, wenn die innigste, tiefste Sympathie zwischen uns auch nur im geringsten erschüttert ist. Das aber ist sie. ... Ich war eigentlich schon todt; Du hattest mich zu einem Scheinleben erweckt, aber das Scheinleben in einem Todten ist widerlich. Anderseits könnte ich ein Gefühl des Mißtrauens, gegründet auf das Vorhandensein einer Eigenschaft, welche ich in mir ... und Dir unsympathisch weiß, nicht wieder los werden, das Mißtrauen meine ich, Dir unsympathisch zu sein, Dir Unsympathisches zu thun. Also – laß uns getrennten Weges zu unsern Gräbern gehen.«[181]

Sie hatte ihm Schlaffheit vorgeworfen. Ja, sie habe ganz recht, diese Schlaffheit sei zu seinem zweiten Ich geworden, und doch sei er nicht mit ihr zur Welt gekommen, habe er sie lange nicht gekannt. Er wurde vor Lous Augen ohnmächtig, als ihm eines Tages aufging – wohl durch eine harmlose Wendung des Gesprächs –, dass sie nicht wusste, dass er Jude ist. Und als sie es nun erfuhr, änderte das gar nichts. Was er als die größte Bürde seines Lebens empfand, es bedeutete ihr – nichts. Lou später über den realen Kern der Rée'schen Daseinsproblematik: *Halbjuden, die unter ihrem Mischmasch litten, beobachtete auch ich mehrmals. Allein, dieser Zwiespalt wäre kaum krankhaft zu nennen, er ist gleichsam normal gegeben wie das Hinken eines, der ein kurzes und ein langes Bein hat. Jemanden mit seinen zwei gesunden Beinen hinken zu sehn, wie es Rée that –! Ganz Jude sein, und dennoch sein Selbst lediglich in etwas finden, was diesem hassend und verachtend gegenübersteht. Dies gewaltsame Sich-*

vergessenwollen hat in Rée als Denker sein Absehn vom Gefühlsmäßigen, von der Persönlichkeit, ganz ungemein unterstützt, wenn nicht geradezu es bewußt prinzipiell hervorgerufen. Er war deshalb nicht ganz so eng, wie es schien, allein die Thür die da hinausführte, war dermaßen wohlverschlossen, daß sie nur noch als Mauer in Betracht kam.[182]

Führt er gar eine gewisse Angreifbarkeit seines Wesens auf sein Jüdischsein zurück? Er verachtet den Spieler in sich, er verachtet das Haltlose, das er in sich fühlt. Ein »Tausendkünstler der Selbstüberwindung« ist er nicht. Und doch, das sollte sie ruhig wissen, er hatte gekämpft und verloren, »nicht weil ich schwach war, sondern weil der Gegner übermäßig stark war. Merkwürdigerweise habe *ich* mich auch großentheils durch Nachtwachen ruiniert. Ich habe monatelang die ganzen Nächte absichtlich durchwacht, ... meistens in den Straßen Berlins hin und hergehend ... ich erinnere mich noch, daß ich mich damals mit einem Mönch verglich, von dem Seume in seiner Selbstbiographie erzählt. Derselbe hatte alles nur Denkbare gethan, um sich von den Zwangswerbern zu befreien, welche damals Soldaten nach Amerika verkauften. Als aber nichts helfen wollte, als er doch aufs Schiff mußte – da legte er sich in seine Hängematte, blieb liegen, ohne sich zu waschen und zu kämmen.«[183] Es ist derselbe Brief, der mit dem traurigsten Satz der Welt endet: »Also laß uns getrennten Weges zu unseren Gräbern gehen.« Und Lou hatte darunter an den Rand geschrieben, dass sie schon darauf achten wird, dass er sich auch weiterhin waschen und kämmen wird. Sie hatte das so formuliert: *Nein gewiß nicht! Laß uns zusammen leben und streben, bis Du dieses w i d e r r u f e n hast!* Für all das liebt er sie.

Und er vertraut ihr. Allen Werbungen hat sie widerstanden. Die Exzellenz hat ihre Ehrendame nie verraten. Und doch wird ihr Leben nun nicht mehr das frühere sein. Die Zeit des Denker-Duos Rée-Salomé ist vorüber. Aus den drei Berliner Zimmern mit dem Arbeitsraum in der Mitte sind sie längst ausgezogen.

Um einen Grund zu haben, sich auch weiterhin zu waschen und zu kämmen, studiert der gescheiterte Gelehrte Paul Rée nun Medizin.

Wahrscheinlich hätte man damals noch keine Frau in einen deutschen Anatomiesaal gelassen, und doch: Sie hatten überlegt, das Studium gemeinsam zu beginnen, erinnert sich Lou Andreas-Salomé, seien schließlich aber doch zu dem Ergebnis gekommen, dass Reé allein frühmorgens zu den Leichnamen aufbrechen sollte. Die Anatomiekurse beginnen noch vor dem Frühstück. Seine Tage sind nicht mehr die ihren. Er zieht vorübergehend aus ihrer gemeinsamen Pension aus, um ein Zimmer zu suchen, das den Toten näher liegt.

Jahrzehnte später fasst sie diesen sehr temporär gedachten Umstand in die bündige Auskunft: Er *wohnte wegen der Frühharbeit allein.*[184] Der kurze Absatz, der so endet, hat einen Beginn, dessen Bündigkeit um seine Ungeheuerlichkeit täuschen will: *Als ich mich verlobte, hatte dieser Umstand keine Änderung an unserer Verbundenheit bewirken sollen.*[185] Lou, die Rationalistin: Ich werde heiraten, aber das braucht dich nicht zu bekümmern, mit uns hat das nichts zu tun!

Wir widerstehen an dieser Stelle der Versuchung, den Mann, der die Eheverweigerin das Ja-Wort sprechen ließ, ebenso abrupt vorzustellen, wie sie ihn heiratete. Wir bleiben bei Reé. Lou hatte gebeten, mit dem Rée Unbekannten Umgang haben zu dürfen. »Wie du es machst, ist es gut«[186], hatte der Freund geantwortet.

Und dann, nur Wochen später, am 1. November 1886 die Verlobung, die ihn, Rée, nicht beträfe. Was macht im Angesicht solcher Mitteilungen jemand, der wirklich liebt? Er glaubt es. Er versucht, es zu glauben. Aber jetzt muss sie ihm helfen. Er bittet, das unbekannte, eigentümlich privilegierte Mitglied der neuen Trinität vorerst nicht sehen zu müssen. Aber trotz solcher Schonung ist selbst ein Paul Rée seiner Rolle im Dasein der Freundin nicht länger gewachsen. *Der letzte Abend, da er von mir fortging, blieb mit nie ganz verglimmendem Brand mir im Gedächtnis haften. Spät in der Nacht ging er, kehrte nach mehreren Minuten von der Straße zurück, weil es zu sinnlos regne. Worauf er nach einer Weile wieder ging, jedoch bald nochmals kam, um sich ein Buch mitzunehmen. Nachdem er nun fortgegangen war, wurde es schon Morgen. … Mich vom Fenster wendend, sah ich im Schein der Lampe ein kleines Kinderbild von mir … liegen. Auf dem Papierstück, das drum gefaltet war, stand: »barmherzig sein, nicht suchen«.*[187] Frühjahr 1887.

Das ist nicht ohne lebenslange Erschütterung aufgeschrieben. Dabei hätte sie ihrem Mann erklärt, dass sich nichts an ihrem Verhältnis zu Rée ändern darf. Ohne sein Einverständnis hätte sie sich nie verlobt. Der Irrende sei Rée gewesen, denn *was ihm zutiefst fehlte, war der Glaube, daß man ihn wahrhaft lieb haben könne, und nur solange die Wirklichkeit ihm das fortwährend gegenbewies, erinnerte er sich gewaltsam des Umstands nicht mehr, daß er in Rom abgelehnt worden war.*[188] – Aber wer, und sei er der Selbstliebendste, hätte es gekonnt?

Es lohnte dieses Buch nicht – oder doch viel, viel weniger –, teilte seine Hauptdarstellerin das gewöhnliche Bedürfnis gewöhnlicher Menschen nach moralischer Rechtfertigung. Gerade davon ist Lou wunderbar frei, also müssen auch wir ihr glauben. Tatsächlich hat sie den Rückzug, das Weggehen des Freundes als Versagen empfunden: *Er ahnte nicht, daß niemals – weder je vorher noch nachher – mir der Freund, der er war, auch nur annähernd so nottat wie in dieser Stunde. Denn der Zwang, unter dem ich den nie mehr zurückzunehmenden Schritt tat, trennte mich nicht von ihm, sondern von mir.*[189] Es kommt wohl darauf an, dieser Selbstauskunft ganz zu vertrauen.

Jede Liebe ist eine Grenzüberschreitung. Jede Liebe entfremdet den Menschen von sich selbst. Es ist ein anderer, der liebt. Man kennt ihn, und man kennt ihn nicht. Lou von Salomé macht diese Erfahrung, als Paul Rée versucht, in aller Morgenfrühe durch den Umgang mit den Toten seinem Leben noch einen halbwegs haltbaren Sinn zu geben.

*

Die Pension, in der sie nun plötzlich ihre Tage allein beginnt, ist eine Studenten- und Intellektuellen-Pension. An einem Tag von vielen in dieser neuen Nahferne von Rée, im Jahr 1886, steht ein bürgerlicher Herr leicht fortgeschrittenen Alters – er teilt es mit Nietzsche und Rée – vor ihrer Tür. Sein Anliegen ist nicht überliefert. Gewiss grüßt er freundlich und zieht den Hut beim Anblick der jungen Frau. Und doch, etwas an ihm dürfte anders sein. Vielleicht sein Blick, vielleicht seine Art zu grüßen. Er könnte aus der Heimat Zarathustras stammen. Und dieser gilt in der Tat sein Hauptinteresse, von dort ist er unlängst zurückgekehrt. Friedrich Carl Andreas ist Orientalist. Er wohnt nicht in der Pension, kommt aber regelmäßig, um ein paar von Lous Mitmietern – es sind türkische Offiziere – Deutschunterricht zu geben. Vielleicht ist es während des Unterrichts ein wenig laut geworden, und er will die Störung entschuldigen, vielleicht möchte er etwas borgen – wir wissen es nicht. Und niemand hat den Dialog ihrer ersten Begegnung im Hausflur überliefert.

Wir wissen nur, dass schon diese schicksalhaft gewesen sein muss. »Von welchen Sternen ...?« – Nietzsches wohlüberlegte, schöne Begrüßung – hier wäre sie richtig gewesen und ist vom ersten Augenblick dabei, sich zu erfüllen.

Friedrich Carl Andreas ist ein Kind des Nordens, Ostens, Westens und Südens zugleich.

Zu Beginn des 19. Jahrhunderts war ein norddeutscher Arzt in die Südsee gefahren und hatte auf Java eine Malaiin geheiratet. Deren Tochter, ein Kind des Nordsüdens, wurde Friedrich Carl Andreas' Mutter, und zwar genau in dem Augenblick, als sie einen armenisch-persischen Fürstensohn aus dem Geschlecht der Bagratuni kennenlernte. Dessen alte Familie hatte eine Fehde verloren, was sie nach möglicherweise noch älterer Sitte dazu zwang, künftig auf alle Ehrentitel und sogar auf ihren Namen zu verzichten, um nach dem Überlegenen im Kampf zu heißen: Andreas.

Am 14. März 1846 wurde Friedrich Carl Andreas, Sohn der vier Himmelsrichtungen, in Batavia, damals Niederländisch-Indien geboren, um mit sechs Jahren eine gänzlich andere Welt zu betreten – die Hamburgs. Er besuchte eine Privatschule, später ein Internat in der Schweiz, um sich fortan beinahe in jeder größeren deutschen Stadt aufzuhalten, wenn sie nur die Bedingung erfüllte, über eine einigermaßen bedeutende Universität zu verfügen.

Der Student der klassischen und orientalischen Philologie Friedrich Carl Andreas dürfte dem Studenten der klassischen Philologie Friedrich Nietzsche Ende der sechziger Jahre in Leipzig begegnet sein, ohne dass beide voneinander wussten. In gewissem Sinn überbot er den jugendlichen Erfolgsakademiker Nietzsche sogar, der, ohne den Umweg über eine Promotion nehmen zu müssen, im Alter von 24 Jahren Professor wurde. Andreas war 22 Jahre alt, als er für seine »Beiträge zu einer genaueren Kenntnis des mittelpersischen (Pahlavi-)Schrift- und Lautsystems« den Doktortitel erhielt. Immer wird dem Land Zarathustras sein größtes Interesse gelten, was das Sprachgenie Andreas gleich darauf nach Dänemark reisen lässt, um dort unveröffentlichte persische Handschriften zu studieren, aber wohl auch, um sich der Idiome zu bemächtigen, die man nördlich von Hamburg spricht.

Die Grenzen meiner Sprache sind die Grenzen meiner Welt? Für Friedrich Carl Andreas müsste man den berühmten Verdacht Wittgensteins so präzisieren: Die Grenzen meiner Welt sind die Grenzen der Sprachen der Erde!

In Kopenhagen lernte Andreas Dänisch, Schwedisch, Norwegisch und außerdem jenen Mann kennen, der gerade darangeht, zum größten Propagandisten Nietzsches zu werden: Georg Brandes.

Ein Orientale und doch kein Orientale. Eine Russin und doch keine Russin. Sind sie einander nicht näher, als der Umstand, dass sie sich gar nicht kennen, vermuten lässt? Schwer zu sagen, ob es das Erbteil des armenischen Fürstensohns ist oder die malaiische Mitgift seines Blutes, was den nunmehr 40-Jährigen beinahe auf der Stelle den Entschluss fassen lässt, dieses Mädchen auf dem Pensionsflur zu heiraten. Also sprach Zarathustra. Es ist beschlossen, es ist unumstößlich.

Der Sprachlehrer teilt ihr seine Entschlüsse mit, sie spricht von etwas anderem. Andreas ist außer sich: »Ihr Schreiben zeigt ein so geflissentliches Nichtbeachtenwollen meiner Person, dem gegenüber ich vollkommen fassungslos bin.«[190] Allerdings nicht ganz, denn Andreas besitzt noch einen Verbündeten. Er bevorzugt statt der Peitsche das Messer, ein Instrument, ohne das die Verlobung am Ende nicht zustande gekommen wäre?

Wenn schon nicht die Liebesumgangsformen, so teilt Andreas mit Friedrich Nietzsche neben der Louverfallenheit auch das Schicksal einer bedenklich ins Stocken geratenen akademischen Karriere. Jener schaut als frühemeritierter Rentner zu, wie nicht wenige seiner Freunde und Bekannten jetzt, im Alter von vierzig Jahren, Deutschlands Lehrstühle besetzen. Auch Andreas befindet sich noch immer in der Beobachterperspektive und außerdem in einem Alter, in dem davon auszugehen ist, dass dieser Aufenthaltsort endgültig sein wird.

1882, im Jahr der gescheiterten römischen Trinität, war Carl Friedrich Andreas von einer langen Studienreise aus Persien zurückgekehrt. Er hatte die Reise als epigraphischer Begleiter einer deutschen astronomischen Expedition unternommen, war jedoch – aufgehalten durch Cholera und Geldnot – erst kurz vor ihrem überraschenden Ende (wieder Geldnot) zu ihr gestoßen. Doch sein Weg nach Persien war weit genug gewesen – er blieb, blieb selbst dann, als man ihn aus Berlin zurückrief. Um seiner akademischen Karriere willen hätte er der Mahnung wohl folgen sollen, stattdessen wurde er im Land seines Interesses Sprachlehrer, Generalpostmeister und schließlich Vertrauter eines persischen Prinzen. Erst als dieser wegen einer Augenkrankheit nach Europa reisen wollte, kehrte auch Andreas zurück. Der Prinz hatte ihn kurzerhand zu seinem Reisebegleiter ernannt.

Wir wissen nicht, ob Europa den Augen des Prinzen helfen konnte, die Augen seines Begleiters quittierten sieben Jahre Orient-Sonne mit einem Totalboykott – an wissenschaftliche Arbeit war vorerst nicht zu denken. Aber um türkischen Offizieren Deutsch beizubringen, muss man nicht viel erkennen können. Wahrscheinlich vermochte Friedrich Carl Andreas zwischenzeitlich kaum besser zu sehen als Friedrich Nietzsche. Als ein verhinderter Professor, gedemütigt von seiner Brotarbeit, beinahe mittellos steht er vor Lou. Kein guter Ausgangspunkt, um einer Petersburger Generalstochter ein standesgemäßes Dasein zu bieten. Der Heiratswillige wohnt, wahrscheinlich weil es billiger ist, auch weit außerhalb Berlins, in Tempelhof.

Es vergehen nur wenige Monate seit dem Treppentreffen, als Friedrich Nietzsche die Nachricht erreicht, dass sein »Frl. S.« bald

Frau Andreas-Salomé heißen wird.[191] Was Malwida von Meysenbug in Rom bei Empfang dieser Mitteilung denkt, wissen wir schon besser: »Denke Dir, gestern bekomme ich eine Verlobungsanzeige von – Lou Salomé, der berühmten Russin, die mit Rée zusammen war; aber nicht mit diesem, sondern mit einem mir gänzlich unbekannten Herrn.«[192]

Wie konnte es so weit kommen?

Was diese Anzeige nicht mitteilt, sind die Umstände, die der Verlobung am Abend zuvor vorausgingen. Zu jeder Verlobung gehören zwei, aber um ein Haar, genauer: um mehrere Haaresbreiten, hätte es gar keinen Verlobten mehr gegeben. Und wieder versetzt das Temperament dieses eigentümlichen Gelehrten in Staunen.

Am Vorabend ihrer Verlobung sehen Anwohner eine schreiende junge Frau von Haus zu Haus laufen: Ein Arzt! Ein Arzt! – Als sie schließlich einen gefunden hat, sieht dieser im Pensionszimmer des außer sich geratenen Mädchens einen blutüberströmten Mann am Boden liegen. Das Blut kommt aus einem Einstich direkt über dem Herz. Der Gast sei in sein Messer gefallen, erklärt die noch einen Abend lang Unverlobte dem Mediziner, aber während *der Arzt den auf den Boden gesunkenen Bewußtlosen untersuchte, machten ein paar Silben und seine Miene mir den Verdacht deutlich, wer hier das Messer gehandhabt haben mochte. Zweifelhaftes blieb ihm, er benahm sich aber in der Folge diskret und gütig.*[193]

Die Rationalistin als Mörderin? Ausgeschlossen. Aber hätte ein Berliner Arzt ihr denn geglaubt, wenn sie ihm gesagt hätte, wie es wirklich war: Da saß dieser Mann, dessen Wissen und Bildung selbst ihr ein lebenslanges Rätsel bleiben und auf wunderbare Weise das Mysterium des menschlichen Geistes bestätigen werden, ihr gegenüber, auf dem Tisch lag sein *kurzes, schweres Taschenmesser*. Es lag dort nicht als Drohung, aber sein Inhaber pflegt seinen langen beschwerlichen Heimweg zu Fuß zurückzulegen und fühlt unter seiner Obhut sich der abenteuerlichen Wanderung von Berlin nach Tempelhof besser gewachsen. Das Messer lag also auf dem Tisch wie ein Hund darunter, es war ein Begleiter, mehr nicht. Doch dann muss irgendetwas an ihrem Gespräch den Gelehrten verstimmt haben. Offenbar gab es einen schweren Dissens, ihre gemeinsame Zukunft betreffend. Wollte die Verlobte des nächsten Tages gar im allerletzten Moment noch fahnenflüchtig werden? Sie wird sich hierin nie deutlicher aussprechen.

»Du gehst zum Weibe …«? Dieser späte, zweifelhafte Nachkömmling Zarathustras hat seine Lektion schlecht gelernt, er nahm das Messer und richtete es statt gegen die Zaudernde gegen sich selbst. Im Wortlaut der Mitbetroffenen: *Mit einer ruhigen Bewegung hatte er danach gegriffen und es sich in die Brust gestoßen. … Der Umstand, daß das der Hand entgleitende Messer die Klinge einklappte, hatte das Herz geschützt, doch gleichzeitig ein Dreieck verursacht, das die Wunde schwer heilbar machte.*[194]

Es ist nicht leicht, sich die Verlobungsfeier am nächsten Tag vorzustellen. Ein Schwerverletzter mit Stichwunde überm Herzen gibt einer zu Tode Erschrockenen sein Versprechen. Und schon der nächste Satz Lous gibt einen beredten Ausblick auf beider Zukunft: *Es war nicht das einzige Mal, wo wir vor dem Tode gestanden, mit dem Leben abgeschlossen und unsere Angelegenheiten den Nächsten gegenüber ordneten.*[195]

Höchste Zeit, die zweite Eigentümlichkeit dieses Bundes zu erwähnen, der wohl vor allem geschlossen wurde, weil der Schwerverletzte andernfalls wieder nach der Waffe gegriffen hätte. Die erste beinhaltet Lous Bedingung, dass sich an ihrem Verhältnis zu Rée nichts ändern dürfte. Die zweite, die gewissermaßen den tiefsten und trivialsten Sinn der Ehe zugleich widerlegende Bedingung lautet: Sie wird nie mit ihm das Bett teilen. – So deutlich sie diesbezüglich Andreas gegenüber wird, Rée gegenüber bleibt sie stumm. Nicht aus Scham als vielmehr aus Rücksicht. Aus dem Gefühl heraus, dass eine solche Mitteilung, egal wie man sie hervorbringt, eine öffentliche Herabwürdigung des Ehemannes darstellt. Eine männlicherseits fast nicht hinnehmbare Kränkung ist sie ohnehin. – Gegen den Satz »Du bist mein Freund, und ich schlafe nicht mit dir« ist nichts einzuwenden. Gegen den Satz »Du bist mein Mann, und ich schlafe nicht mit dir« schon. Das wusste auch sie. Dazu brauchte man nicht einmal wie sie Kant gelesen zu haben, der in schonungslosester Nüchternheit die Ehe als einen

»Vertrag zum wechselseitigen Gebrauch der Geschlechtsorgane« bestimmt hatte. Wahrscheinlich, weil der Philosoph nicht einsehen konnte, wozu sonst ein Mann Umgang mit Frauen haben sollte.

Vielleicht ist Nietzsche nicht unschuldig an Lous Rigorismus. Hatte er ihr nicht in Tautenburg erklärt und es zudem für sie aufgeschrieben: »Die ungeheure Erwartung in Betreff der Geschlechtsliebe verdirbt den Frauen das Auge für alle fernen Perspektiven.«[196] –? Das sollte ihr nicht geschehen, ja, diese Warnung kam ihr, der Mitzwanzigerin, die inzwischen zu der Überzeugung gelangt war, so etwas Merkwürdiges wie eine Sexualität gar nicht zu besitzen, sehr entgegen.

Sie hat Andreas im Gegensatz zu Rée vom ersten Augenblick an mit Leib und Seele empfunden, nicht bloß als Geist wie Rée. Und doch beeinhaltet diese Sinnlichkeit noch immer nichts Sexuelles. Am besten kann sie selbst das erklären.

Der Tagebucheintrag, notiert im zweiten Jahr ihrer Ehe, als der Schmerz um Rée noch immer brennt, stellt wiederum keine Selbstrechtfertigung dar, sondern eine Selbstverständigung, eine Form, sich Rechenschaft zu geben. Sie denkt über das Verhältnis von Freundschaft und Liebe nach. Die Freundschaft vertrage Kritik, die Liebe aber liege jenseits aller Kritik? Ihre Erfahrung könne das nicht bestätigen, im Gegenteil. *Es ist eigentlich an mir, diese beiden Sätze umzukehren.* Sie verhalte sich ihrem Mann *gegenüber kritischer, als ich mich zu meinem Freund, d. h. Rée gegenüber verhielt.*[197] Rée hatte sie lieb wie er war, mit seinen Fehlern und Vorzügen, *und wäre er etwas anders gewesen, so würde das ebenfalls keinen Unterschied gemacht haben. Meine Liebe zu meinem Mann begann – ich kann es gar nicht anders ausdrücken – mit einer inneren Forderung. Dies weckte die Kritik, eine Kritik bis zur Pein. ... Es ist ein Unterschied, ob man bloß nach etwas freundschaftlich Verbindendem sucht oder nach etwas Vermählendem.* Sie notiert das am 31. Oktober 1888, am Vorabend ihres Verlobungstages. Kann sie sich vorstellen, wie diese Zeilen Rée gekränkt haben müssten, hätte er sie lesen können? Sie liebte ihn nicht. Aber brauchte er denn Worte, um es zu wissen? Und sie kann das alles noch viel genauer, viel grausamer sagen: *Denn in diesem Letztern* – dem Vermählenden – *liegt nicht nur die ungleich höhere Sympathie beschlossen, sondern auch dies, daß man sich selbst als Einzelwesen aufgeben wird. ... Es handelt sich gar nicht um ein Binden, sondern um ein Gebundensein, – um die Frage: ist in uns etwas, worin wir tatsächlich schon vermählt sind, – etwas über alle freundschaftlichen Interessen Hinausliegendes, viel Tieferes und Höheres, eine gemeinsame Höhe gleichsam, in der wir Beide gipfeln wollen? Es handelt sich also um die Erkenntnis, ob man schon ineinander (nicht nur zu einander) gehöre, und zwar in einem fast religiösen, wenigstens rein ideellen Sinn des Wortes. Die Liebe selbst ist* allerdings *nicht rein ideell, aber – bei Gott – ich habe nie begriffen, warum Leute, die ineinander vorwiegend sinnlich verliebt sind, sich v e r m ä h l e n.*

Die Liebe selbst ist ... nicht rein ideell, hat sie gesagt. – Also sinnlich? Ja, sie umfasst wohl die ganze Person, *der gesamten leiblichen Erscheinung nach.* Und dies ist ausdrücklich für Andreas gesagt. *Es wäre zwecklos, dies jemandem beschreiben zu wollen, der nicht irgendworan meinen Mann erlebt hat, was ich an keinem Menschen so gekannt habe. Es wäre auch fast gleichgültig, ob man es Wirkungen von einem Übergroßen, Gewalttätigen vergliche ... oder Wirkungen von Zartestem, ganz Hilflosen.*[198] Alle Vergleiche, die sie findet, entstammen dem Kreatürlichen. Sie ist Denkerin genug, das zu bemerken. Und Denkerin und aufrichtig genug, dieses Sinnliche genau abzutrennen.

Denn eine erotische Wahrnehmung war es dennoch nicht. *Als Frau*, sagt sie, habe sie Andreas nicht gesehen. Zum damaligen Zeitpunkt kann sie ohnehin nicht recht glauben, dass da etwas so Rätselhaftes in ihr wohnen sollte wie eine Frau. Andererseits: Diesen Orientalisten begreift sie mit ihrer ganzen Existenz im Gegensatz zu Rée. *Leibfremd* nennt sie diesen. Und sie weiß genau, dass es diese Wahrnehmung ist, die die Liebe von der Freundschaft trennt. Liebe, das bedeutet wohl ein Angenommensein auch in der eigenen Kreatürlichkeit. Und eben das, Rée wusste es, durfte er nicht hoffen. Nicht von ihr.

Aber auch ihr Mann würde immer einen Sicherheitsabstand zu ihrem Körper einhalten müssen. Sie konnte es dem Freund nicht sagen und glaubt, dass dieses Unausgesprochene sie beide aus der Bahn geworfen hat. Sie wird nie müde werden, nach Sprachbildern zu suchen, die ihre Schicksalsgemeinschaft mit Rée fassen können. Vier Jahre vor ihrem Tod findet sie das vielleicht schönste: Sie seien wie ein in voller Fahrt *dahinziehender Wagen* gewesen, nicht aufzuhalten, dabei hatte es äußere Hindernisse genug gegeben, *aber sorglos und wunschlos vertrauten wir unserer Fahrt; – wo immer sie dereinst verlaufen mochte, es würde auf unserm eigensten Wege sein.*[199] Bis ihm plötzlich *ein Hindernis* entgegengeschleudert wird, *woran er zerbricht.*

Selbst-verständlich. Vielleicht ist die geläufige Bedeutung dieses Wortes ein Missverständnis. Denn es meint gerade nicht das, was allen offensichtlich ist und auf der Hand liegt, es meint keine Allgemeinverständlichkeit, sondern ein Sich-selbst-verständlich-Sein. Frau sein hieß bis eben, diese Weise, mit sich und der Welt umzugehen, höchst absichtsvoll zu übersehen. Aber nicht für Lou. Für Lou von Salomé gibt es keine andere Instanz. Doch liegt in jeder Selbst-Verständlichkeit auch eine große Selbstherrlichkeit, ja etwas durchaus Monströses. Das wird vollends angesichts des Dritten im Hochzeitsbunde deutlich. Es ist Hendrik Gillot.

Lou will seinen Segen. Er will, dass er sie traut. Er und kein anderer. Allein vor den Altar zu treten, ist in ihrer Glaubensverfassung eine Lüge, aber das ist ihr egal, Gillot soll es sein, oder mit den Worten der Braut, dem Tagebuch noch ein halbes Jahrhundert später anvertraut: *er m u ß t e, ja mußte*. Der reagiert auf die einzig mögliche Weise. Er weigert sich. Das nimmt sie nicht hin.

Sie schreibt ihm, dass er keine Wahl hat. Entweder er traut sie in Santpoort, der kleinen Kirche in Holland, in der sieben Jahre zuvor nicht ganz eindeutig war, ob er sie nun konfirmiert hatte oder sie sich auf etwas andere Weise vermählt hatte, oder sie komme nach St. Petersburg und feiere dort eine Familienhochzeit, wo er sie als Pastor, der sie konfirmiert hatte, ebenfalls trauen müsse. Gillot gibt auf. »Komme Holland«, telegrafiert er.

Der 20. Juni 1887 findet die Schülerin und ihren Lehrer wieder vor dem Altar der kleinen Kirche, nur sind sie diesmal zu dritt. Ihr Verhältnis zu beiden kann sie – zumindest im Folgejahr – mit einer

Liebesakribie bestimmen, die an seelische Grausamkeit grenzt: *Derjenige Mensch, den ich geliebt und doch nicht kritisiert habe, war Gillot. ... Der Unterschied von meiner mir jetzt allein möglichen Empfindungsweise liegt in den Jahren: in großer Jugend verkörpert sich das, was man ideell erstrebt, unmittelbar in einer Person, und um dieser Identifizierung willen liebt man sie. Später, wo man Menschen und Ideen reinlicher trennt, wird nicht mehr ein Gott-Mensch gesucht, sondern man einigt sich in der gemeinsamen innern Hingebung an das, was man gemeinsam verehrt und hochhält. Nicht mehr ein Mensch, der vor dem andern kniet, sondern Zwei, die zusammenknien.*[200]

Vielleicht hätte nicht Gillot, sondern sie die Ansprache halten müssen. Denn gewiss ist sie die Einzige, die angesichts dieser Konstellation überhaupt Worte findet. Sie hätte bei dieser Gelegenheit gleich erklären können, warum man den einen heiraten kann und den anderen nicht. War Gillot denn weniger unbedingt gewesen? Aber sie hätte doch gar nicht vor ihm knien müssen, auch er war doch zum gemeinsamen Knien bereit? Statt dessen schaut er jetzt hinunter auf ihren Kopf und den eines Fremden, dessen einziger Vorzug darin bestehen soll, dass er sie später kennengelernt hat. Vor drei Jahren hat Gillot sie noch einmal gesehen, gemeinsam mit Rée. Nach einer schweren Krankheit verbrachte er mit seiner Frau mehrere Wochen am Tegernsee, als die beiden kamen. Sie sprachen viel, oft ließen sie sich noch abends ans andere Seeufer rudern, um zu reden. *Es gewährt mir ein eigenartiges Vergnügen, die beiden Männer miteinander zu sehen, Vergangenheit und Gegenwart verweben sich dann seltsam.*[201] Vielleicht war auch Gillot versöhnt, zumal der Mann an Lous Seite nicht ihr Mann war. Jetzt ist das etwas anderes, und er muss diesen Fremden segnen. Das Brautpaar steht in Reisekleidung vorm Altar. Die Santpoorter reden. Hätte Lou die Ansprache gehalten, wären da noch ein paar Sätze gewesen, die Gillot hätten besänftigen können, aber wohl kaum den Bräutigam: *Hätte ich noch einmal einen Mann geliebt wie Gillot, so hätte ich ihn geflohen, denn ich würde an die Möglichkeit einer Leidenschaft geglaubt haben, aber nicht an die Möglichkeit einer Vermählung und eines Lebens.*[202]

Die Worte des Pfarrers sind nicht überliefert.

Nach der Trauung reist Gillot sofort ab. Er wird ihr nie verzeihen.

Friedrich Nietzsche übersendet im Juni ihrer Hochzeit, fast auf den Tag genau, einem Leipziger Verleger Lous »Lebensgebet«: »Nun sind wir noch nicht fertig mit Drucken, lieber Herr Fritzsch, aber dies Mal handelt es sich um Musik. Der beifolgende ›Hymnus an das Leben‹ (Chorgesang mit Orchester) ... ist bestimmt, ›von mir übrig zu bleiben‹ und später einmal ›zu meinem Gedächtnisse‹ gesungen zu werden.«[203] Gast muss letzte Hand anlegen. Er soll prüfen, ob bei »ob ich gejauchzt in« der Trompete nicht eine kleine Verstärkung anzuvertrauen wäre, und bloß kein Ausrufezeichen nach »wohlan! Noch hast du deine Pein«, sondern drei stille Punkte. Kurz darauf schickt der Verleger »ein Monstrum« von Druckvorlage, die den Komponisten des eigenen Vermächtnisses mit »Ingrimm« antworten lässt: »Und lassen Sie, bitte, sowohl für meinen Namen als für die Worte ›Hymnus an das Leben‹ einfachere und *ernstere* Lettern nehmen (um des Himmels Willen nichts dergleichen Geschnörkeltes und Rokoko-Mäßiges wie auf der beiliegenden Probe!) Ergebenst, der Ihrige Prof Dr Nietzsche«.[204]

Berlin, Natur und Naturalismus

Sie hört nichts mehr von Rée. Ein gemeinsamer Freund berichtet, er sei noch bis zum Sommer in Berlin geblieben. Der sechste Jahrestag ihrer ersten Begegnung, das Frühjahr 1888 findet sie verheiratet, voll Trauer: *Ich träume oft von Dir; nichts Besonderes, immer dasselbe und Einfache: daß ich Dich wiedersehe, und dann weine ich im Traume. Manchmal geschieht es mir, daß ich mich bewege und spreche wie Du, – ganz unwillkürlich und zufällig, – dann fühle ich immer, wie lieb ich Dich habe.*[205] Und sie erinnert sich eines ernsten Zerwürfnisses mit dem Freund, das dieser plötzlich mit der Überlegung unterbrach, wie es wohl wäre, wenn sie sich einmal bis zum Auseinandergehen streiten würden und sich irgendwann einmal durch Zufall wiederbegegneten: ... *wie schrecklich würden wir beide uns freuen! Und Deine Augen standen plötzlich voll Wasser. Das fällt mir jetzt so oft ein.*[206]

Wie oft mag ihr Mann sie so träumend, schlafend angesehen und dabei gewusst haben, sie träumt nicht von ihm. Er spürt wohl, dass seine Frau um ihren verlorenen Gefährten trauert. Eigentlich hatte er gleich zwei geheiratet, das Mädchen und ihren Freund. Er hatte sich ausdrücklich bereit erklärt. Friedrich Carl Andreas kann nicht sagen, dass er den ihm unbekannten Dritten vermisst im Bunde. Und sollte mit dessen Abwesenheit nicht auch die eigentümlichste zweite Bedingung, in die er eingewilligt hatte, hinfällig werden: Dass seine Frau niemals das Bett mit ihm teilen würde? Aber was heißt: seine Frau? Sie war doch ein Mädchen. Zur Frau würde sie erst durch ihn werden. Mädchen kommen manchmal auf die wunderlichsten Ideen, und man kann sie ihnen nicht ausreden. Ja, er hat das ihm abgeforderte Versprechen auch gegeben in der Voraussicht des Älteren, des Mannes, dass die Pflicht, es einhalten zu müssen, sich bald erübrigen würde, und zwar ganz von allein.

Nur was hieß das? Sich ihr in eindeutig zweideutiger Absicht zu nähern, bringt er nicht über sich. Schon ihr fragender Vernunftblick verbietet diesen Ansatz. Der Gegenbegriff zur Vernunft ist die Natur. Und ist der Mensch nicht am natürlichsten, am sinnlichsten auch, wenn er schläft, wenn er träumt?

Der größte Orientalist weit und breit entschließt sich zu dieser Herangehensweise. Die Betroffene, sagen wir ruhig: das Objekt der Begierde, schildert das Resultat so: *Jedenfalls wachte ich nicht sofort auf. Was mich zuerst weckte, scheint ein Ton gewesen zu sein; ein nur schwacher Laut, aber von so vehement seltsamer Tönung, daß sie in mir durchgriff wie aus Unendlichem, wie von anderm Gestirn. – Es begleitete sich mit der Empfindung, meine Arme nicht bei mir zu haben, sondern irgendwo über mir hinweg. Dann öffneten sich mir schon die Augen: meine Arme lagen eng um einen Hals und drosselten ihn. Der Ton war ein Röcheln gewesen. Was ich erschaute, Blick in Blick, dicht vor mir, unvergeßlich fürs Leben, – ein Antlitz –.*[207] Das ist schön gesagt. Wir stehen hier vor dem durchaus seltenen Fall einer nicht unpoetischen Schilderung des Versuchs, jemanden zu erwürgen. Was hätte der Messer-ins-Herz-Notarzt im Falle einer erneut notwendigen Konsultation gesagt? Indes scheint Friedrich Carl Andreas diesmal ganz aus eigener Kraft zu überleben. Als der eigentliche Frevler hat er sich wohl nicht das Recht der Notwehr zugestanden. Mit diesem Vorfall beginnt und endet das Geschlechtsleben des Ehepaars Andreas.

Müssen wir diese entschiedene Eigenart deuten? Psychoanalytisch besonders geschulte Biographinnen haben bereits vermutet, das Subjekt ihrer Lebensbeschreibung habe instinktiv das Inzestverbot befolgt. Um den Gedanken gebührend nachzuvollziehen, muss man die Voraussetzung machen, dass intime Beziehungen zu Männern, die älter sind als man selbst, bereits unter Inzest fallen, woraus sich ergeben würde, dass die normale sexuelle Existenzform der Frau von der Vergangenheit bis zur Gegenwart der Inzest ist.

Eine Frau besitzen. Sich einem Mann ganz hingeben. – Die vermeintliche Sprache der Liebe ist, bemerkenswert genug, eine Sprache der Eigentumsverhältnisse. Es ist eine Sprache von Herrschaft und Unterwerfung. Und das ist noch längst nicht alles.

Mephisto, Nietzsche, die Weisen der Welt und der Stammtisch – selten sind sie sich so einig –, sie alle teilen die Überzeugung, die Probleme des Weibes enden grundsätzlich mit der Schwangerschaft. Sie kann sich das nicht denken. Mit ihrem Mann zu schlafen heißt, in ein Frauendasein einzuwilligen, ein kleines Glied in der unendlichen Kette des menschlichen Reproduktionszusammenhangs zu werden, ein Stück Natur. Noch gibt es nichts Drittes für eine Frau. Sich der Herrschaft des eigenen Körpers auszuliefern, ist ihr nicht vorstellbar. Und hatte Nietzsche ihr nicht erklärt, die Erwartung der Frau an die sinnliche Liebe verderbe ihr von vornherein alle Perspektiven? Ihr soll das nicht passieren. Dafür besitzt das Ehepaar bald einen kleinen Hund.

Sie bereitete sich schon darauf vor, mit ihrem Mann nach *Armenisch-Persien in die Klostergegend von Etschmiadzin* zu gehen. Vielleicht hatte der Prinz gerufen, vielleicht die Wissenschaft. Aber dann bleiben sie doch, bleiben sogar in Tempelhof auf dem Land. Bald nach der Hochzeit sind sie in eine hochherrschaftliche Investruine gezogen. Die luxuriös gemeinten Räume erinnern sie an den Palast ihrer Kindheit. Allerdings gibt es einen signifikanten Unterschied: Hier in Tempelhof sind Mauern abrupt dort zu Ende, wo sie niemals zu Ende sein dürften. Das Haus ist nicht fertig geworden, es wird wohl nie fertigwerden, aber es lässt sich doch teilweise bewohnen. Dieser Luxus ist billig. Und ein anderer Luxus, den sie jetzt kennenlernt, ist sogar umsonst: morgens barfuß durch den Garten laufen, überhaupt barfuß laufen, auch im Winter. Und einfache Kleidung tragen. Und viel atmen! Andreas zeigt ihr, was sie erst durch ihn zu sehen, zu schmecken, zu riechen, zu fühlen lernt: die Natur. Nur ihre eigene kann er ihr nicht zeigen.

Es gibt noch mehr Leute in Berlin, die leben wie sie. Weit draußen vor der Stadt. Und dort atmen sie und schmecken und fühlen. Einer fasst das Ergebnis und noch viel mehr unter dem Titel zusammen »Das Liebesleben in der Natur«. Es ist Wilhelm Bölsche, der im Jahr ihrer Hochzeit auch als Verfasser der Schrift »Die naturwissenschaftlichen Grundlagen der Poesie« aufgefallen ist. Bölsche wohnt in Friedrichshagen. Das ist noch weiter weg von Berlin als Tempelhof. Aber einer wohnt von Berlin aus gesehen schon fast in Sibirien. Gerhart Hauptmann schreibt in Erkner die Lebensgeschichte eines Bahnwärters auf, obwohl er da doch ein wenig komfortabler lebt als dieser. Genau wie das Ehepaar Andreas verbringen auch die Hauptmanns, Bölsches und die Literatur-Brüder Hart einen gewissen Teil des Tages mit der Wahrnehmung: Wie gut, dass wir hier sind und nicht in Berlin! Und den Rest lesen und denken und schreiben sie. Auch kommen sie auf den Gedanken, man könne sogar die Gesellschaft betrachten wie die Natur, als gehöre man dazu und doch nicht dazu. Und weil die Gesellschaft so von außen betrachtet im Unterschied zur Natur nicht gerade schön ist, sind die neuen Bücher der neuen Autoren nicht gerade schön. Man nennt das bald »Naturalismus«. Meist handelt es sich um Stücke.

Lou liest jetzt vor allem Stücke, insbesondere skandinavische. Genauer: Ihr Mann liest ihr vor. Dass die Dramen Ibsens noch gar nicht übersetzt sind, stört den Orientalisten Andreas nicht, er übersetzt sie im Augenblick des Vorlesens.

Was für ein erstaunlicher Mann. Was dieser Ibsen von den Frauen weiß. Von diesem seltsamen Geschlecht, dass ihr noch immer ein tiefes Rätsel ist. Sie hatte mit Janes Stimme das Frauenleben so gut sie konnte gegen Kuno verteidigt und zugleich wohl erkannt, dass sie keinerlei Begabung dafür besaß. Aber das war ihre eigene Stimme. Hier nun hörte sie eine andere, eine männliche, die unzweifelhaft auf Seiten der Frau stand. Und ganz anderes in den Frauen sah als Nietzsche etwa. Was, wenn das Wilde, Ungebärdige, notdürftig Gezähmte in der Frau noch stärker wäre als im Mann? In Ibsens »Wildente«, diesem Stück um die Zerstörung von Frauenleben durch männliche Selbstgerechtigkeit, begegnet ihr etwas Urvertrautes: ein Stück der eigenen Unbedingtheit und Unbeirrbarkeit. Ist sie am Ende doch eine Frau?

Lous erste Veröffentlichung nach ihrem Roman wird fünf

Jahre später ein Aufsatz über Ibsens »Wildente« sein. Doch wie ihr Essay muss auch die Zeitschrift, in dem sie ihn veröffentlicht, erst noch zur Welt kommen.

*

Stücke, die niemand aufführt, sind etwas sehr Trauriges. Und aufführen kann sie keiner, weil sie so hässlich sind. Das gilt nicht nur für die Ibsens, sondern auch für die manchen Berlinflüchtlings, insbesondere für den in Erkner. Theater, glauben die Bildungsphilister, muss hinaufweisen ins Reich des Guten, Schönen und Wahren. Wohin aber weisen Ibsens Dramen oder Gerhart Hauptmanns »Vor Sonnenaufgang«? In alle nur denkbaren Abgründe des Menschlichen, weshalb deren öffentliche Zurschaustellung sofort von der wilhelminischen Zensur verboten werden würde.

Es sei denn, man gründet statt eines Theaters einen Verein, dessen geschlossene Mitgliederversammlungen jedoch unterhaltsamer sein würden, als es je die Sitzungen eines Vereins waren. Denn man spielt dort Theater!

So entsteht 1889 die »Freie Bühne«, gefolgt von der »Deutschen Bühne«und der »Freien Volksbühne«. So bereitet sich Hauptmanns »Vor Sonnenaufgang«-Triumph vor, der Durchbruch des Naturalismus. Lou Andreas-Salomé und ihr Mann tretend umgehend dem Verein der »Freien Volksbühne« bei.

Natürlich braucht ein richtiger Verein auch eine Zeitschrift. Die bekannteste wird die bei Fischer erscheinende »Freie Bühne für modernes Leben«. Ihr Credo lautet: »Auferstehung! Wir leben in einer Zeit der Auferstehung! Die tote Scholle bricht und gebärt Lebendiges. Überall Zeichen ... Überall der unbewußte, unbeirrbare Prophetengeist, der vor dem Messias geht.«[208]

Aber im Zeichen welches Propheten, welchen Messias? Lou braucht sich nur umzuschauen unter ihren literarischen Freunden und Bekannten. Der Messias hat inzwischen längst einen Namen bekommen: Friedrich Nietzsche.

Hatte sie nicht schon als 21-Jährige das Temperament eines Religionsstifters in ihm erkannt? Sie hätte nur genauer von seinem Temperament, eine Nicht-Religion zu stiften, reden müssen. Auch spricht Zarathustra sehr entschieden aus, dass er keineswegs als Prophet missverstanden zu werden wünsche, nicht als einer »jener schauerlichen Zwitter von Krankheit und Willen zur Macht, die man Religionsstifter nennt. Man muß vor Allem den Ton, der aus diesem Munde kommt, diesen halkyonischen Ton richtig *hören*, um dem Sinn seiner Weisheit nicht erbarmungswürdig Unrecht zu tun.«[209] Nun, die religiösen und gegenreligiösen Massen, die Nationalisten und Marxisten und was der Ideologiebedürftigen mehr sind, werden sich nicht daran halten.

Am besten wird der Philosoph und Dichter immer unter den Künstlern aufgehoben sein, denn denen bleibt nichts anderes übrig, als in ihrem Einzelnsein zu verharren. Nietzsches Ankunft unter ihnen ist zunehmend ein europäisches Phänomen. Seine Künder heißen bald André Gide und Paul Valéry, Miguel de Unamuno, José Ortega y Gasset, George Bernard Shaw und D. H. Lawrence, Gabriele D'Annunzio und Italo Svevo, Knut Hamsun, Maxim Gorki, Leo Schestow.

Und August Strindberg natürlich. Lou kennt August Strindberg, er gehört auch zur Berliner Naturalistenrunde, meist hält er sich jedoch im »Schwarzen Ferkel« auf, der berühmtesten Dichterkneipe von Berlin, in der sich die Stadtflüchtlinge in regelmäßigen Abständen von der Natur erholen.

Was Strindberg über die übrigen Gäste des »Ferkels« erhebt, ist neben seinem Werk der Umstand, dass er in persönlichem Briefwechsel mit Nietzsche steht. Das Gerücht, dass die junge Dame in ihrer Mitte – mitunter auch in der Mitte des »Schwarzen Ferkels« – nicht nur im Briefwechsel mit Nietzsche gestanden habe, bestimmt die Art, ihr zu begegnen: ehrfurchtsvoll.

Der auf der Bühne siegreiche Gerhart Hauptmann schickt ihr Billetts: »Liebe und teure Frau, ich muß kommen dürfen! Gerhart«.

Der Sommer 1890 findet ihn mit einem höchst merkwürdigen Stoff beschäftigt. Da bringt eine junge Züricher Studentin russischer Herkunft (!) das Leben eines jungen Gelehrten durcheinander, insbesondere sein bis eben spießbürgerliches Privatleben. Eine Frau, die denkt! Johannes Vockerat sieht nur einen Ausweg aus den sich neu eröffnenden Unlebbarkeiten: den Tod! – Die Widmung von »Einsame Menschen« lautet: »Ich lege dieses Drama in die Hände derjenigen, die es gelebt haben.«

Wie weit sich Lous Hände geöffnet haben, ist nicht mehr nachprüfbar. Sehr weit, mutmaßen Biographen.

Nietzsches Hände, nach Lous Beobachtung *unvergleichlich schön und edel geformt, so daß sie den Blick unwillkürlich auf sich zogen*[210], sind zum Empfang solcher Gaben seit mehr als einem Jahr nicht mehr geeignet. Zuletzt hatte der Philosoph dem König von Italien mitgeteilt: »Mein Friede sei mit Dir! Ich komme Dienstag nach Rom und will Dich neben seiner Heiligkeit dem Papst sehn.« Unterzeichnet hatte er mit »Der Gekreuzigte«. Franz Overbeck erfuhr: »Ich lasse eben alle Antisemiten erschiessen ... Dionysos.« Jacob Burckhardt, dem der »Zarathustra« eine allergrößte Peinlichkeit war, las: »Lieber Herr Professor, zuletzt wäre ich sehr viel lieber Basler Professor als Gott; aber ich habe es nicht gewagt, meinen Privat-Egoismus so weit zu treiben, um seinetwegen die Schaffung der Welt zu unterlassen. Sie sehen, man muß Opfer bringen, wie und wo man lebt. ... Ich gehe überall hin in meinem Studentenrock, schlage hier und da Jemandem auf die Schulter und sage: siamo contenti? Son dio, ho fatto questa caricatura ... Wilhelm Bismarck und alle Antisemiten abgeschafft«. Und Georg Brandes wusste nun: »Nachdem Du mich entdeckt hast, war es kein Kunststück mich zu finden: die Schwierigkeit ist jetzt die, mich zu verlieren ... Der Gekreuzigte.« Nein, es ist am Ende doch nicht schwer gewesen. Er brauchte nur einem geprügelten Turiner Droschkenpferd um den Hals zu fallen – »Wo liegen deine größten Gefahren? Im Mitleiden!« –, um die Leute aufmerksam zu machen. Worauf Overbeck nach Turin geeilt war, um einen Mann vorzufinden, der keines klaren Gedankens mehr fähig war. Noch einmal wurde Jena zum Schauplatz seiner Erniedrigung. In der dortigen Irrenanstalt setzte man ihn dem allgemeinen studentischen Studium aus, bevor die Mutter ihn nach Hause brachte: zurück nach Naumburg, in die Obhut der »Naumburger Tugend«.

Am Ende dieses Sommers 1890, als Hauptmann »Einsame Menschen« schreibt, veröffentlicht sie in der »Freien Bühne« ihre ersten beiden Aufsätze über Ibsens »Wildente«, aus denen schließlich ein Buch über Ibsens Frauen wird.

Dieser Norweger ist erstaunlich. Bis eben – Nietzsche hatte das nur noch einmal zusammengefasst – galt: Alles am Weibe ist ein Rätsel. Alles am Weibe hat eine Lösung: die Schwangerschaft. Biologie als Schicksal. Für sich hat sie dieses Schicksal, so gut sie konnte, ausgeschlossen. Dieser Ibsen aber schreibt, als würde mit dem Schicksal der Frau aller Menschen Schicksal verhandelt. Er untersucht die Kreidestriche als Maßgaben des weiblichen Daseins, die Lüge als Lebensform unter ihrer Regentschaft, die Notwendigkeit, sie zu übertreten, das Land dahinter und schätzt den für all das zu entrichtenden Preis.

Lou Andreas-Salomé lernt mit Ibsen, und da seine Dramen sechs weibliche Möglichkeiten vorstellen, sich zu gewinnen und sich zu verfehlen, scheint der Leserin nur noch eins zu mangeln: die Systematisierung, die philosophische Gesamtdeutung. »Henrik Ibsens Frauengestalten« entsteht nach seinen sechs Familiendramen »Ein Puppenheim«, »Gespenster«, »Die Wildente«, »Rosmersholm«, »Die Frau vom Meere« und »Hedda Gabler«.

In der »Wildente« hält die kleine Hedwig auf dem Dachboden ihres Elternhauses den titelgebenden Vogel gefangen, der ihr neben ihrem Vater das Liebste auf der Welt ist. Die Interpretin borgt sich zur Einleitung ihres Ibsen-Panoptikums diesen Dachboden aus, bevölkert ihn neben dem Wildvogel auch mit Kaninchen, Hühnern und anderen Haustieren, stellt einige alte Möbel und einen vergessenen Weihnachtsbaum hinein, und plötzlich wird aus dem hier oben nicht unbedingt artgerecht gehaltenen Vogel ein Sinnbild weiblicher Existenz. Sechs Dramen, sechs Antworten auf dem Dachboden.

Da ist ein Typus Ente, der sich bemüht, ein Haustier zu sein wie alle anderen, dumm, zufrieden und gehorsam, und dann genügt ein Sonnenstrahl, der durch die Dachbodenritzen dringt, um die zur Freiheit geborene nietzscheanische Überente in ihr zu wecken: Und sie begreift *langsam, daß es Wildvogelaugen sind, die so zornig und schmerzlich um sich blicken, – helle, unbestechliche, zur*

Freiheit geborene Augen.[211] Das ist Nora aus dem »Puppenheim«.

Der zweite Ententypus findet sich nicht nur ab mit seiner Gefangenschaft, die, wie er wohl weiß, zugleich Geborgenheit und Sicherheit ist. Mit aller ungenützten Wildvogel-Kraft errichtet er eine Dachboden-Diktatur mit sich selbst als erstem Untertan. – Frau Alving aus den »Gespenstern«? Die dritte Wildvogelart schließlich träumt, sich dachbodengerecht benehmend, ein Leben lang von der Freiheit, um dann, als das Fenster endlich offen steht, doch nicht davonzufliegen. – Ellida aus »Die Frau vom Meere«? Wir brechen die Umschau an dieser Stelle ab und äußern eine Vermutung: Ibsens Sicht auf Männer und Frauen in seiner psychologischen – um nicht zu sagen: geradezu psychoanalytischen – Präzision bestätigt die eigenen Wahrnehmungen der Interpretin so sehr, dass sie die bleibende tiefste Schicht bilden wird für alles, was sie später über beide Geschlechter sagen wird. Dass die Frau gleichsam ursprungsnäher ist als der Mann, ruhender in sich selbst, wie sie immer wiederholen wird, ist nur ein scheinbarer Widerspruch zum Wildvogel-Instinkt der Freiheit. Das Weib, wie Lou Andreas-Salomé sagen würde, muss nicht gehalten werden – es hält sich selbst. Es hat kein Gefängnis nötig.

Das Buch der Verfasserin könnte auch »Ibsens Männer« heißen. Sie sind alle mehr oder minder entfernte Verwandte von Noras Mann Helmer: *Denn wie sie kindlich geblieben ist in ihrem tiefsten Wesen, so ist er, in seinem zufriedenen Selbstbewusstsein, durch und durch erwachsen. Das Wachsenwollen, das verlangend und glaubend über sich selbst hinausgreift, ist eine Kindesfreude. Für seine Person kann er es nicht brauchen, denn die ihn so wohl kleidende Würde und Wichtigkeit würde überall verkürzt werden, wie ein allzu enges Gewand, dem man entwächst.*

Man denke an Frau Alvings Sohn Osvald in »Gespenster«, an den Fotografen Hjalmar Ekdal und den abstrakten Menschenbefreier Gregers Werle aus der »Wildente« – sie alle wollen weit hinaus zu Ruhm und Macht, und ihr Streben bleibt doch eine leere Geste oder es bringt – Gregers! – Unglück über alle. Kein Zweifel, bei Ibsen sind die Frauen vertrauenswürdiger, stärker als die Männer. Letztere sind das haltlosere Geschlecht.

Natürlich hatte Ibsen durchaus Anlass zu solchen Porträts, denn der Skandinavische Verein in Rom hatte 1879 zwei seiner Anträge zur Gleichstellung der Frau abgelehnt. Ibsen war kein Frauenbefreier im geläufigen Sinn, aber da der Mann sich schon seit Jahrhunderten emanzipiert, bemerkte er eine gewisse Schieflage und war der Ansicht, Emanzipation ist ein Gebot an alle.

Die Variante, die die Dachboden-Inhaftierte Lou Andreas-Salomé schließlich für sich wählen wird, ist in »Ibsens Frauengestalten« noch nicht vorgesehen: immer wieder fortfliegen und immer wieder zurückkehren.

Ihr Ruf, für eine Frau geradezu unanständig klug zu sein, zudem Nietzsche-Vertraute und Russin, öffnet ihr auch die Türen großer Zeitungen. Schon zu Beginn des nächsten Jahres druckt die Vossische in der Sonntagsbeilage einen ersten Aufsatz über Nietzsche.

Und ein Mann betritt ihr Leben, dem die 30-Jährige auf Anhieb missfällt, obgleich er das Ehepaar Andreas bis an den Rand des gemeinsamen Selbstmords treiben wird.

Sie sind ein Mädchen, keine Frau!

Der erste Gastgeber der philosophischen Tafelrunde, Verfasser des grundstürzenden Kompendiums »Alles in Allen. Metalogik, Metaphysik, Metapsychik«, hatte sich kurz nach Beendigung seines Hauptwerks in der Nacht auf den ersten Oktober 1887 von Bord eines Schiffes in die Nordsee gestürzt. Kurz darauf schrieb Lou als Präsidentin der freien Denkervereinigung auf Ludwig Haller einen Nachruf, der seit seiner Einsendung still in der Redaktion der »Deutschen Rundschau« ruht. Mehr als drei Jahre später, im März 1891, erbittet sie ihn zurück, *um ein paar kleine Verbesserungen im Schlußtheil anzubringen.* Was ist geschehen?

Lou Andreas-Salomé liest Nietzsche, alles. Im selben Jahr erscheint erstmals der letzte Teil des »Zarathustra«. Wenn sie bei Nietzsche ist, ist sie zugleich bei Rée. Es ist ein schmerzliches, vergangenheitstiefes Lesen, und es führt ihr die Differenz zu Haller und damit Nietzsches philosophischen Wesenskern deutlich vor Augen: *Wenn ... Haller die Wahrheit zu gewinnen meint durch die Vergeistigung und Verflüchtigung aller Dinge bis in das Abstrakt-Höchste, so sucht Nietzsche sich die Wahrheit grade in der vollen Vertiefung und Verinnerlichung der Dinge zu erschließen; wenn Haller im Ganzen zu überschauen strebt, so wünscht Nietzsche im Einzelnen zu durchschauen. Während Haller den Triumph des Denkens darin feiert, daß er über die Erde und ihr Menschenräthsel emporsteigt, – je höher, je ferner, desto machtvoller, desto beherrschender, – befriedigt Nietzsche den Machttrieb und die Herrschsucht des Erkennenden grade dadurch, daß er sich in die Erde und ihr Menschenräthsel hineingräbt, hineinwühlt, nimmermüde und unersättlich, bis in alle ihre*

Untiefen, Schätze und Gräber, bis in all ihr Geheimstes und Verborgenstes.[212]

Und dann nimmt sie über mehrere Aufsätze für Zeitungen Anlauf zu ihrem großen Nietzsche-Buch. Über diese schreibt Nietzsches Jugendfreund Erwin Rohde an Overbeck: »Besser und tiefer Empfundenes und Aufgefaßtes ist nie über Nietzsche geschrieben worden ... Sie sollte es zusammen gedruckt erscheinen lassen; man kann, wenn man die Schriften Nietzsches nicht kennt, sich einen besseren Überblick von einer überschauenden Höhe kaum wünschen.«[213]

Es wird ein Meisterstück, und das ist es noch nach über einhundert Jahren. Das Geschwistergehirn zeigt, dass es nicht zu Unrecht als solches identifiziert wurde. Er hatte Lou in Tautenburg einmal sein »anatomisches Präparat« genannt. Er sollte recht behalten.

Dabei nimmt sie seine Charakteristik im Grunde nur an dem Punkt wieder auf, wo sie in Leipzig aufgehört hatte. »Und ich ging für eine halbe Stunde unter in Thränen und Klopfen des Herzens«, hatte er ihr seinen Carmen-Aufenthalt in Leipzig-Rosenthal beschrieben und genau gewusst, was sie mit dieser Information anfangen würde: »Wenn Sie aber dies lesen, werden Sie schließlich sagen: *Ja!* und eine Note zur ›Charakteristik meiner selber‹ machen.« Genau diesen Brief vom Herbst 1882 stellt sie ihrem Buch als Faksimile voran, um seiner, ebenfalls schon angeführten ersten Zeilen willen, wonach sich die großen Philosophien am besten als Personal-Akten ihrer Urheber lesen lassen. Genau das ist ihr Ansatz: *Wie unter den Philosophen abstracte Systematiker ihre eigenen Begriffe zu einer Weltgesetzlichkeit verallgemeinert haben, so verallgemeinert Nietzsche seine Seele zur Weltseele.*[214]

Was akademisch gesonnene Geister »die Nietzsche-Rezeption« nennen, befindet sich der Autorin zufolge auf zutiefst kritikwürdigem Stand: *Obgleich Nietzsche seit einigen Jahren häufiger genannt wird als irgend ein anderer Denker, obgleich viele Federn damit beschäftigt sind, theils Jünger für ihn zu werben, theils gegen ihn zu polemisieren, so ist er doch in den Grundzügen seiner geistigen Individualität nahezu unbekannt geblieben.*[215]

»Die ›jungen Leute‹ sind mir zur Last, in Sonderheit, wenn sie als Verehrer meiner Literatur zu mir kommen. Denn es liegt auf der Hand, daß das keine Literatur für ›junge Leute‹ ist«[216], hatte Nietzsche schon im Jahre ihrer Hochzeit geklagt. Und natürlich sind vor allem junge Leute schuld an dem *plötzlichen Lärm um seinen stillen Namen*, die Abgesandten der Weltanschauungen von links und rechts erst gar nicht mitgerechnet. Sollte hier nicht ein wenig Klärung möglich sein?

Sie hätte es auch so formulieren können: Wer mit gewöhnlichen Verstandesaugen liest, wird im Ozean Nietzsche untergehen. Man müsse, sagt sie, sich ganz auf den Gedanken einlassen, dass sein Denken nichts war als ein großes *Durchforschen der Menschenseele nach unentdeckten Welten, nach ihren »noch unausgetrunkenen Möglichkeiten«*. Dieses radikal Subjektive mindere nicht die Objektivität seines Werks, sie ist nur illusionsloser, denn den abstrakten Systematikern unter den Philosophen bleibe das Subjektive ihres Zugriffs gewöhnlich verborgen.

Der Ausgangspunkt zur großen Nietzsche-Psycho-und-Welt-Analyse: In ihm *lebten in stetem Unfrieden, nebeneinander und sich gegenseitig tyrannisierend, ein Musiker von hoher Begabung, ein Denker von freigeisterischer Richtung, ein religiöses Genie und ein geborener Dichter.*[217] Dieser Befund sei schon deshalb wichtig, weil der Philosoph selbst zwei menschliche Grundcharaktere unterschieden habe, *solche, deren verschiedene Regungen und Triebe in Harmonie zueinander stehen, eine gesunde Einheit bilden, und solche, deren Triebe und Regungen sich gegenseitig hemmen und befehden.*

Man darf beide aber auch überindividuell begreifen, wobei Erstere die Menschheit im Stadium des Herdenwesens zeigt – dem bis dato anhaltenden Zustand, beginnend nach ihrer ersten Zähmung. Die zweite Zustand ist der Krieg aller gegen alle, im Einzelnen selbst nur schlichtbar durch den Heroismus: »Heroismus – das ist die Gesinnung eines Menschen, der ein Ziel erstrebt, gegen welches gerechnet er gar nicht mehr in Betracht kommt.«[218]

Und noch einmal anders lassen beide Gruppen sich scheiden. In den Typus des handelnden und den des erkennenden Menschen. *Zum handelnden Menschen wird ihm der Ungetheilte und Unzersetzte, der Instinct-Mensch, die Herrennatur.*[219] Es bedarf keiner

Erläuterung, dass der Philosoph selbst – und mit Blick auf seine so übel beleumundete Unterscheidung von Herren- und Sklavenmoral sollte man das im Auge behalten – zum zweiten Typus gehört.

Die Darstellung sei an diesem Punkte unterbrochen, um einen typischen Vertreter der ersten Gruppe vorzustellen, einen Anti-Nietzsche schlechthin, den der Philosoph gewiss als typischen Vertreter des – unter zeitgenössischen Bedingungen nicht untypischen – handelnden Herdenmenschen durchschauen würde. Ein Mann betritt das Leben der Philosophin, der ihr viel fordernder begegnet als einst der nunmehr Irre von Naumburg. Seine Person verdient umso mehr Beachtung, als man der hochkonzentrierten Nietzsche-Darstellung und bald folgenden Islam-Studien nicht anmerkt, dass das Leben der Verfasserin inzwischen kopfsteht.

*

Lou Andreas-Salomé lernt Georg Ledebour bei Bölsches in Friedrichshagen kennen, wo sich alle treffen, deren Name groß genug ist und deren unerschütterlicher Konsens der Dissens ist, also nicht zuletzt die Feindschaft gegen das Kaiserreich, das Nietzsche immer wie ein »heroisch gestimmter Igel« anmutete. Die Nachricht, sowohl den Kaiser als auch Bismarck und dazu Stoecker, den größten antisemitischen Hofprediger des Reichs, erschossen zu haben, hatte Nietzsche im Turiner Winter 1889 gleich mehrmals verschickt. Georg Ledebour kehrt gerade aus den Kerkern des nur allzu unversehrten Kaisers zurück, wo er wegen »Majestätsbeleidigung« einsaß. Ein Delikt, das sich nur schwer umgehen lässt, wenn man wie er Redakteur einer sozialdemokratischen Zeitung, nämlich der »Berliner Volkszeitung«, ist.

Georg Ledebour ist es gewohnt zu sagen, was er denkt. Und er denkt bei weitem nicht nur über den Kaiser und die Emanzipation der arbeitenden Klasse nach, was Lou bald und auf befremdlichste Weise erfährt, als Bölsches neuer Gast auf eine beinahe schon ungezogene Weise unablässig ihre Hände mustert.

»Warum tragen Sie keinen Ehering?«, will der entlassene Häftling schließlich wissen, dessen Namen sie anfangs überhört hat, wie er wohl den ihren. Seine Erkundigung klingt wie ein Verhör, wahrscheinlich kann er sich an andere Tonlagen nicht mehr erinnern. Sie ist zu überrascht, um dem Zudringlichen die Wahrheit zu sagen, nämlich dass ihn das gar nichts anginge. Also beginnt sie eine wohlgelaunte Erklärung. Sie hätten über allen Hochzeitsvorbereitungen doch glatt vergessen, die Ringe zu besorgen, und diesen Umstand später als gutes Omen genommen, keine nötig zu haben. Entgegen aller Erwartung hellt sich die Miene des Freigelassenen nicht auf. Offenbar beleidigt er nicht nur Majestäten. Sein Ton klingt noch barscher, die Angegriffene nennt ihn gar herrisch, als er sie über die Pflicht der Frau belehrt, einen Ehering zu tragen: »Das muß man aber!«[220]

Ihrem Mann gefällt dieser seltsame Tugendfeldwebel dennoch bald, seiner Frau auch.

Sie begleitet ihn manchmal zu den Arbeiterversammlungen, auf denen er Ansprachen hält, und auf einem Heimweg im Advent 1891 richtet Georg Ledebour eine Ansprache an sie: Er liebe sie. Sein Sinn für grundlegende Weltordnung würde das gewiss nicht ohne Legitimation wagen, allein die besitze er: »Sie sind keine Frau: Sie sind ein Mädchen!«[221] Die so unvermittelt Benachrichtigte ist fassungslos. Man sieht ihr das also an? Misstrauisch geworden schon durch Lous Ring-Parabel, hatte der Redakteur die junge Frau unablässig beobachtet.

Gegen Ende ihres Lebens formuliert Lou, was nun folgt, so: *Für mich überwog der Schreck über dieses unvorstellbare Wissen so sehr alles andere, daß ich nicht nur in jenem Augenblick, sondern überhaupt nicht zum Bewußtsein über meine Einstellung zu diesem Manne gelangte.*[222]

Hier ist Lous Erinnerung ungenau, denn ihr Tagebuch weiß es besser.

Für Ledebour ist die Sache sozialdemokratisch-einfach. Insofern man die Sozialdemokratie als ein großes Unternehmen zur möglichst opferlosen Daseinserleichterung auf Grundlage verstandesmäßig-natürlicher Einsicht beschreiben darf, ist sie auch hier anzutreffen: Der Lou-Enttarner hält ihre Nicht-Ehe für schlicht unmoralisch. Sie müsse sich trennen und ihn heiraten. Alles andere wäre gegen die Natur. – Das geht nicht, erklärt sie ihm nicht nur einmal. Aber Opfer sind im Weltbild des Aufklärers nicht vorgesehen. Er will mit diesem Nicht-Mann, der sich ihr Mann nennt, reden!

Andreas' Blick wird im Laufe des Jahres 1891 messerscharf. Für ihn ist die Sprache in dieser Rücksicht jedoch kein angemessenes Mittel des Umgangs. Seine Ehefrau beschreibt das so: *Die Aufregungszustände meines Mannes, der nicht blind blieb und doch Blindheit vorzog, indem er den Andern nur niederstechen, nicht aber sprechen wollte,* prägen fortan ihr gemeinsames Leben.

Im Herbst ziehen sie um, nach Schmargendorf. Ihr neues Zuhause wird viel kleiner sein, vielleicht macht die Einkommenslage des Ehepaars den Schritt notwendig. Ihr Abschiedstag vom alten Haus ist der 16. Oktober. Es fällt beiden schwer, es zu verlassen. Beim letzten Gang durch den Garten kommen Andreas die Tränen, sie steht hilflos dabei und denkt: *Nur nicht ihn ansehen! Nur nicht auch weinen!*[223] Dann gehen sie und wagen nicht zurückzusehen zu dem alten, rot mit Weinlaub umkränzten Haus. Nie mehr, glaubt sie, wird sie zurückdenken können, ohne es so im Spätherbst daliegen zu sehen.

Sie essen in einer *Restauration an rotgewürfeltem Tischtuch*, als die Umzüglerin eine seltsame Zuversicht überkommt. Andreas bemerkt sie. Alles, was sie an Restgrün noch im Tempelhofer Garten finden konnte, hat sie mitgenommen und verteilt es nun über die Zimmer der neuen kleinen Wohnung. Sie warten auf die Möbel. Die Möbel kommen nicht. Sie heizen zum ersten Mal und essen schon zu Abend, als auch Andreas fühlt, dass er in diesem neuen Haus vielleicht zu Hause sein könnte. Er schlägt vor, am nächsten Tag zu Bölsches nach Friedrichshagen zu fahren, es wäre eine gute Unterbrechung nach all dem Einpacken und vor all dem Auspacken. Lou sieht ihn erstaunt an: *Von der Möglichkeit, Ledebour dort zu treffen musste er überzeugt sein, also ... sich auch mit ihr abgefunden haben.*[224]

Beim Erwachen fühlt sie vor allem eins: *Dankbarkeit gegen Fred*, wie sie Andreas noch nennt. Sie sieht den Saum schwarzer Fichten vor ihrem Fenster und nennt ihn schon jetzt *meinen Märchenwald*. Ganz Schmargendorf liegt am Wald, aber man muss erst durch ihre Straße, um hineinzukommen. Sie ist froh und sie nimmt sich vor, ihr Mann soll etwas *von solchem Gesegnetsein spüren*, gleichgültig, ob sie nach Friedrichshagen fahren oder nicht.

Sie fahren. Sie telegrafieren Bölsches. Die freuen sich, sie erwarten sonst keinen Besuch und holen sie sogar vom Bahnhof ab. Da hat sich die Besuchslage minimal geändert. Wenn es ihnen recht sei, kämen Strindbergs am Abend. Es ist ihnen recht, auch wenn sie August Strindbergs Auffassung des Gebets – »Je schwächer ein Individuum ist, je niedriger es steht, desto stärker ist es im Gebet« – kritikwürdig findet. Sie ist gerade mit eingeseiften Händen im Bölsche'schen Badezimmer, als sie *einen heftigen Klingelzug im halbdunklen Flur* vernimmt – *den Klingelzug kannte ich*. Ledebour und Lou stehen einen kurzen Ewigkeitsaugenblick lang zusammen im Schlafzimmer des Ehepaars Bölsche, an dessen Ende sich der Großkritiker der Fremdehe ebenfalls eingeseift findet. – Der Wortlaut der Tagebuchnotizen verrät, dass alles in ihr diesem Mann entgegenkommt. Weil er sie, die große Durchschauerin, durchschaut hat? Weil sie wissen möchte, was es mit diesem überlegenen Wissen auf sich hat?

Es kommen nicht nur Strindbergs, am Abend ist eine ganze Gesellschaft beisammen. Ledebour beobachtet Andreas und Lou; Andreas beobachtet Ledebour und Lou; Lou beobachtet Ledebour und Andreas, und ihre anfängliche Zuversicht weicht einem ganz anderen Gefühl: – *mit eisigem Entsetzen überrieselte mich die Gewissheit, dass Fred sich ganz und gar in sich selbst verrechnet hatte und daß er ein Schauspiel geben würde*. Die Anzeichen kennt sie nur zu gut, *dieses vollständige Erbleichen der Lippen, das Heiserwerden der Stimme und diese sonderbare Bewegung des Arms, als suche er einen Dolch*. Lou fürchtet als Einzige im Raum das unvermeidlich näher rückende Abendessen. Wenn es doch nur Suppe gäbe! Löffel statt Messer! Doch sie wagt nicht, die Gastgeber zu bitten, im letzten Augenblick den Speiseplan zu ändern.

Allerdings teilt sich die Spannung im Raum inzwischen auch den anderen Gästen mit, und nicht nur einer versucht, ihren Ehemann in Gespräche zu verwickeln, die alles sein dürfen, nur nicht messerscharf. Doch Andreas lässt sich nicht ablenken. Das Abendbrot wird gebracht, *und ich dachte unausgesetzt an die*

Messer neben den Tellern. An diesem fortgeschrittenen Punkt des Tages verlässt die Berichterstatterin das äußere Geschehen zugunsten einer Zusammenfassung seines geistigen Gehalts: *Das Schlimmste* war die *rettungslos veränderte Auffassung L. von unserer Ehe.* Nie wieder würde es ihr gelingen, ihn mit ihren Augen darauf blicken zu lassen.

Genau so geschieht es. Der Aufklärer Ledebour, obgleich er den Besuch bei Bölsches überlebt, sogar unversehrt, findet sich in seiner Mission bestärkt. Hier gilt es, eine Frau zu retten!

Das Ziel der Sozialdemokratie, in seiner letzten Konsequenz betrachtet, ist nichts weniger als die Abschaffung des Schicksals. Andreas ist fest entschlossen, sein Schicksal Lou zu behalten. Ledebour hingegen will das Schicksal Andreas abschaffen. Er verfolgt seine Aufgabe mit der gleichen Konsequenz wie drei Jahre später als Redakteur des »Vorwärts«, ab 1900 als Reichstagsabgeordneter der SPD, ab 1917 für die USPD. Georg Ledebour wird ein Vierteljahrhundert später gegen die Kriegskredite stimmen. Der Mann sieht klar.

Lou erklärt ihm, dass es tiefere Empfindung sei, was sie mit ihrem Mann verbinde, also viel mehr als bloße sinnliche Erregung. Ledebour erklärt ihr, von ihr keine Belehrungen über die Abfolge von sinnlicher Erregung und tieferer Empfindung sowie über das Verhältnis beider zueinander entgegennehmen zu können, da sie beides nicht beurteilen könne, was wiederum ein Zustand sei, auf dessen baldige Änderung er hoffe. Und er möchte Andreas treffen.

Der möchte noch immer nicht. Seine Frau notiert, *dass Fred nur noch mit Messern und mit Tränen sprach.* Also unter Tränen, mit dem Messer in der Hand, bereit, es gegen sich oder sie oder beide zu richten?

Am Weihnachtsabend fährt Ledebour nach Schmargendorf, schaut in ihre hellen Fenster, irrt durch den Wald hinterm Haus wie nach ihm Rilke, um beim »Wilden Eber« wieder herauszufinden. Vielleicht kommt ihm auf dieser Wanderung die Einsicht, dass sogar die Aufklärung Grenzen hat. Am 30. Dezember 1891 bittet Georg Ledebour sie um Verzeihung. Er habe sie bedrängt.

Doch es wird nichts besser im neuen Jahr. Aufklärung, überlegt Ledebour wohl, hat ihren vornehmsten Grund in der Auffassung, dass der Mensch, was er als wahr annehmen soll, selbst einsehen darf. So will auch er es halten: »Prüfe dich selbst und wenn Du zu dem Ergebnis kommst«, zu dem er längst gekommen ist, »dann gehören wir zusammen.«[225]

Andreas lässt sich auf den diskursiven Tonfall ein und erklärt, zumindest dem Satzbau nach leicht akademisch getönt: »Ich kann nicht aufhören zu wissen, dass du meine Frau bist!« Worauf beide Ehepartner angesichts der Ausweglosigkeit ihrer Lage bald in eine tiefe Depression fallen, die sich bei ihr als allgemeine Willens- und Antriebslosigkeit äußert, in seinem Fall und nach Beobachtung seiner Frau als Zustand irgendwo *zwischen Blödsinn und Wahnsinn.*

Vielleicht gibt ihr der große Selbstüberwinder Nietzsche in dieser Lage Kraft, und der Depressive braucht tausendmal mehr Kraft als andere. Vom Willen zur Macht nicht zu reden, ist allein schon sein Wille, den nächsten Tag zu erleben, nur als Resultat größter Anstrengung denkbar. Andererseits könnte sie Nietzsches tiefste Denkfigur, die ewige Wiederkunft des Gleichen, durchaus entmutigen. Das Gleiche noch einmal? Sie ertragen es schon beim ersten Mal nicht. Die Eheleute kommen überein, dass nur eine Möglichkeit bleibt, ihrer ausweglosen Lage zu entkommen: der gemeinsame Selbstmord. Der irgendwann informierte Dritte, vom Gemeinschaftssuizid Ausgeschlossene, erschrickt nicht über sich, sondern über sie: »Ich *will*, daß Du *erkennst*, was für eine absurde, gräßliche lieblose Tat Du vorhattest.«[226]

Aufforderungen dieser Art sind kaum geeignet zu verhindern, was sie anklagen. Nein, Hilfe kommt dem gepeinigten Ehepaar von einer anderen, unerwarteten Seite: vom preußischen Staat. Am 15. Mai sehen sich Lou und Ledebour vorläufig zum letzten Mal. Das Kaiserreich schließt ihn wieder weg; und es ist ganz sicher nicht Zynismus, der Lou in ihr Tagebuch Wortgruppen wie diese notieren lässt: *... dadurch, daß er nun wohlgeborgen hinter seinen Gefängnismauern saß ...* Wohlgeborgen waren vorerst Andreas und sie, und zwar vor ihm. Es ist Erleichterung, Atempause.

Sie sitzt jetzt an Andreas' großem Schreibtisch in seinem Arbeitszimmer, denn er will seine Frau immer um sich haben, damit er besser daran glauben kann, dass sie da ist, bei ihm. Derart sicher vor dem größten Eheaufklärer weit und breit, denkt sie weiter über den größten Skeptiker nach, den die Aufklärung je hatte.

Die Dreiteilung von Nietzsches Werk, die sie als Erste vornimmt, gilt noch heute. Dass alle Kultur nichts als sublimierte Natur ist – dieser Grundgedanke, den man später für den Grundgedanken Freuds halten wird, geht Nietzsche beim Hören der Wagner'schen Nichtopern auf. In dem Augenblick verabschieden sich sowohl der Christenmensch als auch der Philologe Nietzsche, die beiden Vorformen seiner geistigen Existenz. Oder anders gesagt: Der Philologe, Erforscher der Quellen des Diogenes Laertius, wird Philosoph, als Wagnerianer natürlich einer im Sinne Schopenhauers, dessen Verachtung der »Niedrigen« ihm entgegenkommt: *Die Vorstellung von den »erhabenen Einzelnen«, um derentwillen allein die übrige Fabrikware der Natur vorhanden sei, ist eine von jenen schopenhauerischen Grundgedanken, die Nietzsche nie wieder losgelassen haben.*[227] Die antiaufklärerische Pointe: Das Ziel der Menschheit könne nicht am Ende liegen, sondern nur in ihren höchsten Exemplaren.

Die Autorin betont, dass man sich hier mitnichten eine *Wesensverschiedenheit* als vielmehr eine *Wesensenthüllung* zu denken habe, gleichsam *eine göttliche Nacktheit, – während der Mensch der Masse tausend über sein wahres Wesen gebreitete Schichten trägt, die alle der Welt und Lebensoberfläche angehören und sich hier und da bis zur Undurchdringlichkeit verhärten.* Und sie zitiert Nietzsche selbst: »Wenn der grosse Denker die Menschen verachtet, so verachtet er ihre Faulheit ... Der Mensch, welcher nicht zur Masse gehören will, braucht nur aufzuhören, gegen sich selbst bequem zu sein.«[228] Die Bemühung um alle sei die konsequente Folge dieser Auffassung, die den metaphysischen Kern noch in jeder Schale ehre – ein größerer Kontrast zu Nietzsches später Forderung der Sklaverei und Tyrannei könne nicht gedacht werden. Die Missbilligung ist deutlich hörbar.

Man könnte sie auch so formulieren: Der vornehme Mensch Zarathustra ist nur in einem peinlich unvornehm – in seinen Ausfällen gegen jene, die er die Überflüssigen nennt. Ob die Autorin ahnt, dass sie mitschuldig an solcher Verhärtung ist? Der Himmel erhalte mir mein bisschen Humanität, hatte Nietzsche kurz vor dem Höhepunkt der Lou-Krise gebeten. Vergebens.

Die zweite Phase in Nietzsches Denken hat einen Namen: Rée. Ja, dessen Buch »Der Ursprung der moralischen Empfindungen«, erschienen 1877 bei Schmeitzner, sei geradezu zu Nietzsches positivistischem Glaubensbekenntnis geworden. Die philosophische Hauptbeschäftigung der Briten – Rückführung aller moralischen Werturteile auf einen ursprünglichen Nutzen, dessen Wahrnehmung eine lange Phase der Gewohnheit und des Vergessens folgte, bis am Ende das, was einst nützlich und nichts weiter war, als abgelöster Wert höherer Ordnung scheint – wurde jetzt auch zu seiner philosophischen Hauptdisziplin. Ob sie weiß, dass sie ihn genau in dem Augenblick kennenlernte, als er ihr schon entwachsen war?

Sie weiß es, denn sie zitiert seinen Herbstbrief, der mit »Geist? Was ist mir Geist!« beginnt und fortfährt: »Ich schätze nichts als *Antriebe* – und ich möchte darauf schwören, daß wir darin etwas Gemeinsames haben.«[229] Die Analytikerin fasst zusammen: *In den wenigen Zeilen sind bereits die wesentlichen Züge der letzten Philosophie Nietzsches angedeutet: auf dem Gebiet der L o g i k die principielle Abkehr von dem bisherigen rein logischen Erkenntnisideal, von der theoretischen Strenge der verstandesmäßigen »Freigeisterei«; auf dem Gebiet der E t h i k, anstatt der bisherigen negierenden Kritik, die Verlegung der Wahrheitsbegründung in die Welt der seelischen Antriebe, als Quelle einer neuen Wertung und Abschätzung aller Dinge; ferner eine Art von R ü c k k e h r zu Nietzsches erster philosophischer Entwicklungsphase, die vor seinem positivistischen Freigeisterthum liegt, – nämlich zur Metaphysik der Wagner-Schopenhauerischen A e s t h e t i k und ihrer Lehre vom übermenschlichen Genie. Und hierauf gründen sich, als auf den Kernpunkt der neuen Zukunftsphilosophie,* das *M y s t e r i u m e i n e r u n g e h e u r e n S e l b s t - A p o t h e o s e, das er in dem zögernden Wort »Ich bin« – sich noch scheut auszusprechen.*[230]

Zur Logik. Hat er bis eben davor gewarnt, einem Gefühl ganz zu trauen, weil es wahrscheinlich nur das »Enkelkind« eines alten, ebenso vergessenen wie wahrscheinlich falschen Urteils sei, so erkläre Nietzsche jetzt alle Urteile – multiperspektivische Auflösung – zu bloßen Enkelkindern des Gefühls. Mit je mehr Augen man auf eine Sache schaue, desto größer werde unser Begriff von ihr, unsere Objektivität. Denn nichts hat sich so sehr verändert wie der Geist. Am unterhaltsamsten legt das die Passage der »Götzen-Dämmerung« dar, die auch der Nietzsche-Deuterin zu gut gefällt, um sie unzitiert zu lassen, vor allem, weil sie bis zu ihm selbst reicht.

Die ganze Geschichte des Denkens also – hier noch kürzer. Ausgangspunkt Platon: »Ich, Plato, bin die Wahrheit.« Das ist die antike Situation. Die wahre Welt ist erreichbar für den Weisen; den Unweisen, den viel zu Vielen, bleibt dagegen nichts übrig, als in der scheinbaren, der falschen zu leben. Im Christentum trennt sich die Idee der wahren Welt immer weiter von der Persönlichkeit, um letztlich als bloßes Versprechen für die Vielen über den Vielen zu liegen. Auftritt Kant. Die wahre Welt wird vollends zum Schatten, »unerreichbar, unbeweisbar, unversprechbar«. Das ist die Metaphysik nach ihrer pietätvollen Abschaffung.

Manchen jedoch ist sie auch jetzt noch nicht abgeschafft genug: »Grauer Morgen. Erstes Gähnen der Vernunft. Hahnenschrei des Positivismus.« *Damit steigt die bisher als scheinbar und unwahr gescholtene Welt im Preise, weil sie die einzig übrigbleibende ist: »Heller Tag, Frühstück; Rückkehr des bon sens und der Heiterkeit; Schamröthe Plato's; Teufelslärm aller freien Geister.«* Und nun? Die Rückkehr des alten Plato-Satzes sei möglich, ja, sie sei das Einzige, was noch übrig bleibe. Die Interpretin zitiert die Schlusssätze des Kapitels, um sie fortan immer neu zu deuten: »Mittag; Augenblick der kürzesten Schatten; Ende des längsten Irrthums. Höhepunkt der Menschheit; Incipit Zarathustra.«

Wer dieser Zarathustra ist, weiß Lou inzwischen genau. Sein Mitmensch, nachdem Lou sein Mitmensch nicht hat werden wollen. Seinen »Sohn« hat Nietzsche ihn genannt – das weiß sie nicht, Nietzsches Briefe sind noch nicht erschienen –, aber sie sagt es vielleicht noch besser, noch genauer: Er ist *eine Selbstverklärung Nietzsches, ... er ist der »Über-Nietzsche«*[231].

Sie nennt den »Zarathustra« das *am besten mißverstandene un-*

ter allen Büchern Nietzsches ..., um so mehr, als meistens angenommen worden ist, es enthalte in dichterischer Form eine P o p u l a r i s i e r u n g dessen, was die übrigen Schriften in strenger philosophischer Form geben. In Wahrheit aber ist es das am wenigsten populär gemeinte seiner Werke; denn wenn es bei Nietzsche je eine «esoterische« Philosophie gab, die Niemandem völlig zugänglich werden sollte, so liegt sie hier.[232]

Niemandem?

Ihr, dem »Geschwistergehirn«, schon. Ja, sie errät sogar, was es mit der »Ewigen Wiederkunft« auf sich hat. Sie legt die Hand auf den vorletzten Aphorismus der »Fröhlichen Wissenschaft«, niedergeschrieben noch ganz im Bewusstsein einer Lou-Zukunft: »... die Frage bei Allem und Jedem ›willst du dies noch einmal und unzählige Male?‹ würde als das grösste Schwergewicht auf deinem Handeln liegen! Oder wie müsstest du dir selber und dem Leben gut werden, um nach *Nichts mehr zu verlangen*, als nach dieser letzten Bestätigung und Besiegelung?« – *Hier*, sagt sie, *tritt der Grundgedanke deutlich hervor – fast deutlicher und unumwundener als irgendwann später, denn Nietzsche ertrug es nicht, ganz über das zu schweigen, was seinen Geist erfüllte und erregte.* Aber noch wollte er ihm möglichst aus dem Wege gehen, also ließ er ihn einfach fallen. *So steht er denn da, inmitten der übrigen Gedanken, gerade als der Verhüllteste unter den Verhüllten, und an dem feinen Maskenscherz, Etwas dadurch am besten zu verstecken, daß man es offen und nackt hinstellt, hat der an Heimlichkeiten so reiche und aller Heimlichkeit so frohe Geist Nietzsches trotz aller Seelenbewegung seinen Spaß gehabt.*[233]

Zarathustra also, der Lou-Ersatz. Er beneide Epikur um seinen Garten und seine Schüler, hatte er oft gedacht. Er hätte als Schülerin nur Lou gehabt, Zarathustra hat die ganze Menschheit als Schüler mit seiner unbarmherzigen Lehre, die vor allem – wie seine Interpretin deutlich sieht – eine Unbarmherzigkeit gegen sich selbst ist. Nachdem seine Rückkehr zu den Menschen so misslungen war, nahm er keine Rücksichten mehr, nicht auf sich selbst, schon gar nicht auf andere. Diesen Schicksalspunkt namens Lou verschweigt die Interpretin Lou. Sie hält die vielbesprochene Unterscheidung von Herren- und Sklavenmoral für *viel-*

fach überschätzt, im Gegensatz zu dem sonst so klugen Marxisten Franz Mehring etwa, der sie für des Pudels Kern hielt, und da alles Bewusstsein ohnehin nur wiedergibt, was am Wirtschaftsmachtgrund der Gesellschaft vor sich geht, wusste er genau, was er da vor sich hatte: die Philosophie des imperialistischen Zeitalters. Was vielleicht ein Moment der Sache sein könnte – im Sinne der vielen Augen Nietzsches, die einen Gegenstand erst wirklich erfassen –, wird zur vorsätzlichen Dummheit, wenn man ihn nicht gleich wieder loslässt, was nicht bedeutet, ihn aus dem Auge zu lassen.

Und jetzt erklärt die Autorin, wie das Verhältnis von Sklaven- und Herrenmoral wirklich zu denken sei. Zuerst einmal selbstredend als Widerstreit in jedem Menschen – Freud wird tatsächlich nicht mehr viel zu tun haben, wenn er darangehen wird, sein vollklimatisiertes Dreietagenhaus des menschlichen Bewusstseins zu entwerfen. Als Individuum – und das exemplarische Individuum hier ist Nietzsche selbst – leidet es an dieser Instinktwidersprüchlichkeit, andererseits ist sie die Formel der Kultur selbst: *Alle Kultur als solche beruht für Nietzsche auf einem solchen Krankmachen, Sklavischmachen des Menschen, und ausdrücklich bemerkt er, daß ohne diesen Vorgang, ohne gewaltsam gegen sich selbst gekehrt zu werden, die menschliche Seele »flach« und »dünn« geblieben wäre. Seine ursprüngliche Herren-Natur ist noch nichts als ein herrliches Thier-Exemplar.*[234] Im Original: »Jene furchtbaren Bollwerke, mit denen sich die staatliche Organisation gegen die alten Instinkte der Freiheit schützte ... brachten zu Wege, dass alle jene Instinkte des wilden, freien, schweifenden Menschen sich rückwärts, sich *gegen den Menschen selbst* wandten.«[235] »Alle Instinkte, welche sich nicht nach Aussen entladen, *wenden sich nach Innen* – dies ist das, was ich die *Verinnerlichung* des Menschen nenne: damit wächst erst das an den Menschen heran, was man später seine ›Seele‹ nennt.«[236]

Sie kann es noch nicht sehen, weil der Mann selbst dazu noch fehlt: Beinahe der ganze, zumindest der halbe Freud ist schon da. »Die ganze innere Welt, ursprünglich dünn wie zwischen zwei Häute eingespannt, ... hat Tiefe, Breite, Höhe bekommen, als die Entladung des Menschen nach außen *gehemmt* worden ist.«

Man nennt diesen Vorgang auch kulturelle Entwicklung, an deren Ausgang der Mensch als ebenso beklagenswertes wie zukunftsoffenes Mischwesen steht, als Decadent, wie Nietzsche sagen würde.

Freud ist handhabbar gemachter Nietzsche zu therapeutischen Zwecken. Man darf den »Willen zur Macht« einen Augenblick lang auch so verstehen: Der Normalzustand des Menschen in der Zwischenphase, des Dekadenten also, ist die Depression; dem Philosophen ist das nur allzu vertraut. Da er sich diese nicht zugestand, forderte er den Willen zur Macht. Wahrscheinlich wäre er sehr ungehalten geworden, hätte er erfahren, dass dieser Wiener Psychologe aus seiner Kultur- und Seelengeschichte der Menschheit einmal eine Theorie vornehmlich zur Heilung gemütskranker Weiber machen würde. Allerdings hätte Freud das ihm gegenüber sogar verteidigen können. Die Frauen haben es schließlich noch weiter gehabt. Zum ersten Mal frei werden, halb frei, viertel frei und gleich als Decadent zur Welt kommen müssen! Das fordert Rücksicht. Und den entscheidenden Schritt über sich hinaus im Sinne Nietzsches können sie beinahe nicht gehen: Der Mensch ist »das noch nicht festgestellte Thier«, oder um mit Zarathustra zu sprechen, »was geliebt werden kann am Menschen, das ist, dass er ein *Übergang* und ein *Untergang* ist«.[237] Wozu, ist klar. Der Autorin und ihrem Gewährsmann zufolge kennt die neue Ethik nur ein Moralgesetz: Werdet hart![238] Sie ist eine zu genaue Leserin, um nicht zu bemerken, dass es sich hier um eine sehr spezielle Härte handelt – um die des Schaffenden. »Die Schaffenden nämlich sind hart«[239], sagt Zarathustra, und man dürfe, warnt sie, diesen Kontext nicht aus den Augen lassen. Sie erkennt, dass die Begründung der Nietzsche'schen Moral im Kern eine ästhetische ist. Und sie erkennt noch mehr.

Sein »anatomisches Präparat« fixiert eine durchaus delikate, gleichwohl höchst bedenkenswerte Stelle. Sollte der Schaffende, die Künstlernatur, wie auch das Verhältnis von Härte und Sanftheit, von Überwältigung und Hingebung ein nicht nur allzu physiologisch-psychologisch eindeutiges Vorbild haben? Sie weiß, dass er zwar gut verstecken kann, dass aber, wer bei ihm sucht, am Ende doch findet: »Die Psychologie des Orgiasmus als eines überströmenden Lebens- und Kraftgefühls, innerhalb dessen selbst der Schmerz noch als Stimulans wirkt, gab mir den Schlüssel zum Begriff des *tragischen* Gefühls. Das Jasagen zum Leben selbst noch in seinen fremdesten und härtesten Problemen; der Wille zum Leben, im *Opfer* seiner höchsten Typen der eigenen Unerschöpflichkeit froh werdend – *das* nannte ich dionysisch, *das* errieth ich als die Brücke zur Psychologie des *tragischen* Dichters. *Nicht* um von Schrecken und Mitleiden loszukommen, – sondern um, über Schrecken und Mitleiden hinaus, die ewige Lust des Werdens *selbst zu sein*, – jene Lust, die auch noch die *Lust am Vernichten* in sich schließt.«[240]

Sollte der Philosoph darum die Perspektive der Frau so abwinkend eingeschätzt haben? Zum Schaffen hat sie einfach ein Organ, eine Urfreude zu wenig. Sollte die Natur sich nichts dabei gedacht haben? Dass Grad und Art der Sexualität eines Menschen bis in seine höchste Geistigkeit hineinreichen, ist auch eine Nietzsche-Einsicht. – Lou seziert Nietzsche. Aber sie kann das hier nicht ausdiskutieren, es ist schon arg genug, wenn sie als Frau es wagt, ein Buch über Nietzsche zu schreiben. Doch sie wird das Motiv, das sie auf grobe Weise an ihr nicht vorhandenes, gleichwohl sehr kompliziertes Liebesleben erinnert, im Auge behalten.

Die Tagebuchnotizen der Autorin – es ist November geworden – klingen unterdessen so: *Alterchen leidend/Mit Alterchen Gardinen aufgehängt/Alterchen heizt und kocht/Alterchen Grippe – Nietzsche Korrekt.*

Muss ein Mann, noch keine fünfzig Jahre alt, ein Gelehrter, wenn auch ohne Universitätsprofessur – noch 1887 war er immerhin an das neugegründete Institut für orientalische Sprachen auf den Lehrstuhl für Persisch berufen worden –, sich von seiner Frau so nennen lassen? Irgendwann im Laufe dieses zermürbenden Ledebour-Jahres ist es geschehen: *Alterchen*, nicht mehr *Fred*. Und das wird so bleiben.

Ihr kleiner Hund heißt Lotte, er ist das *Alterchen*. Es klingt noch immer und durchaus Wohlwollen heraus, Zugehörigkeit, wenn auch nicht unbedingt die einer Ehefrau zu ihrem Ehemann, vor allem aber, das ist nicht zu leugnen, schwingt eine gewisse Herablassung mit. Und dazu diese Tätigkeiten. Sollte der beste Kenner der altorientalischen und neuorientalischen Sprachen weit und breit nicht etwas anderes zu tun haben, als zu heizen und zu kochen und Gardinen aufzuhängen, wenn er nicht gerade mit Grippe im Bett liegt? Immerhin, bei den Gardinen hat sie ihm geholfen. Und es ist so: Sie hat zu tun. Sie hat gerade unermesslich viel zu tun, denn es ist keineswegs nur Nietzsche. Der ist gleich fertig. Aber sie hat eine Erzählung angefangen, jetzt im November. Es ist die Erzählung ihrer Jugend, die Geschichte von ihr und Gillot, es ist »Ruth«, das Buch, das mit Abstand ihr erfolgreichstes werden wird. Bis 1928 wird es zehn Auflagen erleben, jeweils mit tausend Exemplaren.

Doch es ist nicht das Vorgefühl dieses Erfolgs, das sie jetzt so glücklich macht, es ist wohl das staunende Mitansehen, wie sich eins ans andere fügt, genauso, wie es sein sollte und wie man es doch, nur Augenblicke vorher, noch gar nicht gewusst hat. Das ist das Glück des Schreibens, und nun, auf einmal, kann sie es. Die reflektierende Prosa, und sei sie so klug und tief begreifend wie ihr Nietzsche-Buch, kennt doch nur eine Ebene. Literatur im eigentlichen Sinne spricht immer auf mehreren zugleich, die meinende Sprache ist nur eine unter ihnen. Und die anderen verweigern sich ihrem Zugriff jetzt auch nicht mehr.

Unter dem 6. Dezember vermerkt das Tagebuch *Morgengang barfuß im Sonnenschein. Viel Häusliches. Briefe. Nietzsche.* Aber eigentlich müsste da über allem stehen: »Ruth«. Im Januar findet sie diesem »über allem« und was dazugehört einen denkbar einfachen Namen: *»Ruth«glück.*

Sie lässt das Wesentliche ihres Verhältnisses zu Gillot unangetastet, entfernt aber alle Gottesnot daraus. Wahrscheinlich scheint ihr diese einem größeren, gewiss vorwiegend weiblichen Publikum gegenüber zu verstiegen. Auch erklärt sie sich, also Ruth, bündig zur Vollwaise, Vater und Mutter tauchen als Onkel und Tante wieder auf mitsamt ihrer Petersburger Wohnung. Gillot ist ihrem Vater nicht mehr begegnet, aber als Onkel versteht dieser sich hervorragend mit dem Mann, der nun Lehrer statt Pfarrer ist. Über die erste Begegnung mit der Tante heißt es bedauerlicherweise auch hier: *Dagegen empfand Erik gegen die Tante eine aus-*

gesprochene Antipathie. Und tatsächlich wird es ihr ein ganzes Buch lang nicht gelingen, diese auch nur einen nicht kleinlich gedachten Satz äußern zu lassen. Gesetzt den Fall, die damalige Normalweiblichkeit bestand aus lauter solchen Tanten: Was für ein verlorenes Geschlecht!

Zu zeigen, dass Ruth auch ohne Gotteskatastrophe in ihrem noch kurzen Leben ein sehr ungewöhnliches Mädchen ist, fällt der Autorin denkbar leicht. Der neue Lehrer belauscht die Mädchenklasse, die er übernehmen soll, auf dem Schulhof und schaut derweil in die Aufsätze, deren Thema noch sein Vorgänger gestellt hat: »Über das Glück«. Er liest unter dieser Überschrift lauter ältlichste, abgezweckteste Betrüblichkeiten, bis er auf ein Heft stößt, in dem das Thema »Über das Glück« einfach in »Seligkeit!« geändert worden war. *Er war nicht in vernünftiger, oder doch wenigstens korrigierbarer Prosa geschrieben, sondern in Versen, – in gänzlich unkorrigierbaren und wilden Versen, in denen die Sprache Reißaus genommen hatte.* Auch in dem Schulhofgeplauder nimmt er nur eine Stimme wahr, die entschieden aus dem Rahmen fällt, aber gleichgültig, wie weit Erik sich aus dem Fenster beugt, er sieht nur *zwei schmale, weit vorgestreckte Füße in ausgeschnittenen Schuhen und dunklen Strümpfen.*

Nach den bereits im Eingangskapitel vorgestellten Komplikationen des Lehrer-Schülerin-Verhältnisses nimmt er sie in seine Familie auf, die für den Sommer aufs Land geht. Auch das Ende der Geschichte ist anders, wahrscheinlich schon deshalb, weil ein Lehrer, der für eine Schülerin Frau und Kind verlässt, dem damaligen Publikum nicht zumutbar war. Erik verschickt Ruth, die nicht weiß, wie ihr geschieht, nach Deutschland, zum Studium. Eine gute Gelegenheit, zu fragen, was der real existierende Gillot sich bei seinem Entschluss damals eigentlich gedacht haben mag.

War er ihm selbst denn zumutbar? Ein Pfarrer, der Frau und zwei Kinder verlässt, dürfte die längste Zeit Pfarrer gewesen sein. Sollte zugleich etwas wie Selbstlosigkeit und Verzicht hinter Lous unverzüglicher Abreise ins Ausland gestanden haben? Aber wahrscheinlich ist es so einfach, wie sie es immer betont hat. Gillot war ihr Gott und Vater zugleich, das sind lauter Männer, die man nun einmal nicht heiratet. Auch wäre Lous Mutter andernfalls gewiss in eine Ohnmacht gefallen, aus der sie nie wieder erwacht wäre.

Die Generalscha. Ihre inzwischen doch ein wenig älter und auf ihre eigensinnige Art reifer gewordene Tochter widmet das Buch *Muschka*. Spätestens jetzt beginnt sich ihr Blick auf Lou von Salomé die Ältere zu wandeln, sieht sie mehr in ihr als die höchst gefährliche Gegnerin all dessen, was sie im Leben vorhat. Und sich zur Waise zu erklären, ist auch nicht unbedingt zartfühlend einer Mutter gegenüber, selbst wenn es nur in einem Roman geschieht.

Die Widmung mag sie versöhnen.

Am Morgen des 12. Februar 1894 ist Lous Mann verschwunden. Das ist einerseits nicht außergewöhnlich, denn unter normalen Umständen begegnen sie sich kaum. Andreas ist ein lebenslanger Nachtarbeiter. Er wird später auch seine Kollegs am Abend beginnen und sie nicht selten erst am frühen Morgen, wenn seine Frau aufwacht, enden lassen. Er geht ins Bett, wenn sie aufsteht, ihre Tage sind seine Nächte. Aber jetzt ist er nicht im Bett.

Etwas später steht Friedrich Carl Andreas mit Blumen, einem mitgebrachten Diner und Torte vor der Tür. Es ist ihr 33. Geburtstag.

Die Gedanken seiner Frau sind inzwischen fast auf sein Forschungsgebiet herübergewandert. Nur interessiert sie weniger die Sprache als die Religion der Wüstensöhne. Lou Andreas-Salomé denkt unter besonderer Berücksichtigung Friedrich Nietzsches über den Islam nach. *Morgens Islam/nachmittags Stadtbesorgung*. Nietzsches Unterscheidung von Herren- und Knechtsmoral geht ihr nach. Sie ist ihr ärgerlich und plausibel zugleich. Sie will sie auf die Probe stellen. *Wie geborener Herr und geborener Knecht* stehen sich der Altaraber und der Muslim gegenüber, das sei offensichtlich.

Es stört sie auch, dass die Religionswissenschaftler die alten Araber zum irreligiösesten Volk unter der Sonne erklärt haben, nur weil es nichts von einem Gebet oder einer Seele wusste. Ist, zumindest mit alten Araberaugen gesehen, das Gebet nicht seinem innersten Wesen nach Selbstdemütigung? Selbstdemütigung, um von einem anderen etwas zu erreichen? Eine größere Schande, überlegt die Autorin, war für einen echten Sohn der Wüste kaum vorstellbar. So gab es auch kein Wort für diese Neuerung, als Mohammed sie einführen wollte, er musste sie dem Christentum entnehmen.

Und was um Himmels willen sollten sie sich unter einer Seele vorstellen? Sie brauchten nicht die Seelen ihrer Ahnen zu verehren, sie trugen ihre Ahnen immer bei sich, nämlich im eigenen Blut; ihren Rang, ihr Ansehen hatten sie ihnen zu verdanken. Die Pflicht zur Blutrache liegt unter diesen Umständen auf der Hand. Das altarabische Wort *nasab* bedeutete »Aufzählung der ruhmreichen Taten der Ahnen«. Unter diesen Umständen war es leicht zu wissen, wer man ist: »Die Vorzüglichsten unter den Menschen sind die Araber, unter diesen die Modarstämme, unter diesen die Kejsiten, unter diesen die Sippe der Iasur, unter diesen die Familie Ganijj, und unter den Ganijj bin ich selbst der Vorzüglichste. Also bin ich der Vorzüglichste unter den Menschen.« So sprach Abu Rabi in der zweiten Hälfte des ersten Jahrhunderts.

Das Einzige, was hier anzubeten war, waren demnach sie selbst. Lou Andreas-Salomé hält das für ein religiöses Temperament ersten Ranges. Was für eine Herrenmoral, was für ein Talent zur Selbstvergottung!

Andererseits erscheint es ihr auch kritikwürdig, dass die Religionswissenschaft immer ein wenig hochmütig auf Mohammed blickt, nur weil der eine derart von den Nachbarn geklaute Religion verkündet hatte. Offenbarungen sollten doch ein wenig eigenständiger sein. Aber: *Keiner vor ihm hat je eine Offenbarung zu Stande gebracht, die sich so außer allem Zusammenhang mit der Anschauungsweise seines Volkes befunden hätte.*[241] Jetzt versteht sie auch die Geschichte von Mohammeds Unterhandlungen mit Gott besser. 50 Gebete täglich hatte Gott zuerst angeordnet. Auf fünf konnte Mohammed ihn schließlich herunterhandeln, als Moses noch immer Bedenken kamen: Fünf? Würde dieses Volk wirklich so viele schaffen?

Es musste. Schon damals war letztendlich die Globalisierung schuld: Menschen, gestrandet an fremden Orten. So viele Flüchtlinge und entlaufene Sklaven gab es irgendwann in Jathrib (Medina), die hatten keinen Stamm, zu dem sie gehörten und der sie beschützte. Die hatten auch keinerlei Verdienstmöglichkeit, wenn man von der Möglichkeit absah, die Karawanen zu überfallen, die von Mekka kamen. Und sie beschlossen, von dieser Möglichkeit keinesfalls abzusehen. Jathrib war die erste Stadt, die sich zum Propheten Mohammed bekannte.

Alle Menschen, alle Völker sind gleich, sagt der Islam. Vor allem, nachdem er sie unterworfen hatte. Die Karawanen von Mekka waren nur der Anfang. So schien den Wüstensöhnen ihre neue Religion mit dem so unpassenden Gott gleich viel vertrauter.

Anderen Völkern, überlegt Deutschlands erste Intellektuelle, war von Anfang an viel unterwerfungswilliger, viel unfreiheitlicher zumute. Den alten Arabern aber, diesem – sagen wir – Urvolk der Freiheit, fiel es am schwersten, das Gesicht statt in den offenen Wüstenwind einem Gott entgegenzuhalten und die Augen vor ihm niederzuschlagen.

Mit vielen Augen zugleich auf einen Gegenstand sehen! Nur die Fortschritte erkennen zu wollen, macht blind für die Rückschritte, die sich in den Fortschritten einkapseln. So lautet ihr Befund: *Die vornehmste Eigenschaft des Verhältnisses zwischen Menschen und Göttern, jene naive Intimität, in der der kraft- und lebensvolle Egoismus des Einzelnen und seines Stammes geheiligt und verklärt erschien, mußte zu Gunsten einer Kultur zu Grunde gehen, die zwar die rohesten Formen des Aberglaubens und die engsten Scheidewände zwischen Mensch und Mensch, aber auch die höchste menschliche Selbstherrlichkeit zerbrach, die es vielleicht je auf Erden gegeben hat.*[242]

Nietzsche wäre zufrieden gewesen mit seiner Schülerin, die soeben ihre Biographie seines Denkens zum letzten Mal Korrektur liest. »Nietzsche in seinen Werken« wird noch im selben Jahr erscheinen. Sie widmet es *in treuem Gedenken einem Ungenannten.* Der wird nie darauf reagieren. Paul Rée ist längst nach Stibbe auf das elterliche Gut zurückgekehrt. Er ist dort Arzt geworden, einer, wie ihn keine Gesundheitsreform der Welt hervorbringen kann, nur ein als vertan empfundenes Leben und eine tiefe Enttäuschung. Das einfache Landvolk kann kaum begreifen, wie ihm geschieht. Da kommt einer bei jedem Wetter zu ihm hinaus, die Behandlungen sind gewöhnlich umsonst, und meist bringt er noch Speisen, Wein und andere Spenden mit, denn ein geschwächter Körper wird schwerer gesund. Es gibt noch mehr Möglichkeiten, mit Geld umzugehen, als es zu verspielen. In den Augen der Menschen von Stibbe und Umgebung wird er ein Heiliger, zumindest einer, der nicht ganz von dieser Welt ist. Und das ist er auch nicht mehr seit nunmehr sechs Jahren. In ihrem Tagebuch steht am 10. März: *Rées Mutter tot.* Durch Malwidas einstigen Berichterstatter Romundt hört sie noch von ihm.

Dass sie immer wieder hinausmüsse in die Welt, für die sie »tausend Organe des Genusses« habe, hatte er damals schon gewusst. Und Lou Andreas-Salomé ist sehr nach Ausfahrt zumute. Sie weiß ihr Vorleben, Gillot, Nietzsche und Rée wohlverwahrt, also schwarz auf weiß niedergelegt. Ihr Mann hat gespürt, wie glücklich sie beim Schreiben war. Das hat ihn auch glücklich gemacht. Sie vertraut ihm. Die »Ruth«-Korrekturen wird er lesen und dann das Manuskript zur Post bringen. Der Ehemann, Freund und Helfer seiner Frau. Es gibt nicht viel, was Andreas nicht für seine Frau täte – außer sie freizugeben.

Am 17. Februar liest sie ihre Erzählung zum letzten Mal, am 23. Februar trifft sie sich ein letztes Mal mit dem inzwischen wieder freigelassenen Ledebour, vor allem, um ihm zu sagen, dass es kein nächstes Mal geben wird. Und am 27. Februar nimmt sie den Zug nach Paris. Allein.

Sie ist noch Andreas' Frau, und doch ist diese Reise – er weiß es genau – vor allem eins: eine Unabhängigkeitserklärung.

Pariser Leben

Ein deutscher Dramatiker isst im Pariser Morgengrauen in einem »Zwiebelsuppenrestaurant« gegenüber den Les Halles mit einer Dame Zwiebelsuppe. Aber wahrscheinlich – Frank Wedekind hat einen Instinkt für solche Dinge – ist die Dame gar keine Dame. Würde sie sonst um diese Zeit mit ihm, einem bis eben gänzlich Fremden, Zwiebelsuppe essen? Mag sein, auch ihr Name ermutigt ihn. Lou. Die dramatische Hauptfrau seines Lebens wird Lulu heißen. Aber was heißt Frau? Diese Lulu besteht aus nichts als recht eindeutig ausgerichteten Sinnen. Frank Wedekind, Autor des Deutschland bereits in Verlegenheit setzenden Stückes »Frühlings Erwachen«, möchte die Sinne seiner Zwiebelsuppenesserin erproben. Vielleicht liegt schon etwas Frühling in der Pariser Luft, aber der Frühling, den er meint, ist wetterfest, ist ein Allerwecker. Wird er schon ungeduldig? Frank Wedekind macht Pläne für den fortschreitenden Morgen.

Die Nicht-Dame an seinem Tisch muss immer wieder auf seine Hände sehen. Das sind keine Nietzsche-Hände. Das sind die Hände eines Fleischermeisters. Allerdings klingen seine Gedichte auch ein wenig anders als die des Ersteren. Es sind kongeniale Fleischermeistergedichte:

> Ich habe meine Tante geschlachtet,
> meine Tante war alt und schwach –
> ihr aber, blutrünstige Richter,
> stellt meiner Jugend nach.

Zu Frank Wedekinds Entlastung muss gesagt werden, dass das Hauptgefühl seines Lebens im Augenblick Appetit ist. Er fühlt sich etwas unterernährt und verfügt nicht über die Mittel, das zu ändern. Dieser Zustand hält schon etwas länger an, und sein Ende ist noch nicht absehbar. Wahrscheinlich hat die Dame, die er unlängst bei der ungarischen Gräfin Nemethy kennenlernte, ihn zur Zwiebelsuppe eingeladen und nicht umgekehrt. In Gedanken ist der Fleischermeister schon beim Nachtisch. Wahrscheinlich werden sie zu ihr gehen, denn Frank Wedekind hat nicht nur nicht genug zu essen, sondern auch kein festes Zuhause in Paris. Er pflegt seine Abende in den Cafés des Quartier Latin zu verbringen und an den klebrigen Marmortischen kulinarische Gedichte wie das obige zu verfassen. Zwischendurch beobachtet er die Mädchen. Denn Frank Wedekind lebt vor allem vom Mitleid, welches neuerdings so sehr in Verruf geraten ist.

Wenn die Mädchen ihr Tagwerk, ihr Nachtwerk also, getan haben, kann es sehr wohl sein, dass eine ihn, der in gewissem Sinn noch verlorener ist als sie, mit nach Hause nimmt *zu Obdach, Morgenfrühstück und einem bißchen Fürsorge*[243], wie die Zwiebelsuppenesserin das später beschreiben wird. Andererseits, das ahnt er wohl, würde sich die junge Frau, mit der er diesen Pariser Morgen teilt, wohl von ihm nach Hause bringen lassen, es dann aber gewiss versäumen, ihn ebenfalls nach oben zu bitten. Es musste ihm etwas anderes einfallen.

Wie es sein könnte, unter seine Schlachtermeisterhände zu geraten, ist eine Vorstellung, die seiner Begleiterin so fernliegt, dass sie bei ihrer Betrachtung nicht einen Augenblick lang darauf kommt. Aber einen Kaffee würde sie gern noch trinken vorm Schlafengehen.

Was nun folgt, nennt die Betroffene *ein Wedekindsches Mißverständnis.*[244]

Beispielhaft detailliert erfahren wir dessen Hergang in »Fenitschka«, denn sie wird nicht versäumen, Jahre später auch aus dieser Begebenheit Literatur zu machen. Die Missverstandene heißt hier Fenitschka und ist eine russische Studentin, ein Wesen also, das ihr Begleiter für ein leichtes Mädchen mit anderen Mitteln hält:

»Bitte, – wo sind wir?« unterbrach ihn Fenia und blieb stehn.

»Werden Sie nicht böse! Im Eifer des Gefechts sind wir von der kürzesten Heimweglinie abgewichen. – – Aber ich wußte wohl: hier muß schon ein kleines Lokal offen sein, wo Sie Kaffee bekommen können«, fügte er schnell hinzu und führte sie ein paar Schritte weiter, – »ich konnte nicht vergessen, daß Sie so schmerzlich nach Kaffee verlangen.«

Das kleine Café, vor dem sie standen, wurde ... gerade geöffnet. Aber auf so frühe Besucher war es noch keineswegs eingerichtet. Der Besen, der drinnen über die Dielen fuhr, fegte ihnen mächtige Staubwolken entgegen ...

»Ich glaube, es ist noch weit nach meinem Hotel«, meinte Fenia bedenklich, – »ist jetzt nicht ein Fiaker –«[245]

Er schlägt daraufhin, keine zehn Häuser weiter, sein Hotel vor, in dem man schon sehr früh morgens ausgezeichneten Kaffee serviere. Sie ist erstaunt, denn ihre Herberge weiß von solchem Frühaufsteherservice nichts, aber sie sagt nicht nein. Inzwischen überdenkt er die Wahrscheinlichkeit seines Erfolgs: *War es wohl möglich, daß sie einem wildfremden jungen Menschen so weit entgegenkam, wenn das alles nicht bloßes Raffinement war? Lachte sie etwa im stillen über ihn? Oder von welchem Stern war sie auf das Pariser Pflaster gefallen. ... Er führte Fenia in das Hotel garni, wo er wohnte, ließ sie einige Stufen hinaufsteigen und öffnete im breiten Korridor die Tür zu einem Zimmer neben dem Speisesaal ...*

Von Kaffee ist nicht mehr die Rede.

Fenia war zaudernd stehngeblieben, nicht recht begreifend, wo sie sich hier befand. Er hatte sie ohne irgendeine klare Absicht hier hereingeführt. Wie sie jedoch nun wirklich dastand, in diesem Zimmer, in dieser völligen Abgeschlossenheit mit ihm allein, in diesem schlafenden Hotel, auf dessen Gängen es noch so totenstill war, daß man hinter den halbgeschlossenen Fensterjalousien das vergnügte Zwitschern eines Spatzen im Hofe hörte, – da, – ja, als Fenia da aufschaute, sah sie ihn zitternd vor Erregung über sie geneigt, ganz nah über ihrem Gesicht, und im Begriff, sie mit beiden Armen zu umfassen.

Sie schrie nicht auf. Sie zuckte nur zurück, bückte sich schnell, um den Schirm aufzunehmen ... und wandte sich zur Tür.

»Wie schade!« sagte sie dabei.

Es entfuhr ihr fast bedauernd, zugleich im Ton außerordentlichen Erstaunens.

Er stand einen Augenblick ... Dann schwoll eine plötzliche Raserei in ihm auf, – ein blinder wütender Drang, ihr nur ja nicht den Willen zu tun, und noch ohne selbst recht zu wissen, was er eigentlich damit bezweckte, stürzte er an ihr vorbei zur Tür, riß den Schlüssel heraus, drehte ihn von innen im Schloß herum und steckte ihn darauf in seine Tasche.

Fenia war wie eine Salzsäule stehengeblieben. Sie war furchtbar erblaßt. Ihre Blicke irrten durch das Zimmer, durch das Fenster in den Hof, wo der Spatz schrie, und blieben dann am hellen Klingelknopf der elektrischen Glocke haften.

Aber kann sich eine Frau um diese Stunde, im Zimmer eines Mannes, vom Hausdiener retten lassen?

Sie richtete ihre Augen, tief erschrocken, groß und fragend, auf ihn, grade als frage sie ihn danach, was nun zu tun sei. Einen Augenblick lang war etwas Hilfloses und Hilfeheischendes über ihrer ganzen Gestalt, wie über einem im Wald verirrten Kind. – Aber nur einen Augenblick. Dann siegte ein anderes Gefühl. Ihr Blick lief an ihm hinab, und ihre Lippen wölbten sich in einem unaussprechlich beredten Ausdruck des Ekels, – der Verachtung.

Unter diesem Blick zieht er willenlos den Schlüssel aus der Tasche, sie geht wortlos an ihm vorbei. Gleich neben dem Hotel stehen Droschken, beim Einsteigen holt der Herr der Schlüssel sie ein.

»Hören Sie mich an«, sagte er atemlos zu Fenia und half ihr, unter das Verdeck zu gelangen, »hören Sie mich an! Sehen Sie mich an! Nein, – sehen Sie mich nicht an ...«

Sie möge ihm verzeihen.

»Verzeihen?« wiederholte sie, – »... da ist gar nichts zu verzeihen. Denn ich bin ebenso dumm gewesen wie Sie, indem ich Ihnen folgte, ohne Sie und Ihren Speisesaal auch nur ein bißchen zu kennen.« Und auch er habe, was er tat, nur deshalb tun können, weil er sie nicht kannte. Sie sei es gewohnt, unter Männern zu sein. Vielleicht träfe sie darum doch die Hauptschuld:

»Sie sind der erste unanständige – Mann, den ich –«

Der real existierende Frevler erfährt: *»Die Schuld liegt an mir,*

Herr Wedekind, denn ich bin noch keinem unanständigen Mann begegnet.«

Der Fehlende in »Fenitschka« braucht Tage, sich zu entschließen, sie zu besuchen, um noch einmal in aller Form Abbitte zu tun. Aber dann sinkt sein Mut wieder, und er kommt doch nicht. Frank Wedekind jedoch steht schon am nächsten Morgen, der wahrscheinlich eher ein Mittag oder Nachmittag ist, sorgfältigst gekleidet und gewiss mit Blumen vor ihrer Tür, um sich zu erklären. Um es mit einem nicht ganz unbekannten Filmschluss zu sagen: Dies ist der Beginn einer wunderbaren Freundschaft. Wedekind beginnt das gemeinsame Erlebnis *mit rührender Offenheit, ohne geringste Selbstbeschönigung* überall weiterzuerzählen.

Die meiste Zeit verbringt sie nun mit ihm. Man fasst den Plan, gemeinsam ein Drama zu schreiben. Lou wird ihren Teil im Laufe des Sommers ausführen. Leider ist das Drama nicht erhalten. Wedekind nimmt sie sogar mit zu einem Besuch, den er sehr regelmäßig macht und zu dem er jedes Mal ein ganzes Abendbrot mitbringt, statt zu erwarten, selbst eingeladen zu werden. Sie gehen in eine ärmliche Stube im ärmsten Teil von Paris. Hier lebt Georg Herweghs Witwe, die schwer unter Wassersucht leidet.

Lou Andreas-Salomé nimmt die Pariser Armut, deren groteske Gesichter Rilke nach ihr so tief erschrecken werden, gelassen, wie etwas Selbstverständliches. Etwas Selbstverständlichem geht man nicht aus dem Wege. Auf dem Weg zum Louvre fällt ihr eine alte Blumenfrau auf. Sie begegnet ihr öfter, irgendwann kauft sie wohl einen Strauß bei ihr und spricht sie an. Die alte Blumenverkäuferin heißt Zwilling und kommt aus dem Elsass. Bald besucht die Paris-Bummlerin Frau Zwilling auch zu Hause, wahrscheinlich vor allem, um – wie Wedekind der Witwe Herweghs – eine Mahlzeit vorbeizubringen, eine Mahlzeit für zwei, denn Frau Zwilling hat einen tuberkulosekranken Sohn.

Eines Abends ... fand ich sie ohnmächtig heimgebracht von der Straße, inmitten der großen Körbe frisch aus den »halles« geholter Frühlingsblumen.[246] Sie ist mit ihrer Freundin Frieda Freiin von Bülow gekommen, die soeben aus Ostafrika zurückgekehrt ist. Zwei Kranke, Mutter und Sohn, in einem Blumenmeer?

Man könnte unter diesem Eindruck ein Gedicht schreiben – Frieda von Bülow schreibt auch, ihre Afrika-Bücher sind sogar recht erfolgreich –, aber die beiden adligen Damen entschließen sich zu etwas ganz anderem. Sie öffnen den Schrank der Kranken, mustern ihre elsässische Blumenfrauengarderobe, um als tadellose Blumenfrauen mitsamt aller Körbe aus der Tür zu gehen.

Es ist Abend, als die beiden Blumenverkäuferinnen vor den Cafés des Quartier Latin eintreffen. Nachts um halb drei ist die letzte Blume verkauft, nicht wie gewöhnlich zu bescheidensten Preisen, denn beide sind der Auffassung, dass die, welche da auf sie wie auf die ewigen Dienstboten des Lebens hinunterschauen, ruhig ein wenig mehr zahlen können, als man ihnen gewöhnlich zumutet. Mit großer Zufriedenheit, wie sie getane Arbeit gibt, kehren beide in ihr Hotel zurück, um den Verdienst am nächsten Tag bei ihrer Arbeitgeberin abzuliefern und sich ihre Sachen wiederzuholen. Dass sie Glück hatten, die vorige Nacht nicht im Gefängnis verbracht zu haben, erfahren sie jetzt erst. Die Pariser Gewerbeaufsicht sei unerbittlich.

Zurück in Deutschland wird Lou noch im Herbst eine kleine *Collecte ... für diese beiden armen Menschen, die ich sehr lieb gewonnen habe*[247], beginnen.

Frieda von Bülow, von beinahe hartem, fast männlichen Gesichtsschnitt, der Lous weiche Züge umso mehr hervortreten lässt, war schon immer eine Unternehmerin. Die Gründung der ersten Krankenstationen in den deutschen Kolonien ist ihr Werk. Und schießen kann sie auch. – Wahrscheinlich hat Lou unwillkürlich gespürt, dass diese Frau so unbegabt war zur Passivität wie sie selbst, als sie sich Anfang der neunziger Jahre in Berlin kennenlernten.

Bis zu diesem Zeitpunkt hätte sie wohl kaum gewusst, wie und worüber man mit Frauen sprechen soll. Bei dieser Tochter eines preußischen Legationsrates aber, die einen großen Teil ihrer Kindheit in Smyrna verbracht hatte, wo ihr Vater die deutsche Botschaft leitete, war das ganz einfach. Auch mussten beide gerade über große Enttäuschungen hinwegkommen. Lou über die Tatsache, dass sie verheiratet war und dieser beklagenswerte Zustand sich als nicht korrigierbar erwies; Frieda von Bülow hatte ihre erste gescheiterte Afrika-Mission hinter sich.

Als Lou heiratete, war die späte Tochter aus altem preußischen Adel ihrem Bruder in die erste deutsche Kolonie Ostafrika gefolgt. Da Deutschland die Aufteilung der Welt verpasst hatte, vor allem, weil es selber bis vor kurzem noch allzu aufgeteilt war, um andere aufzuteilen, entstand jene erste deutsche Kolonie auf eine fast schon peinlich-antiquierte Weise, nämlich durch offene gewaltsame Besetzung. Der Haupteroberer heißt Carl Peters und mit ihm verband Frieda von Bülow bald eine Conquistadoren-Liebe, voller Sieg und Niederlage, Eroberung, gewaltsamer Befreiung und Rückeroberung. Ob es die Malaria war oder Peters oder Differenzen mit dem »Deutschen Frauenbund zur Krankenpflege in den Kolonien«, den sie selbst gegründet hatte, die Frieda von Bülow zum Aufgeben zwangen, ist nicht mehr eindeutig feststellbar. So trafen zwei vom Leben bereits geprüfte, jedoch unvermindert zur Tat bereite Frauen aufeinander, die noch etwas gemeinsam hatten: Sie schrieben. Frieda hatte beschlossen, wenn sie schon nicht mehr in Afrika sein durfte, doch in ihren Büchern dort zu bleiben, was sie zur ersten deutschen Kolonialschriftstellerin machte. Der Erfolg kam wie von selbst. Dass die Freundin sich mehr für die Entdeckung und Eroberung des unbekannten Kontinents interessierte, der wir selbst sind, erfuhr sie bald. Welch hervorragende Ergänzung!

Und nun war also auch ihr zweiter Afrika-Versuch gescheitert. Sie hatte die Plantage ihres verstorbenen Bruders übernommen und begann eben, sich auch als Kalklieferantin zu etablieren, als ein Erlass des Deutschen Reiches, das Unternehmertum in den Kolonien betreffend, die Plantagenbesitzerin und Kalklieferantin zum Aufgeben zwang.

Paris ist nichts als eine Atempause. Frieda von Bülow braucht eine neue Aufgabe und braucht sie umso mehr, als sie in sich eine tiefe Neigung zur Depression bemerkt, die sie auf ihre Abstammung zurückführt. Die Lebenskraft gehe zur Neige, aber vorher will Frieda noch etwas tun. Vielleicht für die Frauen?

Auch Lous Pariser Tagebuch vermerkt mitunter durchaus lou-untypische Gemütszustände, und das bei jedem Klima: *Prachtvol-*

les Wetter. Melancholie, etwas später *Schwüles Wetter. Melancholie*, unterbrochen von Notizen wie *Ganz schlechter Tag. Nichtstun*. Das letzte Wort ist bemerkenswert, auch weil es keineswegs singulär ist. ... *immer arbeitslos* ... Keine äußere Fülle des Erlebens ersetzt wohl ganz die innere Erfülltheit der letzten, ungemein produktiven Berliner Monate. Andererseits ist es schwer, sich die Wahlpariserin in Melancholie versunken vorzustellen, denn sie hat einen Hund, einen sehr kleinen Hund. Kleine Hunde dulden nicht, dass der Mensch düster denkt, ja eigentlich nicht einmal, dass er überhaupt etwas denkt, aber in dieser Hinsicht wird sie nie empfindlich sein. Er heißt Toutou, ist ein Pudel und hat seine Herrin irgendwo in den Straßen von Paris selbst erwählt. Seine Ernährungslage, bevor er Lou kannte, scheint schwierig gewesen zu sein, denn er wartet beharrlich hinter den Droschkenpferden, bis dort etwas herabfällt, was er sofort erspringt und um keinen Preis wieder hergibt. Als sie die Unabänderlichkeit dieser Gewohnheit noch nicht begriffen hat, sehen die Bürger von Paris nicht selten eine schöne, große junge Frau einem kleinen Pudel hinterherlaufen, der *seinen viel zu großen Apfel im gewaltig aufgerissenen viel zu kleinen Mäulchen* vor ihr in Sicherheit bringt. Mitunter hat er nun gleich mehrere Verfolger, denn manch ein Pariser, der der Dame helfen will, beteiligt sich an der Jagd: *O la la, le joli Toutou!*

Oder sollte die Melancholie noch eine andere Ursache haben? Denn es finden sich auch Einträge wie der vom 14. Juni: *Abends Goldmanns langen Brief vorgefunden. Schauderhafte Stimmung.*

Voller Sorge beobachtet Frieda von Bülow, dass der Entdeckerdrang der Freundin doch nicht so ausschließlich nach innen geht. Oder anders gesagt: Alle Innenraumforschung, insofern es sich um fremde Innenräume handelt, dringt über ein Außen ein. In diesem Fall gehört es einem kleinen Juden, der als Korrespondent der »Frankfurter Zeitung« in Paris ist. Mag sein, sie hat von Rée an eine besondere Aufmerksamkeit für Menschen seiner Art.

Vielleicht war es der Blick seiner Augen oder ein schmerzlicher Zug um den Mund – so wird es Frieda bald beschreiben –, zumindest etwas, das auf ein großes, geräumiges Innen deutete, und das weckte Lous Interesse. Wer diese Frau interessiert, auf den geht sie zu. Frieda von Bülow beobachtet nicht ohne Mitleid, dass der kleine Korrespondent – er heißt Paul Goldmann – diesem Auf-ihn-Zugehen nicht gewachsen sein könnte. Denn auch hier handelt es sich ohne Zweifel um einen Akt der Kolonisation, um eine gewaltsame Landnahme. Es muss zu ernsthaften Aussprachen zwischen den Freundinnen gekommen sein, inwiefern der kleine Korrespondent zu schonen sei, gerade weil Lou nichts weiter mit ihm vorhat. Etwas mit dem besetzten Territorium vorzuhaben, rechtfertigt in Friedas Augen aber erst die Kolonisation. Und Lou wird es unweigerlich veröden lassen.

Bald schreibt die Afrika-Erfahrene ein Porträt der Freundin und ihrer Männer, die »Goldmanniade« genannt, wobei sie jedoch drei der Mitwirkenden erst bei ihren gemeinsamen Wien-Reisen im nächsten Jahr kennenlernen wird. Es handelt sich um Arthur Schnitzler und Richard Beer-Hofmann sowie den Arzt Friedrich Pineles.

Paul Goldmann war vor seiner Pariser Zeit Redakteur der Wiener Zeitschrift »An der schönen blauen Donau« gewesen, wo er als Erster die noch unbekannten Dichter Schnitzler und Hugo von Hofmannsthal veröffentlichte. Der Kontakt nach Wien ergab sich also ganz von selbst. Der Kritiker- und Dichterkreis »Jung Wien«, in den Lou Andreas-Salomé umgehend kooptiert wird, hat sein Hauptquartier in der Kneipe »Grien-Steidl« aufgeschlagen, wo die Besprochene nicht selten aus nicht mehr ganz klaren Augen dem neuen Tag entgegenschauen wird. Der manchmal abwesende Hugo von Hofmannsthal erfährt dann: »Lieber Hugo! ... Frau Lou ist noch in Wien, und täglich viele Stunden mit uns zusammen. Es scheint, als hätte sie uns – d. i. Arthur, und Sie, mich, – sehr lieb, oder wir sind ihr Symbol, für irgendetwas, was wir nicht wissen können.«[248] Weshalb der Berichterstatter, für Lou den Wiener, also den Verliebten spielend, sich ein wenig oder noch ein wenig mehr in Lou verliebt, während Arthur Schnitzler – das ist er schon seiner unlängst erschienenen »Liebelei« schuldig – beide dabei beobachtet: »Mit Richard und Lou Prater ... Lou wird ein wenig Weib.« (11. Mai 1895) Oder: »Sonderbar gereizte Stimmung Lous gegen Richard, aus dem Bedürfnis verlangt zu werden.« (23. Mai 1895)[249]

Lou hält Wien für die erotischste Stadt weit und breit, aber selbst hier gewinnen Liebesdinge manchmal einen unvermuteten Ernst, dem sich die Nichtwienerin einmal nur durch sofortige Abreise entziehen kann. Gewöhnlich genügt es jedoch, wenn die Jungdichter mit der Innenweltforscherin wandern gehen. Mit dem Arzt Pineles, der nicht zum Dichterkreis gehört, unternimmt sie die längsten Touren, meist zu zweit. Nur mit einem war sie nie wandern: mit Paul Goldmann. Wahrscheinlich war er auch noch nie im Gebirge. Denn Paul Goldmann, glaubt man den Freundinnen, gehört zu den Menschen, die man sich in freier Natur gar nicht recht vorstellen kann.

Frieda von Bülow, eigentlich viel weicher geartet als Lou, was sich leider auch ihrem Stil mitteilt, besitzt dennoch die Grausamkeit, den kleinen Korrespondenten in ihrer Novelle im Hochgebirge auszusetzen, in diesem Fall mitten in der Hohen Tatra, die Lou zwar nicht kennt, Frieda dagegen umso mehr.

Hier kommt sie als Helga von S. – Helga, ausgerechnet! – mit dem Arzt als Begleiter direkt vom Berg hinab in eine Hütte, wo drei deutsche Wanderer ihre Aufmerksamkeit erregen. Sie liest im Gästebuch:

»Dr. Hugo Lengner, Literat, Wien« – das ist Arthur Schnitzler –, »Max Winowsky, Poet, Prag« – Vorbild wohl Richard Beer-Hofmann – sowie »Dr. Siegfried Rosenfeld, Breslau«.[250] Goldmann ist tatsächlich in Breslau geboren; den Vornamen Siegfried fügt ihm Frieda von Bülow vor allem zu, damit er an ihm leide, denn weder er noch sein Urbild gleichen einem germanischen Recken, im Gegenteil. Wahrscheinlich müssen wir uns Goldmann ganz so vorstellen, wie ihn die Autorin beschreibt. Beinahe verwachsen, mit zu kurzen Beinen, ist sein Gesicht doch außergewöhnlich schön, die Zeugin von Bülow: »Seine Stirn ist blendend weiß, die Nase hoch und von edlem Schnitt, der Mund überaus fein, Wangen und Kinn von mädchenhafter Zartheit. Helga meint, niemals ein schöneres Gesicht gesehen zu haben. Aber das Anziehende ist nicht die Regelmäßigkeit der Züge, sondern das stark

Vergeistigte, das Verhaltene, Gequälte, Scheue, das über die Maßen Sensitive! –«

Die Beobachterin und ihre Begleitung tragen sich nun auch mitsamt Beruf ins Gästebuch ein: »Helga v. S., Egoistin, Stockholm. Eugen Hansen, Dr. med., Schleswig.«

Es lässt sich nicht leugnen, die Freundin nimmt Lou als hauptberufliche Egoistin war, wie viele Entschuldigungen sie selbst auch dafür findet. Aber ist nicht jeder Forscherdrang Egoismus, zumindest gegen den Gegenstand der Forschung?

Sie hört, dass der kleine Jude seine beiden Freunde bei der Bergwanderung, zu der sie nun aufbrechen und die zu bestehen er kaum gemacht erscheint, nicht begleiten wird. Also nähert sie sich ihm und bekommt sogar Gelegenheit, ihn aus schwieriger Berglage mit zu befreien, in die er sofort gerät, als er sich nur ein paar Schritte vom Hauptwanderweg entfernt. Nun werden alle miteinander bekannt und das große gegenseitige Beobachten hebt an.

Helga von S., Egoistin, Stockholm beobachtet vor allem Dr. Siegfried Rosenfeld, Breslau, den einzigen ohne nähere Berufsangabe. Dieser beobachtet neben Helga, die er lieber nicht ansehen würde, hauptsächlich und voll Argwohn deren Begleiter Dr. med. Eugen Hansen, Schleswig, der im wirklichen Leben Pineles heißt und Wiener ist: »›Hat der wohl noch ein Eigenleben?‹ geht's ihm durch den Kopf. ›Nein! Er ist aufgesogen, völlig in ihr untergegangen. Nur davor behüte mich der Himmel! So das Fußgestell eines großen Weibes zu sein? Nein! Lieber sterben!‹«

Dr. Hugo Lengner, Literat, Wien, alias Arthur Schnitzler beobachtet inzwischen vor allem das sich entwickelnde Verhältnis zwischen Siegfried und Helga, die ihn weit überragt. Er hätte es nie für möglich gehalten, aber diese Brünnhilde ist tatsächlich enttäuscht, als Winowsky – alias Beer-Hofmann, hier der, der nichts mitkriegt – arglos erklärt: »Der Siegfried ist mit Dr. Hansen auf die Steinpilzjagd gegangen.« Was mag sie an dem fesseln?

Was die Männer an ihr fesselt, weiß er genau. Frieda von Bülow, die als Autorin alle zusammen beobachtet, formuliert es so: »Helga hat nichts von der halb instinktmäßigen weiblichen Koketterie, die darauf gerichtet ist, durch Äußerlichkeiten Männer anzuziehen und zu fesseln und ihre Sinne zu verwirren. Sie ist zu sehr Nordländerin: ehrlich, einfach und vorwiegend mit Ideen beschäftigt. ... Dagegen würde sie jedem ins Gesicht lachen, der ihr mit gewöhnlichen Artigkeiten kommen wollte. ›Sie ist wie das Meer‹, schreibt Hansen in sein Tagebuch – als unglücklich Liebender führt er ein solches –, ›einfach und unbewußt grausam, still und stürmisch, durchsichtig und geheimnisvoll, launenhaft und doch sich selber treu – ein schönes, anbetungswürdiges Ungeheuer ...‹ Aber er hütet sich, solche Wissenschaft den anderen mitzuteilen. Mögen Sie doch ihre Lektion für sich selber lernen! –« Und das tun sie bis zur weitgehenden Untergangsbereitschaft des Dr. Siegfried Rosenfeld, dem sie freimütig gesteht, keineswegs so vollkommen zu sein, wie er annimmt: Denn sie könne nicht lieben, nicht so wie andere: »Darum bin ich eigentlich ein Krüppel.« Allerdings bemerkt Helga bald auch an sich einen höchst befremdlichen Zustand. Sollte sie tatsächlich verliebt sein? Zum ersten oder zweiten Mal in ihrem Leben?

Die wirkliche Lou des Pariser Sommers 1894 bekommt inzwischen Post von ihrer Freundin: Wie gut, »daß Du den Russen hast. Nur schade, daß er Dir nicht besser über Goldmännchen hinweghilft. Ich habe furchtbar viel an Dich und diese Sache denken müssen. Manchmal war mir, als müßte ich Dir schreiben: ich bin ein Narr! Was geht mich Goldmann an und seine eventuellen Schmerzen? ... Natürlich ist es richtig, daß Du Dich auslebst, wie Deine Natur es will, auch auf Kosten anderer. Aber das Gefühl beharrte immer wieder auf dem andren Urteil: Es ist *nicht* schön, wenn der Stärkere sich von der armseligen Kraft des Schwächeren nährt.«

Immerhin, Frieda weiß es, sie hat jetzt den Russen. Und in der Tat häufen sich Anfang August Meldungen wie *Zum Russen um 3 Uhr* oder *nachmittags beim Russen* oder *mit dem Russen ins Palais de Instin*. Und Notizen wie *kalter trauriger Tag*, auf welche die Eintragung *ebensolcher Tag* folgt, nehmen frappierend ab. Am 19. August steht da: *Arbeit/Alm/Russe*. Es ist wahr. Lou Andreas-Salomé ist genau wie Helga v. S. in die Berge gefahren. Mit dem Russen.

Toutou hat sie inzwischen bei anderen Pariser Russen abgegeben, den Patapenkows. Wahrscheinlich hat sie Angst, der Großstadthund würde sich in der freien Natur kaum besser zurechtfinden als Rosenfeld-Goldmann.

Der Russe ist das ganze Gegenteil von Goldmann. Ein Kerl, der mit den Zähnen die festesten Nägel aus der Wand ziehen kann, außerdem Arzt. Er ist unlängst aus Sibirien zurückgekehrt, wohin man ihn verbracht hatte, da er dringend verdächtig war, am Attentat auf Zar Alexander II. beteiligt gewesen zu sein. Sein Name ist Dr. Ssawelij.

Sie finden eine Alm mit Hütte in der Nähe von Zürich, wo es nichts gibt als kuhwarme Milch, Eier und Beeren. Wenn ihnen dieser Speiseplan zu eintönig wird, steigen sie vom Berg herunter und fallen über ein Züricher Hotelbuffet her, eine Gelegenheit, bei der sie Bölsche begegnen, der sich zu einem Gegenbesuch auf der Alm bereit erklärt. Lou schreibt inzwischen am Salomé-Wedekind'schen-Gemeinschaftsdrama weiter. Es ist möglich, dass sich Lou für Männer, die mit den Zähnen Nägel aus der Wand ziehen können, nicht näher interessiert. Oder die Abmachung lautet, dass ein Russe den anderen nicht in Schwierigkeiten bringt. Wie Ssawelij das sieht, ist nicht überliefert. Er wird nicht gefragt. Für Lou ist er ein guter Freund.

Die Kommune der Barfußläufer erweitert sich um das Mitglied Ssawelij, das mitsamt seiner Begleiterin gleich in aller Härte geprüft wird, als beide in einen Hang von Kriechbrombeeren geraten. Wie sie da hineingekommen sind, haben sie gar nicht bemerkt: dass es schier unmöglich ist, wieder herauszukommen, bemerken sie umso schmerzhafter. Vielleicht sehen die Almbewohner die zwei schreienden und heulenden Großstädter am Berg. Oder ihr Mann denkt gerade an Lou. Hat er ihr das Barfußlaufen gezeigt, damit sie mit fremden Männern auf fremde Berge klettert? Jetzt bieten beide einen Anblick wie Dr. Rosenfeld in Frieda von Bülows Erzählung. Nur dass der nicht geschrien hätte. Als echter Russe überlegt Ssawelij nachher jedoch, dass die Brombeeren keinerlei Schuld trifft. Vielmehr habe man selbst sie mit Füßen getreten statt sie mit Lippen zu küssen.

Ein Russe und eine Russin reisen zurück nach Paris.

Am 10. September holt sie einen streng parfümierten Pudel von

Patapenkows ab, worauf sie ihn gründlich badet. Vielleicht hat sich Toutou dabei erkältet, denn unter dem 13. September findet sich der Eintrag: *armes Püdelchen krank bei Goldmann!*

Wie es um das Wohlbefinden des Hunde-Gastgebers steht, ist nur zu vermuten. Am 26. September bekommt sie einen langen Brief von ihm. Es spricht vieles dafür, dass er nach Inhalt und Form dem Schreiben entspricht, das Helga v. S., Egoistin, Stockholm, schließlich in den Händen hält. Die Freundinnen von Salomé und von Bülow haben keine Geheimnisse voreinander, wohl auch keine Briefgeheimnisse. Erst wer die Dokumente kennt, kann ein guter Ratgeber sein! Es ist ein Abschiedsbrief:

»Teures, verehrtes Fräulein! Ich weiß, daß Sie mir zürnen, wenn Ihre stolzen Augen auf diesen Zeilen ruhen, aber ich fühle mich Ihres Zornes so unwert wie Ihrer Gunst.

Ich bin nicht groß genug für ein Glück, wie Sie es für mich ersonnen hatten – nicht stark genug.

Ich bin Ihnen nicht ebenbürtig. Zu meiner Qual bin ich mir dessen in Ihrer Nähe stets bewußt. Sie wären zu rasch an die Grenzen meiner Kraft gestoßen, und das hätte ich nicht ertragen. ... Ich hätte Ihnen nie als *Herr* gegenüberstehen können, und der *Sklave* einer Frau will ich nicht sein, selbst Ihrer nicht.

Bedenken Sie, daß ich ein deutscher Jude bin, und daß mir dazu die Natur keine genügsame Seele, sondern brennenden Ehrgeiz, Stolz und Empfindlichkeit gab!«[251]

Es ist ein sehr langer Brief. Nach über einer Seite fährt er fort: »Mir graute vor Ihrem in die Tiefen der Seele dringenden Blick. Mir wurde ganz elend bei der Vorstellung, wie der freundliche Nebel der Illusion, den Ihre Fantasie um mich gewoben, dem Sonnenblick naher Wirklichkeit weichen würde. Sie hätten Ihre Enttäuschung nicht verbergen können, vielleicht nicht einmal wollen.

Vor der Qual dieses Gedankens rette ich mich, indem ich einer Entdeckung Ihrerseits zuvorkomme und Ihnen mein Ich in seiner dürftigen Blöße selbst vor Augen lege. Ein von Eitelkeit und Ehrgeiz zerfressener Schwächling! Kann man das lieben? – –

Ihnen begegnet zu sein, ist das Ereignis meines Lebens!«

Dr. Siegfried Rosenfeld entzieht sich ihrem Zugriff im letzten

Augenblick durch unangekündigte Abreise. Wahrscheinlich hat auch Goldmann die Stadt schon verlassen.

Als sie seinen Brief liest, weiß sie, dass auch sie fahren wird. Sie verabschiedet sich von niemandem. Wahrscheinlich ist Toutou noch immer bei Goldmann; sie nimmt ihn nicht mit.

Bereits am Abend des nächsten Tages trifft sie in Berlin-Charlottenburg ein. Sie lässt die Koffer am Bahnhof. Sie geht den stillen Weg über die dunklen Felder ins Dorf. *Dieser Gang war schön und sonderbar; ich spürte den Herbst im Blättersinken und im stürmischen Wind, ohne was zu sehen, und es »gefiel« mir; in Paris war noch »Sommer« gewesen. Im Dorf schlief alles, nur bei meinem Mann brannte die scharfe Lampe ... Ich konnte von der Straße aus seinen Kopf deutlich erkennen. In der Tür steckte, wie immer, der Drücker, ich trat sehr leise ein. Da schrie der Lotte-Hund im Zimmer grell auf – sie erkannte mich am Schritt –; übrigens ist sie inzwischen ein wahres Monstrum geworden von Fett und Quadratur, und nur wir finden sie so berückend wie je. – In dieser Nacht zu Hause gingen wir nicht schlafen; als es hell wurde, da machte ich Herdfeuer, putzte die blakende Lampe und schlich mich in den Wald. Da hingen noch dicke Morgennebel in den Bäumen, und ein geflecktes Reh glitt lautlos durch die Föhren weiter. Ich zog Schuhe und Strümpfe aus (was man in Paris nicht kann) und wurde sehr froh.*[252]

II.

LOB DES DASEINS

»Du allein bist wirklich.«
Rainer, nicht René

Bayerische Häuser dürfen blau sein, aber meergrün? Und es ist nicht die Farbe allein. Was um Himmels willen hat ein riesengroßer Drache in Zyklamviolett und Türkisgrün an der Fassade eines Hauses zu suchen? Dies, werden die Münchner wissen, ist eine offene Provokation. Die »Deutsche Bauzeitung« wird sich anstrengen, das etwas objektiver zu formulieren: Eine solche Architektur künde von einem »ganz unangemessenen Vertrauen zum eigenen Ich«.

Noch steht das Haus nicht, aber seine künftige Bauherrin fällt schon jetzt durch vieles auf, vor allem durch das gleiche »ganz unangemessene Vertrauen zum eigenen Ich« wie ihr Architekt. Sie trägt das Haar kurz. Sie fährt Rad. Sie lebt mit einer Frau zusammen, ganz ohne Aufsicht durch einen Mann. Das Empörendste aber ist: Sie führt ein eigenes Geschäft, ein Fotoatelier. Sophia Goudstikker, geboren in Amsterdam, vier Jahre jünger als Lou, hatte vor genau zehn Jahren in der Hauptstadt aller Bayern das Fotoatelier »Elvira« eröffnet. Was für ein unangemessenes Vertrauen zum eigenen Ich! Doch gleich wird sich auch das bayerische Königspaar von ihr fotografieren lassen, was Sophia Goudstikker als erster Frau den Titel einer »Königlich Bayerischen Hoffotografin« einbringen wird. Wahrscheinlich hat Sophia Goudstikker allein Frieda von Bülows Vortrag über das Kolonialwesen in Afrika gehört, denn ihre Lebensgefährtin Anita Augspurg hält sich noch immer in Zürich auf, wird dort noch in diesem Sommer promovieren und somit die erste Juristin Deutschlands.

Nein, Frauen sind keineswegs so uninteressant, wie Lou Andreas-Salomé früher glaubte. Und was für bemerkenswerte Freunde sie haben, etwa dieser Endell, der bald nicht nur das grüne Haus zu verantworten hat, sondern auch das Wahrzeichen ihrer eigenen Sommerresidenz. Oder Jakob Wassermann, der eben mit seinen »Juden von Zirndorf« bekannt geworden war. Es sind zu viele neue Menschen, neue Gesichter, als dass sie sich alle merken könnte. Gut, dass auch ein paar vertraute darunter sind, etwa das von Frank Wedekind, mit dem sie nie wieder ein gemeinsames Drama schreiben wird.

»Gnädigste Frau, es war nicht die erste Dämmerstunde gestern, die ich mit Ihnen verbringen durfte.« Wahrscheinlich schaut sie bereits an dieser Stelle des Briefes, den ihr ein Bote brachte, auf: Dämmerstunde? Mit ihr? Gestern? Sie kann sich nicht erinnern. Es ist der 13. Mai 1897. Gestern war sie bei Wassermann. Sie könnte in ihrem Tagebuch nachschauen, der 12. Mai weiß nichts von einem René Rilke. Nie gehört. Und, wieso nicht die erste Dämmerstunde?

»Da gibt es in meiner Erinnerung eine, die mich arg verlangen machte, Ihnen ins Auge zu sehen.« Vielleicht liest sie ein wenig ungeduldig weiter, der Absender braucht schon ziemlich viele Sätze, ihr mitzuteilen, dass er ihren Aufsatz »Jesus, der Jude« gelesen hat. Sie hatte ihn bald nach ihrer Rückkehr aus Paris begonnen, das ist nun schon mehr als zwei Jahre her. Sie hat ihn mehrmals umgearbeitet. Sie hält also einen Leserbrief in der Hand, konnte der Leser das nicht gleich sagen? Allerdings hat dieser Leser nicht eigentlich gelesen, sondern ihre Worte kamen in ungewöhnlicher Weise bei ihm an: »Nicht Interesse war es, was mich tief und tiefer in diese Offenbarung führte, ein gläubiges Vertrauen ging mir auf dem ernsten Wege voran, und endlich war es wie ein Jubel in mir, das, was meine Traumepen in *Visionen* geben, mit der gigantischen Wucht einer heiligen Überzeugung so meisterhaft ausgesprochen zu finden. Das war die seltsame Dämmerstunde, deren ich gestern wieder gedenken musste.«[253]

Was mag ihn so bestätigt haben in ihrem Aufsatz? War es ihr Ungenügen an der Genügsamkeit der Religionswissenschaft, die zufrieden ist zuzuschauen, wie die Menschen sich ihre Götter schaffen? Dabei, sagt sie, ist die andere Seite viel wesentlicher.

1 Lou (Mitte) mit ihren Petersburger Cousinen Auguste (links) und Emma Wilm, um 1881. Die Vertrautheit mit Emma, ihrer Lieblingscousine, (später verh. Flörke), hält ein Leben lang.

2 Louise von Salomé die Ältere, die »Generalscha«. Lous Mutter sieht es als die Hauptaufgabe einer Frau an, die Prüfungen des Daseins gefasst zu bestehen, während ihre Tochter es vorziehen wird, ihrerseits das Dasein zu prüfen.

3 Lous Vater, General Gustav von Salomé, Gründer der deutsch-reformierten Kirche in Russland, mit seiner Tochter, der späteren Konfirmationsverweigerin.

4 Das Generalitätsgebäude in St. Petersburg, das sowohl das Außen- und das Finanzministerium als auch die Wohnung der von Salomés beherbergt.

5 Die deutsch-reformierte Kirche in St. Petersburg, deren Errichtung der Zar Gustav von Salomé bewilligt hatte, erbaut 1863-65 (steht heute nicht mehr).

6 »Ich will schuldig werden an diesem Kinde!« – Hendrik Gillot, Prediger der holländisch-reformierten Kirche in St. Petersburg, in dessen geistlich-geistige Obhut die junge Gotteszweiflerin flieht.

7 Friedrich Nietzsche im Jahr ihrer Begegnung, 1882. Er ernennt Lou zu seinem »Geschwistergehirn«.

8 Zwei Philosophen, Paul Rée und Friedrich Nietzsche, gespannt vor den Wagen eines jungen Mädchens. Das Arrangement des berühmten, ebenso inszenierten wie lebenswahren Fotos aus dem Jahre 1882 stammt von Nietzsche.

9 Malwida von Meysenburg, die Frauenbefreierin, Wagnerianerin, Nietzsche-Freundin und Lou-Sympathisantin: »Als Sie mir zuerst entgegenkamen, war es mir, als sähe ich meine Jugend auferstehen.«

10 Elisabeth Nietzsche, »stadtbekannte Schwester des weltbekannten Philosophen« und Intimfeindin Lous: Sie ist »die *personificierte* Philosophie meines Bruders.«

11 Lou von Salomé und Paul Rée gründen Ende 1882 in Berlin eine philosophische Tafelrunde. Lou wird zur »Exzellenz« ernannt – der Titel steht schon in ihrem russischen Pass – und Rée zur »Ehrendame«.

12 »Liebe und teure Frau, Ich muß kommen dürfen!« Gerhart Hauptmann im Jahre 1897. Das Vorbild der geistig erotisierenden, ehesprengenden Anna Mahr in Hauptmanns »Einsame Menschen« dürfte Lou Andreas-Salomé gewesen sein.

13 »Du fragst, wie ich an Dich denke? Du weisst es ja; mit all der Liebe und der Hingebung, deren ein Mensch fähig ist …« schreibt der Orientalist Friedrich Carl Andreas am 15. September 1886 an Lou von Salomé. Am Vorabend ihrer Verlobung sticht er sich vor den Augen der noch Zögerlichen ein Messer in die Brust. Das Verlobungsfoto vom 1. November 1886.

14 »Du meine Juninacht mit tausend Wegen, / Auf denen kein Geweihter schritt vor mir: / Ich bin in Dir!« Dies schreibt Lous junger Geliebter René Maria Rilke, der den Namen Rainer erst von ihr bekommen wird.
In der Laube der Lutz-Villa in Wolfratshausen, Juni 1897, von links nach rechts: Lous Freundin Frieda von Bülow, René Maria Rilke, der Architekt August Endell, Lou und der russische Literat Akim Wolinski.

15 Loufried I in Wolfratshausen, Balkon über dem Kuhstall. Friedrich Carl Andreas kommt zu Besuch, Juli 1897. Von links nach rechts: Andreas mit Hund Lotte, August Endell, Rilke und Lou Andreas-Salomé.

16 Lou Andreas-Salomé, 1897.

17 Lou Andreas-Salomé und Rainer Maria Rilke (links) auf ihrer zweiten Russlandreise 1900. Hier in Nisowka beim Bauerndichter Spiridon Droshshin, der immer ein Buch bei sich trägt, damit jeder sieht, dass er ein Dichter ist.

18/19 Broncia und Friedrich Pineles, genannt Zemek. Lou kennt die Geschwister seit 1895. Ab 1901, fast ein Jahrzehnt lang, ist Friedrich Pineles Lous Leibarzt, Reisebegleiter und Geliebter.

20 Loufried II in Göttingen. Das Haus am Hainberg beziehen Lou und ihr Ehemann im Oktober 1903, nachdem Friedrich Carl Andreas auf eine Göttinger Professur berufen worden ist.

21 Frieda Freiin von Bülow, Afrikafahrerin, gescheiterte Plantagenbesitzerin und erste Kolonialschriftstellerin Deutschlands, ist Lous früheste und engste Freundin.

22 Rainer Maria Rilke 1923 vor dem Turm des Château de Muzot, wo er die »Duineser Elegien« vollendet. Lou Andreas-Salomé über deren therapeutische Wirkung: »Andere aber horchten zum erstenmal auf an Deinem Ton als dem des Lebens.«

23 3. Psychoanalytischer Kongress in Weimar, September 1911. Lou (1. Reihe 5. von links) begleitet den schwedischen Psychotherapeuten Poul Bjerre (1. Reihe links), der die Psychoanalyse durch die »Psychosynthese« ersetzen möchte.

24 Sigmund Freud mit Tochter Anna, 1928. Fünf Jahre zuvor, im August 1923, schreibt Freud an Lou Andreas-Salomé: »Liebste Lou, Ich höre mit Schrecken – aus guter Quelle –, daß Sie bis zu 10 Stunden täglich Analyse geben. Halte es natürlich für einen schlecht verhüllten Selbstmordversuch.« Mit Anna Freud ist Lou seit 1921 eng befreundet.

25/26 Lou und Friedrich Carl Andreas im Alter. Sie sind wie zwei benachbarte Inseln, und das Bewusstsein, dass der andere da ist, gibt ihnen Sicherheit. Sie über ihn: »Er ist kein alter Herr, sondern ein Temperament.«

27 Hund mit Dame, Nâs und Lou, 1934.

Denn das *eigentlich religiöse Phänomen* sei erst gegeben *in der* Rückwirkung *einer, gleichviel wie entstandenen, Gottheit auf den an sie glaubenden Menschen*[254]. Also in dem Phänomen eines so gottdurchtränkten Seins, das in keiner anderen Rücksicht als auf seinen Gott zu existiere. Nur höchst selten gelange ein solches Gotteserleben ganz nach außen, und der wohl staunenswürdigste dieser Fälle sei Jesus, der Jude.

War es diese Sicht auf Jesus, die ihn so bestätigte? Oder war es ihre Auskunft, dass das Neue, was die Religionsstifter schaffen, eigentlich nie neue Gottheiten seien als vielmehr *eine neue Herzensstellung* zu ihnen?

Was für eine Doppelbewegung lasse sich da einsehen! Durch einen wie Jesus komme *noch einmal, auf der Spitze der Religion, naiv und großartig zu Tage, was von Urbeginn der Zeiten die grobe Basis aller Religion ausmacht: nämlich die faktische Einheit von Göttern und Menschen, – die Tatsache, daß beide gleichen Wesens sind.* Theoretisch gesehen aber bleibe das Illusorische des ganzen Prozesses nicht nur bestehen, sondern verstärke sich ins Unermessliche.

Oder war es Jesus' Einbettung ins Judentum, ihn gleichsam als dessen konsequentesten Ausdruck zu nehmen – gerade im Fehlen jeder Jenseitserwartung? Der Bund Gottes mit seinem Volk war ein Bund fürs Leben, ganz von dieser Welt als der einzig möglichen: Ein Gerechter konnte nicht in Schmach und Schande sterben, dafür musste er nicht einmal der Messias sein, nur eben ein Gerechter. Das Fazit der Religionsdenkerin: *Die* – jüdische – *Religion in ihrer ganzen Wahrheit und in ihrem ganzen Wahn, verkörpert in einem Menschen, verblutete hier am Kreuze, das seitdem, eigentümlich genug, zum Symbol der Religion geworden ist.* Die Entstehung des Christentums selber, die frühe christliche Theologie – beider Werden eklektischer kaum zu denken – und das Seelenschicksal Jesu seien weltenfern voneinander. Karl Kerényi hat einmal gesagt, dieser Essay gehöre zu den intimsten der deutschen Geistesgeschichte.

Sicher ist, dass der junge Dichter, der in seinen »Christusvisionen« Jesus nach der Gotteskatastrophe verzweifelt, glaubenslos über die Erde, über Jahrmärkte, über einen Judenfriedhof, sogar durch Venedig irren und einem Maler, einer Waise, einer Nonne begegnen ließ, erst beim Lesen ihres Aufsatzes seine Gedichte wirklich verstand – und zwar in ihrem Anspruch, die von Jesus her gesehen konsequentere Geschichte seiner Auferstehung gegeben zu haben. Denn der kolossale Sinneswandel seiner Jünger, die Neubegeisterung der Verzweifelten betrifft ihn nicht mehr.

Darum kann der Jungdichter, Herausgeber der selbstgeschriebenen und selbstherausgegebenen Zeitschrift »Wegwarten«, die die Dichtung zu den Armen bringen will, erklären, ihr Essay habe sich zu seinen Gedichten verhalten »wie ein Traum zur Wirklichkeit«. Und dafür wolle er ihr danken.

Natürlich, er weiß es, hätte er ihr das alles auch gestern mitteilen können – »bei einer Tasse Thee sagen sich doch so leicht ein paar schöne herzlich bewundernde Worte« –, aber gerade so meine er es eben nicht: »Mir ist immer: wenn ein Mensch einem andern für etwas sehr Theures zu danken hat, soll dieser Dank ein Geheimnis bleiben zwischen Beiden.« Er wählt seine Worte groß, nicht viel zu groß? Ein Geheimnis also will er mit ihr haben. Nein, er will sogar noch mehr: »Vielleicht ist es mir einmal vergönnt Ihnen eine oder die andere der genannten *Visionen* vorzulesen.« Das klingt, als ob er Zeit hätte, aber er hat keine, er kündigt an, sie morgen schon wieder zu treffen, und zwar im Theater. Morgen, also am 14.? Er muss Wassermann gebeten haben, mitkommen zu dürfen.

Und dann fällt es ihr auf: Diese Handschrift kennt sie. Sie gefällt ihr nicht, vielleicht deshalb erkennt sie sie wieder. Bisher waren die Briefe von dieser Hand immer anonym zu ihr gekommen.

Er ist da. Einer, der sich nichts so sehr wünscht wie jenes »ganz unangemessene Vertrauen zum eigenen Ich«, das ringsum alle zu besitzen scheinen. Das seine ist ein höchst merkwürdiges Ich, vielleicht sogar ein höchst kostbares, das ahnt sein Inhaber längst, nur ist es leider so geartet, dass es ihm wenig vertrauenswürdig erscheint. Sie ist beschäftigt, sie hat viele Freunde, sie gehört zu denen, die nur froh werden, wenn sie arbeiten, und gewiss hat sie wenig Lust, sich die Visionen eines jungen Mannes anzuhören, dessen Worte lauter Formatfehler sind. Aber sie ist eine Sammlerin seltener, kostbarer Ichs. Das ist seine Chance.

Ist er jünger, als sie dachte? Sie war 21, als sie Nietzsche begegnete, er 37. Jetzt ist er 21, sie ist 36. Es wäre diskret, sich nach dem Theater zu verabschieden. Aber das macht er nicht. ... *bis ½ 2 sehr heiter soupiert; mit Endell und Rilke nach Hause. Gräßlicher Regen*[255]. Es regnet die nächsten Tage durch und es ist kalt. Am 17. Mai macht ihr neuer Bekannter ernst. Er liest ihr seine Christus-Visionen vor. Sie notiert genau, wie viel es waren: fünf. Mehr sagt sie darüber nicht. Abends geht sie wieder ins Theater, es ist die »Parisienne«. Er kommt wieder mit.

27. Mai: ... *dann Rilke bei mir zum Abendbrot, mit den Einaktern.* Und wieder: kein Kommentar. Aber das mit ihnen soll kein Einakter werden. Er bereitet den zweiten Akt schon vor. Er schickt ihr »Lieder der Sehnsucht«:

Sehnsucht singt:
Ich bin Dir wie ein Vorbereiten
Und lächle leise, wenn Du irrst;
Ich weiß, daß Du aus Einsamkeiten
Dem großen Glück entgegenschreiten
Und meine Hände finden wirst.

Das ist frech. Und doch schon so ganz anders, als alles Dichten bis eben und ringsum. Süßlich, ohne süßlich zu sein, sentimental, ohne sentimental zu sein, nicht papiern, nicht konventionell. Sie bemerkt es nicht, sie wird es noch lange nicht bemerken.

Im Brief sagt er noch Sie zu ihr: »Ich bin mit ein paar Rosen in der Hand in der Stadt und dem Anfange des englischen Gartens herumgewandert, um Ihnen die Rosen zu schenken. Ja, statt sie vor der Thür mit dem goldenen Schlüssel abzugeben« – Frieda und sie wohnen in den »Fürstenhäusern«, in der Schellingstraße –, »trug ich sie mit mir herum, zitternd vor lauter Willen, Ihnen irgendwo zu begegnen. Und das war doch ungefähr so, wie wenn Einer einen Brief ins Meer wirft, damit die Wellen denselben an den Strand des Freundes tragen, dem er zugehört.«[256] Das Prager Militär ruft ihn, und er muss sie vorher dringend noch einmal sehen: »Indessen macht mir die Stellung augenblicks, trotz aller möglichen Folgen nicht so bang wie das von hier fortmüssen.«

Vielleicht darum nehmen Lou und Frieda ihn mit nach Wolfratshausen, zu einem Sommerausflug. Seit kurzem führt eine Bahnlinie bis dort hinaus. Lou am 1. Juni: *Die Nacht in Wolfratshausen, um 3 aufgestanden um ½ 4 mit Rilke gefrühstückt in der Geisterwand und bis 7 Uhr ausgegangen. Um 7 Uhr mit Frieda Kaffee getrunken …* [257]

Die Nacht? Es ist indiskret, in den Lieben anderer Leute zu spionieren, andererseits ist genau das die Aufgabe des Biographen, und sicher ist, dass die Bedrängte nun sehr bald einen Zustand aufgibt, an dem sie 36 Jahre entschlossen festgehalten hat: ihre Jungfräulichkeit. Sieben Zeilen Textlücke und Auskünfte wie »Denn ich habe der Sehnsucht neben mir in die Augen geschaut, und sie führt mich an sicherer Hand. Ich kann leiser werden in jedem Wort« in Rilkes erstem Nach-Wolfratshausen-Brief könnten dafür sprechen. Andererseits redet er sie mal mit Du, mal mit Sie an – was zu gewichten schwer ist, denn Menschen, die miteinander schlafen, kennen sich nicht immer gut genug, um schon Du zueinander zu sagen.

Zumindest muss die 1.-Juni-Nacht von Wolfratshausen, auch wenn sie noch nicht die erste war, über beider nähere Zukunft entschieden haben: als gemeinsame. Die beredte Auskunft lautet: »Ich habe eine Heimat. –«

So fährt er als neu, als erstmals Beheimateter in seine Heimatstadt Prag, zu dieser »Stellungssache«. Liebende machen nur selten einen militärisch überzeugenden Eindruck, das Telegramm, das sie schon am nächsten Tag in der Hand hält, lautet: »Frei und bald auch froh«.

Als er wieder zurück ist, ist Pfingstsonntag, sie haben sich zwei Tage lang nicht gesehen, da entscheidet er sich wieder für das Sie: »Was für eine große Revolutionärin Sie doch sind. – Throne haben Sie keine in mir umgestoßen. Aber an dem einen Thron, der wartete, sind Sie leise lächelnd vorübergeschritten.«

Zwei Tage später scheint ihm das »Du« der Art der Mitteilung doch angemessener: »Dir möchte ich Blumen aufs Haar legen. Welche? Keine ist rührend einfach genug. Aus welchem Mai soll ich sie holen? … Ich habe Dich nie anders gesehen, als so, daß ich hätte beten mögen zu Dir. Ich hab Dich nie anders gehört, als so, daß ich hätte glauben mögen an Dich. Ich hab Dich nie anders ersehnt, als so, daß ich hätte leiden mögen um Dich. Ich hab Dich nie anders begehrt, als so, daß ich hätte knien dürfen vor Dir.« Nie anders? Er kennt sie gerade zwei Wochen. Und sein Brief ist noch lange nicht zu Ende.

Da, wo die Sprache der meisten Menschen aufhört, fängt die seine erst an. Und sie soll bloß nicht glauben, er könne das nicht noch anders sagen: »Ich will den Segen Deiner Hände auf meinen Händen und meinem Haar in meine Nacht mitnehmen. Ich will nicht zu den Menschen reden, damit ich den Nachklang Deiner Worte ... nicht verschwende ... Ich will aufgehen in Dir, wie das Kindergebet im lauten, jauchzenden Morgen ... Ich will Du sein. Ich will keine Träume haben, die Dich nicht kennen.« Seite um Seite liest sie Nachrichten dieser Art und macht inzwischen auch Notizen: *13. Juni mit Rilke Geschirr gepackt.*

Sie gehen für den Sommer nach Wolfratshausen. Aber wer geht mit wem? Eigentlich wollten Frieda und Lou den Sommer gemeinsam verbringen und Besucher empfangen. Nun, Frieda von Bülow sieht es wohl zu genau, die beiden gehen und nehmen sie nur mit. Sie ist Afrikanerin genug, um zu bemerken, dass da zwei ihren eigenen Dschungel entdeckt haben. Lou findet ein Gedicht in ihrem Zimmer, ein nüchternes Protokoll ihrer Nächte:

> Lösch mir die Augen aus: ich kann Dich sehn
> Wirf mir die Ohren zu: ich kann Dich hören
> Und ohne Fuß noch kann ich zu Dir gehn
> Und ohne Mund noch kann ich Dich beschwören.
> Brich mir die Arme ab: ich fasse Dich
> Mit meinem Herzen wie mit einer Hand
> Reiß mir das Herz aus und mein Hirn wird schlagen
> Und wirfst Du mir auch in mein Hirn den Brand
> So will ich Dich auf meinem Blute tragen.

Was würde Kunstwart Nietzsche zu solcher Dichtung sagen, zu dieser Hingabefähigkeit eines Mannes? Würde er den Rang erkennen: das Dionysische, vollendet apollinisch gefasst? Die Welt hat bislang einen anderen Adressaten dieses Gedichts vermutet, denn da es eines der wenigen frühen Gedichte ist, die Lou mochte, hat er es später ins »Stundenbuch« aufgenommen, wo es sich wie das Protokoll einer Gottesekstase liest.

Die Frage, wie viel Hingabe einem Mann ziemt und ob überhaupt, mögen sich die stellen, die sie nötig haben. Rainer Maria Rilke ist sie gleichgültig; er hat ein ganz anderes Problem: Es gibt zu viel Außen auf der Welt. Ja, bis eben hat er selbst dort gelebt. Jetzt ist er zum ersten Mal innen. Er muss alles Außen in ein Innen umschaffen. Das ist seine Lebensaufgabe als Dichter. Mit ihr an seiner Seite könnte es gelingen.

Am 15. Juni steht zum ersten Mal *Rainer* in ihrem Tagebuch. Übergangslos von Rilke zu Rainer. René hat sie ihn nie genannt.

Er kennt das schon. Überall missfällt sein Name. »Woas, Maria hoaßen's? I hoaß doch auch nicht Mitzi!«, hatte der Feldwebel auf der Militärschule ihn angebrüllt. Und sie mag weder seine Handschrift noch seinen Namen. Mit der neuen Handschrift wird es nicht so leicht sein, doch er übt.

Seinen neuen Namen nimmt er willig an, denn er ist von ihr. Dabei ist dieser Tag der Namensgebung kein guter Tag, obwohl er schön begann – wieder sehr früh, um fünf Uhr schon, zu zweit auf der Terrasse. Aber am Nachmittag kommt Besuch, ein Russe, den sie bei ihrem vorletzten Vorfrühlings-Besuch in der Heimat kennengelernt hat. Er heißt Wolinski, und sie wollen zusammen an einer Novelle arbeiten. Es ist eine russische Novelle, also etwas, wovon Rainer nichts versteht. Er muss ausziehen, in die Nachbargemeinde. Sie nennt es *Rainers Abzug nach Dorfen.*

Und die nächsten zwei Tage werden noch schwerer. Sie fährt nach Kufstein, mit dem Russen! Und nimmt ihn nicht mit. Er registriert, dass auf seinen probehalber gerufenen Gute-Nacht-Gruß am Abend keine Antwort kommt. Wieder ohne Antwort bleiben müssen? Das macht ihm Angst, das mag er sich nicht vorstellen.

Er umgibt sich mit ihren Bildern und findet ihr Kinderbild viel schöner und ihr viel ähnlicher als das, was der Puck – niemand nennt Sophia Goudstikker anders – eben noch von ihr gemacht hat. »Du wenn es ein Bild von Dir gäbe, das ganz ist wie Du, alle

Kinder, die dran vorübergingen, blieben knieen davor. Und ich käme unter die Kinder und kniete mich mitten unter sie.«[258]

Sie antwortet.

Die Rück-Antwort ist eine Liebes- und eine Besitzstandserklärung zugleich; sie wird es erkennen:

> Dann brachte mir Dein Brief den sanften Segen,
> Ich wußte, daß es keine Ferne gibt:
> Aus allem Schönen gehst Du mir entgegen,
> Mein Frühlingswind Du, Du mein Sommerregen,
> Du meine Juninacht mit tausend Wegen,
> Auf denen kein Geweihter schritt vor mir:
> Ich bin in Dir!

Bald ist der Russe wieder weg, auch Frieda reist ab, die beiden merken ohnehin kaum, ob sie da ist oder nicht. Doch es kommt immer wieder Besuch, darunter auch ein Nichtgeweihter, ein Nichtwegekundiger, ihr Mann, der Loumann, wie Frieda ihn nennt. Lotte, den Hund, bringt er mit.

Sie sind inzwischen umgezogen, in ein in den Berg gebautes altes Bauernhaus, eigentlich ist es mehr ein Stall, mit drei Kammern obendrüber. Und ganz oben auf dem Scheunendach weht ihre Fahne. »Loufried« steht schwarz auf dem groben Leinen. August Endell hat die Fahne gemacht, er hat auch Kissen und Decken für die drei Kammern mitgebracht.

Ob Friedrich Carl Andreas spürt, wo er sich hier aufhält? Oder ist es ihm einfach nicht vorstellbar, dass dieser Junge da, dieses halbe Kind und seine Frau …? Andreas reist ohne Arg wieder ab.

Wenn sie allein sind und nicht anderweitig beschäftigt, betätigen sich die Zurückgebliebenen als Große Inquisition. Sie sitzen zu Gericht über seine Dichtung, die ihr nicht gefällt, ja sie sagt noch später in aller Klarheit: der sie *trotz ihrer Musikalität, kein Verständnis entgegenbrachte.* Zu überspannt? Zu sentimental? Wenn ihr etwas nicht gefällt, was von ihm ist, dann hat es – darin ist er unerschütterlich – kein Existenzrecht. Und wenn ihr nicht ganz wohl ist angesichts des Scheiterhaufens, tröstet er sie: Einmal werde es ihm gelingen, die Dinge so einfach zu sagen, dass sogar sie seine Gedichte verstehen könne.

Es ist vielleicht nur wenigen Menschen gegeben, den Übergang von einer großen Liebe zu einem großen Vernichtungswerk wirklich überzeugend darzustellen. Sie kann es: *War ich jahrelang Deine Frau, so deshalb, weil Du mir das erstmalig* Wirkliche *gewesen bist, Leib und Mensch ununterscheidbar eins, unbezweifelbarer Tatbestand des Lebens selbst. Wortwörtlich hätte ich Dir bekennen können, was Du gesagt hast als Dein Liebesbekenntnis: »Du allein bist wirklich.« Darin wurden wir Gatten, noch ehe wir Freunde geworden ... Nicht zwei Hälften suchten sich in uns: die überraschte Ganzheit erkannte sich erschauernd an unfaßlicher Ganzheit. So waren wir denn wie Geschwister – doch wie aus Vorzeiten, bevor Inzest zum Sakrileg geworden.*[259] Und eben diese Ganzheit, so wollte auch er es, musste sich bewähren, musste noch die härteste Probe bestehen. *Aber ob wir das Recht hatten, damals Gedichtetes so zu zerstören, wie wir es getan? Es besaß, gegenüber Späterm, so sehr die Züge, das Antlitz Deiner Reinmenschlichkeit, Nurmenschlichkeit ... in viel spätern Monaten, im Schmargendorfer »Waldfrieden«, als Du, in kürzester Zeit berauschten Zustandes, den »Cornet« aufschriebst, fiel Dir darin Ähnlichkeit mit Strophen von damals auf, die wir nicht mehr vergleichen konnten.*[260]

Vielleicht nimmt ihr auch das Übermaß dessen, was da täglich auf sie niedergeht und dessen Mitte fast immer sie selbst ist, den Sinn dafür. Sie muss wieder kurz verreisen, diesmal – es ist Anfang September – nach Hallein. Nimmt man das H von diesem Ortsnamen, weiß man, was er für ihn bedeutet:

»Wolfratshausen bei München am Sonntag, den 5. September 1897. erst der zweite Tag meiner Einsamkeit – und ich kann nicht anders, als Dir sagen: wenn ich das bischen Muth, welches ich mein eigen heiße, überzähle, ich weiß kaum, wie ich noch acht Tage damit auskommen soll ...«[261] Ob er ahnt, dass er sie schon jetzt ein wenig verstimmt? *... ja sogar, als ich für kurz von Wolfratshausen nach Hallein reisen mußte, zur Erledigung früher getroffener Verabredung, mißfiel mir die Überschwenglichkeit in Deinen tagtäglich mir folgenden Briefen mit den blaßblauen Siegeln.*[262]

Er macht zu viele Worte? Aber hat er ihr nicht schön erklärt, und für seine 21 Jahre schon sehr reif, was ihr Bund bedeutet? »Es ist nicht allein wertvoll, daß zwei Menschen einander erkennen, es ist von großer Wichtigkeit, daß sie einander zur rechten Zeit finden und mit einander tiefe und stille Feste feiern in denen sie zusammenwachsen in ihren Wünschen, um gegen Stürme geeint zu sein. Wie viele Menschen mögen schon aneinander vorübergegangen sein, weil sie nicht die Zeit fanden sich aneinander zu gewöhnen; ehe zwei Menschen zusammen unglücklich sein dürfen, müssen sie zusammen selig sein dürfen, müssen sie zusammen selig gewesen sein und eine gemeinsame heilige Erinnerung haben, die verwandtes Lächeln auf ihren Lippen und verwandte Sehnsucht in ihren Seelen bewahrt. ... Solche Menschen gehen durch alle Stürme gemeinsam. Ich fühls! Rainer«.[263] Hier irrt er, zumindest in Lou. Sie will nicht unglücklich sein dürfen zu zweit. Sie ist ihr eigener Sturm, sie braucht niemanden, der ihn mit ihr übersteht.

Er macht zu viele Worte? Nun gut, er kann nicht nur unendlich leise werden, er kann auch Briefe ganz ohne Worte schreiben. Sie hält bald eine schwarze Karte in der Hand, nur in der Mitte hell: da ist ein Stern ausgeschnitten. Lous Halleiner Publikum nimmt es als Hinweis auf die besondere Frömmigkeit ihres jungen Freundes, der wohl nicht ganz zufällig Maria heiße. Die Empfängerin weiß es besser. Er schloss die Holzläden im Erdgeschoss von »Loufried«, damit kein Vorübergehender, kein Unberufener hineinsehen konnte. Alles Licht, das sie dann noch hatten, kam durch den kleinen ausgesägten Stern im Holz. Die Botschaft verstand sie.

Er geht Abschied nehmen, von allem, was in Wolfratshausen ihnen gehörte. Er glaubt, es wird drei, vier Tage dauern. Sie wird nicht mehr hierher zurückkommen, in München will er sie erwarten. Am 8. September – da nimmt er schon den dritten Tag Abschied – geht er zu der alten Frau, der ihre Hütte gehört, und schenkt ihr ein Foto, das Foto, das später in Lous Wohnzimmer hängen wird: »Die Alte fand ich mitten im kühlen Wiesenduft, heuend. Sie grüßte mich so froh, war fast gerührt, darüber, daß ich sie finden kam, freute sich wie ein Kind über das Gruppenbild und sprach von Dir, voll von ungelenker, hilfloser Liebe, sprach vom Winter und vom Wiedersehen und von dem Wetter und einem Teppich, den ich noch vergessen hatte. Und das Alles fast gleichzeitig ... – und später fiel mir ein: hätt' ich doch eine Mutter besessen, so schlicht, so im tiefsten Grunde mühefroh und mühefromm wie diese Alte ...«[264]

Sophia Rilke war anders, ganz anders. Die höhere Tochter, aufgewachsen in einem Barockpalais an der Prager Herrengasse, hat es nie verwunden, dass der Mann, den sie heiratete, sich, statt Offizier zu werden, als Versager erwies. Ein Bahnbeamter! Darf man so enden, als Frau eines Bahnbeamten? Ihr erstes Kind war ein Mädchen, das gleich nach seiner Geburt starb. In ihrem Sohn sah sie einerseits das tote kleine Mädchen – er wuchs in Mädchenkleidern auf – und bald wohl auch denjenigen, der die Schmach aufheben sollte, den ihr Mann über die Familie gebracht hatte. Er würde Offizier werden! Mit elf Jahren hatte sich das Jungenmädchen, der Mädchenjunge René Maria auf der Militärunterrealschule von St. Pölten wiedergefunden. Aber er vergisst die Alte und seine Mutter sofort wieder an diesem dritten Tag des Wolfratshausener Abschiednehmens: »... je tiefer ich in die Buchenheimlichkeit kam, je weiter die Blüten mit den blassen Wiesen, die hohen grauen Disteln, mich winkten mit ihrem Wiegen desto bewußter wurde mir: es ist ein Fest. Es war nicht Alltag da oben; so war es nur die paar Mal, wenn wir allein oben schritten, verschwiegen und seelennah.« Er sieht den Eichhörnchen zu und weiß, dass sie ihn sehen. »Sie hatten sich Alle verständigt: ›Er ist kein Profaner, er verräth uns nicht; und überdies kommt er Abschied zu nehmen.‹«[265]

Am selben Tag trifft sie in Hallein Friedrich Pineles, Zemek genannt. Zemek heißt polnisch Erdmann, niemand in seinem näheren Umkreis – und zu dem gehört sie nun schon bald zwei Jahre – kann sich erinnern, ihn je anders gerufen zu haben. Leidet er darunter, jedes Mal zu kommen, wenn sie ihn ruft, und auch dann, wenn sie ihn nicht ruft? Friedrich Pineles ist kein anderer als Eugen Hansen, ihr treuer unglücklich liebender Begleiter aus Frieda von Bülows im Vorjahr erschienener Novelle. Mediziner auch er, näherhin Internist, zum Zeitpunkt ihres Kennenlernens Assistenzarzt am Wiener Allgemeinen Krankenhaus. Derselbe, angesichts dessen Siegfried Rosenfeld sich fragt: So enden? Niemals!

Frieda hatte Friedrich schon ganz richtig platziert, in den Bergen. Im vorigen Mai sind sie beide bis an die Seen des Salzkammerguts gewandert, später würden sie es zu Fuß über die Alpen noch bis nach Venedig schaffen. Vielleicht kommt Friedrich Pineles jetzt aus Wien vor allem, um sie zur nächsten Bergtour abzuholen. Vielleicht sehen sich Rilke und er, ein 21-Jähriger und ein 28-Jähriger, kurz in München, als der Wolfratshausen-Rückkehrer sie am 26. September abends um sieben vom Bahnhof abholt. Es wird noch schlimmer kommen, als Friedas Novelle es voraussehen konnte: Fast vier Jahre lang wird Lou Andreas-Salomé sich nicht nach Friedrich Pineles umschauen.

Was macht man mit Ganzheiten? Sie allein zurückzulassen wäre eine Halbheit, nein, es ist gar nicht möglich. Seine andere Hälfte kann man zurücklassen, die eigene Vollkommenheit nicht. Rainer kommt mit nach Berlin. Er geht, ohne sich von den Menschen zu verabschieden, die er in München kennt.

Am 1. Oktober fahren sie nach Berlin. Am 2. und 3. suchen sie ein Zimmer für ihn, finden schließlich eins in der Rheingaustraße. Aber egal, wo er wohnt, er ist ohnehin meistens bei ihr. Die Familie Andreas hat ein neues Mitglied. Wie mag Lou ihn bei ihrem Mann eingeführt haben? Vielleicht als die neue Haushaltshilfe?

Er trocknet ab, er hackt Holz, hilft bei allem Alltäglichen. Überhaupt ist beider natürlicher Aufenthaltsort die Küche, denn die Wohnung hat nur einen größeren Raum, und das ist Andreas' Bibliothek, sein Arbeitszimmer. Gewiss hilft Rainer Maria Rilke auch beim Kochen. Seine Lieblingsgerichte sind russische Topfgrütze und Borschtsch, er wird in ein paar Jahren eine junge Worpsweder Malerin genau unterrichten, wie beides herzustellen sei. Vielleicht beginnt er schon jetzt, die weiten blauen Russenhemden zu tragen.

Lou ist seine Heimat, Rodinka. Also ist ihre Heimat auch seine Heimat. Also, erkennt er, ist er seiner innersten Bestimmung nach ein Russe. Das Lebensrisiko aller Russen hat einen Namen: Sibirien. Sibirien ist dort, wo sie nicht ist.

Aber noch ist er in Sicherheit. Ihr Tagebuch verzeichnet Rainer, morgens, mittags, abends. Einträge wie: *Rainer heute nur nachmittags,* lassen aufmerken. Natürlich versucht sie zu arbeiten. Anfang Februar: *Aufsatz und Rainer, helles Schneewetter, barfuß im Wald, Erkältung.* Der Aufsatz behandelt Grundformen der Kunst, kurz darauf beginnt sie die Studie zum religiösen Affekt, mit deren Erscheinen Nietzsche schon Mitte der achtziger Jahre gerechnet hatte. *Aufsatz vom Religiösen Affekt begonnen ... Abends Artischokkensauce gemacht.*

Sein erster Verbannungsort im kommenden Frühjahr heißt Florenz. Er soll eine Bildungsreise machen. Sie ist das einfach nicht gewohnt, immer und überall zu zweit zu sein. Sonst wirft sie irgendwann mit Tellern, wie ein Tagebuch späterer Jahre vermerkt: *Das Alleinseinmüssen, das Leben nach innen und für sich, war mir ebenso unabweisbar Lebensbedürfnis wie auch der Anschluß und die Wärme unter Menschen. Beides gleich stark und leidenschaftlich, aber getrennt voneinander und deshalb auf Wechsel und Wechselwirkung gestellt, und eben dies erscheint wie treulos.*[266]

Natürlich wird er ein Tagebuch für sie führen, so wie Paul Rée einst für sie ein Tagebuch geführt hat und sie für ihn.

Er ist einverstanden, er will für sie wachsen. Wie es war zwischen ihnen und wie es werden soll, beschreibt er so: »Fast als Kind kam ich zu der reichen Frau. Und Du nahmst meine Seele in Deine Arme und wiegtest sie. Das war gut. Damals küßtest Du mich auf die Stirne und mußtest Dich tief neigen dazu. Verstehst Du, daß ich an Dir aufwuchs bis hin, wo es ein kurzer Weg wird von Deinen Augen in meine Augen? Daß ich aber endlich, stammstark, mich zu Deinen Lippen neigen wollte, ähnlich wie Deine Seele einst sich meiner Stirne neigte? Nicht von Dir umschlungen wollte ich sein, Du solltest Dich an mich lehnen können, wenn Du müde bist. Nicht Deinen Trost wollte ich fühlen, sondern die Macht hätte ich in mir wissen mögen, Dich zu trösten, solltest Du je dessen bedürfen.«[267]

So bricht er auf.

Aus unserm winterlieben Gelände
bin ich fern in den Frühling verbannt;
wie ich zage an seinem Rand,
legt sich mir leuchtend das neue Land
in die zweifelnden Hände.
...

»Ob ich schon ruhig und reif genug bin, das Tagebuch, welches ich Dir heimbringen will, zu beginnen, – ich weiß es nicht.« Aber er nimmt es als Zeichen, dass er es fast um dieselbe Zeit beginnt, als sie sich trafen vor einem Jahr – kurz bevor sie sich trafen: »So beginne ich denn; und ich nehme es gerne zum Omen an, daß ich diesen Beweis meiner Sehnsucht anfange in diesen Tagen, die um ein ganzes Jahr hinter denen stehen, da ich ebenso sehnsüchtig einem Unbestimmten entgegenging und noch nicht wußte, daß Du die Erfüllung bist, der ich mich vorbereitete in lauschenden Liedern. Seit vierzehn Tagen wohne ich in Florenz.«[268]

Sie denkt über die Grundformen der Kunst und den religiösen Affekt nach? Nun gut, er will es auch tun, er will ihr zeigen, dass er ihr ebenbürtig ist, auch wenn er die Münchner Universität, an der er eingeschrieben war, kaum von innen gesehen hatte, wohl weil er ahnte, dass die dortige Darbietungsform der Weisheit ihn kaum klüger machen würde. Mit vier Gedichtzeilen nur erfliegt er den »religiösen Affekt« der Renaissance, auf den Spuren Nietzsches, ihm nah und eigenständig-fern zugleich:

Renaissance II

Da war der Glaube nicht das Traumvertrauen,
das alle feig die Finger falten hieß, –
und war ein Lauschen, und die Liebe ließ
sie Bilder beten und Gebete bauen.

Sie haben viel über das Schaffen und den Schaffenden gesprochen, mag sein, dass Nietzsches kategorischer Künstler-Imperativ »Werdet hart!« nur zu deutlich hinter ihren Sätzen stand. Was sollte er antworten? Jetzt weiß er es: »In diesem lieben Winter sprachen wir einmal davon: ob der Schaffende von dem anderen wesentlich unterschieden ist. Gedenkst Du's? Heute erst weiß ich die Antwort. Der Schaffende ist der weitere Mensch, der, über welchen hinaus die Zukunft liegt. Der Künstler wird nicht in aller Zeit neben dem Menschen bestehen. Bis der Künstler, der Beweglichere, Tiefere, reif und gattungskräftig wird, bis er lebt, was er jetzt träumt, verarmt der Mensch und stirbt nach und nach aus. Der Künstler ist die Ewigkeit, welche hineinragt in seine Tage.«[269] Die Auskunft Zarathustras, doch ohne dessen Gewaltsamkeit. Das harte Wort, das auch über seinem Leben stehen wird.

Kunst und Religion, das geht in seinem Nachdenken beständig ineinander, genau wie in dem ihren.

Er: »Der Nichtkünstler muß eine Religion – im tiefinnern Sinn – besitzen, und sei es auch nur eine, die auf gemeinsamem und historisch Vereinbartem beruht. Atheist sein in seinem Sinn ist Barbar sein.«[270] Sie, dieselbe Sache gleichsam spiegelverkehrt anschauend: *... doch glaube ich, daß Alle in gewissen Stunden ... nicht nur passive Erdulder des Lebens, sondern seine Schöpfer sind ... Ich denke nur, daß bei einer sehr großen Anzahl von Menschen alle produktiven Stimmungen in schon bereit gehaltene Gefäße anerzogener Glaubensformen, im Voraus fixierter Weltanschauungen fließen ... Überall, wo das Wort »Gott« sinnvoll gebraucht wird, deckt es ein ähnliches Erleben mit dem undurchdringlichen, goldstrotzenden Mantel dieses Wortes vor uns zu.*[271]

Wieder zählt er die Tage. Er fühlt die ganze Kraft der Renaissance in sich, ihr wiederzubegegnen. Er weiß, wie er ihr entgegentreten will: »*Ich* wollte diesmal der Reiche, der Schenkende sein, der Ladende, der Herr, und Du solltest kommen und, von meiner Sorgfalt und meiner Liebe gelenkt, Dich ergehen in meiner Gastlichkeit.«[272] Und dann kommt es anders. Sie begegnet ihm nicht, wie er es erhofft hat. Nicht wie eine liebende Frau, herablassend gar? Oder ist es Scham der älteren Frau, die fast seine Mutter sein könnte, vor seiner Jugend, eine Scham, die er nicht versteht?

Ihr Wiedersehen missglückt. Auch sieht sie sein Gewachsensein nicht. Will sie es nicht sehen? »Ich fühlte mich immer lächerlicher werden in meiner Maskerade, und mir erwachte der dunkle

Wunsch, mich in ein tiefes Nirgendwo zu verkriechen. Scham, Scham war alles in mir. ... Begreifst Du das? Immer sagte ich mir: ›Nichts kann ich Dir geben, gar nichts; mein Gold wird zu Kohle, wenn ich Dirs reiche, und ich verarme dabei.‹«[273] Als »Bettler auf der letzten Schwelle« ihres Wesens sieht er sich nun und verschweigt sein Gefühl nicht: »Ich haßte Dich wie etwas *zu Großes.*«[274] Sein Rest-Ich sagt ihm, dass er gehen muss. Er sagt es ihr. Wenn sie doch wenigstens widersprechen würde. Aber sie widerspricht nicht.

Er fällt in eine stumpfe Trauer, sie fragt ihn irgendwann – und ihre Stimme klingt ihm fremd –, was er nun tun will. »Als Du mich nach der Zukunft fragtest und ich hilflos lag und eine Nacht überwachte über dieser Bangigkeit«, wurde es am nächsten Morgen doch kein Abschied. Ihr Wiedersehen, obwohl es schon Tage zurückliegt, findet erst jetzt statt. Auch hat sie inzwischen sein Tagebuch gelesen, all diese Betrachtungen über Kunst und Religion, über Mädchen, Frauen und Mütter. Es ist tief Seltsames darin: »Die Weiber, welche die vielen Kinder gebären, gehen mit jedem nur an die Schwelle des Lebens; dort müssen sie schon umkehren, um einem neuen Kind entgegenzukommen. Die Kinder verwaisen dabei ...« Die nächste Eintragung gilt schon wieder der Kunst, ihrer Mütterlichkeit: »Wenn man die Wärme unserer Zeit irgendwie beweisen wollte, müßte man von der wehen Seligkeit ihrer Künstler sprechen. Und das Buch würde heißen: ›Das Mütterliche in unserer Kunst‹, aber es wäre ein Verrat, dieses Buch.«[275]

Wie nah ist das allem, worüber sie gerade nachdenkt. Was er das Mütterliche in der Kunst nennt, hat sie gerade als das Religiöse bestimmt, aber es ist kein Widerspruch. Schon weil auch sie das Religiöse im Exil gleichsam als Reflex eines Mütterlichen denkt. Unterbrechen wir die Wiederbegegnungskrisis für einen Blick auf die Lou Andreas-Salomé'sche Geschichte der menschlichen Gattung, aufgeschrieben 1898.

Das Religiöse halte sich in der modernen Welt mit Vorliebe außerhalb der Religion auf, aber erkennbar bleibe es doch: denn *außerhalb des Glaubens* ist es *nichts anderes als die zentralste und letzte Lebensintensität in jedem Einzelnen.*[276] Es ist eine Selbstbegegnung, gleichgültig, ob es die des Wissenschaftlers, des Künstlers oder die des praktischen Menschen ist, gleichgültig auch, ob sie selbst diesen *flüchtigen, unkontrollierbaren* und kaum *mehr auffindbaren Zusammenhang mit dem religiösen Ursprung* überhaupt bemerken. Denn sie alle, Kunst, Wissenschaft, Moral und Recht sind Kinder der einen Mutter. Was man heute vornehmlich »Ausdifferenzierung« (Habermas) nennt, was der deutsche Idealismus als Subjekt-Objekt-Dialektik beschrieb, was für Horkheimer und Adorno aus der ursprünglichen Trennung von Bild und Zeichen kam – die Ausfaltung aller menschlichen Anlagen wie aus einem geschlossenen Keim, den Zivilisationsprozess selbst, fasst sie in das Bild von der Mutter und ihren Kindern. Denn es ist nicht »der Mensch«, der sich da entfaltet, das wäre allzu naiv-subjektiv gedacht. Der Mensch ist immer schon in etwas enthalten, und dieses ursprünglichste Menschheitsbehältnis ist die Religion: *sie ist der Mutterschoß aller kunstartigen, aller erkenntnisartigen, aller moralbildenden Elemente, lange ehe diese zu eigenem Leben geboren werden. Und auch dann noch verleiht sie allein ihnen Nahrung, Schutz, Sanktion und Weihe.* Und ihr kaum entwachsen und erwachsen geworden, können sie sich alle – darin ähneln die Menschen ihren Objektivierungsformen – ihrer Kinderzüge nicht mehr entsinnen.

Der Zivilisationsprozess ist nur der Spezialfall einer Familientragödie. Die Autorin beschreibt das Schicksal der Zurückbleibenden, der Mutter, so: *Sie stirbt nicht ab und erliegt nicht, sondern streckt zahllose Fangarme nach ihnen* – den Kindern – *aus, hie und da immer wieder irgendetwas von ihnen, wenn auch nicht sie selbst, erbeutend, und wie sie einst ihre Allnährerin war, so fristet sie jetzt, gleich jeder guten Mutter, ihr Leben von dem, was sie sie noch mitgenießen lassen.*[277] Es ist erstaunlich, wie weit dieses große Denkbild trägt: *Die Tendenz der Religion, ihr Wesen nicht an sich selbst und in freiwilliger Spezialisierung zu erfahren, analog den übrigen menschlichen Fähigkeiten* – es gibt keine spezialisierten Mütter –, sondern immer wieder auf das Gesamtwesen Mensch auszugreifen, *hängt unabänderlich mit ihrem innersten Sinn zusammen, der von Uranfang darin bestand, dem Dasein Basis und Krönung zu sein … Aber es ist das tragische Schicksal der Religion, daß sie, bei all ihrer Ausbreitung und allem Hinaufwachsen an der Kultur, nichtsdestoweniger beiseite stehen bleiben muß, und, je länger desto mehr, dadurch jenen spezialisierten Charakter annehmen, den sie nicht verträgt, ohne sogleich zu verknöchern.* Ja, sie hat ihre eigentliche Mission schon in dem Augenblick beendet, in dem *der Mensch der Kultur seinen Anfang nimmt.*

Sie sind zwei Wanderer an den äußersten Rändern der Dinge, da, wo sie ineinander übergehen, jenseits aller Selbstverständlichkeiten. Da, wo andere längst aufgehört haben zu sehen – zumal die Wissenschaften mit ihren im gleichen Maße strenger wie blinder werdenden Methoden –, orten sie das eigentlich geistig Erregende.

Vielleicht steht das Wissen um das Gemeinsame ihrer Wahrnehmung nicht einmal in Lous Gesicht an jenem nächsten Morgen, vielleicht ist es nur ein kleines Lächeln, dass ihn alles wissen lässt: »Ich muß nicht sagen: Verzeih! Denn ich bitte Dich in jedem Schweigen darum; ich muß nicht bitten: Vergiß! Denn wir wollen uns auch dieser Stunden erinnern, in denen ich von Dir wollte aus Scham; und auf meiner blinden Flucht lief ich immer *Dir* entgegen. Und ich will auch nicht sagen: Vertrau! Denn ich weiß, daß dieses die Sprache ist, mit welcher wir uns in diesen neuen, heiligen Morgen erkannten und begrüßten nach einem langen Fernsein und einem fernen Beisammensein, das unsere letzte Trennung war und meine letzte Gefahr.«[278]

Es ist denkbar, dass sie nach ihrem neuen Zusammenfinden dennoch ein anderes Befinden von ihm erwartet, eines, renaissancegekräftigt, mit viel mehr Ich darin und viel weniger Du. Aber er bezeugt es so: »... da wußte ich, als ich Dich am Morgen wiederfand, daß Du die immer Neue, die immer Junge, das ewige Ziel bist und daß es für mich eine Erfüllung gibt, welche alle umschließt: *Dir* entgegen.«[279]

Er wäre nicht er selbst, könnte er das nicht immer gleich und doch neu sagen, und einmal klingt es fast wie die kleine Anmerkung, die sie auf Rées Abschiedsbrief eines Spielers – »Lass uns getrennt zu unsern Gräbern gehen ...« – schrieb und auf seinen Tisch zurücklegte: *Niemals! Lass uns gemeinsam streben ...!* – Rilke: »Sei immer so vor mir, Du Liebe, Einzige, Heilige. Laß uns zusammen aufwärts gehen, Du – … eines am andern lehnend, eines im andern ruhend. Und muß ich irgendwann den Arm von Deinen Schultern fallen lassen für eine Weile, ich fürchte nichts: auf der nächsten Höhe wirst Du lächelnd den Müden empfangen. Du bist nicht ein Ziel für mich, Du bist tausend Ziele. Du bist alles, und ich weiß Dich in allem, und ich bin alles und führe Dir alles zu bei meinem Dir-entgegen-Gehen.«[280]

Das ist Gottesdienst. Das ist der religiöse Affekt mit ihr selbst als Gottheit darin, als *Leben des Lebens,* wie sie das Göttliche im Exil nennt. Sie kennt das, mit Gillot ging es ihr ähnlich. Doch sie, das sieht sie wohl, war stärker. Und sie ist keine, die andere, die nicht mehr folgen können, über Bergrücken trägt. Dann geht sie lieber wieder mit Pineles wandern.

Aber so weit ist es noch nicht. Noch hat sie Kraft und Interesse für diese Seele. Nur eins darf man von ihr nicht verlangen, darin ist die Gottesdenkerin Lou Andreas-Salomé der irreligiöseste Mensch schlechthin: ein Opfer.

Sie wollen noch einmal von vorn beginnen, diesmal gemeinsam. Sie wollen *den religiösen Affekt* und die Grundformen der Kunst studieren und wie das eine in das andere übergeht. Sie wollen, zwei religiös tiefbegabte Gottlose, zwei Archäologen auf den Spuren des Höchsten, Gott suchen. Dort, wo er manchmal noch ganz selbstverständlich auf der Erde wohnen soll.

Rainer Maria Rilke soll sein Mutterundvaterland kennenlernen: Russland. Er nennt, was nun folgt »unseren Aufenthalt in Russland«, schon lange, bevor sie dort ankommen.

Rodinka, kleine Heimat

Am 25. April 1899 abends, bei beginnendem Regen, verlassen drei Schmargendorfer Berlin.

Sie, Andreas und Rilke. Mutter, Vater und Sohn?

Das Ehepaar Andreas hat – als Folge der größten Eigentümlichkeit seiner Ehe – keine Kinder. Andreas muss wohl annehmen, dass der unbeschäftigte Muttersinn seiner Frau diesen jungen Mann als Ersatzsohn erwählt hat. Noch ist die Kinderlosigkeit nur als schwerste Prüfung einer Frau vorstellbar, weil ihrem Leben nun der eigentliche Sinn genommen ist. Andreas kann die Wahl seiner Frau nicht tadeln, ja, er mag diesen Jungen. Und der Junge seinerseits scheint unter keinerlei Ödipuskomplex und Vatermordphantasien zu leiden, zumal er ohnehin mit seiner Wahlmutter schläft. Ein Umstand, der ihn statt zu Auflehnung und Triumph zu tiefster Rücksicht gegen Andreas bestimmt. Allerdings ist er nur schwer davon abzubringen, seinen Gedichtband, der noch im gleichen Jahr erscheinen wird, »Dir zur Feier« zu nennen. Das Du wäre zu verräterisch. Der Ersatztitel »Mir zur Feier« verbirgt seinen Trotz kaum. Und doch, sie sind eine harmonische Familie auf Reisen.

Warschau erreichen sie am nächsten Morgen, eine Droschke bringt sie zum nächsten Bahnhof. Der Kampf um die Plätze bis Moskau wird hart, zum Glück gibt es Damencoupés. Sie sieht den ersten russischen Sonnenaufgang seit vier Jahren vom Coupéfenster aus.

Im März 1895 war sie das erste Mal zurück nach Hause, nach Russland gefahren, gemeinsam mit Frieda. Damals hatte sie fast jeden Tag mit Gillot verbracht, hatte ihn wieder predigen gehört.

So gewiss ihr der Meisterprediger nicht vorbehaltlos begegnet ist, so gewiss wird sie ihn mit Logik erpresst haben – als ihren Schöpfer. Ein Schöpfer ist für sein Geschöpf verantwortlich. Das konnte er schon aus beruflichen Gründen nicht leugnen. Ein Schöpfer darf seinem Geschöpf nicht aus dem Weg gehen wollen. Gewiss haben sie über »Ruth« gesprochen. Gewiss kannte er das Buch längst. Sein Urteil ist nicht überliefert. Diesmal ist Gillot kein Reiseziel. Nach Moskau!

Am 27. April morgens um 4 Uhr treffen sie ein, pünktlich zum russischen Ostern. Vor den Fenstern ihres Hotels steht der Kreml, Hauptschauplatz des Festes, das sie studieren wollen. Am 28. notiert sie: *Alterchen Dampfbad verbrüht, Rainer bei Pasternak*, dank eines Empfehlungsschreibens. Der Maler Leonid Pasternak setzt Lew Tolstoi, der sich gerade in seiner Moskauer Wohnung aufhält, umgehend davon in Kenntnis, dass da drei Deutsche eingetroffen sind, deren höchstes Glück es wäre, ihn kennenzulernen. Dass sie mehr noch wegen Ostern gekommen sind, erfährt Tolstoi nicht, sonst hätte er sie kaum zu sich bitten lassen, und das macht er noch am selben Abend.

Der Graf interessiert sich vor allem für Andreas' persische Forschungen, die sie ursprünglich bis nach Transkaukasien führen sollten, was sich jedoch als nicht finanzierbar erwies. Die Absichten der beiden Gottesforscher hingegen scheinen Tolstoi tief kritikwürdig, wobei er ohnehin nur die Gottesforscherin wahrnimmt und den Sohn der Familie übersieht. Hier reden Erwachsene. Was da gleich im Kreml stattfinden wird, erklärt Tolstoi, sei nichts als eine bedauerliche Demonstration des Aberglaubens. Und wenn er von etwas abraten könne, dann davon, sich dieses trübe Schauspiel anzusehen, wenn Bauern aus ganz Russland nach Moskau kommen und die Stadt in einen einzigen großen Wallfahrtsort verwandeln.

Auf den Übersehenen wirkt das Geschmähte so: »Mir war ein einziges Mal Ostern; das war damals in jener langen, ungewöhnlichen, ungemeinen, erregten Nacht, da alles Volks sich drängte, und als der Иванъ Великий (Iwan Welikij) mich schlug in der Dunkelheit, Schlag für Schlag. Das war mein Ostern, und ich glaube, es reicht für ein ganzes Leben aus«[281]. Und Lou? Frühe, längst vergessen geglaubte Erinnerungen ihrer Kindheit steigen herauf. Man entkommt seinen Ursprüngen nicht. Sie fahren weiter nach Petersburg, Andreas und sie wohnen bei ihrer Familie, aber auch Rilke ist täglich bei den von Salomés zu Gast. Sie besuchen Peterhof, wo einmal ihre kleine Datscha war, vor der das unglückliche, kurzlebige Ehepaar stand.

Russland breitet sich aus in ihnen. Nur einer bleibt von den russischen Dingen weitgehend unberührt: der Orientalist, der viel lieber nach Transkaukasien gefahren wäre. Sechs Wochen sind sie unterwegs.

Zurück in Deutschland, treffen Lou und Rilke bei Frieda von Bülow auf dem Bibersberg in Meiningen ein, ihrem diesjährigen Sommersitz. Ein schönes Haus inmitten eines großen Parks nimmt sie auf. Aber sehen sie das alles überhaupt – Thüringen, Frieda, Haus und Park?

Lou Andreas-Salomé und Rainer Maria Rilke sind nur scheinbar aus Russland zurückgekehrt. Schon in Wolfratshausen schienen beide eigentümlich anwesend-abwesend, und jetzt geht das weiter. Frieda von Bülow beobachtet sie bei einem eigentümlichen Exerzitium: Sie studierten »Sprache, Literatur, Kunstgeschichte, Weltgeschichte, Kulturgeschichte von Rußland, als ob sie sich für ein fürchterliches Examen vorbereiten müßten«. Bei den gemeinsamen Mahlzeiten sinken sie dann, vor Erschöpfung keines Wortes mehr fähig, still in sich zusammen. Dabei hätte Frieda von Bülow, die seit kurzem statt für Afrika für die Befreiung der Frau kämpft, so viel mit Lou zu klären. Musste die Freundin ihr wirklich so widersprechen, und dann noch öffentlich, in der gleichen Zeitschrift, in der sie soeben zur Befreiung der Frau aufgerufen hatte?

Lou Andreas-Salomé hatte unlängst begonnen, in der Nachfolge des Philosophen, der durch sehr »Unzeitgemäße Betrachtungen« missfallen hatte, ihre eigenen Unzeitgemäßen Betrachtungen zu verfassen, was ihr auf Anhieb viele Gegnerinnen eintrug, auch im Ausland. Unmittelbar vor ihrem Aufbruch nach Russland hatte die Nietzsche-Schülerin ihre große antifeministische Studie »Der Mensch als Weib« beendet. Die Emanzipation der Frau, ist sie nicht ein großes Missverständnis?

Hier sei der Beginn dieses eindrucksvollen Essays ganz wiedergegeben:

Aller Frauen-Emanzipation, und was sich so nennt, zum Entsetzen kann man sich der Mahnung daran nicht entschlagen, wie tief in der Wurzel allen Lebens schon das weibliche Element als das geringer Entwickelte, als das Undifferenziertere, aufkommt, und grade dadurch seinen hervorstechendsten Zweck erfüllt. Das kleine männliche Zellchen erscheint, unbeschadet seiner Kleinheit, – ja eben infolge dieser sich helfen müssenden Kleinheit, – von vornherein als das geborene Fortschrittszellchen, als das unzufriedene, sich neue Ziele steckende, sich neue Arbeit schaffende, kurz als das durch Drang und Not sich entwickelnde Element. Es gleicht einer immer weiter vorwärts laufenden Linie, von der man nicht weiß, wo sie etwa noch anlangen mag, während die weibliche Eizelle einen Kreis um sich geschlossen hält, über den sie nicht hinausgreift. Wozu auch? ist es doch, als besäße sie in ihm, in dieser Ausstrahlung ihrer selbst, ihre eigne natürliche Heimat rund um sich; als habe sie gewissermaßen die letzten Schritte aus sich heraus, in die Fremde, in die Leere, in die tausend vagen Wesens- und Lebensmöglichkeiten draußen, nicht mehr mitgemacht; als sei sie mit dem allerhaltenden unendlichen Ganzen noch unmittelbarer verbunden, daher an ihren Ur- und Grundboden noch träger gebunden. Aber eben deshalb liegt auch im Weiblichen schon so elementar und primitiv angedeutet die intaktere Harmonie, die sicherere Rundung, die in sich ruhende größere vorläufige Vollendung und Lückenlosigkeit. Eine Selbstgenügsamkeit und Selbstherrlichkeit ist in ihm, den tiefsten Wesensintentionen nach, vorhanden, die sich nicht vereinen ließe mit der Ruhelosigkeit und Rastlosigkeit dessen, was sich begehrlich bis an die äußersten Grenzen vorwärts streckt und alle Kräfte immer stärker und spitzer zu spezialisierteren Betätigungen spaltet und zersplittert. Was sich früher abschließt, vermag sich eben deshalb zu größerer, zu harmonischerer Schönheit abzuschließen und dies in allen Einzelheiten im lebendigen Zusammenhang des Gesamtwesens durchzuführen. Darin verhält das Weibliche sich zum Männlichen wie ein Stück uralter, im ältesten Sinn vornehmster Aristokratie auf eigenem Schloß und Hei-

matsbesitz zum zukunftsreichen, zukunftssichern Emporkömmling.[282]

So viel, mag die Autorin denken, zuletzt zu Nietzsches Begriff des Vornehmen und Aristokratischen und seiner Verachtung des Emporkömmlings. Vornehm ist, was ganz aus sich selbst lebt? Na bitte, das sagt sie doch.

Nicht, dass die Betrachtende der Frau Intelligenz und Gemüt und Zukunftsperspektive einer Eizelle zuschreiben will. Menschen sind Kulturwesen, sind – Männer wie Frauen – aus dem Ursprung Gefallene. Sie sind Mischungen, was man an den beiden Studenten der Grundlagen allen Russentums auf Friedas Meininger Sommersitz besonders gut erkennen mag: eine Frau von einem Willen und Geist, zu denen den meisten Zeitgenossen nur das Adjektiv »männlich« einfällt, dabei doch keineswegs vermännlicht; und ein Mann, dessen Sensitivität und ganz und gar nicht instrumentell ausgerichtete Vernunft auf einen großen Anteil dessen schließen lässt, was man »weiblich« zu nennen gewohnt ist. Einer, der die Dinge austrägt, ja, gebären muss. Schon Nietzsche war von dieser Art, Lou hatte ihm einen großen Anteil des Weiblichen attestiert. Dass das Zur-Welt-Kommen seiner Werke jeweils wie Geburt war, wusste er selbst am besten. Männer, die nicht diesen Widerpart des Weichen, Zarten in sich tragen, haben die Verfasserin der bis heute Ärgernis erregenden Studie »Der Mensch als Weib« nie interessiert.

Und doch ist die Frau noch anders durch ihr Geschlecht geprägt als der Mann: als Mutter. – Wie sollte die Philosophin, die Religionswissenschaftlerin das Schoßelement aller menschlichen Kultur verkennen? Und auch wenn sie selbst nicht Mutter ist und es nicht werden will – das Dasein einer Mutter ist kein opferloses Dasein –, so ruht sie doch auf allerbemerkenswerteste Weise in sich, im Gegensatz zu dem jungen Mann ihr gegenüber, der wohl schon besser russisch spricht als sie früher in Russland. Andererseits ist ihr Aufsatz, basierend auf Bölsches und anderen neuen populärbiologischen Gewissheiten, keineswegs bloß ein Porträt des Lou-Rainer'schen Doppelwesens, unzählige andere Beobachtungen, Erfahrungen und deren Bestätigungen sind darin eingeflossen.

Lou Andreas-Salomé bewohnt nicht wie die meisten Menschen ebenerdige geistige Ein- bis Dreizimmerapartments; ihr Denken ist platzgreifend, wahrscheinlich wäre ihm selbst Friedas Sommersitz zu klein. Da sind viele Räume, verbunden durch Haupt- und Nebentüren, Treppen und Geheimgänge. Besonders wichtig natürlich der Keller, dessen Schoßcharakter ein weibliches Wort besser treffen würde, und die Balkone, die bedenkenswert große Aus- und Einblicke gewähren. Hier ist nichts Zufälliges, nichts Unverbundenes. Auch Frieda von Bülow weiß, dass Lous geistige Innenräume mindestens so großzügig dimensioniert sind wie ihre Meininger spät- oder neugotische Residenz. Aber selbst wenn ihre Besucher nicht ganz so in ihre russischen Studien eingeschlossen wären, könnten sie da jetzt nicht gemeinsam hindurchgehen, denn Mitte September erschüttert eine Nachricht aus Berlin die Meininger Russland-Klausur. Lotte, der Hund, ist krank!

Lou bricht sofort auf. Kurz nach ihr trifft auch Rilke in Berlin ein: »Wie froh ich bin, daß Lottchen sich erholt. Sag ihr nur, dass ich auch gekommen bin.« Die Nachricht hat Lotte noch erreicht, konnte sie aber nicht mehr retten. Zwei Tage später ist der rekonvaleszente Hund tot. Die Hinterbliebene am 15. September 1899: *Morgens gegen 11 Uhr Lottchen gestorben. In ihrem Körbchen mit ihren Sachen. Abends zu Dreien gegen 10 Uhr in ihrem Wäldchen bestattet, in einem tiefen Fuchsgang, damit keine Bebauung sie aufstört jemals.*[283]

Es wird nicht das letzte Mal sein, dass sie zu dritt einen Hund begraben. Vielleicht besteht auch ein gewisses Risiko darin, Andreas mit ihren Hunden allein zu lassen, deren Körperformen sich dann binnen kürzester Zeit auffällig verändern, was Andreas seiner Frau gegenüber jedoch zu interpretieren weiß. Im Falle der sich äußerlich bald verdoppelnden Hündin Baba viel später so: *Ich nahm Baba nicht mit nach München, um meinem Mann nicht das Herz zu zerreißen; als ich wiederkam hatte sie sich, wie er erklärte, zur Prinzessin entwickelt ... wenn sie in der Sonne zu heiß lagerte, dann suchte sie nicht etwa den Schatten auf, sondern flötete auf eine bestimmte, mein Mann sagt: artikulierte Weise, auf daß er komme und ihr den Stuhl in den Schatten rücke.*[284]

Den Lotte-Verlust tragen sie gemeinsam. Rilke liest ihr in den kommenden Trauer-Tagen immer wieder *Mönchslieder* vor; es sind die ersten Gedichte des späteren »Stundenbuchs«, und sie haben einen Ursprung und eine Heimat: Russland. Aber auch die eigene so wohlverborgene und doch offenkundige Gottlosigkeit:

Was wirst du tun, Gott, wenn ich sterbe?
Ich bin dein Krug (wenn ich zerscherbe?)
Ich bin dein Trank (wenn ich verderbe?)
Bin dein Gewand und dein Gewerbe,
mit mir verlierst du deinen Sinn.

Nach mir hast du kein Haus, darin
sich Worte, nah und warm, begrüßen.
Es fällt von den müden Füßen
die Samtsandale, die ich bin.

Dein großer Mantel läßt dich los.
Dein Blick, den ich mit meiner Wange
warm, wie mit einem Pfühl, empfange,
wird kommen, wird mich suchen, lange –
und legt beim Sonnenuntergange
sich fremden Steinen in den Schooß.

Was wirst du tun, Gott? Ich bin bange.

*

Die Iberische Mutter Gottes fuhr spazieren. Aus der Tiefe ihres kerzenerhellten blaugoldschimmernden Tempelchens vor dem Eingang zum Schönen Platz am Kreml war sie von ehrfürchtigen Händen in den Wagen gehoben worden. Da saß sie nun im prächtigen Vierspänner, ihrer ständigen Equipage, breit auf dem Vordersitz, ihr gegenüber zwei Priester in reichen scharlachroten Gewändern, Kreuz und Weihrauchgefäß vor sich hinhaltend. Unentwegt klingen die kleinen Kremlglocken, manchmal nur von einem tiefen Ton unterbrochen. Immer ist der Wagen von einer Menge umgeben, Junge und Alte, Männer und Frauen versuchen, der Spazierfahrerin einen Kuss zu geben oder sie wenigstens mit einem Blick zu streifen. *Ein paar elegante Offiziere, die über den Woßkreßenskiplatz herkamen machten mitten auf dem Fahrdamm halt, beugten das Knie in den Schnee und bekreuzigten sich feierlich mit bis zur Strenge ernsten Mienen. Täglich fuhr die Iberische Mutter aus, um allen Besuchsanforderungen zu genügen, dennoch mußte oft ihre Gegenwart in einem Haus wochenlang vorher erfleht werden.*[285]

So beginnt Lou Andreas-Salomés Roman »Ma«. Mit dem Anblick dieser Ikone beginnt auch das Tagebuch ihrer größten Reise nach Russland, diesmal mit Rilke allein. Die Ikone ist ganz schwarz vom Rauch der Jahrhunderte. Erst später wird man beginnen, diese Bildnisse wieder bis auf ihre alte Farbenpracht durchsichtig zu machen. Allerdings werden sie dann nicht mehr lange leuchten, denn als Lou und Rainer nach Russland fahren, kommt ihnen gerade einer entgegen, der will in die andere Richtung. Wladimir Iljitsch Lenin, dreißig Jahre alt, ist aus der sibirischen Verbannung entlassen worden.

Die Iberische Mutter ist eine Doppelgängerin der Mutter Gottes vom Berg Athos, man könnte auch sagen: Sie ist eine Kopie. Der Archimandrit Pachomois schenkte sie einst Zar Alexei Michailowitsch. Tun Kopien Wunder? Diese aber, das weiß jeder, ist eine wundertätige Ikone. Man muss nicht Lenin sein, um Ikonen unmöglich zu finden. Es ist genügt schon, Tolstoi zu sein, ja, jeder nur halbwegs Gebildete in Russland hält sie für das Sinnbild des Aberglaubens, und so schauen auch in Lou Andreas-Salomés Roman zwei junge Mädchen, in einem Fenster lehnend, mit einer gewissen Süffisanz hinunter auf die Straße mit Ikone:

»Ach, Rußland – Rußland! Mir ist doch wieder, als ob ich nach Asien zurückgekehrt wäre«, sagt die Ältere kopfschüttelnd, »traurig ist es! Ich wundere mich, das du dazu lachst, Sophie.«

Sophie kehrte sich vom Fenster ab, weil es nichts mehr zu sehen gab. Sie entgegnete mit einem sanften, begütigenden Stimmchen: »Es ist nicht so schlimm. Vielleicht noch ein bißchen Mittelalter, aber es kann auch etwas ganz Feierliches bekommen, mitunter. Dann lache ich auch nicht. – Man muß nur nicht gerade als Studentin frisch aus dem Ausland angereist sein!«

»Wir haben keinen Grund, uns für dies Mittelalter zu begeistern. Sind wir etwa Russen? Und selbst wenn wir's wären –«[286]

Dass jemand kommt, um an Russland zum Russen werden zu wollen wie die beiden real existierenden Neuankömmlinge des Mais 1900, hätten Lou Andreas-Salomés Romantöchter wohl nie verstanden. So wenig etwa wie die Freundin Sophia Schill es versteht, die darauf besteht, die Kapelle der Mutter Gottes als »Bonbonniere« zu bezeichnen. Als Rainer Maria Rilke und Lou Andreas-Salomé jetzt darin stehen, lachen sie nicht. Wahrscheinlich sind sie die letzten westlichen Intellektuellen, die eine Ikone so ernst nehmen. So ernst, wie nach ihnen Malewitsch, der 1915 sein »Schwarzes Quadrat« genau an die Stelle hängte, wo in der russischen Bauernstube ihr Platz war, in einer Ecke unter der Decke. Er halte es nicht für ausgeschlossen, dass die »ergraute Weisheit« (Malewitsch) der Jetztmenschen beim Blick ins Quadrat etwas erkennt, »was seinerzeit die Menschen im Angesicht Gottes sahen«.

Die Sowjetmacht wird die Kapelle der Iberischen Mutter 1929 abreißen lassen.

Noch merkt den Reisenden niemand an, dass sie in Wirklichkeit Russen sind. Leonid Pasternak, mit Frau und Kind, bringt beide am 31. Mai zum Kursker Bahnhof. Pasternaks Sohn Boris, ein Junge noch, der nicht wissen kann, dass er einmal der Autor des »Doktor Schiwago« sein wird, beobachtet die beiden Fremden genau: Unmittelbar vor Abfahrt des Zuges tritt »jemand in einer schwarzen Tiroler Pelerine ans Fenster. Mit ihm eine Frau von hohem Wuchs. Sie ist wahrscheinlich seine Mutter oder seine ältere Schwester. Sie unterhalten sich zu dritt mit Vater über ein Thema, in das alle mit gleichmäßiger Wärme vertieft sind, die Frau freilich wechselt mit Mutter ab und zu russische Worte, der Fremde dagegen spricht deutsch. Obwohl ich diese Sprache vollkommen beherrsche, habe ich sie noch nie so gehört. Deshalb kommt mir dort auf dem belebten Bahnsteig zwischen zwei Glockenzeichen dieser Unbekannte inmitten all der Leiber wie eine Silhouette vor, wie ein Ausgedachtes im Dickicht des Unausgedachten.«[287]

Mag sein, Rilke hätte sich getroffen gefühlt; mag sein, genau so kommt er sich bereits am folgenden Tag tatsächlich vor – in Jasnaja Poljana. Denn diesmal wendet sich Tolstoi doch an ihn. *Nach einer Frage an Rainer: »Womit befassen Sie sich?« und dessen schüchterner Antwort: »Mit Lyrik«, war eine temperamentvolle Entwürdigung jeglicher Lyrik auf ihn niedergeprasselt.* Nur Nichtsnutze schreiben Gedichte, dabei ist die Welt und besonders Russland voller ungetaner Taten! Allerdings können weder Lou noch der Belehrte den Ausführungen des Meisters mit voller Aufmerksamkeit folgen, weil sie sich beim Gehen inzwischen dem Ausgang des Gutshofs genähert haben, wo ein Pilger wartet. Und den finden beide noch erstaunlicher als die Ansichten des alten Grafen, der für ein besseres Russland bedenkenlos alle Dichtung der Welt und zuvörderst seine eigene hergäbe, weshalb man künftig gar nicht mehr erst dichten, sondern Russland und die Welt gleich verbessern solle. Der Pilger, *schon greise, war herangekommen, wurde nicht müde, den andern Alten unter stets erneuten Verbeugungen und Grüßen zu ehren. Er bettelte nicht, er grüßte nur, wie die vielen, die oft von weit her kamen zu dem gleichen Zweck: ihre Kirchen oder Heiligtümer wiederzusehen.*[288] Und eben ein solches Heiligtum ist auch der Graf, der jedoch achtlos weitergeht, weil er das Pilgern für genauso übel hält wie die Dichtung, das russische Ostern oder Ikonen.

Tolstoi konnte sich nicht an seine Besucher vom letzten Jahr erinnern. Auch kommen sie etwas ungelegen, weil er und seine Frau, die im Gegensatz zu ihm die Welt unbedingt so lassen würde, wie sie ist – schon weil sie ihr Hab und Gut vermissen würde, auch wenn das Haben ihrem Mann zufolge mindestens so verurteilenswert ist wie das Dichten und Beten und Pilgern – weil dieses tief dissonante Ehepaar also eben erst aus Moskau eingetroffen ist. Seine Frau ist noch dabei, das Haus bewohnbar zu machen, weshalb sie weiter spazieren gehen müssen:

Überall Blumen, *wie man sie selten so hochgewachsen und tiefgefärbt trifft außer auf russischer Erde; auch noch innerhalb des Waldschattens deckten unwahrscheinlich große Vergißmeinnicht den etwas moorigen Boden.* Allerdings nur so lange, bis Tolstoi vorübergegangen ist, denn er hat die Angewohnheit, *inmitten des*

Sprechens ... mit hohler Hand ... büschelweise die Vergißmeinnicht auszureißen, sie heftig ans Gesicht zu pressen, um sie dann achtlos aus der Hand fallen zu lassen.

Die grüßenden Worte des Pilgers »– dass ich Dich noch gesehen –!« klingen ihnen noch lange hinterher *und ich lieh ihnen aus unserm Gefühl die gleichen dankenden Worte, das gleiche Begrüßen: »daß wir dich noch gesehen –.«*

Spätestens nach diesem Besuch auf Jasnaja Poljana beginnt der getadelte Jungdichter jedem Bauern erwartungsvoll entgegenzusehen *wie einer möglichen Vereinigung von Simplizität und Tiefsinn.*

Schon die Moskauer Tretjakow-Galerie haben sie gemeinsam mit Bauern besucht und statt auf die Bilder mehr auf jene geschaut, die sie sahen: *»Kühe! Kennen wir!«* Auf den Bauerngesichtern breitete sich eine abgrundtiefe Enttäuschung aus. Alles hätten sie an einem solchen Ort erwartet, nur kein Rindvieh. Gemalte Kühe, resümierte einer, gingen sie nichts an. Doch im Gesicht eines seiner Mitbauern ging ein Lächeln der Erkenntnis auf: *»Diese da sind gemalt, weil sie Dich was angehn –. Weil Du sie lieben mußt, sind sie gemalt. Du mußt sie lieben, obgleich sie Dich nichts angehn, – siehst Du.«* Erschrocken über die eigenen Worte, über den Bauern als Kunstkritiker, sah er hilfesuchend den Fremden neben sich an. Der starrte längst auf den Verteidiger der Kühe und unfähig, den Blick abzuwenden, brach es aus ihm heraus *in seinem mangelhaften Russisch – hingerissen: »Du weißt es –.«*[289]

Was Rainer Maria Rilke seiner tiefsten Wurzel nach in Russland findet, wird er viele Jahre später einem General mitteilen, der den nunmehr berühmten Dichter zu sich selbst sowie dem vaterländischen Militärwesen beglückwünscht. Denn was aus ihm geworden sei, verdanke er doch gewiss auch dem Militär, auf dessen ausgezeichnete Schulen er gegangen sei. Die Antwort: »Es ist zwanzig Jahre her, da hielt ich mich längere Zeit in Rußland auf. Eine Einsicht ... bildete sich in jenem, mir wahlheimatlichen Lande zur eindringlichsten Klarheit aus; sie lässt sich schwer formulieren. Etwa so vielleicht: Der russische Mensch hat mir in so und so vielen Beispielen vorgestellt, wie selbst eine, alle Kräfte des

Widerstandes dauernd überwältigende Knechtung und Heimsuchung nicht notwendig den Untergang der Seele bewirken muß. Es gibt da, für die russische Seele wenigstens, einen Grad der Unterwerfung, der so vollkommen genannt zu werden verdient, daß er ihr, selbst unter dem aufliegendsten und beschwerendsten Drucke, etwas wie einen heimlichen Spielraum schafft, eine vierte Dimension ihres Daseins, in der nun, mögen die Zustände noch so bedrängend werden, eine neue, endlose und wahrhaft unabhängige Freiheit für sie beginnt. ... Mögen Sie denn, mein verehrter Herr General, erkennen, daß ich schon vor langer Zeit eine gewisse Versöhnlichkeit gegen meine älteren Schicksale anzutreten unternahm.«[290]

Diesen Raum in den Menschen sucht er und weiß zugleich, dass es kein Menschenraum, sondern Gottes Raum ist. Sie besuchen den Dichter Droshshin, der eigentlich ein Bauer ist. Er hat die Ein-Mann-Arbeitsteilung auf dem Dorf erfunden: Im Sommer ist er Bauer, im Winter ist er Dichter. *Überhaupt findet man auch hier wieder, wie stark die Petersburger, – und sogar auch noch Moskauer! – Verkennung des russischen Dorfs ist; das Märchen von der Trunkenheit aller, von dem mit dem Gesicht in den Schmutz gefallenen betrunkenen Popen, von dem Unsaubern, Widerlichen der Leute.* Und würden diese Städter die tiefe Stille glauben, die das russische Dorf umgibt? Auch hier in Nisowka, bei Spiridon Dmitrijewitsch Droshshin, *kein Gebell, Geknarr, Gerassel, kein Geschwätz der Weiber und Gekreisch der Kinder; auch hier schweigen und beten die Menschen viel, und der Alltag wird ihnen nicht fortwährend laut und vehement. Wunderschön ist das und von einer ganz unsagbaren Vornehmheit. Es ist einer der Gründe, warum diese Menschen Tiefe haben & keiner Bildung zu bedürfen scheinen. Wer mit ihnen redet, ist immer gleich ... nah den großen Dingen ... dem Gedanken an Gott, Tod, Frühling; das schwere Leben klingt sich aus in hymnenhafter Ergebung, und diese ist es, nicht etwa Ironie oder Bitterkeit, die in den Worten der Makarowa klang: »wozu ruhen? wir werden ruhen, wenn wir sterben.« ... In Rußland's Menschen ist wahrlich das Seltene alltäglich und das Alltägliche selten.*[291]

Sie beginnen, sich an die Allgegenwart Gottes zu gewöhnen. Und auch als sie seinen Hauptwohnsitz erfahren, ist ihnen, als haben sie selbst den schon immer gewusst.

In der linken Achselhöhle des Menschen wohnt Gott!

Der russische Dichter Nikolai Semjonowitsch Ljeskow hat ihn dort aufgefunden. *Rainer übernahm ihn, diesen Gott, ... er bog in Rußlands Geschichte und Gotteslehre seine eigensten Nöte und Andachten ineinander, das Wort ward wie noch nie – das* Gebet *ward. Man darf sich nicht dadurch täuschen lassen, daß in den Büchern des »Stundenbuchs« es nicht widerspruchslos ein und derselbe Gott ist.*[292] So wie Gott den Menschen in Obhut nimmt, nimmt auch der Mensch Gott in Obhut; wie Gott den Menschen schafft, schafft der Mensch Gott. Und auch in der Andacht dieses Dichtens als Gottschaffen, sagt sie später, sei nicht die mindeste Überheblichkeit:

> Du bist aus dem Nest gefallen,
> bist ein junger Vogel mit gelben Krallen
> und großen Augen und tust mir leid.
> (Meine Hand ist Dir viel zu breit.)
> Und ich heb mit dem Finger vom Quell einen Tropfen
> und lausche ob Du ihn lechzend langst,
> und ich fühle Dein Herz und meines klopfen
> und beide aus Angst.

Gott ist überall, mag sein, aber im Kleinsten ist er erst recht. Dieses Gedichtende wird ihr eines der liebsten sein. Dass diese Gebete nie zu veröffentlichen sein werden, wissen sie beide. Er schreibt jetzt ohnehin keine mehr. Der Junge neben ihr scheint der immer größer werdenden Landschaft nicht standzuhalten. Sie weitet sich mit, aber mit ihm scheint das Gegenteil zu geschehen. Aufschwünge und Verzweiflung an sich selbst, Weinkrämpfe. Oder ist es schon Verzweiflung an ihr? Unmöglich, dass er ihre fremder werdenden Blicke nicht bemerkt. Und dann – in Kiew – ihr täglicher Gang durch den Akazienwald, den sie so mag, und plötzlich steht ein Baum da, an dem kann er nicht vorbei. Sie kehren um.

Aber diese Frau kehrt in Wahrheit niemals um. Jetzt fällt sein

Arm von ihrer Schulter, wie er es in Zoppot vorausgesehen und sich dennoch sicher gewusst hatte: »Ich fürchte nichts: auf der nächsten Höhe wirst du lächelnd den Müden empfangen.« Aber hier ist keine Höhe. Hier ist Wald, ein Akazienwald. Und durch den will sie laufen. Er muss wieder mit. *Nach Vermeidung des ganzen Weges und nachdem Du ihn anstandslos wieder aufgenommen, erinnertest Du mich einmal daran, gegen die Bäume weisend: »Weißt Du noch –?!«* – Es ist wieder die gleiche Akazie, sie hätte sie nie wiedererkannt, schon weil sie aussieht wie alle anderen, aber sie nickt dennoch, ihn bestätigend und ermutigend zugleich. *Da weiteten sich Dir die Augen in schier ungläubigen Entsetzen: »– Die? nein, nein Die!!«*[293]

Er passt nicht in die Landschaft. Ein Neurotiker passt nicht in diese weite Landschaft. Aber sie kommt nach Hause.

In Saratow gehen sie an Bord eines großen Dampfers, um ein Uhr nachts. Sie sind die Nacht, den ganzen Tag und die nächste Nacht auf dem Schiff. Sie: *Der Abend von unsagbarer Schönheit, ein Gold und Roth über den Wellen und Wäldern … Von Anfang an die Landschaft … leise und breit anziehend, in großen und einfachen Zügen, doch ohne Melancholie. Sie ist das Gegentheil des Pittoresken am Rhein; an ihren Ufern denkt man sich keine Schlösser, aber man liebt ihre Hütten, und ihre Kirchen stehen in ihr wie in einer Heimath.*[294]

Er: »Auf der Wolga, diesem ruhig rollenden Meer, Tage zu sein und Nächte, viele Tage und viele Nächte: ein breit-breiter Strom, hoher, hoher Wald an dem einen Ufer, an der anderen Seite tiefes Heideland, darin auch große Städte nur wie Hütten und Zelte stehen. – Man lernt alle Dimensionen um. Man erfährt: Land ist groß. Wasser ist etwas Großes, und groß vor allem ist der Himmel. Was ich bisher sah, war nur ein Bild von Land und Fluß und Welt. Hier aber ist alles selbst. – Mir ist, als hätte ich der Schöpfung zugesehen; wenige Worte für alles Sein, die Dinge in den Maßen Gottvaters«[295].

Aber er findet die Worte nicht dafür, hat das Gefühl, tausend Gebete zu überhören. Und auch sie erreicht er nicht mehr. Die geliebte Frau wird bald die Grausamkeit besitzen, es ihm gegenüber so zu formulieren: *Darum verlor Deine Gestalt, – in Wolfratshau-*

sen noch so lieb und deutlich dicht vor mir, – sich mir mehr und mehr wie ein Einzeltheilchen in einer Gesammtlandschaft, – in einer weiten Wolgalandschaft gleichsam, und die kleine Hütte darin war nicht die Deine.[296] – Sie wird ihm das russische Heimatrecht entziehen, tiefer kann sie ihn nicht treffen. Und er wird nur zu gut wissen, welche Hütte sie meint. Sie ist noch ganz neu, *harzduftend in ihrem ungeschälten Birkengebälk,* errichtet für ein junges Paar, das nicht einziehen konnte. *Umlaufende Bank, ein Samowar, breiter, frisch gefüllter Heusack am Boden.*[297] Der groß genug ist für zwei, was auch die Bäuerin bemerkt, als sie einen zweiten bringen und ihn auch nicht neben den ersten legen soll, sondern in die Kammer nebenan.

Längst kamst du auf mich zu,
bevor als Stimme und Gestalt
du mich erreichtest; was der Wald
mir schien, das warst schon du.

Und was, sooft ich leiser litt,
mir klang in jede Ruh –
war nicht mein Blut und war dein Schritt,
und schon der Schritt warst du.

Mit Warten war ich angetan,
und mein Gewand war schwer;
die ganze Welt war nur ein Nahn, –
durch alles kamst du her.

Wie meine Sinne nach dir sahn!
erwacht und weit vom Leib gelehnt,
wie Bräute, die dich, Nacht, besehnt,
sich beugen vorm Altan …

Sollte diese harte Frau neben ihm dieselbe sein, der eben erst dieses Gedicht galt? – Er will ein Künstler sein? Sie kennt den Weg, der den Künstler macht: »Werdet hart!«

Sie reisen zurück, immer weiter stromauf, kommen schließlich in Petersburg an. Und da, ohne Vorwarnung, lässt sie ihn auf dem Bahnsteig stehen. Lou Andreas-Salomé fährt zu ihrer Familie, die in diesem Jahr für den Sommer nach Rongas in Finnland gegangen ist. Allein.

Es ist ihre Geburtsstadt, aber sie mag ihn nicht, er fühlt es. Auch wenn er einen Lieblingsplatz dort findet, »gegenüber der Isaacskathedrale, wo die Stadt am einfachsten und am größten ist«. Er schreibt einen langen Verzweiflungsbrief nach Finnland, er nennt sich einen Verworfenen. Er braucht keinen Gott, der ihn verurteilt, der ihn richtet, das kann er selbst. Der Brief ist nicht erhalten, aber er zwingt sie, zu antworten, zu beschwichtigen. Auch ihre Antwort ist verloren. Doch was sie nun bald in den Händen hält, verstimmt sie, er hätte es wissen können.

Sie liest die Antwort auf den frankierten Strohhalm, den sie ihm reichte: »Ich habe Deinen Brief, Deinen lieben Brief, der mir mit jedem Wort wohlthut, der mich wie mit einer Welle anrührt, so stark und rauschend, der mich wie mit Gärten umgiebt und mit Himmeln überbaut, der mich fähig macht und froh, Dir zu sagen, was mit meinem letzten schweren Briefe sinnlos rang: daß ich mich sehne nach Dir, und daß es namenlos bange war, diese Tage zu leben ohne irgend eine Nachricht, nach diesem unerwarteten, raschen Abschied und unter den fast feindlichen Eindrücken dieser schweren Stadt.«[298] Und nun kann er nicht ertragen, dass seine Stimme, die Stimme seines Briefes, unter allen, die sie dort in Rongas umgeben, die fremde gewesen sein soll. Sie hat ihm von drei kleinen, ganz jungen finnischen Eichhörnchen geschrieben, die immer wieder zu ihr kommen. Er macht sich Sorgen um deren Wohlergehen: »Willst Du mir ein Wort sagen? Daß trotz dem alles ist, wie Du es schreibst; daß kein Eichkätzchen an ihm« – dem Misston seines Briefes – »gestorben ist und nichts, nichts sich verdunkelte unter ihm, oder gar hinter ihm eingeschattet geblieben ist.« Er verwickelt sie in ein Gespräch über finnische und italienische Eichhörnchen, die er als Kind zähmte und denen er Ketten kaufte. Er glaubt, dass die finnischen Eichhörnchen letztlich auch eine russische Seele besitzen: »Werden sie auch reif genug sein, um ohne Dich in Wald und Welt zu gehen? Hoch oben in den Tannen von Rongas wird ihnen manchmal ihre Kindheit einfallen und auf einem Ast, der noch von der Last des Sprunges schwankt, wird man an Dich denken. Und wenn es auch nur drei Eichhörnchen sind, in deren kleinen Augen Du nicht Raum hast, irgendwo ist es auch in ihnen so groß, daß Du sein kannst in ihrem Leben. Du, Liebe. Komm bald zurück, komm sobald Du sie verlassen kannst. Führe sie in den Wald hinaus, sag ihnen wie schön er ist mit Deiner Stimme, und es werden die glücklichsten Eichhörnchen sein und der schönste Wald. Ja, bitte, sei Sonntag schon hier.«[299]

Doch sie lässt sich Zeit, sie erholt sich von ihm.

Es ist bald Ende August, als sie zusammen nach Berlin zurückkehren. Aber da darf er nicht bleiben, nicht in ihrer Nähe.

Lenin kehrt 1900 aus der Verbannung zurück, Rainer Maria Rilkes Aufenthalt in Sibirien beginnt jetzt. Schon am Nachankunftstag er weiter, zu Heinrich Vogeler ins Moor; Vogeler und er hatten sich in Florenz kennengelernt und gemeinsam von Rilkes Dachgartenbalkon auf die Stadt hinuntergeschaut.

Am 27. August trifft er in Worpswede bei Bremen ein und erregt sofort Aufsehen. Er trägt eine grüne Rubaschka und ein großes Kreuz auf der Brust, und wenn er nicht barfuß geht, so stecken seine Füße in buntbestickten Tartarenstiefeln. Vogelers Haushälterin leistet tapferen Widerstand, diesen unheimlichen Gast aufzunehmen, doch sie unterliegt. Er bekommt das auf den Arbeitshof hinausgehende Giebelzimmer, und die Haushälterin bekreuzigt sich jedes Mal, wenn sie den Russen oben beten hört. Vogeler erklärt ihr, dass sie nicht Gebete, sondern Gedichte höre. Um so schlimmer!, spricht ihr Blick.

*

Sie schreibt inzwischen den Nachruf auf eine große Liebe – als wissenschaftliche Abhandlung, Titel: »Das Liebesproblem«. Ihr ist jetzt so systematisierend zumute, sie muss sich ontologisch absichern, sie muss sich beweisen, dass sie ihn verlassen darf: *Innerhalb der Gefühlsbeziehungen des Menschen zu der ihn umgebenden Welt mit ihren Lebewesen und Dingen, scheint auf den ersten Blick alles sich einordnen zu lassen in die beiden gro-*

ßen Gruppen des uns Homogenen, Sympathischen, Vertrauten einerseits, und des uns Unverwandten, Fremden, Feindlichen andererseits. Entweder fühlt sich unser natürlicher Egoismus unwillkürlich veranlaßt, sich zu erweitern, – eine Strecke weit sich mitfreuend, mitleidend in das Selbst eines Andern so einzugehen, als handle es sich um das eigene Selbst, – oder aber umgekehrt, irgend etwas reizt ihn, sich hart zusammenzuziehen, sich zu verengen und der Außenwelt ablehnend, angreifend, drohend gegenüberzutreten.[300] Beide Grundzüge würden sich im Laufe der Menschheitsentwicklung immer weiter ausprägen und immer stärker in Konflikt miteinander geraten, wobei die Art und Weise, wie das geschieht, *einer jeden Kulturepoche ihr besonderes Gepräge* gibt. Wirklich zu versöhnen wären sie nie. – Was für eine ausgreifende, noch uns Heutige treffende Überlegung, was für eine Nietzsche-Umwendung ins Biegsame. Nur wo das »Liebesproblem« hier seinen Platz finden soll, scheint anfangs nicht ganz klar. Bis zu einem Absatz, der in größter Selbstverständlichkeit so beginnt: *Nun gibt es aber noch eine dritte Art von Gefühlsbeziehungen neben der sympathischen und der feindlichen, gewinnsüchtigen, – eine Beziehung, die ihre Wurzel eben da tief unten zu haben scheint, wo diese beiden sich erst auseinanderspalten … Hierzu gehören alle erotischen Beziehungen.*

Zwei Fremdheiten, zwei Gegensätze, zwei Welten träfen hier aufeinander, *zwischen denen es diejenigen Brücken nicht gibt und niemals geben kann, welche das uns Verwandte, Gleichartige, Vertraute so mit uns verbinden, wie wenn wir zu uns selber kämen.* Und schnell fasst sie auch den ebenso traurigen wie unabänderlichen Punkt ins Auge: *Sicher ist, daß vom Augenblick an, wo der geliebte Gegenstand nur noch unendlich bekannt und verwandt und vertraut auf uns wirkt* – und entnervend, wagen wir der Deutlichkeit halber hinzuzufügen –, *aber garnicht, – in keinem Punkte mehr, – als ein Symbol fremder Möglichkeiten und Lebensmächte, der eigentliche Liebesrausch zum Abschluß kommt.*

Die Diagnose ist aussichtslos: Was einst an *hundert minimalen Zügen entzückte,* werde jetzt Anlass von ebenso vielen *kleinen Reizbarkeiten.* Aber eben das wollen die Menschen nicht sehen, was einerseits an den positiven wie negativen, also platonischen wie positivistischen Vorurteilen liegt, andererseits aber am erotischen Affekt selbst, der ganz selbstlos zu sein und nur den anderen zu meinen scheint. Falsch!

Die Autorin weist in immer neuen Anläufen nach, dass eben dies Illusion ist: *Liebesleidenschaft ist von allem Anfang an außer Stande zu einer wirklichen sachlichen Aufnahme eines Andern, zu einem Eingehen in ihn, – sie ist vielmehr unser tiefstes Eingehen in uns selbst.* Was zu beweisen war. Diese Selbstsucht der Liebe scheint die Verfasserin zu unablässigem Gebrauch des Wortes *geliebter Gegenstand* zu ermutigen, wofür sie die Internationale der Liebenden im Namen Rainer Maria Rilkes noch nachträglich verklagen könnte. Subjekt – Objekt, hier? Das ist verräterisch, wird aber gemildert durch ihre schöne Darstellung der Kindlichkeit aller wirklich Liebenden. Mit sämtlichen Eichhörnchen von Wolfratshausen bis Finnland als Zeugen.

Fazit: ... *überall, wo überhaupt Menschen lieben, rührt Einer nur gar leise an den Andern und überläßt ihn dann sich selbst.* Und genau das hat sie vor. Jedoch nicht, ohne einen letzten Trost der Theorie für ihn bereitzuhalten: *Nur Einer weiß, daß Glück und Qual dasselbe sind in allen intensivsten, allen schöpferischen Erfahrungen unseres Lebens: der schaffende Mensch.* Schon weil Lieben und Schaffen in ihrer Wurzel identisch seien.

»Du allein bist wirklich«, lautete die Formel seiner, ihrer Liebe. Aber sie fühlt längst wieder eine andere, ihr wohlvertraute, viel mächtigere Wahrheit: »Ich allein bin wirklich!«

Sie braucht für die akademische, gleichwohl kluge Grablegung ihrer Liebe fast vierzig Seiten. Ihm werden drei Strophen genügen:

I
Ich steh im Finstern und wie erblindet,
weil sich zu Dir mein Blick nicht mehr findet.
Der Tage irres Gedränge ist
ein Vorhang mir nur, dahinter Du bist.
Ich starre drauf hin, ob er sich nicht hebt,
der Vorhang, dahinter mein Leben lebt,

meines Lebens Gehalt, meines Lebens Gebot –
und doch mein Tod –.

II

Du schmiegtest Dich an mich, doch nicht zum Hohn,
nur so, wie die formende Hand sich schmiegt an den Ton.
Die Hand mit des Schöpfers Gewalt.
Ihr träumte eine Gestalt –
da wurde sie müde, da ließ sie nach,
da ließ sie mich fallen, und ich zerbrach.

III

Warst mir die mütterlichste der Frauen,
ein Freund warst Du wie Männer sind,
ein Weib so warst Du anzuschauen,
und öfter noch warst Du ein Kind.
Du warst das Zarteste, das mir begegnet,
das Härteste warst Du, damit ich rang.
Du warst das Hohe, das mich gesegnet –
und wurdest der Abgrund, der mich verschlang.

Ich allein bin wirklich! Das Jahr 1901

Altjahresabend. Was ich will vom kommenden Jahr, was ich brauche, ist fast nur Stille, – mehr Alleinsein, so wie es bis vor vier Jahren war. Das wird, muß wiederkommen. Im Übrigen blicke ich heut nur zurück, auf das Erlebnis von 1900 für mich, auf Rußland.[301]

Wie es war, bevor Rilke in ihr Leben trat, soll es werden. Dennoch beginnt ihr neues Jahr – wie in den Jahren zuvor – gleich wieder mit ihm. Sie laufen durch den Wald bis zur »Wolga«. Die »Wolga« ist ein kleiner Spreearm, nein, ein Spreefinger, der sich bis hinter ihr Haus verirrt hat. Alles scheint wie immer zu sein. Sie sitzen unter dem Weihnachtsbaum, er liest ihr Mönchslieder vor. Ein neues Buch bereitet sich in ihr vor, sie glaubt, es wird ein Tolstoi-Buch werden: Es war, *als ob … Tolstoi zu einer Neujahrsvisite eingetreten sei, den Hut in der Hand, – um lauter Neujahrsglück heraufzubeschwören durch die Ahnung dieses Stoffes.* Nur einer trübt dieses Glück: der, der nicht von ihrer Seite weicht.

Seit Mitte Oktober schon ist er wieder da. Nicht, dass er nicht verstanden hätte, was sie von ihm will, ja, er war schon bereit gewesen zur freiwilligen Annahme des Exils.

Nach einem beglückenden Hamburg-Ausflug der großen Worpsweder Familie, in die man ihn so selbstverständlich aufgenommen hatte, war es ihm gewiss geworden: »Da entschloß ich mich, in Worpswede zu bleiben. Jetzt schon fühle ich, wie mit jedem Tage die Einsamkeit wächst, wie dieses Land, verlassen von Farben und Schatten, immer größer wird, immer breiter und immer mehr Hintergrund für bewegte Bäume im Sturm. Ich will in diesem Sturm bleiben und alle Schauer fühlen dieses großen Ergriffenseins. Ich will Herbst haben. Ich will mich mit Winter bedecken und will mit keiner Farbe mich verraten. Ich will einschneien um eines kommenden Frühlings willen.«[302] Ganz dableiben? Ganz einschneien? Eben noch, es war an Paula Beckers Verlobungstag, von dem er nichts wusste, obwohl er ihn mit ihr und Modersohn verbrachte, hatte er noch ein Gedicht zu Lou hinübergedacht:

> Ich segne Dich mit meinen Überflüssen,
> die sich in meinen Liedern nicht verbrauchen.
> Ich werde leise in Dein Schlafen tauchen
> und Dir von innen Deine Lider küssen ...

Oder galt das Gedicht schon nicht mehr ganz ihr? Spielten bereits andere Gesichter hinein? Das der »blonden Malerin« und ihrer Freundin, der Bildhauerin Clara Westhoff, die er doch immer nur zusammen denken konnte? Erschrak er über sich selbst? Zu jedem Sibirien gehört der Winter. Kurz nach seinem Entschluss, diesen Moorwinter zu haben, verließ er Worpswede, ohne jemandem etwas zu sagen. Am Abend zuvor war er noch bei »der blonden Malerin« gewesen und hatte es wohl selbst nicht gewusst.

In Berlin besuchte Lou mit ihm eine Probe von Hauptmanns »Michael Kramer«, diesem Stück, das ihm so wichtig wird. Sie saßen ganz allein im »Deutschen Theater«. Das war am 19. Dezember, kurz nach seiner halben Rückkehr aus dem »Zwischenland«, wie er den Aufenthalt in Tagen voller Hoffnungslosigkeit, voller »Atemnöthe der Seele« nennt: »... dieses unsäglich zusammenhangslose, ratlos vereinsamte, von den Stimmen der Stille abgeschiedene Bewußtsein, das in sich hineinfällt wie in einen leeren Brunnen, wie in die Tiefe eines Teiches mit stehendem Wasser und Tieren, welche aus Fäulnis geboren werden ... Man will ja, man will gehen, man steht eine Weile, und es kommt so weit, daß man liegt, liegt und glücklich ist, den Kopf so weit zu heben, um die Nahestehenden zu sehen – Menschen und Dinge.«[303] Nahestehende? Sie ist eine Fernstehende.

10. Januar. Sie arbeitet. Das Buch wird fast ein Vierteljahrhundert später erscheinen und »Rodinka« heißen, kleine Heimat. Sie

ist unter dem Ansturm des zu Erzählenden manchmal grob gegen ihren Mann, dann tut es ihr leid und sie *möchte Meere von Liebe haben, um das wieder auszulöschen. Ich bin ein Scheusal. (Schlecht war ich auch gegen Rainer, aber dies tut mir nie weh.)* Eine Woche später – sie lässt sich vor ihm verleugnen – ist sie einen Schritt weiter: *Damit R. fortginge, g a n z fort, wär ich einer Brutalität fähig. (E r m u ß f o r t!)*[304]

Am 26. Februar 1901 ist die *Brutalität* fertig. Briefe tragen gewöhnlich keine Überschriften, dieser schon. Sie nennt ihn »Letzter Zuruf«. Der Empfänger liest:

Letzter Zuruf.

Jetzt wo alles um mich in lauter Sonne und Stille steht und die Lebensfrucht sich reif und süß gerundet hat, kommt mir eine letzte Pflicht aus der uns gewiß beiden noch theuren Erinnerung, daß ich in Wolfratshausen wie eine Mutter zu Dir trat. ... Das was Du und ich den »Andern« in Dir nannten, – diesen bald deprimirten, bald excitirten, einst Allzufurchtsamen, dann Allzuhingerissenen, – das war ein ihm – Zemek – *wohlbekannter Gesell.* Sie zählt ihm auf, was dieser »Gesell« ihrem österreichischen Gewährsmann zufolge hervorzubringen pflege: Rückmarkserkrankungen, Geisteskrankheit. Im schlimmsten Falle ende er wie Garschin. Sie muss ihm nicht sagen, wer Garschin ist: jener russische Dichter, der sich in einem Hausflur zu Tode stürzte.

Was für ein Erbauungsbrief für den Zwischenlandbewohner, und er ist noch nicht zu Ende! Sie könne ihm nicht mehr helfen, denn: *Allmählich wurde ich selber verzerrt, zerquält, überanstrengt, ging nur noch ... mechanisch neben Dir.* Überhaupt habe sie das nur so lange getan, weil sie hoffte, dass er genesen würde. Es klingt wie: Mit aussichtslosen Fällen befasst sie sich nicht.

Und dann ist da noch etwas, sie hat es ihm schon mündlich gesagt, *nämlich der Umstand, daß ich, trotz unseres Altersunterschiedes, seit Wolfratshausen immer noch wachsen mußte, – weiter und weiter wachsen, bis in das hinein, was ich Dir beim Abschied so froh erzählte, – ja, so seltsam es klingt: b i s i n m e i n e J u g e n d h i n e i n! denn erst jetzt bin ich jung; erst jetzt darf ich sein, was Andere mit 18 Jahren werden: ganz ich selbst.* Und ohne

Übergang schließt sich an diesen Befund wunderbarer verjüngender Selbstfindung – immerhin hat sie Russland, ihre Heimat und damit wohl auch die eigene Frühe wiederentdeckt – die Stelle an von seinem Verlorengehen in der weiten Wolgalandschaft, *und die kleine Hütte darin war nicht die Deine.*

Aber auch das ist noch immer nicht alles, denn sie ist soeben neu beschenkt worden: Das Leben selbst hielt ... *ein Geschenk über alles Verstehn und Erwarten lächelnd schon bereit ... für mich. Mit tiefer Demuth nehme ich es entgegen: und weiß nun seherklar und rufe Dir zu: gehe denselben Weg Deinem dunklen Gott entgegen!* – Das ist mehr als eine Brutalität. Soll er ihrem seltsamen und eigentümlich hohl klingenden Pathos nachgrübeln über die Natur des Geschenks, das über *alles Verstehn und Erwarten* geht? Sie weiß, dass er nicht anders kann. Es ist ein sehr simples Geheimnis: ein anderer Mann.

Wahrscheinlich hat sie sich um Rilkes willen wieder an Pineles gewandt, um Rat gefragt und eine frühere Wirklichkeit nahm sie auf. Dieser Mann ist sofort wieder ganz für sie da – ohne etwas zu verlangen, wie früher. Keine Mutter darf ihre Kinder verstoßen und »Letzte Zurufe« an sie richten.

Sie war genug Mutter gewesen, jetzt genießt sie es, Kind zu sein, Pineles' Kind.

Was ist das für ein Brief? Er will trotz allem nicht zu ihr passen. Sie ist keine, die vorsätzlich Schmerzen zufügt, die den Triumph braucht und die Niederlage des anderen genießt, um aus beidem die Vergewisserung der eigenen Existenz zu ziehen.

Wahrscheinlich ist es ebenso schlimm wie einfach: Einen anderen nicht mehr zu ertragen, ist nicht zensierbar, nicht moralisch bewertbar. Es ist so. Es ist genauso, wie sie es am Anfang ihres Essays über »Das Liebesproblem« beschrieben hat. Und diesmal musste sie ihm alles nehmen, worauf er sich hätte berufen können. Wie er noch auf das kleinste Wort, das auf ihn zukommt, reagiert, weiß sie. In diesem Brief ist keins. Kein Eichhörnchen, nichts. Jede Möglichkeit einer Berufung ausgeschlossen. Es ist ein Höllenbrief im wahrsten Sinne, wenn die Hölle der Ort ist, an dem es nichts gibt, woran man anknüpfen könnte. Die Verfasserin dieses Schriftstücks hat nie erfahren, wie getreulich es aufbewahrt und der Nachwelt erhalten wurde.

Und doch scheint es das Selbstbild der Absenderin mehr zu irritieren als sie annahm. Sie geht noch einmal in seine Wohnung, trifft ihn nicht an und schreibt in zerfahrener Schrift auf die Rückseite des großen Blattes einer Milchrechnung, die sie bei ihm findet: *Wenn einmal viel später Dir schlecht ist zu Muthe, dann ist bei uns ein Heim für die schlechteste Stunde.*

Viel später, schreibt sie, das ist deutlich. Und doch: eine Hölle mit Fußnote – ist das schon fast wie eine Perspektive?

Jetzt erst bin ich jung, hat sie gesagt. Nur weil sie dank ihm als Frau, nun ja, fortgeschrittenen Alters mit Männern schlafen kann, was ihr als jungem Mädchen schlichtweg unvorstellbar gewesen wäre? Denn damals, das sagt sie selbst, war sie ein Mann. Sie fühlt sich schon über Jahre immer jünger werden. Das Loukind nennt Frieda sie und hat ihr Kinderlachen, ihren Kinderton beschrieben, in den sie plötzlich verfallen kann aus lauter Mutwillen. Auch Rilke, der viel Jüngere, hat diese Kindlichkeit bemerkt und sie auch um ihretwillen geliebt.

Andererseits, das ist nicht zu leugnen, ist sie vierzig Jahre alt. Sie muss untersuchen, wie dieser äußere und der innere Befund zusammenpassen. Sie wird gleich einen Aufsatz über das Alter schreiben.

Anfang März, nur Tage nach dem »Letzten Zuruf«, kommen die Korrekturfahren ihres Romans »Ma«. Ma – Kürzel für Marianne und Mama gleichermaßen – ist das Porträt einer Frau, die auch vierzig Jahre alt ist wie sie, aber sonst haben beide so gut wie nichts gemein. »Ma« ist das Porträt einer Mutter. Einer Frau also, die ihr ganzes Lebensglück auf ihre Kinder stellt und nie auf die Idee käme, sie zu verstoßen. Die Autorin wird krank, sie kann das jetzt nicht lesen. Ihr Mann, der treue Helfer seiner Frau, liest Korrektur und bringt alles rechtzeitig zur Post.

»Ma« wird noch im selben Jahr erscheinen, es ist der Roman, der mit der Ausfahrt der Iberischen Mutter Gottes beginnt. Er endet auch im Glockenläuten des Kremls, denn Marianne, Mutter und Witwe, geht dorthin am Arm ihres langjährigen Freundes und Hausarztes, der sie nun, da ihre Töchter ganz aus dem Haus sind, zu seiner Frau machen will. Und Marianne folgt ihm schon in Gedanken in ein neues Leben, *als ein erster tiefer Glockenklang mit überwältigender Gewalt die Luft durchhallte. Unmittelbar darauf setzte das Geläute von mehreren großen Glocken ein … Und in Mariannes Seele widerhallte es in einer lauten Bejahung … Aber gleichzeitig klangen mit den Glockenklängen ganz andre Stimmungen als zuvor in ihr an, sie kam heim von ihren ungewiß schweifenden Träumereien, zurück in die Gegenwart ihres wirklichen Lebens, und – wie zwei, die sie nicht länger vergessen konnte, – schauten ihr die Gesichter ihrer beiden Kinder fragend daraus entgegen. … Mariannes Herz tat plötzlich einen starken, harten Schlag. Sie blieb stehen, wie atemlos: wenn Cita erfuhr – und auch Sophie –, sie sah mit einem Schlage die beiden Gesichter verwandelt, bestürzt, ungläubig –, sie fühlte mit unwiderlegbarer Deutlichkeit: dann erst entfremdeten sich ihr die Kinder ganz –.*[305]

Eine Mutter ist jemand, der nicht nur die eigenen Kinder nicht verstößt, sondern sich auch weigert, ein eigenes Leben zu beginnen, wenn sie aus freien Stücken längst fortgegangen sind. Es könnte sie verstören. So ist eine Mutter.

Sie hatte es am Schreibtisch erlebt und durchlitten. Ein Buch besitzt im Unterschied zum Muttersein ein Ende. Und sie hat bald etwas vor, das im Muttersein auch nicht unbedingt vorgesehen ist: Erholung. Also sagt sie ihrem Mann, dem Korrekturleser, auf Wiedersehen und fährt mit Friedrich Pineles in die Berge, ins Riesengebirge.

Sie ist frei! Eine Frau, die nicht mehr Mutter sein muss, ist frei. Arme Ma! Die Gebirgswanderungen, die beide ab jetzt – es ist Mai 1901 – unternehmen, weisen gegenüber ihren früheren eine Neuerung auf. Sie teilen nicht nur die Tage, sondern nun auch die Nächte miteinander. Die »Ma«-Autorin hat 36 Jahre aufzuholen, die sie in dem weitgehenden Irrtum verbracht hatte, sie besitze gar kein Geschlecht. Und Pineles ist Genügsamkeit gewohnt. Ihm muss sie nicht mit ihrer ganzen Seele entgegenkommen, der Körper genügt.

Das Gebirgsbild. Berge und Täler. Wenn er abstürze, werde sie auf der nächsten Höhe auf ihn warten, hatte Rilke geglaubt. Sie denkt das jetzt so: Der Aufenthalt im Tal rechtfertigt sich durch den Ausblick auf den nächsten Berg. Pineles!

Nur etwas irritiert ihre endlich erlangte Jugend. Sind Jugendliche mit Herzproblemen normal? Und sie bekommt Herzschmerzen, gar nicht zu reden von den ebenfalls wiederkehrenden Ohnmachten. Aber sie hat den Arzt an ihrer Seite. Er verordnet regelmäßige Tagesabläufe und sich selbst für die Nacht. Sie fahren im Sommer nach Dänemark, dann nach Wien und schließlich nach Oberwaltersdorf, wo seine Schwester Broncia zu Hause ist, die einen steirischen Industriellen geheiratet hatte.

Sie wird oft hier sein, manchmal über Monate. Freunde nennen sie schon bald Zemeks Frau, auch wenn sie wissen, dass sie bereits einen Mann hat. Aber sie sind Österreicher, und Lous Mann ist weit weg, in Berlin. Berliner sind nicht wirklich, von Oberwaltersdorf aus gesehen. Allerdings gehen die Auffassungen darüber selbst in Oberwaltersdorf scharf auseinander. Vater und Mutter Pineles, orthodoxe Juden, missbilligen das Verhältnis ihres Sohnes mit dieser Frau aufs Schärfste. Aber auch sie sind Ohnmächtige wie einst die Generalscha es war, sie haben nicht einmal verhindern können, dass ihre Tochter Broncia – Lous Freundin, schon bevor sie den Bruder kannte – den Mann heiratete, den sie liebte. Friedrich Pineles würde auch gern die Frau heiraten, die er liebt. Aber sie liebt ihn nicht zuletzt dafür, dass sie ihn nicht heiraten muss.

Sie ist über Monate fort.

Als sie im Herbst nach Berlin zurückkehrt, trifft sie eine Nachricht aus einem wohlbekannten Ort, aus Celerina in der Schweiz, wo sie mit Paul Rée einen wunderbaren Sommer verbracht hatte. Rée ist tot. Er hat zuletzt in demselben Hotel gewohnt, in dem sie gemeinsam waren. Beim Bergsteigen ist er abgestürzt, ein Unglücksfall, sagen die Behörden, aber es fällt ihr schwer, an einen Unfall zu glauben.

Im Jahr zuvor, als sie in Russland war, hatte Paul Rée erfahren, dass das Familiengut verkauft werden soll. Er verließ Stibbe über

Nacht und ging nach Celerina. Es blieb ihm nicht viel Zeit, aber auch hier erwarb er sich noch einen fast schon legendären Ruf als Arzt der Armen. So wurde auf dem Friedhof von Celerina auch nicht ein verunglückter Fremder begraben, sondern die Menschen kamen selbst aus der Umgebung zu dieser Beerdigung.

Wochenlang geht dieser Tod ihr nach. Zu viel habe sie gehabt für ein einziges Leben, schon jetzt, weiß sie und weiß es nicht ohne Demut.

Nietzsche war im letzten Jahr gestorben, nur Tage nach ihrer Rückkehr aus Russland.

Loufried

Das Haus lag an der Berglehne und überblickte die Stadt im Tal und langgestreckte Höhen jenseits davon. Von der Landstraße, die sich in großem Bogen den Bergwald hinaufwand, trat man gleich ins mittlere Stockwerk ein wie zu ebener Erde: so tief dem Berg eingebaut hatte das kleine weiße Haus sich.

Auf ihn gestützt aber sah es nach dem abfallenden Garten zu um so freier hinaus über die Weite; mit sehr vielen hellen Fensteraugen bis tief hinab, mit keck vorspringenden Erkern, Ausbauungen der ursprünglich zu wenig umfangreichen Gemächer, was ihm freilich eine etwas wunderliche Architektur, doch auch Anmut und Leichtigkeit verlieh, – fast, als raste es nur.

Über dem mittleren Erker schob sich zuoberst ein Altan breit vor ins baumbepflanzte, winterliche Gartenland, das eine Steinmauer, alt und bemoost, umschloß. Die Altantür stand trotz der frühen Morgenstunde schon weit geöffnet. Auf der Schwelle, das Gesäß vorsichtig ins warme Zimmer gedrückt, saß eine bejahrte kleine Hündin und blinzelte schläfrig nach den ab und zu schwirrenden hungrigen Vögeln, wie ein verwöhntes Hauskind sich bettelndes Gassenvolk betrachtet. In ihr selbst hatten sich zwar die verschiedenen Hundegeschlechter ein nichts weniger als aristokratisches Stelldichein gegeben, wie ihr Dackelgebein, ihr Mopsrumpf und ihr Terrierkopf verrieten – eine Vielseitigkeit, die noch vervollständigt wurde durch ein ferkelhaftes Ringelschwänzchen an ihrem anderen Ende. Weitaus das Merkwürdigste an dem kleinen Ungetüm jedoch blieb, daß es Salomo hieß. Jedermann erstaunte hierüber, außer der Tochter des Hauses, die auf diesem männlichen und königlichen Weisheitsnamen bestanden hatte, trotzdem ihr Salomo einst in hochträchtiger Verfassung zugelaufen war, worauf er vier gesunde Pinscher zur Welt brachte.[306]

Die Porträtierte heißt außerhalb des neuen Romans ihrer Herrin Schimmel. Das Haus heißt Loufried II und steht in Göttingen.

*

»Seit Wochen will ich diese Worte schreiben und wage es nicht aus Furcht, es könnte viel zu früh sein, aber wer weiß, ob ich in der schwersten Stunde kommen kann ... Wenn ich in dieser Zeit einmal nur, für einen einzigen Tag bei Euch Zuflucht suchen dürfte!«[307]

Am selben Tag, an dem ein tief Heimatloser das Verbot durchbricht, sie zu rufen, ist Lou Andreas-Salomé dabei, die Heimat ihres Lebens zu finden. Er hat sein Haus im Westerweder Moor nur kurz besessen und längst wieder aufgegeben, wie letztlich auch Frau und Kind. Sie sind ihm nicht Heimat geworden.

»... wer jetzt kein Haus hat, baut sich keines mehr ...« – das hat er zu Beginn des letzten Herbstes geschrieben. Aber sie betrifft das nicht.

Sie hatte immer ein Haus. Sie ist sich selbst ein Haus. Aber nun findet sie eins, und es ist nicht nur ein Haus, es ist *das* Haus. Sie weiß sofort, dass es das richtige ist, schon als sie es zum ersten Mal sieht. Es hat nur einen einzigen Fehler: Es ist bewohnt. Und die Bewohner weigern sich auszuziehen.

Am 23. Juni 1903, als Rilke aus Paris an sie schreibt, zum ersten Mal nach über zwei Jahren, fährt eine künftige Frau Professor nach Göttingen.

Der große Philologe Eduard Schwartz hatte unlängst staunenswerte Artikel eines anderen großen Philologen studiert. Seltsamerweise hatte er den Namen zuvor nicht gekannt. Wo lehrte dieser Andreas? Und Eduard Schwartz stieß auf das Skandalon: Nirgends! Ein Gelehrtenverbund unter Schwartz'scher Führung zwang den preußischen Kultusminister um der Weltordnung willen nun bald, das zu ändern. Andreas wird auf eine außerordentliche Professur nach Göttingen berufen.

Und da ist er nun schon seit ein paar Tagen, auch um nachzuschauen, wo man hier wohnen könnte. Andreas hat seiner Frau per Telegramm auch schon das Fazit mitgeteilt: Nirgends! Sinngemäß. Darum fährt sie nun hinterher. Vor drei Monaten sind sie zum letzten Mal umgezogen, von Berlin-Schmargendorf nach Berlin-Westend. Und jetzt schon wieder?

Das bekannteste Stadtporträt Göttingens stammt von Heinrich Heine, es beginnt: »Die Stadt Göttingen, berühmt durch ihre Würste und Universität, gehört dem König von Hannover und enthält 999 Feuerstellen, diverse Kirchen, eine Entbindungsanstalt, eine Sternwarte, einen Karzer, eine Bibliothek und einen Ratskeller, wo das Bier sehr gut ist. Der vorbeifließende Bach heißt ›die Leine‹ und dient des Sommers zum Baden; das Wasser ist sehr kalt und an einigen Orten so breit, daß Lüder wirklich einen großen Anlauf nehmen mußte, als er hinübersprang. Die Stadt selbst ist schön und gefällt einem am besten, wenn man sie mit dem Rücken ansieht.« Etwas von diesem Eindruck muss sich auch ihnen mitgeteilt haben. In der Stadt, beschließen sie, können sie unmöglich wohnen, sie müssen außerhalb suchen. Und da steht es dann, das Haus. *Ich sah dem Häuschen … geradezu an, daß es für mich dastand, es* sagte *mir geradezu …: Hier sollst du sitzen, daheim sein, für immer, immer, ich bin deine Heimkehr!*[308] Sie möchte das gleich seinen Bewohnern mitteilen, aber die sind nicht da. Sie hören aus der weiteren Nachbarschaft – unmittelbare Nachbarn hat es gar nicht –, dieses Haus sei weder vermietbar noch verkäuflich.

Nicht vermietbar. Nicht verkäuflich. Dem frisch berufenen Professor scheint das Grund genug zur Umkehr. Sie kehren um. Doch die Frau, immerhin eine zukünftige Frau Professor, beginnt, sich eigentümlich zu benehmen. Schimpfen. Toben. Wüten. Heulen. *Ich raste beim Gedanken, dass das nicht zu haben sei.*[309] In einer kleinen Stadt wie Göttingen spricht sich schnell herum, wenn jemand schimpft, tobt, wütet und heult. Die neue Frau Professor?

Ehe die ganze Stadt auf sie aufmerksam wird, gibt Andreas nach. Sie kehren nochmals um. Vielleicht nicht sofort, aber irgendwann treffen sie die Bewohner an, eine alte Frau und ihren Sohn, die nichts auf der Welt haben als dieses Haus, das zu einer

Fremden gesprochen hat. Wahrscheinlich ist es ihnen egal, was das Haus sagt, sie sagen nein.

Es ist viel und zugleich wenig, nichts auf der Welt zu haben als ein Haus. Für einen alten Menschen mag das reichen, aber für einen jungen? Müsste der nicht hinaus in die Welt, müsste der nicht studieren, etwa in Berlin? Mag sein, die Rilke-Rabenmutter hat der alten Frau sogar erklärt, dass eine Mutter grundsätzlich nicht in einem Haus, sondern in ihren Kindern zu Hause sei. Die Bewohner der Immobilie an der Herzberger Landstraße sind diesem Anprall eines Fremdwillens, dieses Fremdwillens, nicht gewachsen. Die alte Dame verzweifelt. Selbst wenn sie das Haus verlassen und ihren Sohn als Studenten in Berlin wissen würde, so könne sie doch nie, niemals ihren Garten verlassen. Und selbst wenn sie es könnte. Wer kümmert sich um die Hühner? – Es muss der Städterin Lou Andreas-Salomé gelungen sein, sich und ihren Mann als zwei Spätberufene, aber eben doch Berufene vorzustellen: sich als verhinderte Hühnerzüchterin, ihn als Professor. Und in ihren Garten könne die alte Frau doch jederzeit, auch wenn er ihr nicht mehr gehöre.

Darf man selbst eine Heimat finden und einem Verstoßenen die Rückkehr verweigern? Lou Andreas-Salomé antwortet Rilke in Paris: *Lieber Rainer, jederzeit kannst Du bei uns sein, in schweren wie in guten Stunden.*[310] Doch eine Einschränkung macht sie. Er solle bloß nicht gleich selber kommen, aber er darf ihr schreiben, seine Briefe würde sie lesen.

»Ich danke Dir, Lou, für diesen kleinen Brief, an dem ich stundenlang lesen kann wie an einem ganz großen. Es geht von ihm eine Beruhigung aus, die ich mit allen Sinnen empfange; und es ist eine Güte darin, an der ich Dich unter Tausenden erkennen würde.«[311] Güte? Nun ja. Aber man darf nicht kleinlich sein, wenn es um ein Nachhausekommen geht.

Ich bin deine Heimkehr!, hat das Haus Lou zugerufen, und sie sind nicht kleinlich, als sie die alte Frau und ihren Sohn mit Geld erpressen. Du bist meine Heimkehr, sagt Rilke zu Lou, und er weiß, dass er kein Äquivalent besitzt, nichts, was er ihr geben könnte. »Du allein weißt wer ich bin. Nur Du kannst mir helfen und ich fühle schon an Deinem ersten Briefe die Macht, die Deine ruhigen Worte über mich haben.« Im Übrigen ist er dabei zu packen, Paris und die Rue de l'Abbé de l'Epée zu verlassen, zwei Nichtheimaten, zwei Ersatzhöllen, aber seinen Malte wird er bald hier aussetzen. Eine Frage hat er noch, ganz zum Schluss: »Ob Schimmel den Geruch dieses Briefes erkennt?«

Lou antwortet, dass sie dem Mienenspiel der Aristokratin nichts entnehmen konnte. Geduldig empfängt sie nun seine Botschaften aus dem unlebbaren Leben und hört, dass jedes Zuhause, noch das schönste, noch das Vogelers etwa, zuletzt ein Irrtum sei: »Und es wird immer kleiner um Heinrich Vogeler, sein Haus zieht sich um ihn zusammen und füllt sich mit Alltag aus, mit Zufriedenheit, mit Conventionen und mit Trägheiten, so daß nichts Unerwartetes mehr geschieht. ... In solchen Häusern sind auch die Kinder kein Wachsthum mehr; sie werden nicht in die Welt hinausgeboren.« Kurz vor ihrem Umzug empfängt sie ein Gedicht, das nervenschwächere Immobilienbesitzer tief entmutigen würde:

Wie einer, der auf fremden Meeren fuhr,
so bin ich bei den ewig Einheimischen;
die vollen Tage stehn auf ihren Tischen,
mir aber ist die Ferne voll Figur.

In mein Gesicht reicht eine Welt herein,
die vielleicht unbewohnt ist wie ein Mond, –
sie aber glauben keinen Stern allein
und alle ihre Worte sind bewohnt.

Ja, zu denen gehört sie doch auch. Und wie ewig einheimisch sie werden will: *Im Häuschen will ich auch sterben, und nur von dort aus noch leben.*[312] Nun hätte er das alles wohl niemals geschrieben, hätte er das gewusst.

Und dann geht er schon wieder weg aus Worpswede, aus ihrer Nähe, ohne sie gesehen zu haben, wie er gehofft hatte. Sie ist jetzt im Sommer ohnehin mit Pineles im Riesengebirge. Aber der Wiederaufgenommene ihres Lebens schickt ihr die »Gebete«, die nach denen entstanden sind, die bei ihr liegen: »... nimm das neue Buch mit Gebeten zu Dir, leg es zu Dir, leg es zu den ersten und lies es und hab es lieb mit ihm. ... ich werde diese Bruchstücke ganz anders lesen, wenn ich weiß, daß das Ganze in Deinen Händen ruht, Du Gleichgewicht, – beschützt, angeschaut und zusammengefaßt von Dir.«[313]

Ja, er ist längst dabei, sie ganz vorsichtig wieder mit Heimatfäden zu umspinnen: »Denn von allen meinen Gedanken ist der an Dich, der einzige in dem ich ausruhe, und ich lege mich manchmal ganz in ihn hinein und schlafe drin und stehe aus ihm auf ...«[314] Das schreibt er schon aus Rom, sie auf vertrauten Berliner Wegen wähnend: »Jetzt ist es Herbst bei Dir und Du gehst im Wald, im großen Wald, in den man schon so weit hineinsehen kann, im Wind, der die Welt verwandelt. Ich denke an den kleinen Tümpel, links vom dahlemer Weg, der immer ganz groß und einsam wurde um die Zeit. Ich denke an die Abende, nach denen die Sturmnacht kommt, die alles Welke aus den Bäumen nimmt.«[315]

Das liest sie schon in Göttingen; im Oktober sind sie umgezogen. Auf ihrer Antwort muss schon die Ortsangabe auf dem Briefkopf ihn tief berühren. *Loufried auf dem Hainberg bei Göttingen*, steht da.

Sie erläutert das so: *Seit dem Loufried von Wolfratshausen bin ich diesem hier Schritt für Schritt entgegengewandert; jedes Jahr seither hat daran mitbauen müssen ... Nach Bauregeln wider alle Vernunft. Und nun steht's da. ... Hier bin ich eine Bäuerin geworden und mein Mann ein Professor.*[316] Bücher soll sie ihm nennen, die sie inzwischen las? ... *warte damit noch Rainer; ich schäme mich: ich habe nicht gelesen. Lou.*[317] Nein, wer umzieht, liest keine Bücher, der verpackt sie.

»Liebe Lou, es rührt mich seltsam an, daß nun eine Heimat um Dich steht, ein Haus, Deines Wesens voll, ein Garten, der von Dir lebt, eine Weite, die Dir gehört ... jenes erste, ferne *Loufried*, es war ja fast wie ein Traum, leise zerstörbar und voll vorweggenommener Dinge; aber es hing an Dir und wenn Du kamst, so war das Haus groß und des Gebens war kein Ende. So fühlte ich es damals und ich weiß heute davon, daß gerade in der unendlichen Wirklichkeit, die Dich umgab, für mich das tiefste Ereignis lag jener unsäglich guten, großen, gebenden Zeit; die umgestaltende Erfahrung, die damals, an hundert Stellen zugleich, mich ergriff, sie ging von dem unsagbar Wirklichen aus das Du warst. Nie hatte ich, in meiner tastenden Zaghaftigkeit, Seiendes so gefühlt, an Vorhandenes so geglaubt und das Kommende so erkannt; Du warst alles Zweifels Gegentheil und ein Zeugnis warst Du mir dessen daß alles *ist* was Du berührst, erreichst und schaust.«[318] Und er sagt ihr, dass er während seiner schwersten Zeit in Paris, als sich alle Dinge von ihm zurückzogen und er selbst das Gesicht seines nächsten Menschen, seiner Frau, nicht mehr erkannte, immer noch sie vor sich sah: »... daß mir Dein Bild nicht fremdgeworden war, daß es sich nicht entfernt hatte wie alles andere, sondern allein stehengeblieben war.«[319]

Noch nie hat sie ein eigenes Arbeitszimmer besessen. Das Erdgeschoss des Hauses gehört Andreas, das Obergeschoss gehört ihr. Sie lässt die Wände ihres Schlafzimmers und des Arbeitszimmers mit graublauem Stoff bespannen, an den Wänden stehen einfach gezimmerte Bücherregale aus Tannenholz, dazwischen russische Bauernstickereien, wenige Fotos, und bald Vogelers große Radierung »Liebe«, die er ihr selbst aufhängt, *eigentlich ein Rainerbild.* Auf dem Boden liegen die großen Felle zweier Bären, die ihr Züricher Onkel in Russland geschossen hatte. So wird es bleiben, *umhängen, ja auch nur umrücken durfte man nichts.*[320] Und vor beiden Räumen liegt der große Altan.

Am 1. Januar 1904 stehen blassgefärbte Nelken aus Rom auf ihrem Tisch. Sie trinkt mit ihrem Mann eine Flasche Champagner, die schon zweimal mit umgezogen ist. Aber so kontemplativ wie früher ist der Neujahrstag nicht, die Herrin von »Loufried« muss in den Hühnerstall. Sie schickt die ersten Eier an die Heimatvertriebene Frau Pfanneberg.

Sie geht oft zu ihr, schon weil sie so viel Gemeinsames haben – Frau Pfanneberg *liebt dasselbe wie ich: ihr Häuschen.*

Ihre Kapitulationserklärung beeindruckt sie noch immer: »Ich werde glücklich sein, weil glückliche Menschen hier einziehen.« Lou resümiert: *So wie dieses Wort ist diese Frau.*

Sie sieht durch den entlaubten Bergwald die Bäuerinnen, Kiepen auf dem Rücken, zur Stadt hinuntersteigen. Eine Bauersfrau kennt sie schon näher, wahrscheinlich durch Frau Pfanneberg.

Die Bäuerin näht ihr Kittelschürzen und weite, schlichte Kleider, die zur Gartenarbeit taugen. Sie bringt auch Grünkohl und Kartoffeln.

Am 4. Januar fährt Andreas nach Berlin, und sie vergisst, ihm das vorbereitete kalte Rebhuhn in die Manteltasche zu stecken. Das ärgert sie maßlos und sie findet sich seltsam: *Mich grämen immer nur die* kleinen *Unthaten.*

Am 15. Januar liest sie bei Karl Scheffler, dass der Künstler »du« sage, wenn er arbeitet. Das leuchtet ihr ein. »Du«, das sei er selbst und das Publikum. Für dieses »Du« schaffe er. Nicht für sich, auch nicht für jedermann, schon gar nicht für ein »Sie«. Am 16. Januar denkt die Wächterin des Hühnerstalls über das erotische Moment in der Kunst nach. Seltsam, wie *die stärkste Aufregung der Thierheit* zugleich das am stärksten berührt, das von ihm am weitesten entfernt ist, den Geist.

Am Morgen des 18. Januar tobt ein Schneesturm um ihr Haus, sie freut sich über seine vielen *Fensteraugen, die alle in was Schönes sehen.* Dann kommt ein langer Brief aus Rom. Rilke erklärt ihr, wie er vor einem großen antiken Bild in Paris schließlich den Mut gefunden hatte, ihr zu schreiben. Der Brief endet: »Ich aber, Lou, Dein irgendwie verlorener Sohn, ich kann noch lange, lange kein Erzählender sein, kein Wahr-Sager meines Wegs, kein Beschreiber meines gewesenen Schicksals; was Du hörst ist nur der Laut meines Schrittes, der immer noch weitergeht, der, auf unbestimmten Wegen, sich immer noch entfernt und ich weiß nicht von was und ob er sich irgendwem nähert weiß ich nicht. Nur, daß mein Mund, wenn er ein großer Strom geworden ist, einmal münde in Dich, in Dein Hören und in die große Stille Deiner aufgethanen Tiefe – das ist das Gebet, das ich zu jeder Stunde sage, die mächtig ist, zu jeder Bangheit, Sehnsucht oder Freude, die etwas hüten und erhören kann. Wenn mein Leben auch gering ist und mir oft und oft erscheint wie ein unbestelltes Feld, auf dem das Unkraut Herr ist und die Vögel des Zufalls, die wählerisch in seinem ungepflegten Samen suchen, – es wird erst sein, wenn ich es Dir erzählen kann und wird so sein, wie Du es hörst. Rainer.«[321]

Sie denkt – und hat es schon oft gedacht –, dass es in diesem ganzen An-sich-selbst-Leiden doch gut ist, dass er heute lebt, wo Menschen sich vorurteilsfrei ansehen können, ohne all die *Heuchelei und Eitelkeit*. Heute erst, wo sie sich selbst durchsichtig werden, könnten sie Nachsicht mit sich haben. *Eine Landschaft sind wir, worin wir uns einleben müssen, so heimisch wie möglich werden und nicht vergessen, daß der Himmel über allen derselbe ist.*[322]

Sie antwortet ihm: *Seit Weihnachten legen wir Eier; bis dahin mauserten die Hühner sich noch; im Frühjahr soll eine Ziege kommen, und der Garten giebt von da ab unsere gesamte Kost. Bist Du noch vegetarisch gesinnt? Wir sind es jetzt Beide ganz. Auch die römischen Bäder habe ich von meinem Mann adoptirt.* Sie macht einen langen Spaziergang und hat plötzlich eine Idee. Sein Brief bringt sie darauf. Ein Buch wird sie schreiben, in deren Mittelpunkt das Haus stehen würde, ihr Haus. Aber darin sollen lauter Menschen leben, die es noch nie gesehen haben. Rilke, Pineles, Frieda von Bülow, ihre Freundin Helene Klingenberg – alle ließe sie einziehen, als Familie. Und Andreas. Alle würden sie selbst bleiben, ganz in ihren Seelen inhaftiert, nur würde sie sie in einem anderen Leben aussetzen. Und in ihrem Haus.

Am 27. Januar, es ist Kaisers Geburtstag, kocht ihr Mann, zurück vom Festakt an der Universität, in Frack und Talar Kakao. Am 29. Januar beginnt sie ihren Roman.

Der Erste, der zum Roman-Hund Salomo tritt, am Wintermorgen in der offenen Altantür, ist der Herr des Hauses, eine unbestimmte Mischung aus ihrem Mann und Pineles, von Beruf Arzt und liebender Gatte seiner Frau. Dann gehen Herr und Hund hinunter ins Esszimmer, wo seine Frau in stummer Trauer wartet, denn es ist der Geburtstag ihrer kleinen Tochter, die vor Jahren gestorben ist. Die Autorin scheut nicht nur nicht davor zurück, dieser Frau den Namen Anneliese zuzufügen, ihr Mann nennt sie auch noch, und das in ganzer Aufrichtigkeit des Herzens, »Lieselieb«.

Wollte man Lou Andreas-Salomé nach den Namen ihrer Romanfiguren beurteilen, entstünde das Bild einer anderen Frau. Auch die Gespräche, die die unglücklichen Träger dieser Namen miteinander führen, klingen heutigen Ohren seltsam. Welch gekünstelte Innigkeit. Oder sollte die Autorin nur die bürgerliche Ehekonversation wiedergeben, deren Zeugin sie oft ist, etwa im Hause Helene von Klingenbergs?

Helene von Klingenberg, in Riga geborene von Klot-Heydenfeld, hatte sie 1896 gemeinsam mit Frieda in München kennengelernt. *Innerlichst vorbestimmt ... zu Frau- und Muttersein*, traf Nietzsches bös gemeinter Satz, wonach alles an der Frau eine Lösung habe, welche Schwangerschaft heiße, auf sie ganz zu. Im Jahr zuvor ist Helene von Klingenberg endlich Mutter geworden, und die Freundin, die selbst statt eines Kindes gerade eine Immobilie erwartete, nahm großen Anteil daran. Und doch war es auch eine Anteilnahme an sich selbst. Lou Andreas-Salomé hatte unlängst ein Kind verloren, wohl beim Sturz von einem Apfelbaum in Oberwaltersdorf. Es war Pineles' Kind.

Sie hat sich anderen, später auch Freud gegenüber nur in Andeutungen darüber geäußert. Es ist schwer, sich Lou Andreas-Salomé mit Kind vorzustellen. Wie hätte sie ihrem Mann gegenüber ein Kind erklären sollen, selbst wenn Andreas bald ein ähnliches Problem haben wird? Und wäre mit einem Kind von Pineles die Bindung an diesen Mann, den sie in ihrem »Lebensrückblick« mit keinem Wort erwähnen wird, nicht zu eng geworden? Auch gibt es, sie weiß es nur zu gut, keine opferlosen Mütter.

Helene ist im Jahr 1904 eine junge Mutter; Lou wird das Aufwachsen von Reinhold und Gerda Klingenberg begleiten – ihre 1917 erscheinenden »Drei Briefe an einen Knaben« werden dem Jungen gelten.

Helene ist das Vorbild für Anneliese im Roman, nur sind dort ihre Kinder schon erwachsen: Rilke und sie selbst, Balduin und Gitta. Als Anneliese und ihr Mann mit Salomo am Frühstückstisch sitzen, ist Post von beiden da. Sie werden über die Feiertage nach Hause kommen, er aus einem Erholungsheim, in dem er sich – nach spät, gleichwohl glänzend nachgeholtem Abitur – seiner angegriffenen Nerven wegen aufhält. Balduin ist das Sorgenkind der Familie, ja, die Mutter befürchtet, er könne wie sein Urgroßvater einmal wahnsinnig werden.

Bevor Balduin und Gitta eintreffen, stellt die Autorin die übrigen Bewohner des Hauses vor: *Neben den Küchenräumen befand sich unten noch eine Miniaturwohnung nach dem abfallenden Garten hinaus: drin hauste ein sehr nützliches Ehepaar, Herr und Frau Lüdecke, sie, um die Küche, er, um den Garten zu versorgen, obschon er einst, selbstständiger Gärtner, bessere Tage gesehn. Frau Lüdecke kränkte an den veränderten Verhältnissen am meisten der Umstand, daß ihr Mann im gleichen Hause arbeitete wie sie, weil sie es reizvoll gefunden haben würde, ihn feierabends abzuholen oder ihm mittags den Eßtopf zuzutragen, wie andere Frauen tun.* Allerdings ist Frau Lüdecke mit Herrn Lüdecke sonst sehr zufrieden, und es mag auch der Kinderlosigkeit ihrer nun schon zehnjährigen Ehe zuzuschreiben sein, dass *eine wunderbar zähe Bräutlichkeit* an Frau Lüdecke haften geblieben ist, *und wenn Herr Lüdecke ihr Küchenholz kleinmachte oder den Wäschekorb trug, nahm sie das noch entgegen wie Minnedienst. Die Nachrichten von »Herrn Balderchens« Heimkehr zum Universitätsstudium stieß bei Frau Lüdecke auf größte Wärme, Studenten in Wichs waren ihr Höchstes.* Es gibt noch mehr bemerkenswertes Dienstpersonal im Hause, aber die Lüdeckes sind das unterhaltsamste, wie auch dieser Roman einer ihrer unterhaltsamsten, schönsten werden wird im feingewobenen Beziehungsgeflecht aller Mitwirkenden. Um das gleich noch einmal anhand der Lüdeckes zu zeigen: *Aus lauter Besorgnis, man könnte ihren Mann nach seiner Verschlechterung kurzweg »Lüdecke« titulieren, hatte seine Frau sich so daran gewöhnt, ihn ihrerseits als Herrn Lüdecke zu betonen, daß sie selbst in ihren inwendigen Gedanken nicht davon abging.* Und noch etwas später: *Mißbilligend schüttelte sie ihren Kopf im weißen, vorn getollten Häubchen, das sie des Nachts trug, weil Herr Lüdecke sich vor Haaren fürchtete, die sie im Bett verlieren könnte.*

Auf Loufried aber tut nicht ein Ehepaar seinen Dienst, sondern Marie. Sie hatten Marie schon in Berlin-Westend eingestellt und sie mit nach Göttingen genommen. Mag sein, bald wird die Hausherrin sich wünschen, doch ein Ehepaar beschäftigt zu haben, denn ungefähr um die Zeit, als Lou auf Loufried in ihrem blaugrau bespannten Arbeitszimmer sitzt, auf Göttingen hinunterschaut oder einfach darüber hinweg und den Anfang ihres Romans schreibt, wird Marie schwanger.

Sie wird ihren Mann nie zur Rede gestellt haben, dazu begegnet das Ehepaar Andreas-Salomé einander zu rücksichtsvoll. Keine Messer mehr, nicht einmal in Worten. Und welches Recht hätte sie auch, von Andreas eine Rechtfertigung zu verlangen? Sie hat ihm immer die schönsten Geliebten gewünscht, sie selbst befindet sich mit Pineles in einem großen Aufbruch der Sinne. Nur »Loufried« und das eigene Dienstmädchen hält sie als Schauplätze für ein wenig unpassend.

Am 15. März bemerkt sie, dass sich noch viel mehr Schneeglöckchen geöffnet haben, und denkt im Angesicht dieser keuschesten Blumen – denn es gibt auch wollüstige Blumen – über die Wollust nach unter besonderer Berücksichtigung der Wollust in der Kunst: *Wollust ist etwas, was alle dichterischen Gestalten als ihr Lebensblut durchströmt; sie darf aber nirgends heraustropfen, daran sterben sie. Daher ist man am leidenschaftlichsten und am keuschesten innerhalb der Kunst.*

Am 12. Februar, zu ihrem Geburtstag, sind wieder blassrosa Nelken aus Rom gekommen, und Maiglöckchen dazu. Die Maiglöckchen halten nach Auskunft der Empfängerin bis in den April hinein. Rein botanisch gesehen ist das unwahrscheinlich – oder bekommt sie immer neue? Da ist sie gerade dabei, sich und den Absender als Bruder und Schwester zu entwerfen. Gitta ist rückhaltlos und zum größten ablehnenden Erstaunen ihrer Eltern in den Juden Markus Mandelstein alias Friedrich Pineles verliebt, den alle ringsum für einen Griechen halten.

Gitta verhält sich um ihrer großen Liebe willen bald wie die Autorin um ihres Hauses willen. Sie wütet, schreit und heult. Hier die Reaktion ihres Bruders:

Salomo bellte. Annelies war um Gitta bemüht. Branhardt hob sie auf von den Knien. Balduin sah es nicht mehr; die Hände über die Ohren geschlagen, war er dem Zimmer entflohn.

Nicht weit, draußen auf der Treppe stand er still, denn die Knie zitterten unter ihm. Gitta, überrumpelt von sich selber, Gitta preisgegeben weiß Gott welchen Gewalten, – jemandem, von dem man nur wußte, daß er Markus hieß, der Elende!

Aber Gitta, die war ja doch stark! Warum konnte sie da nicht noch stärker sein und die Tobsucht ablegen? Das konnte er ihr nicht vergeben! Das stieß ihn in eine Angst ... Die Fäuste am Kopf, die Augen böse, lehnte er an der Tür gegenüber, die – dünnes, schwaches Holz, – ihn allein noch vom Gräßlichen schied.

Und er, der Gitta liebte, er, der den leisesten Zwang haßte wie nichts anderes auf Erden, faßte nur einen Gedanken:

Nur nicht ihr nachgeben! Lieber Zwangsjacke.

Balduin ist, wie sich ahnen lässt, im Gegensatz zu seiner Schwester nicht der Stärkste, ja, er ist die Familiensorge schlechthin, und eigentlich gibt es ihn doppelt. Seine Schwester hat seinen beiden Ichs Namen gegeben. Mal ist er *Prinz Nimm-von-mir* und mal *Kaspar Habenichts*. Beide sind tief verfeindet.

Wahrscheinlich ist es der Prinz, der ihn immer aufs Neue in unvermutete Aufbrüche und Ankünfte drängt: *Obgleich die Bahnentfernung nur wenige Stunden betrug und er aufs bequemste mittags hätte eintreffen können, war er doch bei Nacht und Nebel aufgebrochen, um ganz plötzlich da zu sein, denn dafür hatte Balduin eine Liebhaberei. Er erwartete von jeher etwas ganz Absonderliches davon, was indes nie eintraf.* Wer ihn jetzt ansah, konnte meinen, er sei *nach tausend Fährlichkeiten gelandet aus Australien.* Unter dem Beifall seiner Schwester entwirft er Karikaturen der Nervenheilanstalt, die er soeben verlassen hatte, ihrer Ärzte und Bewohner. Und als er im Blick seiner Mutter die Frage las, ob er je wieder ganz gesund werden könnte, erklärt er sich bereit, noch im gleichen Jahr unten in der Stadt mit dem Studieren zu beginnen. Um schon im selben Augenblick anzufangen, am eigenen, aus freien Stücken gegebenen Versprechen zu verzweifeln: *Anneliese entging es nicht, wie im Laufe des Gesprächs sein lebhafter Gesichtsausdruck sich veränderte, gleichsam erlosch. Er fing über allerlei zu klagen an, um Kleinigkeiten, um einen Riß im Rockfutter, um sein körperliches Befinden, der eine Fuß war unterwegs schlimm geworden –. Zuletzt fehlte nicht viel, so stand er in der Tat da als ein Armer, in Lumpen gehüllt, mit Schwären bedeckt.*

Auch Gitta merkte es: Prinz Nimm-von-mir empfahl sich, und an seiner Stelle saß bereits Kaspar Habenichts.

Manchmal erschrickt sie selbst über das, was sie da tut. Sie notiert: *Man muß in einer menschlichen Beziehung schon alles hinter sich haben, um Jemandem so ungeniert das Fleisch von den Knochen zu lösen, – Sektion ist nichts dagegen, die unternehmen wir in jeder Stunde der Kritik.*[323]

Mag sie ihn hinter sich haben, mag sie ihm das Fleisch von den Knochen lösen – Rainer Maria Rilke hat sie noch vor sich. Es hat sich nicht geändert. Sein Drängen auf ein Wiedersehen wird stärker: »Und Hülfe wäre es, Dir von vielen Dingen zu reden und Dich zu hören und schweigen zu sehen; Dir einmal etwas zu lesen ...«[324] Ja, er überlegt gar, als ahnte er seine Romandoppelfigur, in die er gerade eingeht, in Göttingen zu studieren. Kann sie ihm das verwehren? Ja, kann sie. Indem sie nicht selbst davon spricht, er weiß es: »Ich frage nicht, ob der Ort, den ich für all das suche, Göttingen sein kann? Denn Du würdest es mir sagen, wenn es Dir möglich schiene.«[325] Es sind drei Zeilen nur in einem Brief von 21 Druckseiten.

Musste sie lächeln, nicht böse, nur wiedererkennend, als sie den Anfang las? »Es kam nicht bis zu jenen Angstgefühlen, aus denen heraus ich vor einem Jahre anfing, nach Dir zu rufen; ich war klar und erkannte und sah alles um mich ohne Furcht. Nur eine Unfähigkeit, die, wie ich begriff, vom körperlichen ausging, verringerte mich zu einem Mindestmaaße von Dasein, ein Erschöpftsein, Vertrocknetsein bis auf die Neige unterschied mich von allem was war und machte mich so allein wie ein Weggeworfenes ist, das nicht mehr theilnimmt.«[326] Und dann, beschwörend beinahe: »Liebe Lou, wenn es möglich wäre, Dir diesen Sommer zu begegnen, so laß es bitte möglich sein.«

Doch sie gibt ihm kein Zeichen. Was in die Euphorie ihrer Arbeit und der Hühnerhaltung schneidet, ist nicht seine Not. Es sind die Nachrichten aus Russland. Es ist Krieg, russisch-japanischer Krieg. Sie denkt an ihre Mutter in Petersburg, die *für die Verwundeten* näht.

Aber wer in ganz Göttingen und darüber hinaus versteht ihre Sorge um Russland? Im Grunde doch nur einer, dem muss sie nicht erst etwas sagen, der antwortet ihr, schon bevor sie ihn gefragt hat: »Der Krieg – unser Krieg –, ist fast wie eine körperliche Unruhe in mir, – aber ich lese wenig von ihm, weil Zeitungen mir ganz entwöhnt und zuwider sind und weil sie ja alles entstellen. In der ›Zeit‹ ... war vor einigen Tagen der Brief eines russischen Offiziers, den ich mitsende; freilich, man hat nicht einmal den Takt gehabt, diese schlichte, zitternde Nachricht, ohne kränkende Einleitung abzudrucken. Einmal las ich auch, daß der Krieg voraussichtlich Jahre dauern würde; Kuropatkin sollte es gesagt haben; aber das kann doch nicht möglich sein!«[327] – *Was für ein Labsal für mich, daß Du von unserem Krieg sprichst! In Deutschland begreift man ja nicht einmal, daß Rußland, wenn auch unfreiwillig, Europa gegen Asien vertritt, – immer in diese Zwischenstellung gedrängt.*[328] Und ebendas schaffe seine eigentliche Tragik, weil es ihm so unmöglich werde, sich seine ureigenste Lebensmöglichkeit zwischen Ost und West zu schaffen. *So kann dieser volksmordende Krieg in jedem Fall, auch im Siegesfall, nur Rückstand bedeuten.*

Mitte April verlässt die Herrin von Loufried ihre Residenz zum ersten Mal. *Der große Birnbaum steckt seine weiße Pracht gegen das Fenster wie ein großes Glück*, weit in das Zimmer hinein. Eigentlich ist es Sünde, jetzt wegzugehen, denkt sie – vom Birnbaum, nicht von ihrem Mann. Sie fährt mit Pineles in einen Badeort bei Venedig, sie leben noch immer nach bewährtem Rezept – viel Natur, viel Sonne, von innen und außen –, und sie schickt Rilke eine sehr zeitversetzte Karte aus Venedig. Seine Enttäuschung ist unüberhörbar: »Liebe Lou, so nahe warst Du also. Und mir war die ganze Zeit vorher, als ob Du nach Italien kommen würdest. Als ich dann eines Tages eine Karte sah –: Deine Schrift und die italienische Marke, – da hoffte ich einen Augenblick viel, zu viel ...«[329] Jetzt ist er entschlossen, ihr zu begegnen.

Durch Vermittlung von Ellen Key, die die Kindheit entdeckt und das »Jahrhundert des Kindes« ausgerufen hat – sie mag Lou, obwohl diese ihre Bücher schrecklich findet –, wird Rilke für den Sommer auf ein Gut in Schweden eingeladen. Da bekommt er Ende August Post von Lou aus Kopenhagen. Sie macht gerade dänische Stadt- und Strandferien mit Friedrich Pineles. Auf der

Karte ist ihr Hotel zu sehen, sie hat ein Kreuz an ihr Fenster gemacht; er versteht es als Botschaft: »Donnerstag, am 18., kam l. L., Deine Karte. Der nächste Zug mit Anschluß ging erst am nächsten Morgen. Ich nahm den ersten, war gestern (Freitag) früh in K(openhagen) – Du warst fort. Im Hotel nichts. Daß Du in acht Tagen wieder durchreisest –: Nur ein Gerücht. Und, wenn ich recht verstanden habe, ist Doctor Pineles mit Dir. Zu lauter Verlust dieses große Versäumnis.«[330]

Nein, sie kommt nicht zurück, sie fährt weiter in den Norden bis nach Norwegen und dann mit Schiff nach Petersburg. Sie notiert Tischgespräche *über Musik und warum die Orientalen ... keine eigentliche Musik hervorgebracht haben. ... Es ist bezeichnend, dass die Juden obschon Orientalen musikalisch wurden: sie wurden es durch unerhörtes Leid ... Sie sind gelockerte, jeder Differenzierung fähige Seelen durch das, was sie gelitten haben.*[331]

Sie ist keine zum Leiden sehr begabte Natur, umso mehr trifft sie das Wiedersehen mit ihrer Heimat. An einem frühen Septembermorgen fährt sie in den Hafen von Kronstadt ein, *langsam vorüber an der Ostseeflotte, die gerade den Kaiser erwartete, um eingesegnet zu werden ... Dies Bild, wie bei tiefblauem Himmel die Sonne über den Kriegsschiffen aufging, unter Kanonendonner und feierlicher Bewegung auf allen Booten, bleibt mir unvergesslich.*[332]

Bisher, noch auf ihrer großen Reise mit Rilke, hat sie Petersburg nur als *bloßen Punkt* in diesem unendlich großen Land wahrgenommen. *Und jetzt erst ist die Fensterecke mit meiner Мушка – Mutter – mir alles dort. (durch den Krieg!)*

Louise von Salomé die Ältere ist nun 81 Jahre alt, eine Старушка, eine Alte. Die Tochter bleibt vom ersten bis zum letzten Tag bei ihr. Immer wieder geht die alte Frau durch die Tagebuchnotizen ihres Kindes. 81 Jahre musste sie werden, um wirklich eine Tochter zu haben.

Als sie zurückkehrt, liegt Loufried in der Abendsonne wie im Hochsommer, als sie es zum zweiten Mal verließ. Es gibt kein wirkliches Heimkommen in der Stadt, wird sie bald notieren, Heimkehr ist nur da, wo alles, was um einen ist, lebt, *und auch fortgeht und auch wiederkehrt.*

Immer wieder wehrt sie Rilkes Wunsch ab, zu ihr zu kommen, heimzukommen. In diesem Winter sei das schon deshalb unmöglich, da Pineles ihr eine zweimonatige Liegekur verordnet habe. Es ist wieder das Herz. Der Krieg in Russland und wahrscheinlich auch der Anblick ihres nun hochschwangeren Dienstmädchens irritieren ihre starke Natur. Aber wenn sie krank sei, müsse er doch erst recht kommen dürfen, antwortet der Abgewiesene und schickt zu Weihnachten wieder Nelken und bald danach auch die Anfrage, ob er nicht das russische Neue Jahr bei ihnen beginnen dürfte. Er darf nicht. Rilke und ein hochschwangeres Dienstmädchen, das ist zu viel.

Marie ist über ihren Zustand noch viel verzweifelter. Sie will das Kind weggeben. Alles soll werden, wie es war. Anfang Februar setzen die Wehen ein, Lou ist bei Marie im Krankenhaus. Es wird ein Mädchen, ein Mariechen, und beim Anblick ihres Kindes, notiert die Betreuerin ihres Dienstmädchens, sei nun auch das Muttergefühl erwacht. Ab sofort hat Loufried eine Bewohnerin mehr; diese besitzt fortan zwei Mütter und einen Vater. Vorerst schläft sie im großen Wäschekorb.

Mariechens Zweitmutter studiert inzwischen das Geschlechts- als Sozialverhalten auf ihrem Hühnerhof. Sie hat neue Hennen gekauft, sehr schöne schwarze, aber der Hahn will sie nicht, *er hackt den neuen auf's Gehirn. Welch ein Geschmack, und welche Tugend!*

Die Blüte der ersten Kirschbäume im Garten findet einen verzweifelten Hahn im Exil. Er umkräht den Hühnerhof, aus dem er verbannt wurde, seit die Lieblingshenne ihre Tage *mit verstauchtem Fuß* verbringen muss. Sie war nicht schnell genug gewesen, sich und ihr Gehirn vor dem Hahn in Sicherheit zu bringen. Sie sieht die neuen hellen Tannenspitzen, sie sind ihr wie ein Duft von Sommer und Weihnachten zusammen. Das ewig Neue im ewig Gleichen, es erstaunt sie in jedem Frühling, beinahe an jedem Morgen. Und unsere eigene Natur besitzt diese Kraft des Neuwerdens auch, notiert sie. Wenn die täglichen Wiederholungen, die des Frühstücks oder des Spaziergangs begännen, monoton zu wirken, sei das ein seelisches Krankheitszeichen.

Durch diesen großen Frühling kräht der verzweifelte Hahn, in immer neuem Ansturm gegen die ihm verschlossene Mitte seines Daseins. Und noch ein vom Zentrum seines Daseins Ausgeschlossener ruft sie mit gleicher Ausdauer, nur etwas anderen Tönen: »... das Wiedersehen mit Dir ist die einzige Brücke zu allem Kommenden, – Du weißt es, Lou.«[333] Und dann, in ebendiesem Mai denkt er an das Blühen in ihrem Garten: »Wie sehnt man sich danach, davon Theil zu sein; nur einmal wieder in sich die Hand zu fühlen, die die Lerchen so hoch in die Himmel wirft.«[334]

Wie im ersten Fall zu verfahren ist, weiß sie bald; ihr Entschluss lautet: Frikassee! Im zweiten zögert sie noch bis zum 21. Mai, um den Antragsteller dann im Ton größter Selbstverständlichkeit zu benachrichtigen. *Lieber Rainer, ja, ich kann Dich gut hier haben wenn's in der Pfingstwoche sein könnte?*[335] Der so Informierte verliert vor Schreckfreude jede Orientierung: »Heißt das schon Pfingst-Sonntag oder die Tage hernach, oder die Tage vorher?«[336] Er überlegt lange, was er Schimmel mitbringen könnte, den er längst als »mein ›nächster‹ Hund oder besser mein Hunde-Nächster« bestimmt hat.

Am 1. Juni ist die russische Flotte vernichtet, die sie bei ihrer Einfahrt in Kronstadt gesehen hatte. *Alles aus für Rußl.* Was nun beginnt und längst begonnen hat, wird sie bald so beschreiben: Es seien *internationale Menschen*, die mit ihren internationalen Ideen das Volk aufwiegeln, und man könne ihnen schon deshalb nicht vergeben, weil sie die Reaktion legitimieren. Die große Utopie, Osten und Westen könnten sich in ihrer Heimat *auf eine neue schöpferische Weise* einigen, scheint verloren.

Und dann, zu Pfingsten 1905, muss Schimmel alias Salomo seinen Lieblingsplatz in der offenen Altantür räumen, wo er mit hochmütigem Blick in die Ferne einen ganzen Roman eröffnen durfte.

Noch sehe ich Dich hingestreckt auf dem großen Bärenfell vor der offenen Altantür, während das bewegte Laub Licht und Schatten über dein Gesicht warf. Rainer, dieses war unser Pfingsten von 1905. Es wurde es in noch anderm Sinn, als Du es in Deiner ungestümen Ergriffenheit ahntest. Denn mir war es zugleich wie eine Himmelfahrt des Dichterwerkes über den Dichtermenschen. Zum ersten mal wurde das »Werk« – welches es nun durch Dich werden würde und was es von Dir auch würde heischen müssen – mir klar als der berechtigte Herr und Befehl über Dir. Stockenden Herzens grüßte etwas in mir die für Jahrzehnte noch ungeborenen Elegien.

Von unserem Pfingsten an las ich, was Du schufst, nicht nur mit Dir, ich empfing es und bejahte es wie eine Aussage über Deine Zukunft, die nicht aufzuhalten war. Und hieran wurde ich noch einmal Dein, auf eine zweite Weise – in einem zweiten Magdtum.[337]

Und noch eine tiefe, gleichwohl nicht erwähnte Rechtfertigung besitzt dieser Besuch, denn er ist nach Auskunft ihrer Herrin *die letzte große Freude* im Leben der Aristokratin, die auf so souveräne Weise die Abstammungslinien unzähliger Hundegeschlechter in sich vereinigte. In der Nachpfingstwoche stirbt Schimmel.

Andreas hebt ein tiefes Grabgewölbe bei der großen Linde im Garten aus. Wieder geben sie zu dritt und in großer Feierlichkeit wie in alten Tagen, als sei nichts inzwischen gewesen, einer Dahingegangenen das letzte Geleit. *Rainer … half das Grab zuzuschaufeln.*

Zwei Hinterbliebene fahren nun in den Harz zu Helene Klingenberg. Die Romanmutter soll ihren Romansohn kennenlernen. Beide wissen nichts von ihrer Doppelexistenz.

Noch im selben Jahr erscheint das »Stundenbuch«. Der Erfolg des Dichters Rainer Maria Rilke beginnt.

»Die Erotik«

Kann man so leben? Genauer: Kann frau so leben? In welche Unordnung würden die menschlichen Dinge geraten, wollte ihr ganzes Geschlecht ein Dasein führen wie sie? Sie hat ein Kind, aber es ist nicht ihr eigenes, gleichwohl höchstwahrscheinlich das ihres Mannes. Sie hat einen Geliebten, der sie heiraten will, weshalb sie gerade dabei ist, sich von ihm zu entfernen.

Oder entfernt er sich von ihr? Es ist nicht mehr zu ermitteln, denn die Virtuosin eines Lebens, an dem andere längst gescheitert wären, wird den Mann, mit dem sie fast ein Jahrzehnt lebte, der fast ein Jahrzehnt nur für sie lebte, in ihrem »Lebensrückblick« mit keinem Wort erwähnen. Den Briefwechsel hat sie vernichtet. Und sie hat einen verlorenen, unlängst wiedergefundenen Sohn, der ihr erster Geliebter war, zu dem sie nun doch eine letzte Distanz wahrt – vielleicht aus einem Rest von Ordnungssinn und weil sie nun gleich ein halbes Jahrhundert alt wird oder auch nur, weil sie zwei Geliebte zu gleicher Zeit zu liederlich findet. Sie bereut nichts. Es ist *ihr* Leben. Mögen andere ein Leben führen, das aus dem besteht, was ihnen widerfährt, während sie andere Pläne machen. Sie ist nicht nur die Autorin ihrer Bücher, sondern auch die ihres Daseins.

Es weist nur eine Eigentümlichkeit auf, die der strengen Theoretikerin und Systematikerin keineswegs entgeht: Verallgemeinerbar ist das nicht. Eine Gesellschaft von Übermenschen wäre die Katastrophe. Nietzsche dachte ohnehin nur an den Übermann, und vielleicht hatten die Amerikaner doch irgendwie recht, als sie ihn kurzerhand als Superman übernahmen.

Nein, die Überfrau ist unmöglich. Sollte es nicht etwas geben im Wesen des Weiblichen, dass es auf natürliche Weise vor einem Leben, wie sie es führt, bewahrt?

Bereits im April 1906 hatte Martin Buber sie um einen Beitrag gebeten, einen sehr speziellen Beitrag für die von ihm herausgegebene Reihe »Die Gesellschaft«. Die Aufgabenstellung lautet: »Darstellung der Wechselbeziehungen innerhalb der Frauengruppe und zwischen ihren Elementen und denen anderer (anthropologischer und sozialer) Gruppen«.

Vielleicht lässt so viel Abstraktheit selbst ihr das Hirn stillstehen, denn sie braucht viele Anläufe und ganze vier Jahre, bis das Ergebnis da ist. Ihr Mann hat fast zur gleichen Zeit auch ein neues Buch veröffentlicht. Bereits 1909 erschien Zoroasters dritte Gatha, der älteste Teil der Awesta, der religiösen Schriften der Jünger Zarathustras. Bis 1913 werden auch die erste, zweite und fünfte folgen.

Während ihr Mann im Stockwerk unter ihr ganz in die Welt Zarathustras einging, dachte seine Frau über ihm noch einmal in aller Grundsätzlichkeit über die Stellung des weiblichen Geschlechts in der Schöpfungsordnung nach.

Nach fast zehn (!) Seiten Methodendiskussion, wie das sich eigentümlich entziehende Thema des Eros zu fassen sei – denn jede einseitige Betrachtung trage gerade hier ihre Falschheit schon in sich –, entscheidet sich die Autorin für eine Betrachtungsweise vorbehaltloser Anteilnahme bei gleichzeitig größtmöglicher Distanz und widmet sich unter der Überschrift »Der sexuelle Vorgang« dem Geschlechtsleben der Einzeller, um eine interessante Parallele zu beobachten, nämlich dass *grade die primitivste Verbindungsart zwischen Lebewesen, die Totalverschmelzung der Einzelligen, so wunderlich gleichnishaft dem entspricht, was sich in den höchsten Liebesträumen der Geist unter vollem Liebesglück vorstellen möchte. Und deshalb wohl fühlt Liebe sich so leicht umschwebt von einem Sehnen und Todesbangen, die sich voneinander kaum ganz klar unterscheiden lassen, – von etwas, wie einem Ur-Traum gleichsam: darin das eigene Selbst, der geliebte Mensch, und beider Kind noch eins sein können, und drei Namen nur für dieselbe Unsterblichkeit.*[338] Zugleich werde schon hier etwas anschaulich, was das ganze Untersuchungsgebiet kennzeichne, nämlich der eigentümliche *Kontrast zwischen dem Gröbsten und dem Verklärtesten.* Darin liege *Humor der Sache*, aber auch der spezifische Grund der Scham insbesondere bei jungen Menschen, wenn der *Umstand, daß sie mit ihrem Liebesdrang die Ganzheit ihrer selbst meinten, und der Übergang von da zu einer körperlichen Teilhandlung sie verwirrt.*

Uranfänglich sei das Sexuelle *vielleicht dem Freßtrieb am verwandtesten*, in jedem Fall eine *Totalkundgebung* wie dieser. Ein denkbar Primitives, lokalisierbar, zumal beim Mann, in den niederen Hirnzentren, aber zugleich, wie die Verfasserin betont, eine Tatsache höchsten geistigen Ranges. Das sei besonders Schopenhauer gegenüber gesagt – Lou Andreas-Salomé kämpft hier wieder ganz auf der Seite Nietzsches –, in dessen Fassung der Sexualität als bloßer List des »Willens zum Leben« man *förmlich alle Wut des Düpierten herausfühle.* So viel Putz und Illusionswerk um ein bloßes Stück Biologie, eine Fortpflanzungsnotwendigkeit, und keine Wirklichkeit – so Schopenhauer – zahle diese Investition jemals wieder zurück.

Da ist sie anderer Meinung und kann das als Nichtdüpierte auch sehr schön formulieren: *Lieben heißt im ernsthaftesten Sinn: Jemanden wissen, dessen Farbe die Dinge annehmen müssen, wenn sie bis ganz zu uns gelangen wollen ... In den schönsten Liebesliedern lebt etwas von dieser mächtigen Empfindung, als sei das Geliebte gar nicht nur es selbst, sondern auch das Blatt noch, das am Baume zittert, der Strahl noch, der auf dem Wasser erglänzt.* Im Fall der Autorin tragen solche Blätter und Strahlen wohl gerade den Namen Moissi.

Sie taucht in den Jahren 1906 und 1907 wieder tief in die Berliner Theaterwelt ein, in die Welt Reinhardts und Stanislawskis, den sie schon in Russland erlebt hatte – vor allem aber in die Welt des albanischen Kaufmannssohns und Reinhardt-Darstellers Alexander Moissi. Die Tagebuchnotizen des Frühjahrs 1907 lauten: *29. März Moissis erster Spaziergang ... 30. März Moissis Spaziergang verfrüht ...* Fast kein Tag ohne diesen Namen. *1. April gute, schöne Moissi-Stunden ... 2. April Moissis Geburtstag ... 3. April Moissis Abreise ... 8. April Moissis Karten von Riva ... 9. April Moissis Brief.*

Überhaupt: die Kunst und die Erotik. Ohne Umschweife teilt sie ihren Zeitgenossen die viele wohl noch erschütternde Nachricht mit, dass *Kunsttrieb und Geschlechtstrieb so weitgehende Analogien bieten,* dass ein geschwisterliches Wachstum aus der gleichen Wurzel zu vermuten sei, oder, anders herum betrachtet: *die gleiche Heimkehr gewissermaßen der zerstreuten Sonderkräfte in die erdwarmen Tiefen ..., worauf alles Schöpferische überhaupt beruht.* Auch die Religion muss sich vergleichbarer unterirdischer sexueller Kontakte bezichtigen lassen – sind *religiöse und erotische Inbrunst* nicht Geschwisterphänomene? –, besonders gut aber lasse sich das an den religiösen Denkformen ablesen.

Nun war Bubers Aufgabenstellung eher soziologischer Art, die »Wechselbeziehungen innerhalb der Frauengruppe und zwischen ihren Elementen und denen anderer (anthropologischer und sozialer) Gruppen« sollte sie untersuchen. Thema verfehlt, könnte man sagen, aber die Autorin, diese Ursprungsdenkerin von hohen Graden ist nur besonders gründlich. Sie denkt von der Wurzel her, die nun einmal – um das zu wissen, braucht sie Sigmund Freud nicht zu kennen – die Sexualität ist.

Zuerst einmal stehe diese, asozial wie sie nun einmal ist, *der Liebe als einer sozialen Nutzpflanze zunächst nur hinderlich im Wege.* Dem Erotischen jedoch als Erweiterungsphänomen der Sexualität spricht sie die schon vertraute Zwischenstellung zwischen *den beiden großen Gefühlsgruppen des Egoistischen und des Altruistischen* zu, deren Verhältnis zueinander den Charakter einer Epoche bedinge – *unmißverständlicher: der Verengung, Zusammenziehung unseres Einzelwillens von der Gleichgültigkeit an bis zur Fremdheit, Feindlichkeit oder seinem Weitwerden bis zum Einbegreifen des andern, des ihm Gegenüberstehenden, als eines Teiles seiner selbst.* An der Oberfläche weit auseinanderwachsend, gehen sie am erotischen Grunde ineinander über, *und das sich verschwendende: »ich will alles sein!« wie das geizig-gierende: »ich will alles haben!« ergeben, auf ein höchstes umfassendes Verlangen gebracht, den gleichen Sinn.*

In der Frau nun gehe der triebhafte Urgrund am natürlichsten ins Soziale über. Es folgt ein Hohelied auf die Mütter, was umso bemerkenswerter ist, da es in einer Hochzeit der Frauenverachtung erklingt, die – von Möbius' »Über den physiologischen Schwachsinn des Weibes« bis zu Weiningers »Geschlecht und Charakter« – die ganze Subalternität des Weiblichen auf seine Muttertierhaftigkeit zurückführt. Lou ist hier nicht mehr zu überraschen, bei Nietzsche waren alle Motive schon vollzählig, sie wendet seine Gedanken nur ein wenig, und aus Verachtung wird unversehens Preisung. Auch dem Mann begegnet in der mütterlichen Frau noch einmal etwas von dem Ursprünglichen, *das die Ureinsamkeit des Einzelnen aufhebt, als ob er wieder vom Allmütterlichen umfangen würde, das ihn umfing, ehe er war. Sie stellt ihn damit für Augenblicke gleichsam wie in den Weltmittelpunkt zurück*. Lou, die Schoßdenkerin. Und: *Sie schafft ihm damit diese Art höherer Gerechtigkeit neben der sozial oder sachlich abwägenden, – niemanden verkürzend.* Die Autorin weist nach, dass sich Hure und Madonna, die degradierte und die verklärte Geschlechtlichkeit, näher sind als man gemeinhin annimmt: *Vermietlokal der Geschlechtlichkeit* die eine, *dem Empfängniszweck* etwas anders *zugeweiht* die andere.

Dass die Sexualiät bei Männern nach Forel in den niederen Hirnzentren, bei der Frau aber im Großhirn lokalisiert erscheine, nimmt die Autorin als Bestätigung ihrer Vermutung, dass der Sexualcharakter für die Entwicklung der Frau bestimmender sei, nur in fast entgegengesetzter Weise, als die Männer das bisher vermutet haben: im Sinne größerer Ganzheitlichkeit und Feinheit ihres Wesens zugleich, sich selbst weniger entfremdet als das der Männer. – Lou Andreas-Salomé verfasst keine Kampfschriften, sondern Denkschriften. Oder sollte man es noch schwächer und richtiger zugleich nennen: Aufrufe zum Eingedenken, nicht zum Handeln!

Nur mit Abstrakta lässt sich in den Kampf ziehen, auch in den Frauenkampf. Lou weiß, dass es keine Generallösung für die Konflikte des modernen Frauenlebens gibt. Und wen es hinausruft, der sollte gehen dürfen. Nur keine künstlichen Engen schaffen! Sie weiß aber auch, dass keine Selbststeigerung ohne Selbstverstümmelung ist. –

Buber ist begeistert, die Frauenbewegung ist einmal mehr enttäuscht, und in der Tat ließe sich gegen die Autorin geltend machen, dass nicht nur die Männer, sondern auch die Frauen Gefallene sind – die ursprüngliche Schoßnatur hat beide entlassen. Dies vorausgesetzt, erweitern sich die Spiel- und Denkräume, ohne den Befunden Lou Andreas-Salomés widersprechen zu müssen.

Auch Rilke hat 1910 ein Buch beendet, es ist der erste moderne Roman deutscher Sprache überhaupt, der »Malte Laurids Brigge«. Wenn sie seine Briefe in ihre Romane einfügen kann, so kann er das schon lange. Der Bericht an Lou aus Paris vom 13. Juli 1903 findet sich fast wörtlich im »Malte Laurids Brigge«. Aber fertige Bücher wirken auf ihn anders als auf sie. Er ist nun ein Übriggebliebener seines Malte, »überzähliges Dasein«, ein hochgradig Hilfebedürftiger. Er hatte gewusst, dass das Buch eine Wegscheide sein würde, aber dass es ihn so leblos zurücklassen würde, damit hat er nicht gerechnet.

Denn dieser Malte, »der ja zum Theil aus meinen Gefahren gemacht ist, darin untergeht«, sollte seinem Autor diesen Untergang ersparen. Nun scheint er ihn mit sich zu ziehen.

Ist er Malte oder darf er noch hoffen? Nur eine kann ihm das sagen.

Er hat inzwischen, im Herbst 1911, auf seine Weise über den erotischen Affekt nachgedacht:

> Ich hielt mich überoffen, ich vergaß,
> daß draußen nicht nur Dinge sind und voll
> in sich gewohnte Thiere, deren Aug
> aus ihres Lebens Rundung anders nicht
> hinausreicht als ein eingerahmtes Bild;
> daß ich in mich mit allem immerfort
> Blicke hineinriß: Blicke, Meinung, Neugier.
> Wer weiß, es bilden Augen sich im Raum
> und wohnen bei. Ach nur zu dir gestürzt,
> ist mein Gesicht nicht ausgestellt, verwächst
> in dich und setzt sich dunkel
> unendlich fort in dein geschütztes Herz.

Wie man ein Tuch vor angehäuften Atem
nein: wie man es an eine Wunde preßt,
aus der das Leben ganz, in einem Zug,
hinaus will, hielt ich dich an mich: ich sah,
du wurdest rot von mir. Wer spricht es aus,
was uns geschah? Wir holten jedes nach,
wozu die Zeit nie war. Ich reifte seltsam
in jedem Antrieb übersprungner Jugend,
und du, Geliebte, hattest irgendeine
wildeste Kindheit über meinem Herzen.

Entsinnen ist da nicht genug, es muß
von jenen Augenblicken pures Dasein
auf meinem Grunde sein, ein Niederschlag
der unermeßlich überfüllten Lösung.
Denn ich gedenke nicht, das, was ich bin
rührt mich um deinetwillen. Ich erfinde
dich nicht an traurig ausgekühlten Stellen,
von wo du wegkamst; selbst, daß du nicht da bist,
ist warm von dir und wirklicher und mehr
als ein Entbehren. Sehnsucht geht zu oft
ins Ungenaue. Warum soll ich mich
auswerfen, während mir vielleicht dein Einfluß
leicht ist, wie Mondschein einem Platz am Fenster.

Er schickt ihr das Gedicht nicht, noch nicht, es könnte sie irritieren in ihrer neuen schönen Unbefangenheit ihm gegenüber. Ja, sie ist inzwischen schon zu Briefschlüssen wie diesem in der Lage: *Gute Nacht, Herzchen, es ist schon über meine Hühner Zeit.* Erläuterung am Rand: *sie sind alle geschlachtet.* Also sagt er ihr das etwas unverfänglicher: »Adieu, liebe Lou; Gott weiß, Dein Wesen war so recht die Thür, durch die ich zuerst ins Freie kam; nun komm ich immer noch von Zeit zu Zeit und stell mich grade an den Thürpfosten, auf dem wir damals mein Wachsen verzeichnet haben. Laß mir diese liebe Gewohnheit und hab mich lieb.«[339]

Er ist allein auf Schloß Duino, das der Fürstin von Thurn und Taxis gehört. Auch Lou ist 1908 auf einer großen Serbienreise mit

Pineles bis nach Duino gekommen. Rainer Maria Rilke hat längst begonnen, vorzugsweise von Gräfinnen und Fürstinnen und auf ihren Schlössern zu leben. Da ist ihm sein Nirgendwohingehören noch am erträglichsten. Wenn er sich und seine Heimatlosigkeit gar nicht mehr aushält, denkt er manchmal daran, eine Analyse zu machen, von der neuerdings alle reden. Auch seine Frau Clara ist bereits in Behandlung und findet es feige, dass er nicht mitmacht. Dabei ist er kaum gesünder als sie. Er weiß, dass sie recht hat. Bevor Clara Westhoff seine Frau wurde, war sie das Abbild irgendeiner Urgesundheit. Das hat ihn angezogen, das schien ihm, nachdem Lou ihn im Nichts ausgesetzt hatte, wie Rettung zu sein. Aber Clara Westhoff war nicht Lou, sie war schwächer, jünger, zerrissen zwischen der Künstlerin und der Mutter Clara, und jetzt ist sie in Behandlung. Und er, der Urheber dieses Verhängnisses, das nun ihr Leben ist, macht nicht mit.

Ihm bleibt nur Lou als Ratgeberin, dabei hat er sich längst mit sich selbst beraten, was er ihr nicht vorenthält:

»Du begreifst, daß der Gedanke, eine Analyse durchzumachen, mir ab und zu aufsteigt; zwar ist mir, was ich von Freuds Schriften kenne, unsympathisch und stellenweise haarsträubend; aber die Sache selbst, die mit ihm durchgeht, hat ihre echten und starken Seiten. ... Etwas wie eine desinfizierte Seele kommt dabei heraus, ein Unding, ein Lebendiges, roth korrigiert, wie die Seite in einem Schulheft.«[340] Vier Tage später sieht er das so: »Ich weiß jetzt, daß die Analyse für mich nur Sinn hätte, wenn der merkwürdige Hintergedanke, *nicht mehr zu schreiben*, den ich mir vor Beendigung des *Malte* öfters als eine Art Erleichterung vor die Nase hängte, mir wirklich ernst wäre. Dann dürfte man sich die Teufel austreiben lassen, da sie ja im Bürgerlichen wirklich nur störend und peinlich sind, und gehen die Engel mit aus, so müßte man das als Vereinfachung auffassen und sich sagen, daß sie ja in jenem neuen nächsten Beruf (welchem?) sicher nicht in Verwendung kämen.«[341]

Als er kurz vor dem Abschluss des Malte stand, hatte er manchmal seinen künftigen Weg schon vor sich gesehen: Er würde Medizin studieren und irgendwo auf dem Land Arzt werden. Sie haben schon so oft darüber gesprochen, wie er sich ausweichen könnte, etwa als Postbeamter. Nur noch in Anspruch genommen sein von den Tagen, die mit ihm nichts mehr zu tun haben – das wäre Frieden, sie weiß es. Nun also Arzt, wie Rée.

Doch in seinem Fall, da ist sie unnachgiebig, wäre das Menschheitsberaubung. Sie dagegen praktiziert längst als Psychotherapeutin, wenn auch mit nur einem einzigen Patienten. Sie könnte das vertiefen.

Die Schülerin Freuds

Zur gleichen Zeit, zu Beginn des Jahres 1912, bekommt das »Jahrbuch für Psychoanalyse« Post. Eine Frau kündigt an, dem Jahrbuch einen Aufsatz schicken zu wollen, »Über Sublimation« betitelt. Es ist allerdings nicht irgendeine Frau. Und vielleicht erweitert ihr Name auf wünschenswerteste Weise den Leserkreis des »Jahrbuchs«, das andererseits ein sehr ernsthaftes, demnach frauenfreies Organ ist. Also fragt C. G. Jung besser vorher Freud. Sollen sie oder sollen sie nicht?

Sigmund Freud erinnert sich durchaus an diese Frau. Sie war auf dem Weimarer Psychoanalytischen Kongress im vergangenen Herbst nicht leicht zu übersehen, denn sonst gab es da keine Frauen, außer den Frauen der Männer. Auch sie war gewissermaßen als die Frau eines Mannes gekommen, nur war es nicht ihr Mann, was man auch daran erkannte, dass zwischen ihnen keineswegs die Grabesruhe herrschte, die das Verhältnis von Eheleuten auszuzeichnen pflegt.

Der schwedische Psychotherapeut Poul Bjerre, der die »Psychoanalyse« durch die »Psychosynthese« ersetzen möchte, sollte einen Vortrag halten, und er hatte diese tadelnswert auffällige Frau dabei, die, so sagt man, schon Nietzsche kannte. Aber darum hat sie doch nicht überall Zutritt. Und nun auch noch ein Aufsatz! Freud mahnt den Herausgeber: »Wir sollen uns nicht prinzipiell ablehnend verhalten, vorausgesetzt, daß sie sich mit der ›Sublimierung‹ begnügt und die ›Sublimation‹ der Chemie überläßt. Wenn es dann ein Idealgeschwätz ist, so sollen wir es ebenso höflich als entschieden abweisen.«[342]

Jung muss sich vor dieser Aufgabe aufrichtig gefürchtet haben, denn er reagiert auf die Nachricht der Autorin, dass der Aufsatz vorerst doch noch nicht kommt, mit einer leicht unangemessenen Erleichterung: »Gott sei Dank ist Frau Lou Andreas-Salomé plötzlich von einem guten Geist erleuchtet worden und hat ihre Arbeit auf unbestimmte Zeit zurückgezogen.«[343]

Die derart Erleuchtete sitzt inzwischen auf Loufried – es ist Mai – und liest Freud. Sie liest »Über Psychoanalyse«, »Über den Witz und seine Beziehung zum Unbewussten« und vieles mehr. Das alles kennt sie doch schon, gerade da, wo es sich weitet zur Kulturtheorie.

Ja, im Grunde kennt es jeder Zarathustra-Leser:

»›Leib bin ich und Seele‹ – so redet das Kind. Und warum sollte man nicht wie die Kinder reden?

Aber der Erwachte, der Wissende sagt: Leib bin ich ganz und gar, und Nichts ausserdem; und Seele ist nur ein Wort für ein Etwas am Leibe.

Der Leib ist eine große Vernunft, eine Vielheit mit einem Sinne, ein Krieg und ein Frieden, eine Heerde und ein Hirt.

Werkzeug deines Leibes ist auch deine kleine Vernunft, mein Bruder, die du ›Geist‹ nennst, ein kleines Werk- und Spielzeug deiner grossen Vernunft.

›Ich‹ sagst du und bist stolz auf diess Wort. Aber das Grössere ist, woran du nicht glauben willst, – dein Leib und seine grosse Vernunft: die sagt nicht Ich, aber thut Ich.

...

Werk-und Spielzeuge sind Sinn und Geist: hinter ihnen liegt noch das Selbst. Das Selbst sucht auch mit den Augen der Sinne, es horcht auch mit den Ohren des Geistes.

Immer horcht das Selbst und sucht: es vergleicht, bezwingt, erobert, zerstört. Es herrscht und ist auch des Ich's Beherrscher.

Hinter deinen Gedanken und Gefühlen, mein Bruder, steht ein mächtiger Gebieter, ein unbekannter Weiser – der heisst Selbst.

...

Dein Selbst lacht über dein Ich und seine stolzen Sprünge. ›Was sind mir diese Sprünge und Flüge des Gedankens?‹ sagt es sich.

Ein Umweg zu meinem Zwecke. Ich bin das Gängelband des Ich's und der Einbläser seiner Begriffe.«[344]

In die Schule dieses Psychologen ist sie gegangen. Nur Übertragungen sind fruchtbar. Und mit welcher Freimütigkeit die neue Psychologie, diese neue Wissenschaft, ausgreift auf fremdes Gebiet und meint, selbst die menschliche Geschichte mitsamt ihrer Phantombildungen wie Religion, Kunst, Philosophie, Recht und Moral neu zu erklären. Das ist Lou Andreas-Salomés ureigenstes Gebiet. Natürlich kann sie den Befunden dieser neuen Psychologie, die sich da Psychoanalyse nennt, nicht vorbehaltlos zustimmen: *Nach den meisten Schriften von Freud erscheint der Kulturmensch im Grunde als ein traurig gezähmter Wilder und seine Sublimation ... als wesentlich negativ geartet – Trieb und Kulturierung als Kontraste wie Innen- und Außenwert. Bei Freud scheint das zusammenzuhängen mit dem Narzißmusbegriff, der zwar Sexual- und Ichtrieb unterschiedslos umfassen soll, aber schließlich doch so, daß alles, was im Ich wirksam wird, wesentlich als sexualfeindlich auftritt und so das Ende aller Kultur wie ein stetes Dünnerwerden des Triebhaften erscheint, wie eine schauderhafte Verklärung.*[345] Das ist keine Gesundheit, es ist aber gleichwohl genau die Stelle, wo Nietzsche den Übermenschen einsetzt. Sie macht nichts anderes, doch sie wäre nicht sie selbst, wenn sie sich Begriffe ausleihen müsste: *In Wahrheit bedeutet aber Gesundheit immer den Ausgleich zwischen beidem; Neurose die Störung zwischen beidem* – Freud scheint das ein wenig anders zu sehen, aber das berührt nicht ihre Gewissheit –, *das heißt: das Ich, das in der Kultur mündet, muß in ihr unmittelbar Formen finden, in denen es seine volle Triebkraft los wird. Denn die Kultur steht ihm ja nicht nur gegenüber, sondern drückt seine eigne individuelle Weiterentwicklung mit aus.*[346]

Inmitten ihrer Freudstudien bekommt sie verzweifelte Briefe von dem schwedischen Psychotherapeuten, der die Psychoanalyse durch die Psychosynthese ersetzen will. Was ihn verzweifeln lässt, ist jedoch nicht die relative Aussichtslosigkeit dieses Vorhabens, sondern der Umstand, dass er sich mit seiner Weimarer Reisebegleitung tief synthetisiert fühlt, zugleich aber eine unheilbar kranke Frau zu Hause hat.

Poul Bjerre gehört zu den Menschen, die Argumenten der Art »Und ich habe einen Mann zu Hause, wo ist das Problem?« nicht ohne Weiteres zugänglich sind, im Gegenteil. Es hilft nichts, sie muss kurz nach Rügen fahren, sie muss sich mit Bjerre treffen und ihm sagen, dass dies das letzte Mal ist. Sie ist 51 Jahre alt, sie hat zu arbeiten, sie hat ihren großen Aufsatz »Über die Erotik« vor nunmehr zwei Jahren beendet. Seine letzten drei Kapitel tragen die Überschriften »Wertmaße und Grenzen«, »Lebensbund« und »Schluss«. Da kann er sich doch orientieren! Und seine »Psychosynthese« geht ihr ohnehin längst auf die Nerven, das hat sie dem Referenten schon auf dem Weimarer Kongress gesagt, sogar vor Publikum: Er solle die Früchte nicht pflücken, bevor sie reif sind.

Und sie? Lässt die eigenhändig gepflückte Frucht Bjerre einfach fallen. Natürlich ist auch sie eine große Synthetikerin, ja sogar eine große Metaphysikerin nach deren Ende – sie weiß genau, was Bjerre meint –, aber sie trägt genug antimetaphysische, positivistische Gegengifte in sich, um zu wissen, dass hier alle Synthesen voreilige, stumpfe Synthesen wären, denn dass *etwas vom Unbewussten erfaßbar geworden ist,* ist dem *einfachen, genialen Griff* dieses Wiener Arztes zu verdanken, *es in den Krankheits- und analogen Formen zu erfassen. Nur am Pathologischen konnte diese Erkenntnis gewonnen werden, nur dort, wo das innere Leben durch seine Entgleisungen sich gleichsam seiner selbst ein wenig begibt, sich im Ausdruck mechanisiert, der logischen Angel erhaschbar wird in solchem seichten Gewässer, solchem Schwanken zwischen Tiefe und Oberfläche. Mir fiel ein, wie mich dieser Gedanke schon bei der ersten Erwägung der Freudschen Sache ergriffen hatte: als ich ihr zuerst flüchtig nahekam.*[347]

Da hatte sie die Schriften des Wiener Psychologen Hermann Swoboda gelesen: *Swobodas Unbewußtes verhält sich zum Freudschen etwa wie Lebenskeimendes, Wachsendes, Zukunftsreifendes zu Gewesenem, Abgeschiedenem, Sterilisiertem; doch eben deshalb vermag er jenseits von metaphysischen Anleihen nichts davon auszusagen.*[348] Ja, dieser andere Wiener mit seinem Fund von *Gewesenem, Abgeschiedenem, Sterilisiertem* interessiert sie, selbst wenn seine Kulturtheorie mangelhaft sein sollte.

C. G. Jung irrt, wenn er meint, die Verfasserin des längsten Erotik-Aufsatzes, den eine Frau je über diesen Gegenstand verfasste, hätte vor, Wien zu verschonen. Diesmal erfährt es Freud zuerst. Am 27. September 1912 bittet Lou Andreas-Salomé, nach Wien zu kommen, an seinen Kollegs sowie den Mittwoch-Abenden teilnehmen zu dürfen. Zur besseren Verständlichkeit ihres Anliegens für den Empfänger fügt sie hinzu: *Mich dieser Sache nach allen Seiten zu widmen, ist der einzige Zweck meines Aufenthalts.*

Göttingen, »Loufried«, steht unter ihrem Namen, über dem Datum, eine Ortsangabe, die den *hochverehrten Herrn Professor* nicht zuversichtlicher gestimmt haben dürfte. Dennoch antwortet er mit zuvorkommender Herablassung: Ja.

Die Mittwochs-Gesellschaft, die sich seit 1902 in der Berggasse 19 trifft, wo Freud wohnt und arbeitet, stimmt längst nicht mehr so harmonisch-euphorisch überein wie damals. »Wir waren wie Pioniere in einem unentdeckten Land, und Freud war der Führer. Ein Funke schien von einem Geist auf den andern überzuspringen, und jeder Abend war wie eine Offenbarung«[349], berichtet Wilhelm Stekel, der wie andere Pioniere längst vor allem eigenen Offenbarungen folgt und gerade dabei ist, sich mit Freud endgültig zu überwerfen. Lou Andreas-Salomé wird sie alle gleich kennenlernen, auch den bereits abgefallenen Alfred Adler, der nun eigene Abende veranstaltet, die Donnerstag-Abende, wobei es ausgeschlossen ist, zugleich einen Mittwoch- und einen Donnerstag-Abend zu besuchen. Man verkehrt nicht miteinander. Nur einer wird das gelingen: der mit Unruhe und Argwohn Erwarteten.

Noch einmal sitzen die Mittwochspioniere jetzt fast wie früher einmütig da und begeben sich wieder hinaus in unbekanntes Land: Das Mitglied Hugo Heller hält kurz vor der Ankunft der ersten weiblichen Dauerzeugin eines Mittwoch-Abends den Vortrag »Lou Andreas-Salomé als Schriftstellerin«.

Lou Andreas-Salomé, die Wien für die erotischste Stadt weit und breit hält, was im Freud-Umfeld zu äußern sie nicht die Dummheit haben wird, begreift schon ihren Ankunftstag als gutes Zeichen. Durch Zufall erfährt sie, dass Freuds Kolleg noch am selben Nachmittag beginnt. Nun kann man da nicht einfach hingehen, sie muss sich erst in Freuds Wohnung die Zutrittsberechtigung holen – und es ist nicht einfach, gerade angekommen, in einer fremden Stadt das eigene Hotel, eine fremde Wohnung sowie einen Hörsaal zu finden. Erstaunlicherweise befinden sich sowohl die Berggasse 19 als auch der Hörsaal in unmittelbarer Nähe ihres Hotels. Sie nimmt es als gutes Vorzeichen.

Am ersten Mittwoch-Abend, an dem sie teilnimmt, hält Freud einen Vortrag über die Neurose, setzt sich anschließend neben die einzige Frau, welche ihn flüsternd umgehend in Kenntnis setzt von ihrer Auffassung der Neurose, die als Störung zwischen Ich und der Libido, und nicht als einseitig von Letzterer verursacht angesehen werden müsse. Freud geht darauf ein, so sehr, dass sie sich zu der Bemerkung hinreißen lässt, das stünde aber doch anders in seinen Büchern. Vielleicht ist es dieser Augenblick, der den Professor wiederum, ebenfalls nur Tage nach ihrer Ankunft, zu der Bemerkung veranlasst, dies sei ein »Frauenzimmer von gefährlicher Intelligenz«. Vorläufig teilt er seiner Nachbarin mit, dass es sich bei dem, was in seinen Büchern stehe, jeweils um letzte, also durchaus korrigierbare Formulierungen handele.

Auch der weitere Verlauf des Abends reizt die neue Teilnehmerin zu Widerspruch. Schon das gesunde Kind reagiere aus einem Minderwertigkeitsbewusstsein heraus? Aber das weiß sie doch besser: *Hier gab ich ganz Freuds Worten recht: es ist die Voll-, ja Überwertigkeit des Kindes, daß es »alles will«, weil ihm »alles zukommt«, nicht weil es darin bereits ein Minderwertigkeitsgefühl »kompensiert«. Noch sind ihm sein Nichthaben und sein Anrecht nichts Zwiespaltweckendes.*[350] Sie sagt das nicht laut, wahrscheinlich ist es Rücksichtnahme, Lou'sche Pietät. Eben erst ankommen und schon dazwischenreden? Es schickt sich nicht. Und sie muss nichts beweisen, nicht sich und nicht den Anwesenden. Warum auch die Herren, die sie schon durch ihre Anwesenheit erschreckt, noch zusätzlich in Verlegenheit setzen?

Die Mittwoch-Abende werden meist in der »Alten Elster« fortgesetzt, wo sie nun aber, nach so langem Schweigen, erst recht mitdiskutiert, mag es sich um das Problem der Onanie, um Homosexualität oder darum handeln, wie Mund- und Schleimhauterotik am besten kategorial gegenüber »Gesäßerotik« zu fassen sei.

Am 6. November hören alle anhand anschaulicher Fallbeispiele einen Vortrag über den Sadomasochismus. Normale Frauen fielen jetzt in Ohnmacht, selbst Freuds Gattin hält das Betätigungsfeld ihres Mannes nur für einen aufwendig getarnten Spezialfall der Pornographie. Doch Lou hat diese interessante sexuelle Merkwürdigkeit bereits mit Nietzsche erörtert – *und ich weiß, daß wir hinterher nicht wagten, uns anzusehn*[351] –, auch hat sie den Philosophen längst als *Sadomasochist an sich selber* identifiziert, das wäre doch ein Thema! Die Teilnehmerin könnte weiterhin erwähnen, Sacher-Masoch bereits 1894 in Paris vorgestellt worden zu sein, aber sie möchte nicht unangenehm auffallen. Freud vergibt am Ende, wohl mit besonderer Rücksicht auf die Teilnehmerin, *die allgemeine Langeweile*, die jedoch keiner empfunden haben dürfte. Der Referent habe sein Material nur ungenügend theoretisch durchdrungen, kritisiert der Vorsitzende, während die Teilnehmerin vermutet, er habe es vielmehr genossen, also gar nicht durchdringen wollen.

Am 10. November fällt Sigmund Freud die Abwesenheit seiner neuen Hörerin unangenehm auf: »Ich habe die Unart angenommen, den Vortrag immer an eine bestimmte Person im Hörerkreis zu richten und starrte gestern wie gebannt in die Sitzlücke, die man für Sie gelassen hatte.«[352]

Sie wird es schon bemerkt haben. Sie hat auch die Art bemerkt, wie er – *zum Kolleg etwa – hereinkommt, eine zur Seite abgleitende Gebärde; ich würde aber sagen: es ist ein Einsamseinwollen darin, ein Sich-bergen in seine eigensten Ziele, die an sich nichts mit Schule und Publikum zu schaffen haben möchten. Besonders wenn man über dieser Gebärde den Oberkopf und Blick ansieht: so ruhig, klug und stark.*[353]

Am folgenden Mittwoch setzt der genießerische Referent seinen Vortrag über den Sadomasochismus fort, im Anschluss macht ein blonder junger Mann eine Bemerkung, *das fühlte sich mir so an, als machte ich die Bemerkung selbst.*[354] Er heißt Viktor Tausk und hält einen Grundkurs zur Einführung in die Psychoanalyse.

Also besucht sie ab sofort auch diesen und gewinnt den Eindruck, *daß wohl nur selten jemand mit soviel Ehrfurcht und Liebe an die eigentlichen, tatsächlichen Funde Freuds herangegangen sei – an diese noch über alle Theorie in sich kostbaren Funde (wie »Verdichtung«, »Verschiebung« etc.), die etwas von den Ausgrabungen antiker Welt an sich tragen, deren Kostbarkeit auch durch das Torsohafte nicht beeinträchtigt werden kann.*[355] Allerdings muss sie Tausk auch entschieden widersprechen. Was heißt, der typische Alkoholiker sei tendenziell homosexuell, *typisch Nicht-Onanist, typisch primitiv, dem Weibe gegenüber explosiv und akut erregt?* Sie hält diese Auffassung für stark korrekturbedürftig in gleich mehreren, hier nicht wiederzugebenden Hinsichten. Besonders lang streitet sie mit Tausk und Jekels über dessen vielleicht im Interesse der intergeschlechtlichen Versöhnung gemachte Äußerung, dass sogar der Mann mitunter geneigt sei, vom eigentlichen Sexualakt als von etwas Peinlichem wegzuschauen. Das »sogar« erbittert sie. Wahrscheinlich sind beide nicht gefasst auf den nun folgenden philosophischen Vortrag: Nicht »sogar« Männer – Männer! Und die hätten allen Grund zu solchem Empfinden, erlebten sie das Sexuelle doch viel isolierter. Die Frau dagegen habe diesen Punkt gleichsam »kultiviert«, liebe nie nur den Körper, sondern den Mann im Normalfall gleich mit. Das sei die elementare Kulturleistung, *der Kulturpunkt des Weibes* überhaupt, auch wenn es weitgehend der einzige sei.

Es ist davon auszugehen, dass der fast zwanzig Jahre jüngere Jurist, Journalist und Psychoanalytiker Dr. Tausk sich von diesem Kulturpunkt des Weibes bald ein höchst unmittelbares, sehr persönliches Bild machen darf, was die Zuwendung der ihn Auszeichnenden zu seinen beiden Söhnen keineswegs mindert. Sie gehen oft gemeinsam ins Kino.

Einige Begriffe scheinen ihr im Tausk-Kurs zu schnell und zu wenig vorbereitet eingeführt: insbesondere der des Narzissmus, *dieser allerschwierigste*. Aber ist das zu vermeiden, wenn auch die Auffassung des Meisters selbst ihr in diesem Punkt nicht genügt?

Und weil der Narzissmus nicht nur der schwierigste Begriff ist, sondern auch ein ihr besonders nahestehender, der, der am sorgfältigsten vermessen werden muss, wird es ihr psychoanalytischer

Zentralbegriff. Um des kleinen Mädchen willen, dass einst vor einem Petersburger Spiegel stand und statt etwas unendlich Großem nur ein kleines Mädchen darin erblickte. Und auch um Rilkes willen, denn der Narzissmus ist eine elementare Produktionsbedingung des Künstlers.

Ist sie selbst, der glückliche Narziss Lou Andreas-Salomé, gar ein Sonderfall der menschlichen Natur? Sigmund Freud, der nichts gegen Tiere hat, wenn sie ihm nicht zu nahe kommen, hat den vollendeten Narzissmus eher unfreiwillig studiert, zumindest am Anfang. Denn es war zu spät, die Katze, die in seinen Arbeitsraum eingedrungen war, zu verjagen: Sie besichtigte schon seine Antiquitäten, die er provisorisch auf dem Fußboden aufgestellt hatte – und befand sich am sichersten Punkt des ganzen Raumes, nämlich mitten unter ihnen. Freuds narzisstische Katze in der Schilderung seiner Besucherin am 2. Februar 1913: *Als die Katze aber fortfuhr, schnurrend ihr archäologisches Wohlgefallen kundzutun, ohne in ihrer schmiegsamen Grazie den geringsten Schaden zu verursachen,* ließ er ihr bald sogar Milch bringen. *Von da ab erhob sie täglich Anspruch auf Sofaplatz, Antiquitätenmusterung und Milchnapf. Dabei nahm sie jedoch von ihm trotz seiner steigenden Liebe und Bewunderung durchaus keine Notiz, richtete ihre grünen Augen mit den schiefen Pupillen kaltsinnig auf ihn wie auf einen beliebigen Gegenstand, und wenn er auch nur für einen Augenblick mehr von ihr wollte als ihr egoistisch-narzißtisches Schnurren, dann mußte er den Fuß vom bequemen Liegestuhl heruntertun und mit den erfinderisch bezauberndsten Bewegungen der Stiefelspitze um ihre Aufmerksamkeit werben.* Das Tier erlag schließlich auf seinem Sofa, trotz sofortiger Behandlung mit Wickelkompressen, *einer Pneumonie – nichts von sich zurücklassend als ein Sinnbild aller friedevoll-spielerischen Anmut des wahren Egoismus.*[356]

Freud fragt, was es war, dass sie zur Psychoanalyse brachte. Sie könnte ihm viele Gründe nennen, der stärkste ist natürlich Narzissmus; mag sein, sie gesteht es nicht ihm so vorbehaltlos, sondern nur ihrem Tagebuch: *dieses erstrahlende Umfänglicherwerden des eignen Lebens durch das Sich-herantasten an die Wurzeln, mit denen es der Totalität eingesenkt ist.* Aber selbst, wenn sie es vorsichtiger formuliert hat, Freud, der den Narzissmus lediglich für ein Restphänomen, für das Überbleibsel einer frühkindlichen Phase hält, abgesehen davon, dass die Frauen natürlich ein narzisstisches Geschlecht sind, bemerkt das Wesen der Sache doch: »Ich glaube, Sie betrachten die Analyse als eine Art von Weihnachtsbescherung.«

Natürlich hat er recht, nur anders, als er meint. Sie fühlt sich in diesem Kreis von Männern so eigentümlich wohl. Es ist ihr, als sei sie wieder zu Hause, unter ihren Brüdern. Sie hat nur noch zwei Brüder, Genja, der Jüngste, der Mediziner, der verhinderte Diplomat, dem es einst nicht gelungen war, sie nach Russland zurückzubringen, ist mit vierzig Jahren an Tuberkulose gestorben. Ihre Gedanken gehen jetzt oft nach Petersburg, denn mitten in dem großen Nachdenken, auch über Traum und Märchen, über Magie und Religion, trifft sie Mitte Januar die Nachricht, dass ihre Mutter gestorben ist.

Der letzte Abschied von Zuhause im Jahr 1911 wird der früheren Rabentochter immer gegenwärtig bleiben: *Da der Zug schon bei Tagesgrauen abging, hatten wir uns spät in der Nacht endgültig Lebewohl gesagt. Als ich mich beim Fortgehen in der Frühe so leise wie möglich in den Hausflur schlich, stand meine Mutter plötzlich noch einmal vor mir: barfuß, im langen Nachtgewand, das schneeweiße Haar – das wie Kinderhaar etwas lockig abstand – offen und darunter die tiefblauen Augen groß geöffnet, diese klaren, durchschauenden Augen, von denen jemand einmal richtig sagte: es tat nicht gut, mit einem schlechten Gewissen unter ihren Blick zu geraten.*

Sie sah aus, wie aus einem Traum gerufen, und sie selber wirkte wie ein Traum.

Kein Wort sprach sie zu mir. Sie schmiegte sich nur an mich. … Wann jemals aber hätte sie diese Gebärde gehabt? Sie, die ihre kleine Tochter nicht einmal streicheln konnte. *Und vielleicht durchfuhr uns in der Stille … derselbe Gedanke, derselbe Schmerz, derselbe Herzstoß: »– Oh, warum, warum erst jetzt –?«*[357]

Louise von Salomé die Ältere war noch zuletzt eine große Revolutionärin ihres eigenen Lebens geworden. Nicht nur, dass sie ihre Kinder in den Arm nehmen konnte oder sich von ihnen in den

Arm nehmen ließ. Ihre Lieblingslektüre war statt der Bibel nun die Ilias. Ihre größte Tat aber war die Abschaffung des Teufels. Irgendwann hatte die alte fromme Frau sich eingestehen müssen, lauter glaubenslose Kinder zu haben, die sie dennoch liebte. Ohne Glauben, also des Teufels. Und sie selbst mit ihrer eigensinnigen Liebe war nicht besser. Nur besaß die Generalscha nicht das geistige und religiöse Temperament ihrer Tochter, so dass sie, statt ihrer Glaubens- und Liebesverwirrung weiter nachzugegrübeln, den Herrn der Finsternis einfach vor die Tür setzte. Ihre Tochter war gleichwohl sehr besorgt, als sie von dieser Neuerung in der mütterlichen Glaubensökonomie erfuhr, denn musste die fromme Frau, der Gott und Teufel nur zwei Seiten einer Medaille waren, jetzt nicht auch den Herrn verloren haben? Aber Louise von Salomé sprach ebenso begütigend wie nachsichtig zu ihrer Tochter, der großen Religionsphilosophin: »Das verstehst Du nicht, Dem kann gar nichts was anhaben, überdies habe ich es jahrelang mit ihm überlegt – natürlich bleibt Er, aber natürlich entlässt er den Teufel.«[358]

Auch musste sie nun vor niemandem mehr Angst haben. Und als ihre Dienstmädchen während der Revolution von 1905 kreischend und voll Todesfurcht von der beschossenen Straße ins Haus liefen, war die Ilias-Leserin nur schwer daran zu hindern, hinauszugehen und energisch nach Ordnung zu rufen. Ihre Tochter wird nach 1917 immer wieder denken müssen: Wie gut, dass unsere Muschka das nicht mehr erleben musste! Dabei hätte sich Louise von Salomé die Ältere vielleicht sogar mit den Bolschewiki verstanden, denn die Generalscha bewegte sich gleichsam von der anderen Seite auf den proletarischen Standpunkt zu, indem es ihr große Befriedigung bereitete, nach und nach und Stück für Stück alles wegzugeben, was sie besaß. Sie tat das nicht aus Altruismus, vielmehr weil sie sich durch das, was ihr gehörte, zunehmend beengt fühlte. Erst der Besitzlose ist ganz frei!

Ihre Tochter ist nun eine Waise. Und obwohl sie jetzt, Mitte Januar 1913 in Wien, unter lauter Brüdern sitzt, kann sie doch nicht mit ihnen darüber reden. Sie fürchtet die Konventionen des Beileids. Nur einem kann sie es ganz einfach sagen: *Meine Mutter ist sanft eingeschlafen. Sie wollte nicht in das 90ste Jahr hinüber-*

gehen, ging fort. Das tat sie ganz sanft und wie im Traum. Ich sage es Niemanden hier, ich will nicht darauf angesprochen werden wie auf einen Todesfall. Ich werde deshalb auch versuchen, nicht die verräterische und häßliche »Trauer tragen« zu müssen. Aber weiß würde ich mich gern kleiden für sie.[359]

Rilke schickt ihr als Antwort zwei Gedichte. Er hatte sie schon zu Jahresbeginn gebeten: »Wenn wir uns nur sehen, liebe Lou, das ist jetzt meine große Hoffnung. Ich sage mir oft, daß ich nur durch Dich mit dem Menschlichen zusammenhänge, in *Dir* ist es mir zugekehrt, ahnt mich, *athmet mich an*; überall sonst komm ich doch hinter seinem Rücken heraus und kann mich ihm nicht kenntlich machen.«[360] Die Erläuterung am Briefrand, »mein Halt, mein Alles, wie immer«, versucht sie unleserlich zu machen, vielleicht für den Fall, dass die Nachwelt oder ihr Mann mitliest.

Die Studentin der Psychoanalyse Lou Andreas-Salomé antwortet in einer Weise, die ihn, ihren Sohn und Patienten irritieren und erheben muss zugleich: *Ich habe das Gefühl, als ob ich jetzt v i e l h ä r t e r mit Dir sein würde als damals, (wenn auch in einem ganz andern Sinn, als damals hätte sein können) und auch, daß tausend Mütterlichkeiten und Zartheiten in mir reif sind für Dich, und nur für Dich sind, der d i e s e allein gewahren und verwenden kann.*[361]

Sie diskutiert inzwischen weiter mit ihren Brüdern – und besonders mit dem intimen Kenner ihres Kulturpunktes Tausk – über Zärtlichkeit *als Grenzbegriff und -bezirk zum Bewusstsein,* auch über *Vorlust und Endlust.* Es sei nicht hinnehmbar, Erstere wie üblich rein psychologisch zu fassen, während die andere physiologisch betrachtet werde. Wer dürfe es verantworten, *den Kulminationspunkt des psychischen Geschehens garnicht auf dessen eigenem Gebiete* vorkommen zu lassen? Das ist Begriffsschlamperei. Nicht mit ihr! Aber wohin genau gehört Nietzsches »Alle Lust will Ewigkeit ...«? Angesichts dieser Einsicht, beschließt sie, sind alle Definitionen zweitrangig.

Freud hat auch gerade Nietzsche gelesen, diesen unmöglichen »Hymnus an das Leben« mit diesem unmöglichen Text. Er begreift die Philosophen nicht. Schon ein Schnupfen genüge, um ihn von solchen Lebenshingegebenheiten zu kurieren. Philosophen sind für Freud grundsätzlich Synthetiker, die auf im Grunde strafbare Weise dem infantilen, narzisstischen Bedürfnis nach der Einheit aller Dinge nachgeben – wobei er seine Besucherin gewiss scharf ins Auge fasst –, ein Bedürfnis übrigens, das er keineswegs empfinde. Die Besucherin fragt keck zurück, wie es denn mit der Melancholie stünde, dem Bewusstsein der verlorenen Einheit der Dinge, und letztlich, woher kommt unser Lebensmut?

Und nun legt sie – zumindest in ihrem Tagebuch – die Freud'sche Nüchternheit auf die Couch: *Gewiß ist es keck vom denkenden Menschen, die Einheit aller Dinge mit ihm selbst vorauszusetzen, nein, einfach zu »setzen«. Aber ist es nicht noch viel kecker von ihm, als Mensch zu leben?*

Um der menschlichen Euphorie willen arbeitet nämlich ... auch der gesamte wissenschaftliche Betrieb, der orientierende, praktisch-sachliche – nur auf einem Umweg vom »Lustprinzip« über das »Realitätsprinzip« zur Lust zurück (Freudisch gesprochen). Also handelt es sich bei ihm höchstens um eine Verschiebung ... Wenn man einwendet (wie Freud tat), daß es sich dabei eigentlich um Regressionen zu den infantilen Fragestellungen handelt, so ist dies doch vielleicht schon wieder ein Fall, bei dem »primitiv« und »primär« verwechselt wird. Daß uns etwas aus frühester Kindheit, in irgend einer Form, nachgeht, dürfte vielleicht zunächst doch nur auf dessen bleibende und ungeheure Berechtigung schließen lassen.[362]

Auch seine Auffassung von der Religiosität der Wilden scheint ihr etwas kurzgriffig. Der Aufsatz, den sie vor einem Jahr dann doch zurückgehalten hatte, erscheint jetzt unter dem Titel »Vom frühen Gottesdienst«, nun jedoch in »Imago. Zeitschrift zur Anwendung der Psychoanalyse auf die Geisteswissenschaften«. Noch einmal betrachtet sie – im Licht der Psychoanalyse – ihr frühes Gotterleben. Da wird nichts anders, sie schaut nur gleichsam, im Sinne Nietzsches, mit einem Auge mehr, und manche Kontur wird schärfer.

Erst seit der Beschäftigung mit Freuds Psychoanalyse sei ihr klargeworden, welchen Stellenwert die Erschaffung ihres Privatgottes hatte. Denn er hinderte, *Bruch oder Zwiespalt in mir selber kennen zu lernen. Nicht nur wurde das später von Bedeutung für mich, insofern ich mit meinem ganzen Denken und Wollen in starken Gegensatz zu meiner Umwelt geriet ..., sondern überhaupt wurde von vornherein damit der gefährlichsten Gewalt des »Verbotenen« und »Gebotenen« die Spitze abgebrochen und damit die Tendenz zum Verdrängen auf gewissen Gebieten abgestumpft. Von allem aber, was das Leben uns in der Kindheit schenken kann, ist dies das lebendigste Geschenk.*[363] Und nun denkt sie das selbst Erfahrene parallel zum Gotterleben der »Wilden« und korrigiert Freuds Herablassung und seinen Vergangenheitsblick kaum merklich in die Wahrnehmung eines Unverlierbaren, sich immer neu Wiederholenden: *Und ich sage mir, daß gerade in der drastisch-kindischen Art* – ihres eigenen frühen – *Gottesumgangs ja nur typisch zur Wiederholung gelangt, was den ursprünglichen Sinn aller alten Gottesbilder enthält: nämlich ebenfalls nur der kindlichen Erkenntnisform nach phantastisch zu sein, doch dem Wesen nach die volle Nüchternheit einer Selbstdurchsetzung gegenüber Mächten und Ängsten, die das Menschenkind in seiner Lebenskraft zerstückt hätten.*[364]

Die »primitive« Religiosität wäre demnach zu fassen als *die ohne weiteres aus sich heraus schöpferische Religiosität.* Was danach kommt und was wir Religionsgeschichte nennen, fasst die Autorin nicht zum ersten Mal zusammen, jetzt gleichwohl in das leichteste, ebenso scharfsinnigste Fazit: Die Verstandeskritik, die ihren Gott *später auf alle mögliche Weise aushungert, schützt ihn auch, solange sie seiner für alle möglichen Zwecke neben den religiösen bedarf. Sie erhöht und behängt ihn mit vielen fremden Zutaten, die einer steigenden Ehrung gleichkommen und wenn er schon anfängt, eine schlechte Figur zu machen,* so *steckt sie ihn nacheinander in* so *verwirrende Verkleidungen, daß man noch lange nach seinem endgültigen Hinscheiden nie recht wissen kann, ob nicht selbst unter der »atheistischsten« Außenseite sich nur ein wohlmumifizierter Gott maskiert.*[365] Freud glaubt, nur der nüchternste Blick sei nicht naiv und kann erkennen; sie beweist ihm das Gegenteil. Sie gibt den alten Göttern ihre ureigenste Würde zurück: *Lediglich die primitivsten, die Kindheitsgötter der Menschheit werden noch nicht durch solche List der Entwicklung (in der Religionsgeschichte heißt sie »Vergeistigung«) aufrecht er-*

halten, noch unverkleidet, nackt bis zur Anstößigkeit, stehen sie da: nichts als lauter Wunder.[366] Und zu entwickeln sei an einem Gott ohnehin nichts als seine Widersprüchlichkeit.

Anfang April endet ihr Wiener Semester; Freud fragt am letzten Mittwoch-Abend, ob er nicht noch schnell einen Abschied inszenieren solle: *Nein!, aber kurz zuvor, als ich noch neben ihm saß, hätte ich fast, zum erstenmal, die Hand zum Wort erhoben und hätte folgendes gesagt: Meine Herren! Diskutieren hab ich nicht mögen, hab es Sie für mich tun lassen, aber danken mag ich selbst. Der Psychoanalyse danken gerade dafür, daß sie mehr verlangt als nur einsame Schreibtischarbeit und daß sie mich dadurch hinführte zu einer Art von Brüderschaft: hierher. Wodurch sie lebendig wirkt, das ist ja keine verblasene Mischung von Wissenschaft und Sektiererei, sondern es ist dies, daß sie das höchste Prinzip aller Wissenschaftlichkeit, nämlich die Ehrlichkeit, zu ihrem Lebensprinzip erhebt …* [367] Die stumme Dankesrede ist noch viel länger und dem Gestus nach beinahe demütig, gleichwohl notiert die Dankende noch ein zweites Fazit ihres Wiener Aufenthalts, in dem sie mit Befriedigung feststellt, dass Freud sich in allen wesentlichen Punkten – es sind genau fünf – ihrer Auffassung angenähert habe, *1. in Bezug auf verdrängtes Material als e i n z i g e m Inhalt seines Ubw, 2. in Bezug auf Neurose als b e i d e r s e i t i g e r Störung von Ichtrieb und Sexualtrieb, 3. in Bezug auf ein deutlicheres Einbegreifen des Ichs ins Narzißtische, 4. im Offenlassen der nähern Definition des Zensurterminus, 5. in der Bemerkung, daß im Traum sexuelle latente Inhalte asexuelleForm gewinnen können und umgekehrt.*[368]

Pfingsten ist sie wieder zu Hause auf Loufried, sieht die Sandalen im Hausflur, die Rilke bei seinem ersten Besuch hier getragen hatte, und beginnt, über ihren bislang einzigen Patienten nachzudenken, wobei sie ihn, um des Kontrastes willen, mit jenem Therapeuten vergleicht, der die Psychoanalyse durch die Psychosynthese ersetzen möchte: *Rainers Kopf, mit zurückweichendem Kinn und fast ohne Hinterkopf, sitzt auf schlankern Schultern, dünnem Nacken; B. ist untersetzt, kurzhalsig, fast ohne Absatz des massiven Hinterkopfs von den Schultern … Mit einer ge-*

wissen Übertreibung könnte man sagen: kränklicher Aristokrat der Eine, Emporkömmling, der sich übernommen hat, der andere. Nach ausführlicher Untersuchung kommt sie zu dem Befund, dass es sich bei B. um den *typischen Zwangsneurotiker* handelt, *durch tausend Fixierungen und Vorwürfe gebunden.* Den anderen identifiziert sie als *typischen Hysteriker, sich an seine körperlichen Zustände verlierend und ebenso selbstverloren preisgegeben in jeder Hingabe, stets herrenloses Gut, ratlos wem er gehört, wenn er nicht in die Heimat des Schaffens als Erlöster eingeht.*[369]

Bald darauf steht der Hysteriker leibhaftig *in der Abenddämmerung am Gitter, und noch ohne daß wir sprachen, lagen unsere Hände ineinander.* Es ist ein vertrauter Gruß, auch hatte sie ihm zum neuen Jahr geschrieben: *ich strecke Dir aber die Hände nicht nur zum alten guten Gruß hin, sondern auch die Innenflächen hinauf.*

Der Hysteriker setzt sie in Erstaunen. Er ist gar nicht hysterisch. *Die ganze Zeit, die er hier verbrachte, machte mich sehr froh!* Nicht nur, weil er da war, sondern weil er ganz als er selbst gekommen ist, ohne seinen Doppelgänger, *den Andern*, wie sie beide ihn nennen. Zwar *hatte ich ihn in seinen Briefen unbeirrbar immer wiedergefunden, aber so Tag für Tag als ihn selber zu finden, in allen Stimmungen und Stunden, auch in den schlechtesten, als i h n: dessen erinnerte ich mich noch aus keiner Zeit.*[370] Das Problem ist nur, dass er sich durchaus kränker fühlt als früher, weil selbst seine produktiven Stunden nicht mehr ungetrübt sind. Ihre Diagnose lautet: *Der Leib selber ist ihm nun der »Andere« geworden. Hierin liegt eine ungeheure Gefahr.*

Er bleibt bis zum 21. Juli, im September beim psychoanalytischen Kongress in München werden sie sich wiedersehen. Sie fährt Ende August wieder nach Wien, denn Viktor Tausk soll auf dem Kongress einen Vortrag über ihr Spezialgebiet, den Narzissmus, halten, da will sie ihm helfen.

Rilke wiederum hat ihr geholfen:

Narziß

Dies also: dies geht von mir aus und löst
sich in der Luft und im Gefühl der Haine,
entweicht mir leicht und wird nicht mehr das Meine
und glänzt, weil es auf keine Feindschaft stößt.

Dies hebt sich unaufhörlich von mir fort,
ich will nicht weg, ich warte, ich verweile;
doch alle meine Grenzen haben Eile,
stürzen hinaus und sind schon dort.

Und selbst im Schlaf. Nichts bindet uns genug.
Nachgiebige Mitte in mir, Kern voll Schwäche,
der nicht sein Fruchtfleisch anhält. Flucht, o Flug
von allen Stellen meiner Oberfläche.

Was sich dort bildet und mir sicher gleicht
und aufwärts zittert in verweinten Zeichen,
das mochte so in einer Frau vielleicht
innen entstehn; es war nicht zu erreichen,

(wie ich danach auch drängend in sie rang).
Jetzt liegt es offen in dem teilnahmslosen
zerstreuten Wasser, und ich darf es lang
anstaunen unter meinem Kranz von Rosen.

Dort ist es nicht geliebt. Dort unten drin
ist nichts, als Gleichmut überstürzter Steine,
und ich kann sehen, wie ich traurig bin.
War dies das Bild in ihrem Augenscheine?

Hob es sich so in ihrem Traum herbei
zu süßer Furcht? Fast fühl ich schon die ihre;
denn wie ich mich an meinen Blick verliere,
ich könnte denken, daß ich tödlich sei.

Im Wiener Hotel bekommt sie ihr altes Zimmer 28, sogar das Personal scheint sich über ihre Rückkehr zu freuen; sie freut sich über die neuen Blumentöpfe an ihrem Fenster. Die Empfängerin des Gedichts und Mitarbeiterin am Tausk'schen Referat über den Narzissmus als Grenzbegriff befindet, dass der Narzissmus nicht nur eine zu überwindende Lebensunreife ist (infantile Objektlosigkeit; Eitelkeit der Libido), sondern durch alle Schichten unseres Erlebens geht: *Also nicht bloß die Grenze, über die man analysierend nicht mehr hinüberkommt, sondern auch die, wo das Ineinander von Ich und Libido schöpferisch, d. h. insofern überpersönlich, und deshalb, aus diesem positiven Grunde, nicht mehr empirisch zergliederbar und logisierbar ist.*[371] Es gelingt ihr nur unzureichend, diesen Gedanken im Tausk'schen Referat unterzubringen.

Und dann ist das Hauptereignis auf dem Münchner psychoanalytischen Kongress kein Vortrag, sondern die Sitzordnung: *die Züricher an einem Tisch für sich, dem Freudtisch gegenüber.* Das psychoanalytische Schisma ist nicht mehr zu verhindern. Bis eben galt die Regel: größtmögliche Vorsicht und Rücksicht gegeneinander. Jetzt, da jeder sieht, dass nichts mehr zu retten ist, geben sich die Theoretiker der Sublimierung dem Genuss bedenkenloser Entsublimierung hin.

Besonders fällt ihr der Anführer der Züricher C. G. Jung auf: *Wo bei Jung vor zwei Jahren eine Art robuster Lustigkeit, strotzender Vitalität aus seinem dröhnenden Lachen redete, da ist in seinem Ernst reine Aggressivität, Ehrgeiz, geistige Brutalität.* Zur Überraschung des Freud-Tischs steht Referent Tausk ihm in nichts nach, auch hat er Grund, sich derart zu entsublimieren, denn der Schweizer verkürzt ihm die Redezeit. Nur der Münchner Gebsattel, bei dem Rilkes Frau Clara in Behandlung ist, wandelt wie unbeteiligt zwischen den Frontlinien, und die Zigarette zwischen seinen Lippen scheint dem einzigen Zweck zu dienen, ihn an plötzlichem Loslachen zu hindern.

Kurz darauf betritt Rilke den Kriegsschauplatz, und es dürfte ihm eine gewisse Befriedigung bereiten, die Desinfektoren der Seele in derartigem Aufruhr zu sehen. Seine Freud-Lektüre hatte ihn auf einen Autor schließen lassen, mit dem eine fixe Idee durchgegangen sei. Nur sieht gerade der als einer der wenigen sehr gefasst, obgleich ein wenig mitgenommen aus. Lou, die an diesen beiden Kongresstagen nirgendwo anders sitzen möchte als ganz dicht neben Freud, stellt beide einander vor, und wider Erwarten mögen sie sich, so dass sie noch den Abend und die halbe Nacht miteinander verbringen.

Dichter sind sehr interessant, vom psychoanalytischen Standpunkt aus gesehen. Korrektoren der Seele sind sehr interessant, vom dichterischen Standpunkt aus betrachtet. Und begänne wahrhafte Sublimierung nicht da, wo Dinge Sprache gewännen, die bis dato keine haben – der Phallus etwa, den Rilke schon früh als »den Anderen« empfand und zu dem er um jeden Preis eine Verbindung herstellen wollte? Dem Sprachlosen eine Sprache geben, statt es mit Begriffen einzurüsten – das können nur die Dichter leisten, und in diesem Fall vielleicht ohnehin nur ein Dichter, er.

Die werdende Analytikerin und der werdende Phallus-Dichter treffen auch Phia, Rilkes kreuzkatholische Mutter in München. Sie erscheint der Analytikerin viel weniger fürchterlich als erwartet, nur leer wie ein Kleid, da hat der Sohn wohl recht. *Drohend und empört wird sein Blick, wenn sie doch nur frauenzimmerlich ihre leere Emphase von sich gibt: und es vergiftet ihm sein hingegebenes Sprechenkönnen, das ihm oft das Produzierenkönnen ersetzt und bei dem, in einem höheren Sinn, der Nebenmensch auch nur ein entbindendes Mittel ist. Drum vergibt er mir gern die schauerliche Indolenz in Gesellschaft, und als ich mich für sie entschuldigte, sagte er: »Allerheiligste Empfängnis Mariä«. Rainer und ich verreisen ins Gebirge über Dresden.*[372]

Auf der Fahrt erzählt er ihr seine schlimmsten Träume, und sie analysiert sie. Er sagt ihr auch, dass sein erster Eindruck von Weiblichkeit ein ebenso beängstigender wie kolossaler war: Eine dicke Waschfrau, die immer gerufen wurde, wenn irgendeine Schwerstarbeit im Hause zu leisten war, irritierte den Jungen. In einem Krummhübler Sanatorium konsultiert Rilke einen Spezialisten, dem er jedoch nichts erzählen kann, während er ihr alles erzählen kann. Schließlich diskutieren sie den Unterschied zwischen einem Phallus und einem Obelisken.

Schon bald wird sie Patienten empfangen. Sie legt ihren psychoanalytischen Eid vor sich selber ab: *Die Art, wie man einen Menschen in der Psychoanalyse vor sich sieht, ist etwas, das über jeden Affekt ihm gegenüber hinausführt: irgendwo in der Tiefe werden auch Abneigung und Liebe nur noch Gradunterschiede.* Loufried wird zur psychoanalytischen Praxis. Ihren ersten Patienten aber, der etwas anderes zu hoffen scheint, schickt sie zurück nach Paris. Eine Zeugin: »Den letzten Abend sagte er uns gute Nacht und sah Lou an. Erst in meiner Ehe, als ich Frau wurde, viele Jahre später habe ich den Blick begriffen ...«[373] Ihren Blick kennt er. Er bedeutet: Nein.

Schickt sie ihn auf eine Reise in die Regression? Soll er Paris noch einmal durchmachen, um geheilt zu werden?

Zum Jahresende bekommt sie Post von Freud: »Verehrteste Frau ... Sie besitzen um diese Zeit wahrscheinlich zwei Bilder von mir, ich keines von Ihnen. Ist das gerecht? Natürlich stelle ich mir die Abhilfe nicht so vor, daß Sie mir von den beiden eins zuschicken. Ihr ergebenster Freud.«[374]

»... daß es eine einzige Stelle gäbe, wo er wirklich zu überstehen wäre: bei Dir, in Deinem Garten«. Der Krieg

Im März 1915 verreist eine auffällig gekleidete Dame mit einem kleinen weißen, noch nicht stubenreinen Hund, dessen Erwerb sie Sigmund Freud gegenüber so motiviert hatte: *Aus Verzweiflung an der kriegenden Menschheit lege ich mir soeben einen Hund zu. (Sie – eine Katze?)*[375] Das war das Ende einer viele Seiten langen Kritik seiner Einführung in den Narzissmus.

Die Kritikerin selbst scheint viel weniger narzisstisch veranlagt zu sein als die übrigen Angehörigen ihres Geschlechts, denn sie steckt in einem Sack. Rilkes Freundin, die Malerin Loulou Albert-Lasard sieht sich außerstande, der die Trägerin umgebenden Stoffhülle das Wort Kleid zuzusprechen. Der Sack stammt gewiss aus der Schneiderei der Bauersfrau, die ihr schon im ersten Loufried-Winter auch den Grünkohl brachte.

Lou war schon als Kind das schlechtestangezogene Mädchen weit und breit gewesen. Russenhemden sind bequemer als Kleider. – Der ist vollkommen egal, wie sie aussieht, überlegt Loulou, Lou studierend. Sie hat schon viel von ihr gehört und auch über das eigentümliche Verhältnis nachgedacht, in dem ihr neuer Freund und diese ältere Dame einmal gestanden haben könnten. Der kleine weiße Terrier an ihrer Seite heißt Druschok, Freundchen, und weiß, was die Welt ist: eine große Hundetoilette. Dies ist die erste Reise seines Lebens.

Und die beiden wollen jetzt bei ihnen wohnen?

Natürlich hatten alle Beteiligten überlegt, ob sie besser ohne Druschok kommen sollte, aber Rilke war dagegen gewesen: »Liebe Lou, schon neulich schien mir, als ob in Druschok's Biographie eine beirrende Lücke entstünde, wenn Du Dich jetzt von ihm trenntest.«[376] Kurz, man stelle ihm die Terrasse zur Verfügung, »durch einige dort herumstehende Gegenstände ist zugleich eine gewisse Diskretion gegeben«.[377] Auch das Dienstmädchen ist einverstanden und hatte in der ihm eigenen, etwas gehoben-feierlichen Art erklärt, Druschok dürfe auf der Terrasse tun, was immer er wolle.

Eigentlich hatte sie schon im Januar eintreffen wollen, damals hätte Rilke die Wohnung, die er mit seiner Freundin teilte, für sich allein gehabt, aber dann traf die Nachricht vom Tod ihres ältesten Bruders Alexander ein. Und Lou konnte keinen Schritt mehr tun, geschweige denn verreisen. *Schutzlos!*, war ihr erster Gedanke. Alexander, Sascha, war der Familie wie ein zweiter Vater gewesen, *sein Humor ergab sich irgendwie aus dem Zusammenwirken einer sehr nüchternen Verstandesstärke mit der Wärme seines Wesens.*[378] Und dieser Vaterbruder soll an Herzkrämpfen gestorben sein? Er war gewissermaßen das erste Kriegsopfer der Familie. Erst jetzt war sie wirklich eine Waise.

Wie anders war alles noch vor gerade einem halben Jahr gewesen. Im Juli 1914 las sie in langen Briefen aus Paris, wohin sie Rilke verschickt hatte, die Ausweglosigkeit seiner Lage: »Die Hand meines Friseurs, mit ihrer jeden Morgen anders zusammengesetzten Geruchsmischung, kann mich so beeindrucken, daß ich ganz anders gestimmt von ihm fortgehe; aber sie genügt auch schon, mich körperlich zu verstimmen: das sich-von-ihr Weghaltenwollen, die gezwungene Ökonomie des Athmens, solange sie vor mir ist, wirkt schon wieder Spannungen in der Stirn und in der Kehle hervor (dies nur ein Beispiel –) kurz es ist das erbärmlichste und lächerlichste Ausgeliefertsein.«[379] Er hat auf seine Art längst die Nachfolge des Klimaneurotikers Nietzsche angetreten. Dessen Frage, was er dafür könne, dass er einfach einen Sinn mehr habe als andere Menschen, ist auch die seine. Aber noch hoffte Rilke, wenn nicht auf Heilung, so doch auf Linderung.

Zwei Wochen später traf er in Göttingen ein; sie holte ihn von der Bahn ab, und vor lauter Reden und inmitten der Teilnehmer eines Turnerfestes verliefen sie sich. In Göttingen! Lou war schon in München mit Gebsattel, dem Phantom des Kongresses von 1913, verabredet, also konnte Rilke nur kurz bleiben. Doch sie würden sich gleich in München wiedertreffen – nach einem Umweg Rilkes zu seinem Verleger in Leipzig –, da trennte der Krieg plötzlich binnen eines Tages das Gestern vom Heute. Lou dachte, nun kommt er nicht mehr, und reiste nach Hause. Er dachte, nun muss ich gleich kommen, und verließ Leipzig auf der Stelle. Sie fuhren aneinander vorbei.

»Was tut der Russe hier, denk ich, es ist doch Krieg!«, fragte sich kurz darauf ein weiblicher Pensionsgast in Irschenhausen. »Und ich höre ihn reden, wie ich noch nie jemanden zuvor hatte reden hören, von Rußland, von seinen Besuchen bei Tolstoi, seinen Wegen durch die Felder mit Gorki oder von seiner Begegnung mit einem russischen Bauerndichter und seinen Gesprächen mit dem russischen Volk, das er liebte.«[380] Der Russe ist gar kein Russe, wurde Loulou Albert-Lasard bald klar, als sie mit ihm und anderen Gästen der kleinen Irschenhausener Pension am Mittagstisch saß, ja, sie kannte ihn sogar.

Ein Krieg verändert alles. Vielleicht auch deshalb war Rainer Maria Rilke gleich von Irschenhausen hinüber nach Wolfratshausen gelaufen, zum ersten Mal seit siebzehn Jahren, um nachzuschauen, ob es noch da war. Er fand es schon jetzt nicht mehr, so anders sah es aus. Aber statt Lou in Wolfratshausen fand er nun Loulou in Irschenhausen.

Als sie an der kleinen Table d'Hôte nach der Gemeinschaftswasserkaraffe greifen wollte, war der Nichtrusse schneller. Und beiden fiel auf: Sie waren sich schon einmal begegnet, in Paris, von wo sie eben so überstürzt abreisen musste, weil die Lage einer Deutschen in Paris, egal wie viel französische Wurzeln sie besaß, zunehmend unhaltbar wurde – genau wie die eines Russen in Irschenhausen.

Loulou, durfte Rilke bald feststellen, las seine Gedichte auch ganz anders als einst Lou. Die junge Malerin beschreibt es so: »Seit sie mir in die Hände gefallen waren, hatten seine Bücher mit unglaublicher Heftigkeit von mir Besitz ergriffen. Ich kannte sie fast auswendig. Und ich sehe mich eines Tages bei einer Freundin, E. v. Bonin, ankommen, die mich zum Tee eingeladen hatte. Ich war wie in einer Wolke. ›Was fehlt Ihnen?‹ fragt sie. – ›Ich kann nicht sprechen. Ich habe gerade Rilke gelesen.‹ – ›Sieh da, soeben ist er von hier fortgegangen.‹ – ›Wie? – er lebt? – hier mitten unter uns? Ich kann es nicht glauben!‹ – ›Ja, wollen Sie ihn kennenlernen?‹«[381] Aus dieser Anfrage einer besorgten Gastgeberin wurde ihr erstes Zusammentreffen, und nun sahen sie sich unverhofft wieder, zwei Interimspariser, die nicht mehr zurückkehren konnten. Irgendwann erinnert sich Rilke, dass seiner alten Concierge beim Abschied Tränen in den Augen standen – sollte sie mehr geahnt haben als er? Da werden seine Pariser Möbel schon versteigert sein, nicht einmal André Gide kann es verhindern, nur ein paar Manuskripte retten.

Anfang September hielt die einsilbige Lou einen Brief in der Hand, der von einer Loulou nichts wusste, dafür: »Wie oft, liebe Lou, in diesem ungeheuerlichen August, wußte ich, daß es eine einzige Stelle gäbe, wo er« – der Krieg – »wirklich zu überstehen wäre: bei Dir, in Deinem Garten; denn wenn zwei Menschen denkbar sind, denen diese unvermuthete Zeit genau das gleiche Leid bereitet, das gleiche tägliche Entsetzen: so sind wirs, – wie sollten wir nicht?« Ein großes Gedicht folgte, es begann:

> Zum ersten Mal seh ich dich aufstehn
> hörengesagter fernster unglaublicher Kriegs-Gott.
> Wie so dicht zwischen die friedliche Frucht
> furchtbares Handeln gesät war, plötzlich erwachsenes.
> Gestern war es noch klein, bedurfte der Nahrung,
> mannshoch steht es schon da: morgen
> überwächst es den Mann. Denn der glühende Gott
> reißt mit Einem das Wachsthum
> aus dem wurzelnden Volk, und die Ernte beginnt.
> Menschlich hebt sich das Feld ins Menschengewitter.
> Der Sommer
> bleibt überholt zurück unter den Spielen der Flur.
> Kinder bleiben, die spielenden, Greise, gedenkende,
> und die vertrauenden Frauen. Blühender Linden
> rührender Ruch durchtränkt den gemeinsamen Abschied
> und für Jahre hinaus behält es Bedeutung
> diesen zu atmen, diesen erfüllten Geruch.
> Bräute gehen erwählter: als hätte nicht einer

sich zu ihnen entschlossen, sondern das ganze
Volk sie zu fühlen bestimmt …

Umso einsamer sind die Andersfühlenden.

Aus Wien kam die Anfrage, ob sie noch immer an große gute Brüder glaube. – Nicht die großen Brüder sind schuld; dass Staaten sich nicht psychoanalysieren lassen, ist das Problem, hat sie geantwortet. Da besaß sie den größten Bruder noch, der nach dem Tod ihrer Mutter darauf bestanden hatte, ihren Erbteil zu verdoppeln. Unmöglich, hatte die kleine Schwester gesagt, Alexander und Robert hätten 15 Kinder zu versorgen und sie gar keins. Sie erfuhr, dass eine kleine Schwester eine kleine Schwester bleibe, weshalb sie sich erstens in Erbschaftsangelegenheiten nicht einzumischen habe und zweitens das Doppelte bekomme. Es ist schön, bald sechzig Jahre alt und doch noch irgendjemandes kleine Schwester zu sein.

Rilkes Freundin hatte sich eine trauernde Frau erheblich fortgeschrittenen Alters ein wenig anders vorgestellt, »sie und ihr Hund Drujock erfüllten alle Winkel mit Lärm und Aufgeregtheit«. Jetzt, da sie Lou kennenlernt, fragt sie sich öfter, gerade »in Anbetracht der großen Verschiedenheit ihrer Persönlichkeiten, ihrer Reaktionen …, welches der tiefere Grund dieser langen Freundschaft« mit ihrem Geliebten sei. Lou scheint ihr »etwas zu ausschließlich zerebral«, jedoch habe die »Vitalität der russischen Frau, diese Naturkraft, die sie trotz aller Intellektualisierung« bleibe, gewiss tief auf ihn gewirkt. Loulou kommt schließlich zu dem Schluss, Lou den Status einer »Betreuerin« zuzusprechen, aber viel Zeit zum Nachdenken bleibt nicht, denn vom »Moment ihrer Ankunft an waren unsere Tage ausgefüllt mit ihren Programmen. Des Morgens eine spiritistische Sitzung, nachmittags Historiker oder Astronomen, abends schließlich Psychoanalytiker, Schriftsteller oder Ärzte.«[382] Sie sehen natürlich Gebsattel, weiterhin Max Scheler, Hans Carossa, Alfred Kubin, Karl Wolfskehl, Eduard von Keyserling, Ricarda Huch, Regina Ullmann, Annette Kolb, Hertha Koenig, die Puppenmacherin Lotte Pritzel, deren Geschöpfe Rilke so tief beschäftigen in ihrer spezifischen Leblosigkeit, Paul Klee und Walther Rathenau. Die junge Malerin nimmt mit Erstaunen wahr, welche Wirkungen Rilkes Betreuerin noch immer auf Männer ausübt: »Ich sehe noch einen vor mir, dem ein abfälliges Wort von Lou die Tränen in die Augen trieb«, worauf ihm sein Monokel entglitt.

Lou und Druschok bleiben mehr als zwei Monate. Lou lässt sich wieder Träume ihres ersten Patienten erzählen, während Loulou, die der Psychoanalyse mit der Herablassung der Jugend gegenübersteht, gleichwohl auf ihre Weise über das Problem des Narzissmus anhand ihres Geliebten nachdenkt. Sollte wohl »selbst in seinen Liebesbeziehungen es immer dieselbe Liebe« sein, »die er in einer Weise, die sie beinahe verwechselt, feiert, um sich dadurch mit dem Leben der anderen zu verbinden? Hat er nicht immerfort seine eigene Projektion erlebt?«[383]

Druschok macht, wie es das Dienstmädchen vorausgesehen hatte, auf der Terrasse, was er will, und ignoriert deren durchaus tragische Aura. Denn eigentlich war es diese Terrasse, die die beiden obdachlosen Irschenhausenrückkehrer Loulou und Rilke zuerst erblickten, als sie die Wohnung betraten. Wie sie hier malen könne!, hat er gesagt. Wie er hier schreiben könne! Vielleicht, hat er gedacht. Und nun will Loulous Mann sich scheiden lassen, wegen der Terrasse, die sie mit einem andern teilt, und wer weiß, was noch. Aber nur wegen einer Terrasse kann Rilke sie nicht heiraten. Man heiratet keine Projektionen. Auch darum hat er nach Lou gerufen. Wenn jemand helfen kann, dann sie.

Und Loulou ist nicht ihre einzige Aufgabe. Sie, Rilke, Rilkes Noch-Frau Clara, die, wie er wohl einsieht, irgendwie falsch etikettiert durch die Welt geht, und beider kleine Tochter Ruth, die nun schon dreizehn Jahre alt ist, machen einen Familienausflug. Claras Bild bleibt noch lange vor Lou stehen; *das, was sie aus sich gemacht hat,* beeindruckt sie. Sie hatten in den vergangenen Jahren manchmal miteinander gesprochen und Rainer-Exegese und -kritik getrieben.

Rilke teilt inzwischen Andreas mit, dass zwischen all den »merkwürdigen Menschen«, die sie sehen, Druschok jedes Mal und überall hervorragt.

Vielleicht hat Loulou schon nicht mehr daran geglaubt, aber es kommt der Tag, an dem Lou und Druschok, der für einen neuen

Raumduft sorgte, abreisen. Nur Tage später bekommt Lou einen herzlichen Dankesbrief von der Gastgeberin.

Die nach Loulous Urteil »etwas zu ausschließlich zerebral« betonte Rückkehrerin schreibt nun – nach dem Aufsatz »Anal und Sexual« – auf Loufried ihr psychoanalytisches Hauptwerk, das den avantgardistischen Titel »Ubw« tragen soll. Sie erklärt das so: *Die drei Titelbuchstaben sind der Freud'schen Kürzung für den Begriff des Unbewußten entnommen: sie sollen dartun, wie ganz das hier Folgende auf Freud'schem Grund und Boden steht.*[384]

Und wie sie mit den Feinden Freuds – es werden täglich mehr – ins Gericht geht! Auch hat ein vorwitziger Neurologe schon gemeint, hinter Freuds Libido einfach Bergsons restmetaphysischen »élan vital« entdecken zu dürfen. Die größte Empörung ruft jedoch Freuds Wort »infantil-sexuell« hervor. Nicht einmal die Kinder verschont er! Hier setzt Lou ein: *Und dennoch ist es so, daß das Kind ... uns die ersten psychologisch tieferen Erkenntnisse vermittelte über das Wesen zurückgebliebener und dadurch krankhaft gehemmter oder asozial ausbrechender Sexualität.*[385]

Unzweifelhaft bleibe es einer der größten Verdienste der Psychoanalyse, *uns ahnen zu lassen, in welchen nie ermessenen Tiefen sich scheidet und eint, was unserem menschlich-bewussten Urteil hinterher zur »höchsten« oder »niedersten«, zur fruchtbarsten oder aber zerstörendsten der Kräfteentladungen wird.* Die Ursprungsdenkerin erkennt genau, wie sehr alles darauf ankommt, bereits hier, ja beinahe noch vor der Geburt, zu beginnen: *Die frühen Äußerungsweisen des Kindes entsprechen einem Liebeszustand, für den noch das In-allem-umfangen-sein selber steht: es lebt die Mutter, ehe es die Mutter »liebt«; – weshalb sie ihm bei seiner ersten Objektfindung nicht als ein ganz Erstmaliges, eher als ein »Wiederfinden« (Freud), Wiedersehen, naht. Mitten aus dieser urhaften Verschmolzenheit ... ergeben sich die ersten Lustgefühle an der wahrgenommenen Welt durch das Behagen an den eigenen Körperlichkeiten; Lust, eng noch angeschlossen dem Selbsterhaltungstrieb, dem der Nahrungsaufnahme, des Ausscheidungsdranges, ... Lust, von jeder Leibeszone separat beschickt.* Das sei der Freud'sche Autoerotismus, wohl unterschieden von der zweiten Phase, welche nun Sondergelüste erlaube und diese an einen Mittelpunkt zurückbinde. Wir ahnen ihren Namen – Narzissmus – und sagen an dieser Stelle ausnahmsweise nichts darüber.

Den Prozess, der sie so fasziniert, fasst sie zusammen: *Von den ursprünglichen Äußerungsformen der Libido – dieser den Gesamtkörper durchpulsenden Sinnenlust, die gleich einer ins Leben bewillkommnenden Freude darüber gebreitet ist – wird immer mehr auf Einzelbezirke eingeschränkt, bis sie sich wesentlich auf ihre genitale Sonderbehausung angewiesen sieht: ohne doch den Charakter des Hinausgreifenwollens über alles zu verlieren ... So erscheint im Grunde der sexuelle Verlauf ... in zwei einander entgegengesetzten Richtungen ...: einer bis gegen die Pubertät hin absinkenden und einer von dort an aufsteigenden, und mir scheint, als könne man unter diesem Bilde sich das, was Freud Latenzzeit genannt hat, am besten verdeutlichen: denn da, wo beide Richtungen etwa auf Wegesmitte zusammentreffen, heben ihre Äußerungen einander gewissermaßen auf ...*

Nur dieser Mittelteil, den sie »Psychosexualität« genannt hat, ist von ihrer groß angelegten Arbeit »Ubw« erhalten. Freud kennt bald die Einleitung und die Gliederung und kann doch nicht ahnen, was für eine Verteidigerin da für ihn aufsteht, auch ist er dagegen, »für die ›Überzeugung‹ der Hartleibigen irgend ein Opfer zu bringen«.[386] Umso mehr ist er schon für ihre Briefgesellschaft dankbar, und auf noch andere Weise als bisher, »weil ich fast allein bin und von allen Mitarbeitern nur Ferenczi dem militärischen Einfluß widerstehen und an der Gemeinschaft festhalten sehe«.[387] Zudem sind bald alle seine Söhne im Krieg, und der Vater vertraut dem Glück nicht, das ihnen hilft.

Freuds zweitältester Sohn, Architekturstudent und »Rilke-Schwärmer«, »befand sich zufällig nicht im Unterstand, in dem seine ganze Geschützmannschaft während der Beschießung des Karstplateaus Schutz gesucht hatte, und entging so als einziger dem Schicksal, durch einen Granattreffer verschüttet und begraben zu werden. Meinen Sie, daß man sich auf die regelmäßige Wiederholung solcher Zufälle verlassen kann?«[388] Merkwürdig auch, welche Beförderungen des Eigenen manchmal aus dem allgemeinen Untergang erwachsen. Der »Rilkeschwärmer« darf nun das Grabdenkmal für seine Mannschaft entwerfen, »es wird wohl seine erste Arbeit als Architekt sein«. Und Andreas wird nach Berlin reisen, um im *Gefangenenlager des Halbmonds in Wünsdorf-Zossen ... zu wissenschaftlichen Zwecken ... phonographische Aufnahmen von Afghanen-Dialekten*[389] zu machen.

Es liegt eine gewisse Schwere über allem, Freud denkt jetzt über Melancholie, Trauer und Tod nach, sieht sich gezwungen, zum ersten Mal in seinem Leben Schopenhauer zu lesen, und durchbricht den spezifischen Grundton seiner Themen doch manchmal mit Anfragen wie: »Schrieb ich Ihnen schon einmal, daß ich für den *Nobelpreis* vorgeschlagen bin?« oder »Verehrteste Frau. Nur, auf daß Sie mich nicht für unartig oder für verstorben halten, die Nachricht, daß Ihre angekündigten Sonderdrucke noch nicht angekommen sind.«[390]

Auch habe er unlängst Besuch gehabt, sehr angenehmen Besuch, den nochmals einzuladen man sich sehr bemüht habe, allein, es sei nicht gelungen. Der ebenso herzliche wie spröde Besuch war Rilke.

Der österreichische Staatsbürger Rainer Maria Rilke, dem Österreich ungefähr so zuwider ist wie seine Mutter, war im Frühjahr 1916 in Wien für felddienstfähig befunden worden, ließ einen Monat Drill über sich ergehen und reagierte dann mit Krankheit. Lou erfährt, dass er anschließend auf das Kriegspresseamt abgeschoben wurde, *wo er bis drei Uhr nachmittags sitzt.* In Kriegszeiten ist es doppelt nützlich, österreichische Fürstinnen zu kennen. Marie von Thurn und Taxis befreite ihn vom Militär, als Entronnener besuchte er Freud. Vielleicht hat Freud den leisen Widerstand des Dichters gespürt, der die Psychoanalyse von einer neuen Art Erbsünde ausgehen sieht und dieser, jeder »Erbsünde den Gegenzauber vorzuhalten, ist ja ganz eigentlich mein innerster Beruf und der Anlaß aller künstlerischen Lebenseinstellung«.[391] Rilke hatte bereits versucht, sich einem Nichtanalytiker anzuvertrauen, aber das Ergebnis ist noch katastrophaler gewesen: »Mit Schrecken empfand ich manchmal eine Art von geistigem Brechreiz, den er hervorzurufen bemüht war; es wäre furchtbar, die Kindheit so in Brocken von sich zu geben.«[392] Nein, was er unternimmt, ist gewissermaßen ein Konkurrenzprojekt zu Freud, alles Unbewältigte nicht gewaltsam aufzulösen, sondern es »in Erfundenem und Gefühltem verwandelt aufzubrauchen in Dingen, Thieren –, worin nicht? – wenn es sein muß in Ungeheuern«.[393]

Auch mit Letzteren hat er es längst aufgenommen, die Phallus-Gedichte sind schon da, als er vor Freud steht. Nicht anzunehmen, dass er ihm etwas mitteilt. Nicht anzunehmen, dass der andere errät, wer gemeint ist, als er von seiner etwas indiskreten Jüngerin Einzelheiten aus dem frühen Geschlechtserleben seines Gastes erfährt: *... mir liegen Bekenntnisse darüber vor, wo der P., der später »der Kleine« wird, wie Sie vermerken, ursprünglich als »das Große«, Übergroße, unheimlich Überlegene und Unkontrollierbare, bis in Träume und Fieberalbträume hinein, spukt. In jenem – sonst normal ablaufenden – Fall war denn die erste Weiblichkeit, die Eindruck machte (rein beängstigenden) ihrerseits eine kolossalische (sehr große Waschfrau, die bei besonders schweren Arbeitsleistungen im Hause hinzugerufen wurde).*[394]

Im Augenblick ist der nunmehr Kriegsbefreite jedoch nicht kolossalisch gestimmt und klingt für seine Verhältnisse ungewöhnlich zuversichtlich. Zwar sei an Arbeit nicht zu denken, und unruhig sei er auch, doch sei dieses Verstörtsein eines »wie von unruhigen Engeln ..., durch die Gegenwart eines schönen jungen Mädchens bei mir«. Viel mehr schreibt er nicht, dafür schickt er zwei alte Fotos mit, die er kürzlich beim Aufräumen fand – Rilke mit Bauerndichter Droshshin, Rilke und sie inmitten russischer Dorfkinder. Die Fotos gehören ihr. Das sind seine bündigen Grüße für die Autorin des »Ubw« zum russischen Schicksalsjahr 1917.

An einem Tag voller »Fehlhandlungen« im Herbst des doppelten Revolutionsjahres zerbricht ihr beim Abwaschen eine Untertasse, und das macht sie froh: Wie gut, dass es keine Tasse war. Von den Untertassen hatte sie ohnehin eine zu viel. So ist die Ordnung wiederhergestellt, und jede große Ordnung – vielleicht sogar die Weltordnung – fängt mit einer kleinen Ordnung an. Sie wirft die Scherben in den Garten, fast zielgenau in den Mülleimer. Als sie in die Küche zurückkehrt, ist sie sehr überrascht: Die Scherben liegen noch immer auf dem Tisch. Sie hatte die Tasse aus dem Fenster geworfen. Sie versteht das nicht, sie neigt doch sonst nicht zu Selbstbeschädigungen, und fragt Freud, was das bedeuten solle.

Und dann kommen die Nachrichten aus Russland.

Ihr ältester und ihr jüngster Bruder sind tot. Der mittlere, Robert, fährt auf die Krim, um seinen kriegsverletzten Sohn zu finden. Er kann ihn nur noch begraben. Als er nach dreimonatiger Fahrt nach Petersburg zurückkommt, mutet ihn die Heimatstadt, Schauplatz der Oktoberrevolution, seltsam fremd an. Selbst wenn der Sturm auf das Winterpalais ein Spaziergang ins Winterpalais gewesen war: Wie sollte die Wohnung der von Salomés im Generalitätsgebäude sich nicht in der Hand der Bolschewiki befinden? Ein Obdachloser braucht nichts so sehr wie seine Arbeit. Aber auch die war nicht mehr auffindbar, ebenso wenig wie die Firma, deren Ingenieur er war. Vielleicht hat Robert von Salomé gar nicht mehr den Versuch unternommen, nach dem Verbleib seines Vermögens und Besitzes zu fragen. Doch auf seine kleine Datscha bei Petersburg fährt er mit seiner ebenso mittel- wie obdachlosen Frau und Tochter hinaus, vielleicht wäre hier eine Zuflucht?

Im Landhaus des Robert von Salomé residiert inzwischen der Hausknecht. Er hat sich das Haus seines Herrn nicht widerrechtlich angeeignet, vielmehr war es ihm bereits samt Gerätschaften und Grund und Boden zugesprochen worden. Doch Robert darf bleiben. Der Knecht *überließ ihm und den Seinen ein wenig Raum im Dachstock und mittags eine Kohlsuppe, wenn er ihm auf dem Acker geholfen hatte.* Vor allem aber ernähren sie sich von Beeren und Pilzen, die sich nicht weigern, selbst für die Angehörigen einer parasitären und reaktionären Klasse, für die Schmarotzer des Volkes zu wachsen.

Briefe aus Russland kommen nur noch spärlich und mit abenteuerlicher Verspätung oder gar nicht an. Doch findet die wartende Schwester sich manchmal seltsam getröstet. Etwa vom Bericht ihres Bruders, wie der Knecht, der nun der Herr ist, und er, der Herr, der nun der Knecht ist, abends oft einträchtig vor der Tür seines Hauses, nein, des Hauses des Knechtes sitzen, in die Abendsonne schauen und darüber nachdenken, wie alles so weit kommen konnte. Und dann sieht der Herr, der nun der Knecht ist, den Knecht, der nun der Herr ist, manchmal voll Erstaunen von der Seite an und teilt den Befund seiner Schwester mit: »Was ist dieser Analphabet klug und freundlich!« Die Schwester interpretiert es als Geburt eines neuen Typus des russischen Menschen, auf den sie immer gehofft hatte, nennen wir ihn ruhig den spezifisch russischen Übermenschen. Da ist nicht bloße Ergebung auf der einen Seite und jäh aufbrechendes Selbstbewusstsein auf der anderen, als vielmehr ein Drittes: *was beide Gestalten umzeichnete, war ihr Gestelltsein an den Rand einer Weltenwende – als seien sie damit sich selbst entnommen ins Vereinfachte, Vergrößerte, das über beider Umriß dahinging und ihn weitete.*[395]

Aber auch hier versagt das weibliche Geschlecht dramatisch. Roberts Frau kann sich nicht an den Anblick ihrer früheren Magd gewöhnen, die nun ihre Kleider trägt und darüber tagtäglich eine so ungebärdige Freude zeigt, dass nichts so ausgeschlossen ist wie beide Frauen, »im Umriss geweitet« auf einer Bank, gemeinsam in die Abendsonne schauend.

Mit wem soll sie über all das sprechen? Mit Bruder Rilke, der seit dem »Dekret über den Frieden« ebenfalls mit neuem Auge auf alles Politische blickt, so als solle sich doch noch eine Hoffnung erfüllen. Im Januar 1918 wendet er sich an den USPD-Vorsitzenden Kurt Eisner, den er persönlich kennt, um eine Stiftungsidee für Notleidende seiner Freundin Hertha Koenig auf den Weg zu bringen. Auch Sophie Liebknecht begegnet ihm. Seine neue schöne Wohnung in der Ainmüllerstraße, von einem scheidenden österreichischen Diplomaten samt der Rosen- und Nelkenkübel auf der Terrasse handstreichartig übernommen und erlesen möbliert, wird jetzt zum Treffpunkt von linken Schriftstellern und Revolutionären. Zukunftsvolle, kämpferische Stimmen werden laut in seinem stillen Atelier, viele sehen währenddessen auf den schweigenden Gastgeber und wirken beinahe gebannt, wenn er dann endlich doch spricht in seinem schönen, weichen Tonfall, der schon dem Autor des »Doktor Schiwago« aufgefallen war. Seine Rede macht jedes Mal tiefen Eindruck, nur könnte danach fast nie jemand wiedergeben, was der Hausherr eigentlich gesagt hat.

Es ist auch eine dichtende Revolutionärin darunter, die noch bleibt, wenn die anderen schon gehen. Claire Golls späterem Bericht zufolge hat Rainer Maria Rilke ihr erklärt, dass man vier Tage brauche, um sich auf eine Liebesnacht vorzubereiten – vielleicht wollte er so etwas Zeit für sich gewinnen, aber die Revolutionärin zog daraus den Schluss, gleich zu ihm zu ziehen, um die Sache abzukürzen.

Als er unter Revolutionären und »unruhigen Engeln« – es waren noch mehr – wieder auftaucht, spricht er nicht vom Schicksal Russlands zu Lou, sondern über ein Buch. Über seine Lektüre ihrer »Briefe an einen Knaben«, die erst jetzt erschienen waren und auf die er traumsicher zugegangen sei, obwohl sie im Laden »mit dem Gesicht nach unten« lagen.

Er war einst der erste Testleser dieser drei Briefe gewesen, die man sexuelle Aufklärungsbriefe nennen könnte, gingen sie in ihrer Feinheit und Weite des Blicks nicht weit darüber hinaus. Auch jetzt schreibt der Freund, als seien sie an ihn gerichtet – »seither hab ich die ›Drei Briefe‹ wieder und wieder gelesen« –, dabei galten sie dem kleinen Sohn von Helene Klingenberg. Aber hat sie Rilke in »Das Haus« nicht auch zu Helenes Sohn gemacht?

Am Abend des 6. November 1918 versammeln sich auf Münchens Theresienwiese 120 000 Menschen. Der »Freistaat Bayern« wird proklamiert und ein Arbeiter-, Bauern- und Soldatenrat mit dem aus der Haft entlassenen Kurt Eisner an der Spitze gebildet. Rainer Maria Rilke, der die Ereignisse des Tages sonst mit Paul Valéry für den »Schaum der Dinge« hält, meint jetzt, »daß die Zeit recht hat, wenn sie große Schritte zu machen versucht«.[396]

*

Am Abend des 15. Januar 1919 wird der Terrassenhund Druschok, der noch nie krank war, von schweren Krämpfen befallen. Wenn die Krämpfe nachlassen, benimmt er sich, als ob nichts gewesen wäre. Doch sie kommen wieder. Am nächsten Morgen um 9.00 Uhr ist der Terrier Druschok tot. Seine Herrin sitzt über Stunden regungslos, die kleine weiße Leiche auf ihrem Schoß, als ihr ein Brief gebracht wird. Er ist von Rilke. Immer ist er dagewesen in den schwersten Augenblicken ihres Lebens, den Todesstunden ihrer Hunde, in denen auch Lou Andreas-Salomé leidet, so, wie sie wohl nie um einen Menschen leiden könnte. Druschok *war es, der mich auf seinem kleinen weißen Rücken durch den Krieg trug.*

Am Abend steht Andreas im Garten und gräbt ein Grab, *tief und trocken und umwölbt wie eine Architektur.* Diesmal sind nur sie beide am Grab, obgleich Rainer Maria Rilke diesen Tod erfühlt hat, auch, glaubt er, weil er zum ersten Mal »seit – ›damals‹« die Münchener Fürstenhäuser wieder betrat. Gleichwohl hält ein großer Dichter die Totenrede auf einen kleinen Terrier, nachträglich: »Die Umlaufzeiten dieser kleinen Herz-Gestirne zu erfassen: ist ja auch Einweihung ins eigene Leben; und ob uns diese heiteren Monde auch die reinste Welt-Sonne widerscheinen, es war doch vielleicht ihre immer abgekehrte Seite, durch die wir mit dem unendlichen Lebens-Raum dahinter in Beziehung standen.«[397]

Rilke weiß, dass die Dame ohne Hund ihn jetzt braucht. Auch wenn er ihr Druschok niemals ersetzen kann, sie können den Verlust gemeinsam tragen. Sie füllt seine Leerstellen, er die ihren. Vorerst schickt er ihr zum Trost und Geburtstag Oswald Spenglers »Untergang des Abendlandes«, soeben erschienen; *ich durchlas ihn ganz eigentlich von seinem Morgen bis in seine Nacht, und so seitdem weiter, als ob noch heute Geburtstag ohne Ende wäre. Ist das nicht zum Glücklichwerden im Inwendigsten, daß es solche breiten tiefen Geister noch giebt? die Einen ganz umhüllen und untergründen können und doch auch jede Anschmiegung zulassen. Natürlich mußte ich dann immer wieder vom Gedruckten fort, in's Freie, und dort auf andre Art wieder in mich einbeziehn, was hundert eilige Notizen nicht festhalten konnten. Und es ereignete auch dies sich als Geschenk: indem es das erstemal war, daß ich von neuem in die L a n d s c h a f t gelangte, die ohne Druschok sich mir unbetretbar verhangen und zugebaut hatte.*[398]

Sie will Rilke »Rodinka« geben, eins *von den jetzt 8 Büchern, die im Banksafe liegen*[399], als Sicherheit für schlechte Zeiten, zum Druck bereit. Sie hat keine Eile damit. Sie hat nie das besessen, was man schriftstellerischen Ehrgeiz nennt; sie arbeitet aus Überzeugung für die Schublade, genauer: für den Safe. Sie besitzt ein nicht ganz unangemessenes Verhältnis zum eigenen Werk: Was sie schreibt, gehört ihr, das geht keinen etwas an! Aber bei »Rodinka« ist das anders. Dieses Manuskript, *schön maschinengetippt*, soll er haben, denn eigentlich, sagt sie, gehört das Buch ihm. Sie hat ihn längst wiedereingesetzt in die Heimatrechte an der kleinen Hütte in der unendlich weiten Wolgalandschaft.

Nur ihr leibhaftes Wiedersehen ist schwer zu machen inmitten des allgemeinen Zusammenbruchs, der sich Frieden nennt. Woher Eisenbahnen nehmen, die fahren? Woher das Reisegeld?

Am 21. Februar 1919 ist zumindest letztere Frage geklärt: »Denk nur, Lou, ich bin der Meinung, daß der liebe Gott schon das Seine gethan hat; inzwischen ist nämlich bei mir, völlig unerwartet und unverdient, ein großes Extra-Honorar der *Insel* eingetroffen: das muß, muß, muß im gegenwärtigen Moment doch bedeuten, daß Du hier mein Gast sein sollst! Nichtwahr, ich brauche keine List auszudenken, um Dich von der Natürlichkeit dieser Auslegung Gottes zu überzeugen.«[400] Am gleichen Tag wird in München Kurt Eisner ermordet; die Münchner Räterepublik erscheint wie ein Menetekel am Horizont. Und durch Deutschland zieht jene Grippeepidemie, die mehr Tote fordern wird als der ganze Krieg; Rilke aber bereitet mit größter Sorge Lous Ankunft vor. Diesmal soll sie nicht bei ihm wohnen – vielleicht fürchtet er das unangemeldete Eindringen der Liebesrevolutionärin. Schwierig ist weiterhin, dass Fremde nur für vierzehn Tage Lebensmittelkarten erhalten. Auch könne er sie nicht auf dem Bahnsteig abholen, da die Bahnsteige nicht zugänglich seien. Schließlich: »... rathsam wär's, abzuwarten, wie hier der Landtag sich hält, damit Du nicht, ankommend, den Bahnhof im Mittelpunkt einer Schießerei findest, wie das vorgestern der Fall war.«[401]

Die Dame ohne Hund trifft am 26. März 1919 in München ein. Er ist nicht am Bahnhof, »alle riethen mir ab«, vor allem, weil niemand mehr weiß, wie viele Tage später ein Zug ankommt und ob überhaupt. Sie brauchte drei. In ihrer Pension »Gartenheim« findet sie seinen Gruß: »Gute Nacht, Lou, wie schön und gut, daß Du da bist. Rainer«[402]

Am 7. April 1919 wird die Räterepublik ausgerufen und Rilkes Wohnung unter den Schutz der Revolutionsregierung gestellt. Claire Goll berichtet, dass Ernst Toller ihm das »Volkskommissariat für Kultur« angeboten habe. Am 2. Mai erobern Freikorps die erste sozialistische Stadt Deutschlands. Rilke vergisst, die Information an seiner Tür zu entfernen, was ihn in Gefahr bringt und mehrere Wohnungsdurchsuchungen zur Folge hat. Am 24. und 25. Mai reden Rainer und Lou über die Elegien. Die Kippenbergs benachrichtigen ihren Autor am 26. Mai, dass sie kaum Papier genug aufbringen können, um der Nachfrage seiner Bücher gerecht zu werden. Und im Übrigen dürfe er »ohne alle Sorge auf eine Reihe von Jahren« hinausblicken. Allerdings sieht das Verlegerehepaar seinen Autor und dessen Engagement in München durchaus mit großer Sorge, weshalb es ihm längst eine Schweizer Lesereise angetragen hat, die Rilke zuletzt um Lous willen verschob. Sie bleibt über zwei Monate.

Jetzt gibt er ihr das Gedicht ihres gemeinsamen Anfangs, der ohne Ende ist, und schreibt die ersten Elegien für sie ab. Und diesmal ist sie es, die sich beschenkt fühlt: *Lieber Rainer, – nun ist es aus, und ich seh Dich nicht mehr. Ich muß immer dran denken, daß mir doch das Glück der unterirdischen Verbindung dauernd bleibt, wüßten wir selbst sogar nicht von ihr. Aber nicht einmal gesagt habe ich Dir, was es mir gewesen ist, daß sich dies Verbundensein für eine Weile mir so in den hellen Tag, in stündliche Wirklichkeit hob, Dich ein paar Straßen weit zu wissen. Als wir zum Tanzmorgen gingen, war ich dabei es sagen zu können, und konnte dann d o c h nicht. … Прощай Rainer, lieber, und спасибо за всё* – Dank für alles. *Du schenktest mir ein Stück Leben und ich brauchte es noch inbrünstiger als Du weißt. Lou*[403]

Es war, sie ahnen es beide nicht, ihre letzte Begegnung.

Die Duineser Elegien in Königsberg

Die M. fährt im Wagen zur Behandlung. Das erregt Aufsehen. Bergrunter geht sie zu Fuß, gestützt von ihrem Mann, wobei der Wagen ihnen nachfährt. Das erregt Aufsehen. Manchmal klopft ihr Mann unterwegs, das Gesicht voller Not, an irgendein Haus und bittet, dass jemand mitkomme und vorausgehe, seine Frau benötige einen Anhaltspunkt. Das erregt Aufsehen. Die Göttinger beobachten längst die seltsamen Prozessionen den Hainberg hinauf zur Frau Professor, die sich nicht wie eine Frau Professor benimmt und die niemand näher kennt. Schwer zu sagen, ob die Göttinger ahnen, dass sie ihr zu provinziell und zu dünkelhaft sind, die Akademiker und deren Frauen ausdrücklich eingeschlossen.

Wahrscheinlicher aber ist, dass sich die Göttinger überhaupt nicht über die Zurückgezogenheit der Frau vom Berg wundern, denn hat sie nicht Grund dazu? Wer Teufelsaustreibungen vornimmt, lebt so. Die Dame mit Auto verlässt der Widersacher nicht so schnell. Es soll sich um eine sexuell bedingte Gehbehinderung handeln. Die Teufelsaustreiberin nennt die Besessenen Patienten.

Manchmal ist es schwer, eine Unterkunft für die Patienten zu finden, vor allem in der Nähe. Die M. und ihr Mann hätten jetzt, im Februar 1922, entweder ein Zimmer ohne Ofen *mit Speisung* oder ein Zimmer mit Ofen ohne Speisung haben können. Also mussten sie hinunter in die Stadt.

Die M. war auch schon – ergebnislos – bei Freud in Behandlung gewesen und ist ihm als Inbegriff »der simplen, garstigen Lüsternheit« in Erinnerung. Das kann inzwischen unmöglich besser geworden sein, denn während Herr M. im Krieg war, hatte Frau M.

eine große Liebesaffäre mit einem Impotenten, *der sie als Notbehelf allerlei Praktiken lehrte*, was ihm die größte Hochachtung der M. einbrachte, wie die Göttinger Analytikerin an den Wiener Ex-Analytiker der M. berichtet. So wäre, dürfte man vermuten, durch das beherzte Eingreifen eines Benachteiligten, der zum ersten Mal in seinem Leben sexuellen Stolz empfinden durfte, nun jede weitere Analyse überflüssig geworden, allein die Rückkehr des Herrn M. hatte alle Fortschritte zunichte gemacht. Lou Andreas-Salomé an Sigmund Freud: Sie bemühte sich nun, *den braven potenten ... M. auf die nämliche Fährte zu bringen, aber er erwies sich als zu tapsig und reagierte seelisch nur mit einem echt hamburgischen: »Igit, igit«. Von Ihnen spricht sie nur mit Hingerissenheit.*[404]

Die M. hat sich inzwischen auf Lust- und Liebesgewinn durch demonstratives Leiden spezialisiert. Die Therapeutin gibt sich Mühe mit der M., die außer unter einem extrem schlechten Vaterverhältnis auch unter einem ebensolchen Mutterverhältnis leidet. Sie macht es weniger für sie als für Herrn M., denn dieser *überaus achtenswerte Mann und Märtyrer in dieser Ehe* sei es wirklich wert, *noch ein Stück vom Glück abzukriegen.* Während sich die Psychoanalytikerin vom Hainberg in die Kindheitswelt der M. hineinbegibt, bekommt sie Post aus der Schweiz, aus dem Château Muzot. Im letzten Herbst war Rilke, der von seiner Schweizer Lesereise nie zurückgekehrt war, noch nicht recht sicher gewesen, ob er dort einziehen sollte: »... drin wohnen ist etwa, als stände man in einer schweren, rostigen Rüstung. Und durch die harten Helmspalten schaut man hinaus in ein herausfordernd heroisches Land.«[405]

Aber jetzt am 11. Februar 1922 kommt die Nachricht, auf die sie schon über Jahre gewartet hatte:

»Lou, liebe Lou, also: in diesem Augenblick, diesem Samstag, den *elften* Februar, um 6, leg ich die Feder fort, hinter der letzten vollendeten *Elegie*, der zehnten. Jener, zu dem schon in Duino geschriebenen Anfang: ›*Dass ich dereinst am Ausgang der grimmigen Einsicht/Jubel und Ruhm aufsinge zustimmenden Engeln ...*‹ Soviel davon da war, las ich Dir, aber es sind nur eben die ersten zwölf Zeilen geblieben, alles übrige ist neu und: ja, sehr, sehr herrlich! – Denk! Ich habe überstehen dürfen bis dazu hin. Durch alles. Wunder. Gnade. – Alles in ein paar Tagen. Es war ein Orkan wie auf *Duino* damals: alles, was in mir Faser, Geweb war, Rahmenwerk hat gekracht und sich gebogen. An Essen war nicht zu denken.«

Und noch etwas ist ihm Gedicht geworden: »das *Pferd*, weißt Du, den freien glücklichen Schimmel mit dem Pflock am Fuß, der uns einmal, gegen Abend, auf einer Wolga-Wiese im Galopp entgegensprang –: *wie* hab ich ihn gemacht, als ein ›*Ex-voto*‹ für *Orpheus*! – Was ist Zeit? – Wann ist Gegenwart? Über so viel Jahre sprang er mir, mit seinem völligen Glück, ins weitoffne Gefühl. So wars eins nach dem Andern. Jetzt *weiß* ich mich wieder. Es war doch wie eine Verstümmelung meines Herzens, daß die *Elegieen* nicht da – waren.

Sie sind. Sie sind. Ich bin hinausgegangen und habe das kleine *Muzot*, das mirs beschützt, das mirs, endlich, *gewährt* hat, gestreichelt wie ein großes altes Thier …

Und nun, heute, liebe Lou, nur dies, Du solltest es gleich erfahren. Und Dein Mann auch. Und Баба –, und das ganze Haus, bis in die alten guten Sandalen hinein! Dein alter Rainer«[406]

Die erste Elegie, schon 1912 auf Duino entstanden, beginnt: »Wer, wenn ich schriee, hörte mich denn aus der Engel/Ordnungen? und gesetzt selbst, es nähme/einer mich plötzlich ans Herz: ich verginge von seinem/stärkeren Dasein. Denn das Schöne ist nichts/als des Schrecklichen Anfang, den wir noch grade ertragen,/und wir bewundern es so, weil es gelassen verschmäht,/uns zu zerstören. Ein jeder Engel ist schrecklich./Und so verhalt ich mich denn und verschlucke den Lockruf/dunkelen Schluchzens. Ach, wen vermögen/wir denn zu brauchen? Engel nicht, Menschen nicht,/und die findigen Tiere merken es schon,/daß wir nicht sehr verläßlich zu Haus sind/in der gedeuteten Welt …«

Rainer Maria Rilke hat seinen Sanctus Februarius erlebt, der im Januar begann. Statt vier mal zehn Tage wie Nietzsche hat er zehn Jahre gebraucht. Die »Elegien« sind Rilkes »Zarathustra«, sein Gleichnis auf unsere Existenz, sein verzweiflungsvolles Bleibt-der-Erde-treu! Man darf sich von den »Engeln« nicht täuschen lassen – auch sie sind Verlassene Gottes, sie schützen und begleiten niemanden mehr.

Sollte es Zufall sein, dass er das Hauptwerk seines Lebens pünktlich zu ihrem Geburtstag beendete wie einst Nietzsche seinen »Zarathustra«? Rilke hätte ihr trotzdem gratulieren können. So sind sie, diese – nein, es gibt wohl keinen Plural von Narziss. Dafür wird sie von ihren Patienten beschenkt, sogar mit Feigen und Trauben. Baba, an die Rilke denkt, ist Druschoks übergewichtige Nachfolgerin, deren Liegestuhl ihr Mann jedes mal auf ein leises Knurrzeichen hin aus der Sonne in den Schatten trägt.

Und ihr Hauptwerk? Sie kommt vor lauter Patienten nicht mehr zum Schreiben, nicht einmal das »Ubw« ist fertig geworden, und dennoch wird ihr Hauptwerk bald erscheinen: »Rodinka«, geschrieben vor nun bald einem Vierteljahrhundert. Es ist Zeit, den Banksafe zu plündern. Geld braucht im Inflations-Nachkriegsdeutschland jeder, kaum einer hat welches, ihre Patienten eingeschlossen. »Rodinka« erscheint, als die Inflation ihren Höhepunkt erreichen wird. Aber da ist noch ein anderer Grund, dass sie es gerade jetzt gedruckt sehen will; die Widmung verrät ihn: *An Anna Freud, ihr zu erzählen von dem, was ich am tiefsten geliebt habe.*

Freuds Tochter wird sie gleich besuchen, auf der Rückreise von Hamburger Verwandten. Ihr Vater schreibt inzwischen an Lou, dass sich in Kalkutta eine psychoanalytische Ortsgruppe gegründet habe und dass Anna ihm fehle. Er gesteht das durchaus nicht gern: *Ich bedaure sie längst, daß sie noch im Hause bei den Alten sitzt ..., aber andererseits, wenn sie wirklich fortginge, würde ich mich so verarmt fühlen wie z. B. jetzt, wie wenn ich das Rauchen aufgeben müßte.*[407] – Da weiß er noch nicht, wie nah dieser Verzicht vor ihm steht und wie wichtig ihm seine jüngste Tochter noch werden wird. Er hält sie für neurotisch. Denn wie sonst soll man eine junge Frau nennen, die nichts von dem will, was normale Frauen wollen? Also heiraten statt denken, Kinder bekommen statt arbeiten wie ihre Schwestern. Eigentlich will Anna Schriftstellerin werden, »Heinrich Mühsam« soll ihr erster Roman heißen.

Als Lou 1913 in Wien war, hielt sich Anna in Meran auf, um eine schwere Tuberkulose loszuwerden – auch Lous »Bluthusten« war einst dort verschwunden. Und diese Problemtochter liebte Rilke, weshalb sie die Nachricht ihres Vaters vom September 1913 gar nicht glauben konnte: »Hast Du in München wirklich den Dichter Rilke kennengelernt? Wieso? Und wie ist er?« – Schließlich sah Freud keinen anderen Ausweg, als die eigene Tochter zu analysieren. Die Vater-Tochter-Bindung wurde noch stärker. Nun begleitet sie ihn schon seit Jahren auf die Kongresse. Er kann es nicht leugnen: Er möchte sie als seine Erbin auf dem Gebiet der Psychoanalyse. Zugleich aber möchte er sie auch als ganz normale Frau, mit Mann und Kind. Sie wird gleich 26 Jahre – in diesem Alter waren ihre Schwestern längst verheiratet. Er weiß sich keinen Rat mehr.

Eben erst, zu Beginn des Winters, war Lou in Wien, in der Berggasse 19 zu Gast gewesen. Und der Gedanke ist nicht ganz abwegig, dass Freud sie mehr noch als für sich für Anna eingeladen hat. Beide hatten schon viel voneinander gehört – für Anna war Lou doppelt faszinierend. Zum einen ist sie die einzige Frau, deren Urteil ihr Vater vorbehaltlos ernst nimmt, zum anderen ist sie die Vertraute Rilkes, dessen Dichtung sie liebt. Und nun musste Sigmund Freud zusehen, wie er im eigenen Haus zur Randfigur wurde.

Von der ersten bis zur letzten Stunde ihres Aufenthalts waren Tochter und Freundin zusammen. Auch spricht es sich anders von Psychoanalytikerin zu Psychoanalytikerin. Und Anna fand ein Gerücht bestätigt: »Meine liebe Lou, jemand, den ich kenne, sagt von Dir, wenn man Dir etwas erzählt, dann verstehst Du es besser als man selber; und jetzt sehe ich, daß das auch wirklich wahr ist.«[408] Zu Annas Geburtstag, den Lou in Wien mitfeierte, schenkte sie ihr eine Abschrift von Rilkes noch unveröffentlichten ersten Elegien, denen so lange nichts nachgefolgt war. Jetzt sind die Elegien vollzählig, und auch Anna kommt sie besuchen.

Dem großbürgerlichen Wiener Mädchen erscheint das Haus am Hainberg irritierend klein, vergleichsweise ärmlich – umso wohler fühlt sie sich dort bald. Sie lernt Frau M. kennen, die schon viel besser laufen kann und an einem positiveren Mutterbild arbeitet, und ihren »Igit«-Mann, dem Lou noch ein wenig

Glück auf Erden schaffen will. Er und beider Tochter lösen sich ab bei der Betreuung der M., und mit der Tochter ist Anna Freud bald befreundet.

Anna Freud konzentriert sich vor allem auf die Analyse von Kindern und denkt gerade besonders viel über solche nach, die geschlagen werden und später phantasieren, geschlagen zu werden, wobei dieser Tagtraum regelmäßig »mit hoher Lust besetzt ist«, die sich als manuell noch steigerbar erweist. Lou begreift, dass ihre Reflexionen auf der großen Petersburger Truhe, die die Winterpelze beherbergte, und auf der die Birkenrute *zu peinlichster Anwendung kam*, durchaus nicht ohne Weiteres verallgemeinerbar sind. Denn die meisten Kinder treiben in solcher Lage durchaus nicht Elementartheologie wie einst sie: Wird Gott meinen Eltern diese Missetat vergeben können?

Über dieses Thema sprechen Lou und Anna besonders viel. Freuds Studie »Ein Kind wird geschlagen« war 1919 erschienen. Solche lustbetonten »Schlagephantasien« scheinen ihm bei Mädchen durchaus therapiebedürftig, nicht wegen des frühkindlichen Geschlagenwordenseins, sondern wegen der Art seiner Sublimierung und Selbstbelohnung. Selbstbefriedigung hemme die normale weibliche Entwicklung auf den Mann zu. Und wo aus diesen Schlagephantasien ein ganzer Tagtraum-Überbau entstehe, sei erst recht Gefahr im Verzug: Eine Hausfrau träumt nicht! Schon gar nicht so. Freud hat das nur ein wenig anders formuliert.

Lou stimmt zu, was den weiblichen Selbstgenuss angeht, nur aus anderen Gründen. Nicht weil die Frau auf den Mann zu leben soll – lebt sie etwa auf ihren Mann zu? –, sondern wegen des *Kulturpunkts* der Frau, ihre Geschlechtlichkeit weniger isoliert zu erleben als der Mann. Was beide, Anna und Lou, besonders stört, ist das tendenzielle Tagtraumverbot. Schließlich hat Lou ihre ganze Kindheit in Tagträumen verbracht, denen sie ihre außerordentliche seelische Gesundheit verdankt.

Am 31. Mai 1922 hält Anna Freud den Vortrag »Schlagephantasie und Tagtraum« vor der Wiener Psychoanalytischen Vereinigung, »eine kleine Illustration zu dem Aufsatz von Professor Freud ›Ein Kind wird geschlagen‹. Sie ist in einer Reihe von gemeinsamen Gesprächen mit Frau Lou Andreas-Salomé entstanden, der ich für ihr Interesse und ihren Anteil daran sehr viel zu danken habe.«[409] Geschildert wird der authentische Fall eines jungen Mädchens, jedoch mit antifreudscher Schlusspointe in Theorie und Praxis: Das Mädchen beginnt zu schreiben. Eine Schriftstellerin erwacht, vielleicht eine schlechte Schriftstellerin, aber immerhin eine Schriftstellerin.

Nun sind schreibende Mädchen für Annas Vater im Grunde immer noch neurotisch, aber Anna und Lou haben ihm diesen Ball aus der Hand gespielt.

In der zweiten Junihälfte trifft ein überraschendes Schreiben auf Loufried ein: »Meine liebe Lou, Heute schon nach Mitternacht – noch ganz schnell zwei Nachrichten. Du bist am heutigen Mittwochabend zum Mitglied der Wiener Vereinigung gewählt worden«[410] – in Anerkennung des Umstandes, dass Annas Vortrag zwei Autorinnen hatte.

Aber eine andere Mitgliedschaft freut sie gewiss noch mehr, denn wenn nicht alles täuscht, ist sie seit Dezember auch als offizielles Mitglied in die Familie Freud aufgenommen, zumindest deutet die Anrede des Familienvaters darauf hin, die nicht länger »Verehrteste Frau«, sondern nun »Liebste Lou« lautet:

»Liebste Lou

Ich höre mit Schrecken – aus guter Quelle, daß Sie bis zu 10 Stunden täglich Analyse geben. Halte es natürlich für einen schlecht verhüllten Selbstmordversuch, der mich sehr überrascht, da Sie meines Wissens doch so wenig neurotisches Schuldgefühl haben.«[411] Dieser wohlgelaunte Brief lässt kaum vermuten, dass die große Leidenszeit seines Autors bereits begonnen hat.

Im Frühjahr 1923 müssen sich verschiedene Mitglieder der Großfamilie Freud kleineren Operationen unterziehen, so dass auch das Familienoberhaupt glaubt, mit einem Gang zum Chirurgen nicht weiter aufzufallen. Lou erfährt es sofort: »Gestern Abend hat Papa plötzlich mitgeteilt, daß er sich Samstag Vormittag auch eine kleine Operation im Rachen machen lassen wird: Wucherungen, die angeblich bei Rauchern manchmal vorkommen.«[412] Die endlose Reihe von Operationen beginnt, allein in diesem Jahr werden es zwei. Der Patient, bald Träger einer Oberkieferprothese, die den Mundraum gegen den Nasenraum abschließt, nimmt sein immer wieder erzwungenes Verstummen als Gelegenheit, mehr zu schreiben. Er kann ohnehin nicht mehr wie früher sprechen, und bei den Mahlzeiten möchte er lieber ohne Zeugen sein. Die Aufsätze »Neurose und Psychose«, »Das ökonomische Problem des Masochismus« sowie »Der Untergang des Ödipuskomplexes« entstehen.

Alle Frauen der Familie Freud bilden einen großen Zirkel von Akkordstrickerinnen. Anna strickt vor allem für Lou. Aber ab sofort strickt die treue Begleiterin ihres Vaters weniger im heimischen Strickzirkel als in Kliniken und Sanatorien an dessen Bett. Anna am 26. November 1923 an Lou: »Dein Rock ist in den langen Tagen und Abenden im Sanatorium ganz fertig geworden.«[413] Den Fragebogen zum Nachfolger des Rocks hat sie Lou schon geschickt. Er trägt die Überschrift »Fragen über das Wollkleid« und beginnt:

»Seine Farbe ist ähnlich Deiner Jacke, nur wird es wärmer und etwas schwerer.

1.) Welche untere Rockweite haben Deine Kleider gewöhnlich? Welche mindestens?
2.) Wie ist Deine Taillenweite?
3.) Trägst Du den Gürtel in der wirklichen Mitte oder lieber etwas tiefer wie es jetzt Sitte ist?«[414]

Lou ist inzwischen nach Königsberg gefahren. Professor Otto Bruns, Internist am Universitätsklinikum, hat sie eingeladen, denn er empfindet die Art und Weise der gewissermaßen »physikalischen Behandlung« alles Psychischen schon seit langem »als Schmach und Schande«. Es gibt gleich mehrere Gründe, nicht nein zu sagen, der Hauptgrund ist: Geld! Allerdings findet sie der Höhepunkt der Inflation in der Stadt, die Kant erfunden hat, so dass dieser Effekt sich in ungefähr dasselbe Verhältnis auflöst wie die Papiermark zu Goldmark: eine Billion zu eins im November 1923. Freud hatte ihr schon in Göttingen empfohlen, die Inflation in ihren Honorarforderungen zu berücksichtigen, aber so etwas kann sie nicht – Freud sah das bald ein und schickte vierzig Dollar.

Wie nah ist sie hier ihrer Heimatstadt, die jetzt Leningrad heißt und doch unerreichbar ist. Mit *seiner eisigen Winterkälte, den nie geräumten Straßen, häßlichen Häusern* erinnert sie Königsberg an die Stadt ihrer Kindheit. Sie hat wieder ein wenig Hoffnung für ihre Heimat, *seitdem die Bolschewiki von der Bestialität ihrer Mittel (die in so gräßlichem Kontrast zu ihrem sozialen Idealziel standen) ablassen, d. h. sich gezwungen sehn zu Konzessionen gegen den Kapitalismus Europas, wächst dort eine jüngste Generation heran voller Glut und Reinheit, entschlossen jenes Idealziel dennoch zu erreichen, also willens zum Kampf gegen den Bolschewismus der Konzessionszeit.* Sie ist keine Idealistin, sie sieht auch diese Generation geopfert werden durch *neue Männer der Praxis.* Und weiter, an Rilke – wer sonst würde sie verstehen? –: *Aber Leben, ungeheures, ist ... in diesem fortwährend sterbenden und wiedergeborenen Lande (worin während der Hungerverzweiflung die kleinen Kinder aus den Wolgadörfern (unsern Dörflein, Rainer!) fortliefen in die Wälder, um nicht gegessen zu werden).*[415]

Mag Königsberg der Hauptstadt der Großen Sozialistischen Oktoberrevolution noch so ähnlich sehen, es ist nicht ihre Heimatstadt. Wie gern hätte sie dort eine psychoanalytische Ortsgruppe gegründet. Stattdessen wundern sich jetzt in Königsberg angehende Ärzte, mit denen sie Lehranalysen macht, wie viel sie dieser doch fremden Frau von sich erzählen.

Als sie zurückkommt, im August 1924, sieht sie Rilkes »Duineser Elegien« und die »Sonette an Orpheus« auf ihrem Tisch. Sie packt die Koffer aus, ordnet, richtet das Haus wieder nach ihren statt nach Maries Bedürfnissen – zwischen beiden herrscht kalter Krieg – und weiß doch *beständig dies als des Lebens Stille daliegen.* Sie hatte seine Abschriften der Gedichte mit nach Königsberg genommen und ihre Heilwirkung ausprobiert. Sie will ihm davon erzählen, *so gut es eben geht, denn es geht kaum: ... Es handelte sich um Solche, denen, zufolge ihrer Neurose, alles tot geworden war, und sie selber waren sich's auch; nicht nur in tiefer Gleichgültigkeit überhaupt, sondern in der Weise, daß Lebendiges – Mensch, Kreatur, Natur – ihnen sofort dinghaft wurde, Sachwert, Unwert, letztlich Unrat, Abhub; woraus schwere Angstzustände entstehn, bitterliches Entsetzen* – ob die Absenderin ahnt, wie sehr sie an das derzeitige Befinden des Empfängers rührt? –: *tot unter Totem, sich außerhalb seiner selbst, auslogiert aus sich, dem lebendig Entsetzten zu fühlen. Es ist verschieden, woran im Genesenden sich das zuerst löst: eine Frau mit Platzangst sah zuerst auf dem Waldsteg oben bei uns daß Bäume lebten und die abgeernteten Felder so klar und gelb aussagten, und schrie vor Wonne über die Gewalt der Welt, die ihr plötzlich wiedergeschenkt war und ihre befreiten Schritte in sich aufnahm. Andere aber horchten zum erstenmal auf an Deinem Ton als dem des Lebens: und das war von unbeschreiblicher Erschütterung, daß sie ihn hörten und verstanden, ehe sie noch das Verständlichste des sie umgebenden Tages lebendig zu fassen vermochten oder gar etwas aus dem Bereich der Kunst. Und es waren keine, die besonderes Verhältniß zur Dichtung ehemals gehabt hatten, eher im Gegenteil; was da anklang, das kam bis zu ihnen lediglich infolge der gleichen Tiefe worin die Begnadeten und die krankhaft Entgnadeten nahe beieinander wohnen, denn Himmel und Hölle sind gar nicht zwei Örter.*[416]

Also hätte er sein Ziel erreicht? Wo Außen war, soll Innen werden! Sie sagt es selbst, noch am Rand dieses Briefes: *so daß Dein Ton als derjenige der Heimat zuerst wahrnehmbar wird, Heimat erst öffnet.*

Wo Außen war, soll Innen werden! Das ist etwas Verwandtes und doch etwas anderes als Freuds: Wo Es war, soll Ich werden! Sie spürt es auch: *Weißt Du, das ist auch eine Erkenntniß deren Kommen mir mächtig war in den letzten Jahren: daß alle Neurose ein Wertzeichen ist, daß sie bedeutet: hier wollte Jemand bis an sein Äußerstes, – darum entgleiste er eher als andere, – sie, die Gesundgebliebenen, waren gegen ihn einfach die Vorliebnehmenden … Jetzt frage ich mich nicht nur beim Kranken: wodurch erkrankte er? sondern auch beim Gesunden: wodurch blieb er gesund?*[417]

Die Antwort aus dem Turm von Muzot: »Ich lese es immer wieder und hole mir daraus ein unbeschreibliches Geborgensein. … Was Du nach jener ungeheuren Fähigkeit des ersten Winters auf Muzot vorausgesehen hattest, der Rückschlag ist eingetroffen.«[418]

Er kann andern helfen, es ist gut, das zu wissen. Sich selbst kann er nicht helfen. »Seit Dein Brief da ist, Lou, weißt Du was ich denke?: daß Du einmal hier bei mir sein wirst, dieses Jahr!«

Das Häuschen um uns verfällt friedlich und ohne Mißmut, die Zimmerwände verbleichen mit uns, nur daß die entfärbten Stoffe allmählich einen schwachen Goldton annehmen, wir hingegen einen eisgrauen. Leider baut die Welt sich stets dichter heran; nur weil wir so schön schief und hoch gelegen sind[419], hält die Welt doch noch immer einen Mindestabstand ein.

Eigentlich hätte auch die Analytikerin Mindestabstände nötig. Sie arbeitet bis zu dreizehn Stunden täglich, sie hat eine große Familie in Russland zu ernähren. Eigentlich sollte sie gleich nach ihrer Rückkehr aus Königsberg weiter zum psychoanalytischen Kongress in Salzburg fahren; Freud und sie hatten verabredet, die anderen reden zu lassen und inzwischen durch den Mirabellgarten spazieren zu gehen, aber sie fährt nicht. Sie ist zu müde, zu mittellos. Freud fährt auch nicht.

Im nächsten Frühjahr *wehen von der einen Seite die aufbrechenden Birnenblüten ... herüber* so zuverlässig wie im allerersten Jahr. Und wie damals ziehen von der andern die neuen Lindenblätter *den ersten zarten lichtgrünen Vorhang* vor ihr Schlafzimmerfenster.

Zwei Königsberger sind nun bei ihr in Göttingen in Behandlung, ein Mädchen und ein 40-jähriger Komponist, *d e r nur noch bis Juni; am 1. Mai kommt zum letztenmal meine fast ausgeheilte Zwangsneurotikerin ... und jemand aus Bayern fremd Angemeldeter.*[420] Der Bayer kommt dann doch nicht, *er meinte es sei gratis*. Dafür kündigt ihr Rilke aus der Schweiz ein gemütskrankes Mädchen an, das er schon vor Jahren in Wien kennengelernt hatte. Die Familie behandelt sie zunehmend wie eine Geisteskranke, da habe er seiner Mutter von ihr gesprochen, jedoch ohne das Wort »Psychoanalyse« zu erwähnen, denn manche erschrecke es zu tief. »Wenn übrigens, wie ich vermuthe, die Kranke noch in der Schweiz ist ... wer weiß, ob das nicht ein Weg, ein Umweg wird, zu unserm wirklichen und leibhaftigen Wiedersehen! Dein alter Rainer«.[421]

Die Freuds fahren auch gleich in die Schweiz, und Anna lässt sie wissen: »Uns hat der Gedanke gepackt, daß Rilke Dich in die Schweiz ruft. ... Die Schweiz ist klein und alles ist nahe aneinander ...«[422]

Aber er ruft nicht.

Freuds wollen nach Flims. An Anna: *wie mag das jetzt da ausschaun, gebildeter und bebauter jedenfalls als zu meiner Zeit, vor etwa 45 Jahren; da bewohnte ich mit meiner Mutter das damals fast einzige Gasthaus, in dessen Kuhställen ein paar Schwindsüchtige gesunden Mist einatmeten.*[423] Über ihren Aufenthalt mit Rée und Tönnies, den sie als den nach Nietzsche geistvollsten Mann im Gespräch empfand, sagt sie nichts. Dafür liest Anna jetzt Reflexionen über die ewige Wiederkehr: *Wenn ich mich frage, ob ich noch einmal alles Seitherige erleben möchte, so mache ich nur den Einwand: auch noch dasjenige b i s dorthin; und seh ich genauer zu, so sind die schweren Zeiten die am allerwenigsten zu missenden, – obgleich ich nach vorn, auf die Zukunft zu, sie mit einem scheelen, empörten Blick begutachte.*[424] Sie schaut nicht gern auf die Stadt hinunter, Göttingen ist ihr schon jetzt, 1924, *durch seine Deutschvölkischkeit ... widerwärtig.* Bereits im Januar 1922 hatte sich hier eine Ortsgruppe der NSDAP gegründet.

Lou Andreas-Salomé muss nicht bis in die Schweiz fahren – auch auf der Loufried-Höhe liegt am Morgen des 5. Juni 1924 Schnee. Sie nennt es *einen sommerlichen Hochverrat* und wickelt sich tiefer in das *Wollwunder*-Kleid, das Anna ihr zuletzt, nach Rock und Jacke, gestrickt hatte. Normalerweise stricken Großmütter für ihre Enkel. Aber Lou kann nicht stricken.

Freud hatte sich Anna so sehr als nichtneurotische Tochter gewünscht. Eine nichtneurotische Tochter heiratet, hat Kinder und strickt für Mann und Kind. Anna heiratet nicht, kümmert sich statt um Mann und Kind um ihren kranken Vater sowie ihre Patienten und strickt für Lou. Im Juli ist sie schon beim Nachfolger des Wollwunders. *Meine liebe Anna, – o nein! o nein! diese Länge von oben bis unten, die kriegst Du nicht. Das fehlte noch! so was Langes wie ich bin!*[425]

III.

LOB DES ALTERS

»Прощай, Дорогая моя«. Leb wohl, meine Liebe

» Дорогая,

das siehst Du also wars, worauf ich seit drei Jahren durch meine wachsame Natur vorbereitet und vorgewarnt war: nun hat sie's schwer, schwer durchzukommen ... Und jetzt, Lou, ich weiß nicht wie viel Höllen, du weisst wie ich den Schmerz, den physischen, den wirklich grossen in meine Ordnungen untergebracht habe, es sei denn als Ausnahme und schon wieder Rückweg ins Freie. Und nun. Er deckt mich zu. Er löst mich ab. Tag und Nacht!

Woher den Muth nehmen?

Liebe, liebe Lou ... Ich habe eine gute verständige gardemalade und glaube den Arzt der mich nun seit drei Jahren wiedersieht, dies mal zum vierten Mal, im Rechten. Aber. Die Höllen.

Bei Dir, bei Euch, Lou, wie? Seid Ihr beide gesund, es weht etwas Ungutes in diesem Jahresschluss, Bedrohliches. Прощай Дорогая моя

D. Rainer«

Das ist der letzte Brief an Lou, vom 13. Dezember 1926. Noch vor Jahresschluss, am 29. Dezember stirbt Rainer Maria Rilke, 51 Jahre alt an Blutvergiftung infolge einer akuten Leukämie.

Wie hatte sie sich mit ihm gefreut, als die Elegien da waren, hatte die Loschadka, den Wolgaschimmel, von dem er sprach, leibhaft vor sich gesehen. Es war wie ein *Urfrühling* auch in ihr gewesen, *so schaue ich auf die bräunlichen Kätzchen die jetzt an den Zweigen im Garten schwanken. Ich lebe mitten drin in dem von Dir mir Aufgeschriebenen, und der Patientenarbeit ist es nicht hin-*

derlich sondern seltsam hilfreich, wie Heilendes in mir, und lese ich es mitten drin, oftmals nur zehn oder zwanzig Minuten lang, so bleibt es doch zugleich einig und ganz in sich selbst geborgen, mit unendlichem Rahmen, der es scheidet, unendliche Art des Erlebens.[426]

Er war, nun viele Jahre schon, dass Du in ihrem Leben, der Adressat ihrer Gedanken. Denn niemand denkt nur für sich selbst, er denkt immer zu einem Du hinüber. Das Du-Bewusstsein ist vielleicht nicht minder elementar als das Selbstbewusstsein. Und dieses Du war er, und er wird es bleiben.

1928 erscheint bei Kippenberg im Inselverlag ihr Rilke-Buch, es beginnt: *Nicht so ausschließlich, wie man oft meint, ist »Nachtrauer« rein gefühlsmäßiges Besetztsein: es ist mehr noch eine Unablässigkeit des Verkehrs mit dem Entschwundenen, als nähere er sich. Denn durch den Tod geschieht nicht bloß ein Unsichtbarwerden, sondern auch ein neues Insichtbarkeittreten; nicht nur wird hinweggeraubt, es wird auch auf eine nie erfahrene Weise hinzugetan. ... So ist es mir gewesen beim Jahreswechsel von 1926 auf 27, den Rainer Maria Rilke den »drohend wehenden« nannte im Brief vom Sterbebett. Gering ward da der bestürzende Unterschied zwischen Überleben und Sterben.*[427]

Und sie stellt ihn als einen Dichter des Todes vor, denn es sei die Todesnähe, die Vergänglichkeit der Dinge, die sie ihm erst *poesiereif* gemacht habe, *und dementsprechend ist der Ton, der von ihnen zu uns sagt, ein leiser, überschwenglich zarter, hie und da von unbegreiflicher Musikalität.* Doch sei genau diese Todesnähe ebenso ein Missverständnis, das Rilke-Missverständnis schlechthin, denn er habe mit dem Hinweis auf das Sterbliche nicht den Tod, sondern das Leben selbst gemeint. Sie scheut nicht davor zurück, das an sie gerichtete Verzweiflungsgedicht, das nach ihrer Trennung Anfang 1901 entstanden ist – »Ich stehe im Finstern und wie erblindet ...« – als Beweis anzuführen. Es bezeuge seine *Doppeleinstellung zum Tod wie zum Sinnbild des eigentlichen Lebens, an das es sich richtet*[428]. Die Dinge so ruchlos ins Allgemeine heben zu können, verrät die Philosophin.

Der Gedanke wendet sich von der Dichtung auf den Dichter

selbst – der Befund lautet: *irgendwo war dieser Dichter des Überzartesten robust.*[429]

Anhand seiner Briefe entwirft sie das Bild des Dichters.

Ihrem Mann entgeht nicht, wie tief sie in diese Arbeit versinkt, in eine Trauerarbeit, die sie doch glücklich macht. Ihr Arbeitsglück hat auch ihn immer glücklich gemacht, das hat sich nicht geändert – auch wenn beide fast nie darüber reden, was sie am tiefsten beschäftigt. Sie sind wie zwei benachbarte Inseln, und schon das Bewusstsein, dass die andere da ist, gleich nebenan, gibt ihnen Sicherheit.

Vor nun bald zehn Jahren hatte sie ihren Mann gegenüber Rilke so definiert: Er sei jetzt zwar sehr alt, aber doch kein *alter Herr sondern ein Temperament*[430]. Friedrich Carl Andreas lehnt es strikt ab, sich altersgerecht zu verhalten. Er turnt, läuft nach Auskunft seiner Frau nackt durchs Haus und den Garten und pflegt *im Zugwind mit fast vereistem Bett* zu schlafen. Insofern ist es doch gut, dass Anna bald nach dem Wollkleid eine besonders warme Decke gehäkelt hat, denn im Winter braucht Andreas die Kamelhaardecke aus dem Wohnzimmer überm *vereisten Bett.*

Freud, der nunmehr »auf Kündigung« lebt, erfährt, wie das Ehepaar Andreas in der Maisonne im Garten sitzt und über die Sonnenseiten des Alters nachdenkt. Noch immer hält Lou *das Wunderknäul Leben* für längst nicht *abgestrickt,* gibt aber das Infantile dieser Einstellung unumwunden zu, *bloß daß sie zu diesem meinem Besserwissen einfach höhnisch lächelt und morgens mit dem ersten Augenaufschlag, der noch nicht bei voller kritischer Besinnung erfolgt, sich zunächst durchsetzt und dem Tag etwas von Glücksidiotie überläßt.*[431]

Das Ehepaar verkehrt wie früher Lous Eltern mit vollendeter Rücksicht gegeneinander, die mitunter auf die Probe gestellt wird, etwa als sie, von einer Reise zurückgekehrt, *Баба mit drei kleinen, an ihren Zitzen schmatzend hängenden Unholden* vorfand*: sie blickte zugleich stolz und betreten drein.* Andreas, der sich für diese Vergrößerung ihrer Familie durchaus verantwortlich fühlt und Mutter und Kinder aufopferungsvoll pflegt, hatte seiner Frau den Tatbestand bereits mitgeteilt, verbunden mit der Bitte: »Erkalte bitte nicht gegen mich und das Hünni!« Andererseits hat auch er ihr manches zu verzeihen, etwa dass sie sich auf dem Höhepunkt der Inflation in Königsberg zwei Hüte kaufte, von denen sie keinen brauchte. Sie benötigte nur einen Vorwand, immer wieder das Hutmagazin zu betreten, in dem sich neben Hüten *ein hinreißender Zwergschnauzer* befand. An Rilke: *so etwas Berückendes kannst Du Dir nicht vorstellen, trotzdem Jemand nicht ganz unrichtig bemerkte, solch Zwergschnauzer sähe am ehesten einer Closetbürste ähnlich.*[432]

Zu Hause wandert sie wieder *mit der (mehr dick-rollenden als gehenden, blasiert schnaufenden) Баба durch den deutschen Frühsommer.*[433] Sie reist nur noch selten.

Im Oktober 1928 fährt sie zu Freud und Anna in Berlin. Er erträgt die Qual seiner Prothese nicht länger und wagt hier einen neuen Versuch bei einem anderen Arzt. ... *wohlan, noch hast Du Deine Pein.* Bei seinem Anblick denkt sie an ihr »Lebensgebet« und kann die Tränen nicht ganz zurückhalten. Er lebe diese miserable Dichtung. Freud sagt nichts, nimmt sie nur in den Arm. Dieses Wiedersehen ist ihr wie ein Nachhausekommen – *zu Vater und Schwester.*[434]

Das Altwerden, wenn es gelingt, ist eine Weise des Nachhausekommens. Es ist eine Zeit des Dankes. Damals in Wien hat sie ihre kleine Dankesrede nicht gehalten, nur für sich notiert. Jetzt soll sich das ändern. »Mein Dank an Freud« wird heißen, was sie nun entwirft. Es handelt vom Nachhausekommen ihres Denkens, dieser so früh und so sicher aufgebrochenen Wanderin, die sich, so viele Wege sie auch ging, doch nie verlaufen hat und immer auf ihrem ureigenen geblieben ist. Ein Dank, ja, ausgespannt zwischen Nietzsche und Freud und zugleich voller Lust am Widerspruch. Jeder Dank ist persönlich, also beginnt sie wie gewohnt mit *Lieber Professor.* Es wird ein »Offener Brief« in neun Kapiteln, den sie noch lange nicht abschickt.

Das Ehepaar Andreas hat längst begonnen, sich beinahe wie ein richtiges Ehepaar zu betragen. Es begegnet sich ungewohnt oft, eigentlich täglich, denn es ist jetzt fast immer zu Hause. Aber noch immer behelligt Lou ihre Nachbarinsel nur selten mit dem, was sie am meisten beschäftigt. Sie wird Anna ihre Ehe einmal so erklären: *Wir waren ja ein Ehepaar nach ganz selbst-eigenem Muster und das nahm sich ungefähr* s o *aus: das Tiefste unserer Zusammengehörigkeit bestand im zarten Schutz womit wir gegenseitig – und auch vor einander unsere Einsamkeit behüteten.*[435] Im Spätherbst 1929 wird Lou am Fußgelenk operiert und liegt für sechs Wochen im Krankenhaus. Natürlich kann sie deshalb nicht ihre Analyse unterbrechen, die Patienten kommen nun zur Besuchszeit auf die Station, und anstatt selbst zu liegen, liegt jetzt die Analytikerin. Andreas bekommt die Sondererlaubnis, schon zur Nichtbesuchszeit ab 15.00 Uhr zu erscheinen, und das macht er täglich. Beide sind überrascht, wie viel sie einander zu erzählen haben. *Wiedersehn um Wiedersehn begab sich wie zwischen nach langem und von weitem heimgekehrten Menschen.*[436]

Als sie das Krankenhaus verlässt, nehmen sie die Tradition der Spitalstunden mit, nun verteilt über den ganzen Tag. Lou liest mit großem Behagen Freuds »Unbehagen in der Kultur«, *Ihnen voller ›Ja‹ folgend ... Und da ist mir wie bei der ›Illusion‹* – Freuds Religionsschrift »Die Zukunft einer Illusion« – *wieder aufgefallen, warum doch, bei solcher Bejahung, meine – wie soll ich sagen – Stimmung gegenüber den ›religiösen‹ Sachen eine andere bleibt als die Ihre. Insofern wenigstens, als die Ihrige ›dem gemeinen Mann‹ seine Religion nicht recht verzeihen kann, während sie mir interessant erscheint bis in alle Formungen hinein.* Das Infantile stünde doch sowohl dem Regressiven als auch dem Schöpferischen nah. Freud hatte sich schon die Kritik Romain Rollands zugezogen, der bedauerte, dass sein Freund in seiner ganzen Schrift die eigentliche Quelle der Religiosität gar nicht gewürdigt hätte, nämlich eine Empfindung der »Ewigkeit«, ein »Gefühl wie von etwas Unbegrenztem, Schrankenlosem, gleichsam ›Ozeanischem‹«. *Und wenn ich z. B. bei Ihnen von Ihrem Freunde mit dem »oceanischen Gefühl« lese, der sich sicherlich jede Religion des gemeinen Mannes streng vom Leibe hält, so möchte ich darauf schwören, daß er trotzdem, zuinnerlichst zugeben würde: es sei an seinem Ozeanischen allerlei mittätig, was auch den gemeinen Mann »erhebt«.*[437] Und normalerweise spürt er dieses Tragende nicht einmal, es trägt. Sie kann Freud das auch anders erklären: *wenn der Blutzuckerspiegel ansteigt, dann kommt auch*

Zucker in den Urin und wird darin deutlich; so etwa ist das »Religiöswerden« aller Schattierungen ein solches übles Kennzeichen, daß was nicht stimmt, und muß am Blutzucker in Ordnung gebracht werden.[438]

Und was, wenn Blut in den Urin kommt?

Im Frühsommer muss Andreas, inzwischen 84 Jahre alt, ins Krankenhaus, ein hartnäckiger Blasenkatarrh lässt sich zu Hause nicht richtig behandeln. Das Krankenhaus ist ihnen in guter Erinnerung, auch wenn sie nicht mehr auf Besuchszeiten angewiesen sind, um viel miteinander zu reden. Doch Schluckbeschwerden erschweren bald das Sprechen, dann wird künstliche Ernährung notwendig. Friedrich Carl Andreas hat Krebs, weder der Arzt noch sie selbst sagen es ihm. Der Kranke ist seltsam sorglos, doch sie erwartet mit Sorge die Zeit, da sie es ihm nicht mehr verbergen kann. Die Tage verbringt sie nun in der Klinik, die Nächte zu Hause. Am Tag vor seinem Tod liegt sie nachts wach, am 30. Oktober, einem Sonntag, geht sie zu ihm *alles schon wissend … Der stillste Sonntag.*

»Ins Alter wachsend wie ein Land«

Loufried mit Pool! Und nicht nur das Schwimmbecken, auch die Drahtkäfige sind neu. Die Göttinger stellen sich trauernde Witwen anders vor.

Welche Rolle könne ihm zufallen, jetzt, da sie allein sei, will Freud wissen. Vielleicht denkt er daran, sie nach Wien zu holen. Lou und seine Tochter hatten manchmal davon gesprochen, dass sie allein nicht in Göttingen leben wolle. Aber nun wehrt sie ab: *Hier bleibt alles, wie es war; hier umstehen mich die Räume und Dinge und Menschen, die auf ihn* – Andreas – *eingestellt waren, und hier will ich selber zu Ende gehen. Die Tierquälerei des Offiziellen haben mir meines Mannes Kollegen mit solcher Zartheit zu mindern versucht.*[439]

Es berührt sie tief, denn sie weiß, dass sie 27 Jahre lang alles andere gewesen war als eine Professorengattin. Ja, *wider alle gute Sitte* habe sie sich benommen. Und was da so unverdientermaßen auf sie zukomme, sei *die ... Liebe und Wärme, die meines Mannes Wesen in seinen Studenten und Kollegen aufrief.* Sie geht unter im Ordnen seiner Bibliothek und des Nachlasses, bestimmt für die Göttinger und die Berliner Akademie der Wissenschaften. Und da ist noch etwas, das ihr das Dableiben leicht macht: Auch Marie, die unbotmäßige Haushälterin, ist nicht mehr.

Wahrscheinlich glich ihr Verhältnis zu der Frau, deren Dienste sie für sich längst abgelehnt hatte, ein wenig dem, das die Frau ihres Bruders nach der Oktoberrevolution zu ihrer einstigen Magd unterhielt. Kalter Krieg eben, und nun war er vorbei. Mit Mariechen versteht sie sich viel besser, sie ist ohnehin ihre Zweitmutter. Und schließlich: Sie hat Patienten. Patienten verlässt man nicht. Nur solche mit Geld scheint es kaum noch zu geben, zumindest nicht in Deutschland.

Freud schickte Lou noch im Oktober 1930 1000 Mark von seinem Goethepreis-Geld, er wusste das sogar zu begründen: »Auf diese Weise kann ich das Unrecht, das bei der Verleihung des Preises begangen wurde, ein Stück wieder abbauen.«[440]

Zwar fühlte die Witwe sich etwas missverstanden, in Geldnot sei sie nicht, auch trage das friedlich verfallende Loufried tapfer seine Hypothek, falls ihr einmal danach sei, Schulden zu machen. Und zahlende Zwangsneurotiker oder Hysteriker benötige sie ohnehin nur, weil sie für die Kinder ihrer Brüder in Russland sorgen müsse. Da erklärte ihr ein Patient, dass der Mensch in diesen schwierigen Zeiten nichts Vernünftigeres tun könne als Pelztiere zu züchten.

Sie ist eine Russin. Sie trägt gern Pelz. *Meine liebe Anna, – sie sind da! alle drei Bären! wunderbar geworden, schöner kann nichts sein. Ich ging sofort, heute nach ihrer Ankunft, mit ihnen spazieren, spreizte mich wie ein Pfau und wackelte mit allen ihren drei Schwänzen.*[441] Da waren – drei Jahre zuvor – gerade ein Waschbär-Pelzkragen und ein Waschbär-Muff angekommen, von Anna bestellt, von ihrem Vater bezahlt.

Aber Waschbärenzucht traut sie sich nicht zu. Ihr Ehrgeiz geht auf Nutrias, was spanisch Fischotter heißt. Im Deutschen heißen sie Sumpfbiber, sehen aus wie Ratten und sind in Wirklichkeit schwimmende Meerschweinchen. Insofern war ihre Auskunft *hier bleibt alles, wie es war,* ein wenig ungenau. Der Pool und die Käfige warten schon auf die neuen Loufried-Bewohner. Nur ein toter Nutria ist ein guter Nutria, das weiß auch sie. Darüber wird sie später nachdenken.

Es ist durchaus möglich, dass Freuds Goethepreis-Geld als Startkapital im Pelzfarmprojekt steckt. Der Spender ist im Augenblick, im April 1931, durchaus unzufrieden mit ihr: »Liebe Lou. Aus der neuen Nummer der ›PsA Bewegung‹ muß ich erfahren, daß Sie unlängst einmal 70 Jahre alt geworden sind. Keine Anerkennung für diese Diskretion! Irgendwo hört die Würde auf und gedenkt der Freundschaft, sonst läuft sie Gefahr, mit Hochmut verwechselt zu werden. Vielleicht hätte ich Ihnen doch grade an jenem Tag gern gesagt, wie sehr ich Sie schätze und liebe. Herzlich grüßt, was noch da ist von Ihrem Freud«.[442]

Aber der Sommer schon findet sie ausgezeichnet, so, wie es noch niemandem von Sigmund Freud widerfahren ist: »Liebste Lou. Ich schreibe Ihnen wieder, ehe ich Ihre Antwort habe, denn ich habe jetzt Ihren Aufsatz gelesen.« Es ist ihr offener, noch ungedruckter Brief »Mein Dank an Freud«. »Es ist gewiß nicht oft vorgekommen, daß ich eine psa. Arbeit bewundert habe, anstatt sie zu kritisieren. Das muß ich diesmal tun. Es ist das Schönste, was ich von Ihnen gelesen habe, ein unfreiwilliger Beweis Ihrer Überlegenheit über uns alle, entsprechend den Höhen, von denen herab Sie zu uns gekommen sind ...«[443] Sie weiß, Sigmund Freud kann nicht schmeicheln, er glaubt das wirklich. Die Höhen, von denen er spricht, sind nietzscheanische. Seine intellektuelle Wertschätzung der Philosophen ist im Alter gestiegen.

Alt werden, heißt zurückblicken. Sie hält das Wort sofort für titeltauglich und beginnt ihren »Lebensrückblick«.

Und dann, kurz bevor das erste Nutria-Paar auf Loufried eintrifft, steht ein Mann Ende dreißig vor der künftigen Pelztierfarm. Sein gemütskranker Freund hat einen Termin bei ihr, aber nun, im letzten Augenblick verließ ihn aller Mut, und er, Ernst Pfeiffer, sei da, das zu sagen. Pfeiffer kommt vom Land, hat den Kopf voller Kleist und ist *ganz sonder Amt und Würden*, wie sie das später Freud gegenüber formuliert. Er lässt sich von ihr erklären, wie er dem Freund vielleicht selbst etwas helfen könnte.

*

Die Nachbarn kleben sich die Hakenkreuze sogar schon *auf ihre Fensterscheiben ... Richtig vernünftig sprechen kann man jetzt hier eigentlich nur mit den 11 Nutrias*[444], erfährt Anna Freud im März 1933.

Das intelligible Reich auf Loufried expandiert. Die Nutrias werden trotz einer hochneurotischen Pelzdame immer mehr und bilden längst die Mehrheit der Loufried-Bewohner. Wohl auch deshalb, weil keine wegkommen. *Unsere Pelzgenossen*, nennt sie

Lou. Seinen Genossen trachtet man nicht nach dem Leben. Lous neuer Hund heißt Nas. Seine Besitzerin beginnt – nach wie vielen Jahren eigentlich? – eine neue Erzählung. Das Pfingsttagebuch eines jungen Mädchens soll es werden, es erlebt, was der nun 72-Jährigen Mitte der neunziger Jahre in Wien geschehen ist. Beer-Hofmann spielte für sie den Verliebten, und plötzlich war es kein Spiel mehr, Arthur Schnitzler studierte derweil den Schauspieler und die zu Verzaubernde, die schließlich keinen anderen Ausweg mehr sah als die überstürzte Abreise. In »Jutta« heißt sie Jutta und Beer-Hofmann heißt Florian. Sie weiß, dass nun kein Mensch mehr ihre Bücher drucken wird, und seltsam genug macht ihr das wiederentdeckte Schreiben so erst recht Spaß.

Im kommenden Jahr wird sie sich des Rilke-Zwergs erinnern, den sie Anfang der zwanziger Jahre erfunden hatte. Wie könnte der Freund ganz er selbst sein und doch nicht verzweifelt? Wie könnte er ganz zu den Menschen finden? Als Zwerg mit Wundermütze:

Er tritt um Mitternacht über die Veranda ins Zimmer eines kleinen Mädchens, das auf Feen wartet, nicht auf Zwerge:

Das kleine Mädchen tief enttäuscht:
Ach was soll ich denn mit Ihnen –?! Gehen Sie fort!
Zwerg ängstlich:
Könnte ich nicht –, dürfte ich nicht –.
Das kleine Mädchen abwehrend, gähnend:
O nein, nur Feen dürfen …
Zwerg bemüht, aufzutrumpfen:
Aber sicherlich wär ich imstande, eine zu beschaffen –[445]

Das Mädchen lässt sich überreden, seine Puppe lebendig machen zu lassen, als irgendwann die ganze Familie im Zimmer des aufgeweckten Kindes steht, böse ob der Störung. Aber bald will jeder den Zwerg *aus uraltem Geschlecht, urältestem Adel* und von gewinnendsten Umgangsformen für sich haben, besonders seine Mütze, die er nur aufsetzt, *um augenblicklich alle Welt und alles in der Welt verlassen, vergessen* zu können. Der Großvater, den man als Kind mit einer selbstgemachten Papierkrone auf dem Kopf auslachte, wird zum König, die runde Mutter erinnert sich an das unrunde, wilde Mädchen, das sie einmal war, der Junge schwänzt die Schule, weil er sich entsinnt, zu Höherem berufen zu sein. – Der Zwerg findet eine Familie, und als alle wieder sie selbst sind, und noch ein bisschen mehr, schon durch die Erinnerung an die, die sie werden wollten, geht er fort, über die Veranda – und die Familie findet dort statt seiner ein winziges Holzmännchen:

Großvater legt es in seine Handhöhlung, sich nah drauf beugend, nachdem er seine Brille aufgesetzt … :

Wie es so daliegt –, ich weiß ja, Kinder, daß es nicht lebt –. Aber – möchte es nicht leben? …

Die Mutter voller Eifer:

Wir stellen es auf den Sims vorm Eckspiegel! Dann ist es nämlich gleich 2mal da: das ist wegen der Kleinheit … Wer's nicht von vorn bemerkt hat, der bemerkt's von hinten –.

Ein Ding sein unter Dingen. Rainer Maria Rilkes Traum von Frieden, von Erlösung.

Marias Mann ist Schornsteinfeger und baut im Obergeschoss zur Gartenseite noch einen Altan, mit weitem Blick bis zum Hohen Meißner, den man nicht bei jedem Wetter sieht, *aber immer weiß … Im Zimmer hinterm Altan sind noch die großen, einfachen Möbelstücke, wie mein Mann sie hineingetan, holländische Schiebefenster, gardinenlos in die tiefblaue Wand gebaut, ein breites Bett in die Mitte gequert als riesige Liege. Bücherregal … aber kein Schreibtisch; der gehört, wie bisher in die Vorderstube, worin alles seit 30 Jahren unverändert geblieben ist.*[446] Und davor jetzt der Sonnenuntergangsaltan. In Andreas' unteren Räumen wohnen seit zwei Jahren Maria, ihr Mann, der Schornsteinfeger, und beider Sohn. Es berührt sie, dass wieder eine Kindheit auf Loufried beginnt. Lou nennt die drei *meine kleine Familie,* den Vater des Schornsteinfegers eingeschlossen, denn der betreut den Garten. Und dann steht eines Tages im Sommer 1933 ein Fremder vor der Tür.

Es ist Konrad von Salomé, jüngster Sohn ihres ältesten Bruders Alexander, Rittmeister der zaristischen Armee im Ersten Weltkrieg und dann im russischen Bürgerkrieg auf Seiten der Weißen, der Konterrevolution. Verwundet, aus der Peter-und-Pauls-

Festung befreit, hat er Jahre gebraucht, um sich bis zu seiner Tante durchzuschlagen. Das letzte Stück Heimat steht vor ihr und damit alle Heimat. Ein letzter Abgesandter ihrer großen Familie und damit diese selbst. Nie mehr hätte sie an ein solches Wiedersehen geglaubt. Sie adoptiert den jungen Mann auf der Stelle – es ist das Selbstverständlichste. Auch kann der nunmehr Staatenlose so ohne Weiteres eingebürgert werden.

Nur manchmal sind ihr die große und *die kleine Familie* zu klein. Ein Rittmeister, ein Schornsteinfeger, eine Hausfrau und ein kleiner Junge. Mit wem soll sie über Ludwig Klages reden, über »Der Geist als Widersacher der Seele«? Sie hat viel mehr Zeit zum Lesen und Schreiben als früher; zu einer Psychoanalytikerin zu gehen, gleicht inzwischen einem Akt des Widerstands. Sie mag diesen Klages. Ein Denknächster, ein Parallelldenker! Auch wenn er den psychoanalytischen Zugang ablehnt. Und vielleicht hat er recht, in ihrer Begrifflichkeit scheint seine Problemstellung in der Tat nicht ohne Rest unterzukommen. *Ach, keinen hätte ich je lieber zum Analysanden besessen als diesen 60-Jährigen, den mir ans Herz gewachsenen Ludwig Klages.*[447]

Und dann ist der Kleistforscher wieder da. Nach zwei Jahren, im Sommer 1933, sieht sie ihn am Gartentor – vielleicht will er nur vorbeigehen –, sie ruft ihn hinein. Sie mag es, wie er vom neuen Altan hinunterschaut, *die Bejahung in seinem Gesicht.* Auch er will Kleist und das Weltbild der Psychoanalyse nicht im selben Atemzug genannt wissen. Wir reden nie über Kleist!, lautet bald die Verabredung – und ist nur da, gebrochen zu werden. Kleist – welch psychoanalytischer Präzedenzfall! Sie vergleicht ihn und Rilke, diese doch so verschiedenen und auch so verwandten Dichter: *Beider Genie wäre nicht denkbar ohne ihre Ungeschicklichkeit zum Leben.* Überhaupt: *So sind Kunstwerke ... letzte Resignationen unterwegs zwischen Gipfeln und Abgründen. Nur wo sie sich das noch verhehlen, schließen sie sich als Förderer oder Weggenossen dem Leben an. Wo sich ihr eigener heimlicher Wesensanspruch verrät, da können sie nicht umhin zum Laster am Leben zu werden.*[448]

Und das Schicksal der Kunstwerke selbst?

Einige Höhenzüge südöstlich von Göttingen, in der Weimarer Villa »Silberblick« ist die Lieblingsfeindin von einst unvergessen. Hier hatte Nietzsche zuletzt einen ähnlich weiten Blick wie sein Geschwisterhirn auf Loufried, jahraus, jahrein, nur dass seine leeren Augen nichts mehr hielten. Als Lou Andreas-Salomé über Rilke und Kleist nachdenkt, wird Nietzsches »Zarathustra« im Tannenberg-Denkmal neben Hitlers »Mein Kampf« und Rosenbergs »Mythus des 20. Jahrhunderts« niedergelegt. Und Elisabeth Förster-Nietzsche schenkt Hitler den Spazierstock ihres Bruders. Noch kurz vor seinem Zusammenbruch hatte dieser bekannt: »Die Behandlung, die ich von seiten meiner Mutter und Schwester erfahre, bis auf diesen Augenblick, flösst mir ein unsägliches Grauen ein: hier arbeitet eine vollkommene Höllenmaschine ...«[449]

Und Elisabeth Förster-Nietzsche ist noch längst nicht fertig. Die Herrin des »Nietzsche-Archivs« will die Villa zur nationalsozialistischen Weihestätte machen mit Prunkhalle und Stadion. Wo bis eben Klingers Nietzsche-Büste stand, im Vestibül der Villa, steht nun ein kolossaler Bronzekopf des Führers und Mussolini gleich gegenüber. Und war es damals nicht gelungen, die Russin außer Landes zu schaffen – vielleicht jetzt? Elisabeth Nietzsche denunziert Lou Andreas-Salomé als finnische Jüdin.

Lou schreibt Freud inzwischen ein Lob des Alters, es gäbe da Dinge, gedankliche, die brauchten all die Jahre, um wirklich zu reifen. Freud lässt sich zu nichts überreden und antwortet, was an ihm noch erfreulich sei, heiße Anna. Aber er fasst für Lou seinen noch zu schreibenden »Mann Moses« zusammen, der eigentlich Ägypter war und eine großartige monotheistische Religion hatte, aber kein Volk dazu, das sie glaubte. Zumal nach dem Tod des Pharao Amenhotep IV. wollte niemand mehr etwas mit Aton, dem Sonnengott zu tun haben. Also, so Freud, erwählte dieser erstaunliche Ägypter sich ein Volk und führte es nach Israel. Der Autor weiß, Lous Interesse für Religionsschöpfungen ist unendlich. Welche Unordnung in den Anfängen!

Welch großartige Unordnung in den Anfängen!, betont Lou, dem Moses-Spezialisten antwortend. Und welches Genie der Religionsstifter, der Welt den bleibenden Abdruck ihres Gottverhältnisses zu hinterlassen! Sie weiß, der Autor sieht das mit viel mehr Herablassung. Wie gern würde sie ihm noch einmal begegnen: *Lieber Professor Freud! ... Wenn ich ... nur auf zehn Minuten Ihnen in's Gesicht sehen dürfte – – in das Vatergesicht über meinem Leben. Ihre Lou.*[450] Sie schickt ihm ersatzweise ein neues Bild von sich. So sehe sie zwar überhaupt nicht aus, aber keinesfalls besser.

Ein Göttinger kann das genauer beurteilen: »... vor mir gingen zwei weibliche Gestalten, eine Dame schien es mir und irgendeine Haushaltshilfe, Wirtschafterin oder ähnlich – die Dame alt, aber von auffallend schöner Haltung, auch irgendwie auffallend in der Kleidung, vornehm, ohne Wert darauf zu legen ... Ich ... begegnete ihnen dann von neuem, diesmal kamen wir uns entgegen: mir fielen die herrlich strahlenden Augen der Frau auf, ein ungewöhnlich geistvolles Gesicht – vielleicht sah ich sie in meiner Überraschung für ein paar Bruchteile von Sekunden zu lange an, denn jetzt lag ihr Blick in meinem, ein sehr kluger Blick: Dich kenne ich nicht, wer bist du, wer?«[451]

Für Konrad möchte sie das Muttergesicht über seinem Leben sein, es zumindest, so gut sie kann, ersetzen. Sie hatte die Mütter immer verteidigt, gerade gegenüber den Denkern, denen die Wahllosigkeit der Mutterliebe so verächtlich schien. Hat diese Liebe überhaupt Grenzen? Doch, hat sie!, das erfährt sie jetzt. Ihr Adoptivsohn ist ein Spieler, ein rücksichtsloser Spieler sogar. Er ist ihr Erbe und verspielt es schon jetzt. Sie muss ihr Vermögen in Sicherheit bringen. Wieder geht sie zum Anwalt. Rückgängig zu machen ist da nichts, so wenig wie bei der natürlichen Mutterschaft, aber, so der Rechtsanwalt, sie könnte noch jemanden adoptieren.

Ihre Haushälterin vielleicht, Mariechen, Maria?

Mit 74 Jahren hat Lou Andreas-Salomé zwei Kinder. Und gerade jetzt misstraut auch sie zum ersten Mal der Langmut und Indifferenz der Mütter, Kinder zur Welt zu bringen, in diese, in jede, ungeachtet ihrer Beschaffenheit. Vielleicht hatten sie bis eben recht. Jetzt nicht mehr: »In diesem Europa? Wo alles auf die ultima ratio herauskommt, sich umzubringen? Nein, ich will nichts dazu tun, daß dies weiterbesteht! Europa hat verlernt, was der Osten noch kann: von einer anderen Wirklichkeit her zu leben. Europa hat keine Hintergründe und keine Tiefen mehr. Es ist im

Grunde schon tot.«[452] Alles, was sie zu der Zeit zu sagen hat, in der sie jetzt lebt, fasst sich in diesen, von der Schriftstellerin Gertrud Bäumer überlieferten Sätzen zusammen.

Lou Andreas-Salomé ordnet ihre Dinge, übergibt dem Kleist-Spezialisten ihren gesamten Nachlass. Ernst Pfeiffer hat einen Freund, Josef König, Dozent für Erkenntnistheorie an der Universität. Den möchte sie noch kennenlernen. Erkenntnistheorie. Ist das nicht fast, als stünde sie wieder am Beginn ihres Weges? Statt Arbeiten mit Gillot nun Arbeiten mit König. Zweimal wöchentlich Erkenntnistheorie. Mit ihm studiert sie Klages. Dazu die langen Stunden mit Pfeiffer, in denen sie wegen ihres zunehmend kranken Herzens meist liegt und er ihr vorliest, auch den »Lebensrückblick«. Ab und zu unterbricht sie: Sehr gut! Genauso würde ich das wieder sagen!

Noch hat sie eine Handvoll Patienten.

Sumpfbiber werden sieben bis zehn Jahre alt. Vielleicht will die Züchterin warten, bis sie ihre Pelze nicht mehr brauchen und eines natürlichen Todes sterben. Oder sie selbst geht zuerst. *Der Tod ist ein Vorurteil*, hat sie einmal vermutet. Das Vorurteil kommt näher, sie spürt es.

Die Diagnose des Herbstes 1935 lautet Brustkrebs. Sie verlässt das Haus so, als käme sie nicht zurück. Sie verbrennt Briefe, versucht, Passagen unleserlich zu machen. Keine Indiskretionen! Ohne Diskretion wäre ihr Leben zur Katastrophe geworden. Ihren Nachlass hat Pfeiffer, das Haus hat Maria. *Es ist alles, alles gut*. Sie ist bereit. An Pfeiffer und König: *Bin ich hinterher noch am Leben, so sollt wahrhaftig Ihr die Ersten sein, denen ich's erzählen will und nach denen ich rufe!*[453]

Sie ruft, sie meldet sich auch noch einmal beim Leben an und überlegt, dass Nietzsche mit seiner Vermutung über ihre Brüste nun doch recht hat. Pfeiffer und der Dozent für Erkenntnistheorie kommen fast täglich.

Gertrud Bäumer besucht sie im Frühjahr 1936: »... ich mußte immer denken: wie unzerstörbar ist ihre Jugend! Sie war schon sehr herzleidend, sollte eigentlich liegen. Aber dann saß sie immer wieder auf dem Rand ihres Bettes, in einer wunderschönen, straffen Haltung, die schlanken Arme nach beiden Seiten hin auf den Kopf gestützt; und der Kopf mit dem noch rötlich-blond schimmernden vollen Haar – das aus der kräftigen Stirn – einer knabenhaften Stirn – zurückgestrichen halblang ihr Gesicht umrahmte, machte die Jahre vergessen. Ein unangreifbares ewiges Stück Natur 0000scheint in ihr zu sein. Immer erinnerte der Umriß ihres Kopfes, die schöne stolze Linie des Halses an das Bild eines jungen Mädchens.«[454]

Doch ihre Augen werden schlecht, ihr Herz ist krank, sie leidet an Diabetes und die Nieren kündigen ihren Dienst. Sie wünscht sich, dass ihre Asche im Garten von Loufried verstreut wird. Ob Maria diese Vorstellung ebenso lieb ist, fragt sie nicht.

Sie bereitet sich auf das große Alleinsein vor und macht, bis es so weit ist, Notizen über die Gemeinsamkeiten von Träumern und Tatmenschen, die doch nie zu träumen scheinen, aber: Nicht zufällig findet man bei ihnen *einen so durchgehenden Glauben an den eigenen Stern oder einen Aberglauben, als würden sie weit mehr getan, als daß sie tun.*[455] Schaut man genauer, schmelzen alle Gegensätze, etwa die des Subjektiven und des Objektiven. So wie unser Denken sich stufenweise *zur Sachlichkeit vollendet, die unsere eigene Person, an der es sich so zuspitzen lernte, hinter sich lässt.* Das sei das eigentlich Menschliche, *das Menschen-Neue,* schreibt sie im Sommer 1936: *Entspitzung des Personellen, Personenhaften zur Weite des Alls.*

Auf solche *Entspitzung,* solche Weite wartet sie jetzt, aber nicht mehr welthaltig soll sie sein.

»Meinen Tod lobe ich euch, den freien Tod, der mir kommt, weil *ich* will …

Dass euer Sterben keine Lästerung sei auf Mensch und Erde, meine Freunde: das erbitte ich mir vom Honig eurer Seele.

In eurem Sterben soll noch euer Geist und eure Tugend glühn, gleich einem Abendroth um die Erde: oder aber das Sterben ist euch schlecht geraten.«[456] Also sprach Zarathustra.

Am Morgen des 4. Februar 1937 erwacht sie nicht mehr und gleitet am Abend des 5. Februar sanft hinüber in den letzten Schlaf.

Anmerkungen

1 So hat Lou Andreas-Salomé Nietzsches Gang beschrieben.
2 Nietzsches Verleger Schmeitzner nach dem Erscheinen des Buches »Der Fall Wagner«.
3 Friedrich Nietzsche, Paul Rée, Lou von Salomé, Die Dokumente ihrer Begegnung, hrsg. von Ernst Pfeiffer, Frankfurt a. M. 1970, S. 100.
4 Malwida von Meysenbug, Ein Leben für die anderen. Aus den Memoiren einer Idealistin, Berlin 1953, S. 415 f.
5 Friedrich Nietzsche, Die fröhliche Wissenschaft, kritische Studienausgabe, hrsg. von Georgio Colli und Mazzino Montinari, Bd. 3, München u.a. 1967 ff. (im Weiteren KSA), S. 521.
6 Malwida von Meysenbug an Friedrich Nietzsche, 27. März 1882, Dokumente, S. 104.
7 Paul Rée an Friedrich Nietzsche, 20. April 1882, ebd., S. 106.
8 Ebd.
9 Lou Andreas-Salomé, Lebensrückblick. Grundriß einiger Lebenserinnerungen. Aus dem Nachlaß herausgegeben von Ernst Pfeiffer, Frankfurt a. M. 1968, S. 80.
10 Ebd.
11 Nietzsche in seinen Werken. Mit Anmerkungen von Thomas Pfeiffer, hrsg. von Ernst Pfeiffer, Frankfurt a. M. und Leipzig 2000, S. 37 f.
12 Friedrich Nietzsche, Die fröhliche Wissenschaft, KSA 3, S. 480 f.
13 Lou Andreas-Salomé, Lebensrückblick, S. 13.
14 Lou Andreas-Salomé, Gottesschöpfung, in: Freie Bühne für den Entwickelungskampf der Zeit, 3/1892, S. 169–197, zit. nach: Lou Andreas-Salomé, Von der Bestie bis zum Gott. Aufsätze und Essays, Bd. 1: Religion, hrsg. von Hans-Rüdiger Schwab, Taching am See 2010, S. 133.
15 Lou Andreas-Salomé, Von frühem Gottesdienst, in: Von der Bestie bis zum Gott, S. 151.

16 Lou Andreas-Salomé, Lebensrückblick, S. 48.
17 Ebd., S. 10.
18 Lou Andreas-Salomé, Gottesschöpfung, S. 133 f.
19 Ebd., S. 134.
20 Lou Andreas-Salomé, Von frühem Gottesdienst, S. 155.
21 Ebd., S. 156.
22 Lou Andreas-Salomé, Gottesschöpfung, S. 134 f.
23 Ebd., S. 135.
24 Lou Andreas-Salomé, Lebensrückblick, S. 48.
25 Ebd., S. 137 f.
26 Ebd., S. 48.
27 Lou Andreas-Salomé, Gottesschöpfung, S. 142.
28 Ebd., S. 143.
29 Lou Andreas-Salomé, Lebensrückblick, S. 48.
30 Zumindest behauptet das die Biographie von Irmgard Hülsemann. Vgl. Mit dem Mut einer Löwin. Lou Andreas-Salomé, München 2000, S. 49.
31 Friedrich Nietzsche, Die fröhliche Wissenschaft, KSA 3, S. 610 ff.
32 Ebd.
33 Tagebuch der Mutter Louise von Salomé, 4. Dezember 1844, zitiert nach Ursula Welsch, Dorothee Pfeiffer, Lou Andreas-Salomé. Eine Bildbiographie, Leipzig 2006, S. 12.
34 Lou Andreas-Salomé, Ruth, hrsg. von Michaela Wiesner-Bangard, Taching am See 2008, S. 15.
35 Brief an eine Verwandte, zit. nach Lebensrückblick, S. 233.
36 Zit. nach Cordula Koepcke, Lou Andreas-Salomé. Leben, Persönlichkeit, Werk. Eine Biografie, Frankfurt a. M. 1986, S. 33.
37 Lou Andreas-Salomé, Ruth, S. 50 f.
38 Ebd., S. 72 ff.
39 Vgl. Lou Andreas-Salomé, Lebensrückblick, S. 233.
40 Abgedruckt im Lebensrückblick, S. 79 f.; alle Zitate bis auf Weiteres ebd.
41 Lou Andreas-Salomé, Gottesschöpfung, S. 149.
42 Ebd., S. 150.
43 Friedrich Nietzsche, Die fröhliche Wissenschaft, § 71, KSA 3, S. 428 f.
44 Ebd., § 382, KSA 3, S. 637.
45 Ebd., S. 635.
46 Brief an eine Verwandte, zit. nach Lebensrückblick, S. 233.
47 Das ungedruckte Manuskript umfasst in der Umschrift 22 Seiten (Lou-Andreas-Salomé-Archiv Göttingen).
48 Malwida von Meysenbug an Lou von Salomé, 25. Mai 1882, Dokumente, S. 111.

49 Manfred Riedel, Nietzsche in Weimar. Ein deutsches Drama, Leipzig 1997, S. 28.
50 Friedrich Nietzsche, Die Geburt der Tragödie aus dem Geiste der Musik, KSA 1, 29 f.
51 Vgl. Lou Andreas-Salomé, Rodinka. Eine russische Erinnerung, Frankfurt a. M. und Berlin 1985. Schwester und Bruder, deren reale Vorbilder leicht erkennbar sind, heißen hier Musja und Boris.
52 Friedrich Nietzsche an Lou von Salomé in Zürich-Riesbach, um den 23. Mai 1882, Dokumente, S. 119.
53 Malwida von Meysenbug an Lou von Salomé, 25. Mai 1882, ebd., S. 111 f.
54 Malwida von Meysenbug an Lou von Salomé, 6. Juni 1982, ebd., S. 133.
55 Friedrich Nietzsche an Lou von Salomé, 14. Juni 1882, ebd., S. 144 f.
56 Friedrich Nietzsche an Paul Rée, 18. Juni 1882, ebd., S. 146.
57 Friedrich Nietzsche an Lou von Salomé, 18. Juni 1882, ebd., S. 147.
58 Ebd.
59 Friedrich Nietzsche an Lou von Salomé, 7. Juni 1882, ebd., S. 135.
60 Lou von Salomé an Friedrich Nietzsche, 4. Juni 1882, ebd., S. 130.
61 Friedrich Nietzsche, Morgenröte, KSA 3, S. 32.
62 Ebd., S. 205.
63 Friedrich Nietzsche an Malwida von Meysenbug, Entwurf vor Mitte Juli 1882, Dokumente, S. 157.
64 Friedrich Nietzsche an Lou von Salomé, 2. Juli 1882, ebd., S. 154.
65 Ebd., S. 154 f.
66 Im April 1939 besuchten zwei Mitarbeiter des Weimarer Nietzsche-Archivs Nietzsches 82 Jahre alte Wirtin, die damals 25 gewesen war. Die Auskunft stammt von ihr. Vgl. ebd., S. 442 f.
67 Friedrich Nietzsche an Peter Gast, 25. Juli 1882, ebd., S. 163.
68 Ebd., S. 164.
69 Friedrich Nietzsche an Peter Gast, 13. Juli 1882, ebd., S. 159.
70 Vgl. Dokumente, S. 436.
71 Vgl. ebd.
72 Malwida von Meysenbug, Ein Leben für die anderen, S. 388.
73 Ebd.
74 Lou Andreas-Salomé, Lebensrückblick, S. 82.
75 Lou Andreas-Salomé, Nietzsche in seinen Werken, Frankfurt a. M. 1983, S. 111.
76 Paul Rée an Lou von Salomé, 3. oder 4. August 1882, Dokumente, S. 171.
77 Friedrich Nietzsche an Peter Gast, 4. August 1882, ebd., S. 174.

78 Lou von Salomé an Friedrich Nietzsche, 2. August 1882, ebd., S. 170.

79 Friedrich Nietzsche an Peter Gast, 1. August 1882, ebd., S. 168.

80 Lou Andreas-Salomé, Lebensrückblick, S. 82 f.

81 Paul Rée an Lou von Salomé, 6. August 1882, Dokumente, S. 175.

82 Friedrich Nietzsche an Lou von Salomé, 4. August 1882, ebd., S. 175.

83 Paul Rée an Lou von Salomé, 7. August 1882, ebd., S. 177.

84 Lou von Salomé an Friedrich Nietzsche, 2. August 1882, ebd., S. 170.

85 Elisabeth Nietzsche an Clara Gelzer in Basel, 24. September 1882, ebd., S. 251 ff.; Zitate im Folgenden ebd.

86 Paul Rée, Tagebuch für Lou von Salomé, 31. Juli 1882, ebd., S. 167.

87 Lou von Salomé, Tagebuch für Paul Rée, ebd., 181 ff.; Zitate im Folgenden, insofern nicht anders angegeben, ebd.

88 Es ist nicht mit letzter Sicherheit zu sagen, ob Nietzsche das Heft hier oder erst in Leipzig sieht, fast alles aber spricht für Tautenburg. Vgl. zur philologischen Problematik des »Stibber Nestbuchs« Ernst Pfeiffers Kommentar, Dokumente, S. 444 ff.

89 Vgl. die von Lou »Stibber Nestbuch« genannte Aphorismensammlung, ebd., S. 190 ff.; wenn nicht anders angegeben alle Zitate bis auf Weiteres ebd.

90 Paul Rée an Lou von Salomé, 19. oder 20. August 1882, ebd., S. 220.

91 Tagebuch für Paul Rée, ebd., S. 188.

92 Vgl. ebd., S. 213.

93 Lou Andreas-Salomé, Lebensrückblick, S. 84

94 Dokumente, S. 215 f.

95 Ebd., S. 185.

96 Paul Rée an Lou von Salomé, 19. oder 20. August 1882, ebd., S. 220.

97 Elisabeth Nietzsche an Clara Gelzer, 24. September – 2. Oktober 1882, ebd., S. 257.

98 Ebd.

99 Ebd.

100 Friedrich Nietzsche an Lou von Salomé, 7. September 1882, ebd., S. 225.

101 Elisabeth Nietzsche an Clara Gelzer, 24. September – 2. Oktober 1882, ebd., S. 257.

102 Berichtet von Nietzsche selbst, vgl. Friedrich Nietzsche an Franz Overbeck, kurz vor Mitte September 1882, ebd., S. 229.

103 Friedrich Nietzsche an Lou Andreas-Salomé, 16. September 1882, ebd., S. 231.
104 Ebd., S. 231 f.
105 Aufzeichnung Anfang Oktober, ebd., S. 237.
106 Lou von Salomé an Ludwig Hüter, 14. Oktober 1882, ebd., S. 237.
107 Leipziger Notiz, ebd., S. 239.
108 Friedrich Nietzsche an Dr. August Sulger, 7. November 1882, ebd., S. 242.
109 Louise von Salomé an Friedrich Nietzsche, 10. November 1882, ebd., S. 244 f.
110 Friedrich Nietzsche an Franz Overbeck, zweite Novemberwoche 1882, ebd., S. 246.
111 Friedrich Nietzsche, Briefentwurf, November 1882, ebd., S. 271.
112 Friedrich Nietzsche an Franz Overbeck, Silvester 1882, ebd., S. 283.
113 Ebd.
114 Friedrich Nietzsche an Paul Rée, frühestens am 22. November 1882, ebd., S. 248.
115 Briefentwürfe Nietzsches an Lou von Salomé, ebd., S. 260 f.
116 Vgl. ebd., S. 273.
117 Ebd., S. 262 f.
118 Ebd., S. 266.
119 Ebd., S. 268.
120 Friedrich Nietzsche an Lou von Salomé und Paul Rée, Mitte Dezember 1882, ebd., S. 269 f.
121 Lou Andreas-Salomé, Lebensrückblick, S. 90.
122 Elisabeth Nietzsche an Ida Overbeck, 20. Januar 1883, Dokumente, S. 286.
123 Vgl. den Brief Elisabeth Nietzsches an Peter Gast, 10. Februar 1883, ebd., S. 301.
124 Notizen Nietzsches, ebd., S. 273.
125 Ebd., S. 277.
126 Ebd, S. 265.
127 Friedrich Nietzsche an Franz Overbeck, 25. Dezember 1882, ebd., S. 278.
128 Friedrich Nietzsche an Malwida von Meysenbug, Ende Dezember 1882, ebd., S. 270 f.
129 Vgl. Elisabeth Nietzsche an Clara Gelzer, 24. September bis 2. Oktober 1882, ebd., S. 252.
130 Lou von Salomé an Paul Rée, 1. Januar 1883, ebd., S. 281.
131 Ebd., S. 282.
132 Ebd.
133 Ebd.

134 Friedrich Nietzsche, Ecce homo, KSA 6, S. 339 f.
135 Ebd.
136 Friedrich Nietzsche, Also sprach Zarathustra, KSA 4, S. 102.
137 Friedrich Nietzsche an Franz Overbeck, um den 11. Februar 1883, Dokumente, S. 299.
138 Friedrich Nietzsche an Franz Overbeck, 14. Februar 1883, ebd., S. 479.
139 Friedrich Nietzsche an Franz Overbeck, um den 22. Februar 1883, ebd., S. 299.
140 Peter Gast an Friedrich Nietzsche, 6. April 1883, ebd., S. 483.
141 Friedrich Nietzsche an Malwida von Meysenbug, Anfang April 1883, ebd., S. 483.
142 Friedrich Nietzsche an Franz Overbeck, um den 13. März 1883, ebd., S. 308.
143 Friedrich Nietzsche an Elisabeth Nietzsche, 27. April 1883, ebd., S. 312.
144 Friedrich Nietzsche an Franz Overbeck, wahrscheinlich 13. März 1883, ebd., S. 307.
145 Ferdinand Tönnies an Friedrich Paulsen, 11. Juli 1883, ebd., S. 321 f.
146 Friedrich Nietzsche, Also sprach Zarathustra II, KSA 4, S. 136 ff.
147 Friedrich Nietzsche an Elisabeth Nietzsche, 10. Juli 1883, Dokumente, S. 321.
148 Friedrich Nietzsche an Peter Gast, 1. Juli 1883, ebd., S. 487.
149 Friedrich Nietzsche an Paul Rée, Briefentwurf nach Mitte Juli 1883, ebd., S. 322 f.
150 Friedrich Nietzsche an Georg Rée, Briefentwurf Ende Juli 1883, ebd., S. 324 f.
151 Friedrich Nietzsche an Ida Overbeck, 29. Juli 1883, Sämtliche Briefe, KSA 6, S. 412.
152 Friedrich Nietzsche an Elisabeth Nietzsche, Ende Juli 1883, ebd., S. 416.
153 Friedrich Nietzsche, Also sprach Zarathustra II, KSA 4, S. 128 f.
154 Friedrich Nietzsche an Elisabeth Nietzsche, Ende Juli 1883, Sämtliche Briefe, KSA 6, S. 415.
155 Friedrich Nietzsche an Elisabeth Nietzsche, kurz nach Mitte Juli 1883, ebd., S. 406.
156 Friedrich Nietzsche an Louise von Salomé, vor Mitte August 1883, ebd., S. 334.
157 Friedrich Nietzsche an Elisabeth Nietzsche, kurz nach Mitte Juli 1883, ebd., S. 407.
158 Friedrich Nietzsche an Franz Overbeck, Anfang April 1883, ebd., S. 354.

159 Friedrich Nietzsche an Ida Overbeck, kurz vor dem 14. August 1883, ebd., S. 424.
160 Friedrich Nietzsche an Franz Overbeck, 6. Dezember 1883, ebd., S. 460 f.
161 Friedrich Nietzsche an Elisabeth Nietzsche, Anfang November 1883, ebd., S. 452.
162 Friedrich Nietzsche an Franziska Nietzsche, Briefentwürfe, Januar/Februar 1884, ebd., S. 469.
163 Friedrich Nietzsche an Franziska Nietzsche, ebd., S. 469 f.
164 Friedrich Nietzsche an Franz Overbeck, 4. 5. 1885, Dokumente, S. 502 f.
165 Friedrich Nietzsche an Malwida von Meysenbug, Anfang Mai 1884, Sämtliche Briefe, KSA Bd. 6, S. 501.
166 Friedrich Nietzsche an Ernst Schmeitzner, 6. Februar 1884, ebd., S. 473 f.
167 Friedrich Nietzsche an Franz Overbeck, 17. Juni 1887, ebd., Bd. 8, S. 93 f.
168 Friedrich Nietzsche an Franz Overbeck, 17. Oktober 1885, Dokumente, S. 503.
169 Lou Andreas-Salomé, Im Kampf um Gott, München 2007, S. 32.
170 Ebd., S. 27.
171 Ebd., S. 32.
172 Ebd., S. 41.
173 Ebd., S. 56.
174 Ebd., S. 75.
175 Friedrich Nietzsche, Morgenröte, KSA 3, S. 197
176 Friedrich Nietzsche an Lou von Salomé, um den 1. September 1882, Dokumente, S. 224 f.
177 Aufzeichnung oder Briefentwurf an Paul Rée vom Dezember 1882, ebd., S. 273.
178 Lou Andreas-Salomé, Im Kampf um Gott, S. 106.
179 Ebd., S. 122.
180 Ebd., S. 123.
181 Zit. nach Lebensrückblick, 268 f. Der Herausgeber Ernst Pfeiffer gibt als Datum des Briefes den 12. August 1882 an, da hielt sich Lou von Salomé aber in Tautenburg bei Nietzsche auf. Der Beginn des Briefes zeigt jedoch, dass die Antwort Rées unmittelbar auf ein persönliches Gespräch am Vorabend zurückgeht.
182 Lou Andreas-Salomé an Ferdinand Tönnies, 7. Dezember 1904, zit. nach Lebensrückblick, S. 242.
183 Ebd., S. 268.
184 Ebd., S. 93.
185 Ebd., S. 92.

186 Ebd., S. 269.
187 Ebd., S. 93.
188 Ebd., S. 92 f.
189 Ebd., S. 203.
190 Lou-Andreas-Salomé-Archiv Göttingen.
191 Vgl. Karl Schlechta, Nietzsche-Chronik. Daten zu Leben und Werk, München 1975, S. 104.
192 Malwida von Meysenbug an Olga Monod, 22. April 1887, in: Malwida von Meysenbug, »Im Anfang war die Liebe«. Briefe an ihre Pflegetochter, hrsg. von B. Schleicher, München 1926, S. 195.
193 Lou Andreas-Salomé, Lebensrückblick, S. 207.
194 Ebd.
195 Ebd.
196 Vgl. Dokumente, S. 211.
197 Vgl. Lebensrückblick, S. 308 f., Zitate bis auf Weiteres ebd.
198 Ebd., S. 204.
199 Ebd., S. 203.
200 Ebd., S. 310.
201 Brieffragment, zit. nach Cordula Koepcke, Lou Andreas-Salomé, a. a. O., S. 121.
202 Vgl. Lebensrückblick, S. 310.
203 Friedrich Nietzsche an Ernst Wilhelm Fritzsch, 24. Juni 1887, Sämtliche Briefe KSA 8, S. 97 f.
204 Friedrich Nietzsche an Ernst Wilhelm Fritzsch, 29. August 1887, ebd., S. 136.
205 Lou Andreas-Salomé, Lebensrückblick, S. 270
206 Ebd.
207 Ebd., S. 206 f.
208 Ernst Seiffahrt, Freie Bühne 2/1891, S. 165 f.
209 Friedrich Nietzsche, Ecce homo (1888), Vorwort 4, KSA 6, S. 259.
210 Lou Andreas-Salomé, Nietzsche in seinen Werken, Frankfurt a. M. 2000, S. 37.
211 Lou Andreas-Salomé, Henrik Ibsens Frauengestalten, Jena und Leipzig 1906, S. 6; alle Zitate bis auf Weiteres ebd.
212 Zit. nach Ernst Pfeiffer, Vorwort zu Lou Andreas-Salomé, Nietzsche in seinen Werken, S. 15.
213 Erwin Rohde an Franz Overbeck am 13. März 1891, in: Erich F. Podach, Gestalten um Nietzsche, Weimar 1932, S. 61.
214 Lou Andreas-Salomé, Nietzsche in seinen Werken, S. 49.
215 Ebd., S. 31 f.
216 Friedrich Nietzsche an Franz Overbeck, 13. Mai 1887, Sämtliche Briefe, KSA 8, S. 73.

217 Lou Andreas-Salomé, Nietzsche in seinen Werken, S. 49.
218 Friedrich Nietzsche, Die fröhliche Wissenschaft, zit. nach Lou Andreas-Salomé, Nietzsche in seinen Werken, S. 51.
219 Ebd., S. 52.
220 Lou Andreas-Salomé, Lebensrückblick, S. 212.
221 Ebd.
222 Ebd.
223 Tagebuch, Lou-Andreas-Salomé-Archiv Göttingen.
224 Ebd.
225 Georg Ledebour an Lou Andreas-Salomé, Frühjahr 1893, ebd.
226 Ebd.
227 Lou Andreas-Salomé, Nietzsche in seinen Werken, S. 100.
228 Friedrich Nietzsche, Schopenhauer als Erzieher, zit. nach Lou Andreas-Salomé, Nietzsche in seinen Werken, S. 101.
229 Ebd., S. 185.
230 Ebd.
231 Ebd., S. 244.
232 Ebd., S. 245.
233 Ebd., S. 254.
234 Ebd., S. 227.
235 Friedrich Nietzsche, Zur Genealogie der Moral, KSA 5, S. 322 f.
236 Ebd., S. 322.
237 Friedrich Nietzsche, Also sprach Zarathustra, KSA 4, S. 17.
238 Vgl. ebd., S. 268.
239 Ebd.
240 Friedrich Nietzsche, Götzendämmerung, KSA 6, S. 160.
241 Lou Andreas-Salomé, Das Problem des Islams, in: Von der Bestie zu Gott, S. 234.
242 Ebd., S. 244.
243 Lou Andreas-Salomé, Lebensrückblick, S. 100.
244 Ebd.
245 Lou Andreas-Salomé, Fenitschka, in: Fenitschka. Eine Ausschweifung. Zwei Erzählungen, neu hrsg. und mit einem Nachwort versehen von Ernst Pfeiffer, Frankfurt a. M. – Berlin – Wien 1983, S. 15 f.; alle Zitate bis auf Weiteres ebd.
246 Lou Andreas-Salomé, Lebensrückblick, S. 102.
247 Brief an eine Freundin, zitiert ebd., S. 275.
248 Richard Beer-Hofmann an Hugo von Hofmannsthal, 22. Mai 1895, zit. nach: Ursula Welsch, Dorothee Pfeiffer, Lou-Andreas Salomé, Ein Bildbiographie, S. 85.
249 Arthur Schnitzler, Tagebuch 1893–1902, Wien 1989, S. 140 f.
250 Frieda von Bülow, Zwei Menschen, in: Die schönsten Novellen der Frieda von Bülow über Lou Andreas-Salomé und andere Frauen,

Frankfurt a. M. – Berlin 1990, S. 15; alle Zitate bis auf Weiteres ebd.

251 Ebd., S. 60.

252 Lou Andreas-Salomé, Lebensrückblick, S. 104.

253 Rainer Maria Rilke an Lou Andreas-Salomé, 13. Mai 1897, in: Rainer Maria Rilke/Lou Andreas-Salomé, Briefwechsel, hrsg. von Ernst Pfeiffer, Frankfurt a. M. 1989, S. 7.

254 Lou Andreas-Salomé, Jesus der Jude, Neue Rundschau/1896; zit. nach: dies., Von der Bestie bis zum Gott, a. a. O., S. 169 ff.; alle Zitate bis auf Weiteres ebd.

255 Tagebuch, Lou-Andreas-Salomé Archiv Göttingen.

256 Rainer Maria Rilke an Lou Andreas-Salomé, 31. Mai 1897, in: Rainer Maria Rilke/Lou Andreas-Salomé, Briefwechsel, S. 10 f.

257 Tagebuch.

258 Rainer Maria Rilke an Lou Andreas-Salomé, 17. Juli 1897, in: Rainer Maria Rilke/Lou Andreas-Salomé, Briefwechsel, S. 22.

259 Lou Andreas-Salomé, Lebensrückblick, Nachtrag 1943, S. 139 f.

260 Ebd., S. 140.

261 Rainer Maria Rilke an Lou Andreas-Salomé, 5. September 1897, in: Rainer Maria Rilke/Lou Andreas-Salomé, Briefwechsel, S. 23.

262 Lou Andreas-Salomé, Lebensrückblick, S. 141.

263 Rainer Maria Rilke an Lou Andreas-Salomé, 5. September 1897, in: Rainer Maria Rilke/Lou Andreas-Salomé, Briefwechsel, S. 26.

264 Rainer Maria Rilke an Lou Andreas-Salomé, 8. September 1897, ebd., S. 27.

265 Ebd., S. 28.

266 Tagebuch 1906.

267 Rainer Maria Rilke, Das Florenzer Tagebuch, hrsg. von Ruth Sieber-Rilke und Carl Sieber, Frankfurt a. M. und Leipzig 1994, S. 110.

268 Ebd., S. 12.

269 Ebd., S. 29.

270 Ebd., S. 32.

271 Vom religiösen Affekt, in: Die Zukunft, hrsg. von Maximilian Harden 23/1898, S. 149–154, zit. nach Lou Andreas-Salomé, Von der Bestie bis zum Gott, S. 52.

272 Rainer Maria Rilke, Das Florenzer Tagebuch, S. 109.

273 Ebd., S. 110.

274 Ebd., S. 109.

275 Ebd., S. 96.

276 Religion und Kultur, in: Lou Andreas-Salomé, Von der Bestie bis zum Gott, S. 121., alle Zitate bis auf Weiteres ebd.

277 Ebd., S. 118.
278 Rainer Maria Rilke, Das Florenzer Tagebuch, S. 112 f.
279 Ebd., S. 111.
280 Ebd., S. 112.
281 Rainer Maria Rilke an Lou Andreas-Salomé, 30. März 1904, Briefwechsel, S. 142 f.
282 Lou Andreas-Salomé, Der Mensch als Weib, Neue Rundschau, Jg. X. 1899, zit. nach: dies., Die Erotik. Vier Aufsätze, hrsg. von Ernst Pfeiffer, München 1979, S. 9 f.
283 Tagebuch, in: Lou Andreas-Salomé/Rainer Maria Rilke, Briefwechsel, S. 38.
284 Lou Andreas-Salomé an Rainer Maria Rilke, 5. Januar 1921, ebd., S. 429.
285 Lou Andreas-Salomé, Ma, Frankfurt a. M., Berlin 1996, S. 7 f.
286 Ebd., S. 10.
287 Boris Pasternak, Sicheres Geleit, Frankfurt a. M. 1959, S. 117.
288 Lou Andreas-Salomé, Lebensrückblick, S. 118.
289 Ebd., S. 119.
290 Rainer Maria Rilke an den General von Sedlakowitz, zit. nach: Hans-Egon Holthusen, Rainer Maria Rilke in Selbstzeugnissen und Bilddokumenten, Hamburg 1958, S. 18 f.
291 Lou Andreas-Salomé, Rußland mit Rainer. Tagebuch der Reise mit Rainer Maria Rilke im Jahre 1900, hrsg. von Stéphane Michaud und Dorothee Pfeiffer, Marbach 1999, S. 106 ff.
292 Ebd., S 120.
293 Ebd., S. 145.
294 Ebd., S. 74.
295 Rainer Maria Rilke, Eintrag aus dem Schmargendorfer Tagebuch, zit. nach: Lou Andreas-Salomé/Rainer Maria Rilke, Briefwechsel, S. 41.
296 Lou Andreas-Salomé an Rainer Maria Rilke, 26. Februar 1901, ebd., S. 55.
297 Lou Andreas-Salomé, Lebensrückblick, S. 119.
298 Rainer Maria Rilke an Lou Andreas-Salomé, 31. Juli 1900, Briefwechsel, S. 42.
299 Ebd., S. 42 f.
300 Lou Andreas-Salomé, Gedanken über das Liebesproblem, Neue Deutsche Rundschau, Jg. XII, 1900, zit. nach: dies., Die Erotik. Vier Aufsätze, S. 47; alle Zitate bis auf Weiteres ebd.
301 Tagebuch, zit. nach: Rainer Maria Rilke/Lou Andreas-Salomé, Briefwechsel, S. 49.
302 Rainer Maria Rilke, Worpsweder Tagebuch, 27. September 1900, zit. ebd., S. 46.

303 Ebd., S. 48.
304 Ebd., S. 51.
305 Lou Andreas-Salome, Ma, S. 165 f.
306 Lou Andreas-Salomé, Das Haus, Frankfurt a. M., Berlin 1987, S. 5 f.
307 Rainer Maria Rilke an Lou Andreas-Salomé, 25. Juni 1903, Briefwechsel, S. 56.
308 Lou Andreas-Salomé an Frieda von Bülow, Juli 1903, zit. nach: dies., Das Haus, S. 240.
309 Tagebuch, 18. Januar 1904.
310 Lou Andreas-Salomé an Rainer Maria Rilke, 27. Juni 1903, Briefwechsel, S. 57.
311 Rainer Maria Rilke an Lou Andreas-Salomé, 30. Juni 1903, ebd.
312 Lou Andreas-Salomé an Frieda von Bülow, Juli 1903, zit. nach: dies., Das Haus, S. 240.
313 Rainer Maria Rilke an Lou Andreas-Salomé, 21. August 1903, Briefwechsel, S. 118.
314 Rainer Maria Rilke an Lou Andreas-Salomé, 3. November 1903, ebd., S. 122.
315 Ebd.
316 Lou Andreas-Salomé an Rainer Maria Rilke, 9. November 1903, ebd., S. 123.
317 Ebd., S. 124.
318 Rainer Maria Rilke an Lou Andreas-Salomé, 13. November 1903, ebd., S. 124 f.
319 Ebd.
320 Lou Andreas-Salomé, Lebensrückblick, S. 174.
321 Rainer Maria Rilke an Lou Andreas-Salomé, 15. Januar 1904, Briefwechsel, S. 130 f.
322 Tagebuch, 18. Januar 1904.
323 Ebd., 8. März 1904.
324 Rainer Maria Rilke an Lou Andreas-Salomé, 15. April 1904, Briefwechsel, S. 148.
325 Rainer Maria Rilke an Lou Andreas-Salomé, 12. Mai 1904, ebd., S. 167.
326 Ebd., S. 151.
327 Rainer Maria Rilke an Lou Andreas-Salomé, 31. März 1904, ebd., S. 144.
328 Lou Andreas-Salomé an Rainer Maria Rilke, 20. März 1904, ebd., S. 140.
329 Rainer Maria Rilke an Lou Andreas-Salomé, 30. Mai 1904, ebd., S. 174.

330 Rainer Maria Rilke an Lou Andreas-Salomé, 20. August 1904, ebd., S. 181.
331 Tagebuch, September 1904.
332 Lou Andreas-Salomé an Rainer Maria Rilke, 16. September 1904, Briefwechsel, S. 183.
333 Rainer Maria Rilke an Lou Andreas-Salomé, 8. Januar 1905, ebd., S. 198.
334 Rainer Maria Rilke an Lou Andreas-Salomé, 19. Mai 1905, ebd., S. 204.
335 Lou Andreas-Salomé an Rainer Maria Rilke, 21. Mai 1905, ebd.
336 Rainer Maria Rilke an Lou Andreas-Salomé, 23. Mai 1905, ebd., S. 205.
337 Lou Andreas-Salomé, Lebensrückblick, S. 149.
338 Lou Andreas-Salomé, Die Erotik, in: Die Gesellschaft, hrsg. von Marin Buber, Frankfurt a. M. 1910, zit. nach: dies., Die Erotik. Vier Aufsätze, S. 97; alle Zitate bis auf Weiteres ebd. (S. 85–145).
339 Rainer Maria Rilke an Lou Andreas-Salomé, 28. Dezember 1911, Briefwechsel, S. 242.
340 Rainer Maria Rilke an Lou Andreas-Salomé, 20. Januar 1912, ebd., S. 250.
341 Rainer Maria Rilke an Lou Andreas-Salomé, 24. Januar 1912, ebd., S. 252.
342 Sigmund Freud/C. G. Jung, Briefwechsel, Frankfurt a. M. 1974, S. 532.
343 Ebd., S. 558.
344 Friedrich Nietzsche, Also sprach Zarathustra, Von den Verächtern des Leibes, S. 39 f.
345 Lou Andreas-Salomé, In der Schule bei Freud. Tagebuch eines Jahres (1912/1913), Frankfurt a. M., Berlin, Wien 1983, S. 43.
346 Ebd., S. 43 f.
347 Ebd., S. 13.
348 Ebd.
349 Zit. nach Peter Gay, Freud. Eine Biographie für unsere Zeit, Frankfurt a. M. 1989, S. 200.
350 Lou Andreas-Salomé, In der Schule bei Freud, S. 19.
351 Ebd., S. 156.
352 Sigmund Freud an Lou Andreas-Salomé, 10. November 1912, in: Sigmund Freud/Lou Andreas-Salomé, Briefwechsel, hrsg. von Ernst Pfeiffer, Frankfurt a. M. 1966, S. 27 f.
353 Lou Andreas-Salomé, In der Schule bei Freud, Notiz vom 13. November 1912, ebd., S. 30.
354 Ebd., S. 36.
355 Ebd., S. 37.

356 Ebd., S. 88 f.
357 Lou Andreas-Salomé, Lebensrückblick, S. 56 f.
358 Ebd., S. 52.
359 Lou Andreas-Salomé an Rainer Maria Rilke, 13. Januar 1913, Briefwechsel, S. 282.
360 Rainer Maria-Rilke an Lou Andreas-Salomé, 6. Januar 1913, ebd., S. 279 f.
361 Lou Andreas-Salomé an Rainer Maria Rilke, 13. Januar 1913, ebd., S. 282.
362 Lou Andreas-Salomé, In der Schule bei Freud, S. 107.
363 Lou Andreas-Salomé, Vom frühen Gottesdienst, in: Von der Bestie bis zum Gott, S. 156.
364 Ebd., S. 156.
365 Ebd., S. 157 f.
366 Ebd., S. 158.
367 Lou Andreas-Salomé, In der Schule bei Freud, a. a. O., S. 140.
368 Ebd., S. 143.
369 Ebd., S. 149.
370 Ebd., S. 170.
371 Ebd., S. 184.
372 Ebd., S. 204.
373 Ellen Delp an Nanny Wunderly-Volkart, 12. November 1946, Stadtbibliothek München/Monacensia-Sammlung.
374 Sigmund Freud an Lou Andreas-Salomé, 29. Dezember 1919, Briefwechsel, S. 17.
375 Lou Andreas-Salomé an Sigmund Freud, 10. Januar 1915, ebd., S. 29.
376 Rainer Maria Rilke an Lou Andreas-Salomé, 13. März 1915, Briefwechsel, S. 371.
377 Ebd.
378 Lou Andreas-Salomé, Lebensrückblick, S. 42.
379 Rainer Maria Rilke an Lou Andreas-Salomé, 4. Juli 1914, Briefwechsel, S. 346 f.
380 Loulou Albert-Lasard, Wege mit Rilke, Frankfurt a. M. 1952, S. 12.
381 Ebd., S. 13.
382 Ebd., S. 55 f.
383 Ebd., S. 57 f.
384 Beigabe zu einem Brief Lou Andreas-Salomés an Sigmund Freud, 30. Juni 1916, Briefwechsel, S. 52.
385 Lou Andreas-Salomé, Psychosexualität, in: Die Erotik, S. 153, alle Zitate bis auf Weiteres ebd.
386 Sigmund Freud an Lou Andreas-Salomé, 3. Dezember 1916, Briefwechsel, S. 60.

387 Sigmund Freud an Lou Andreas-Salomé, 30. Juli 1915, ebd., S. 35.
388 Sigmund Freud an Lou Andreas-Salomé, 9. November 1915, ebd., S. 39.
389 Lou Andreas-Salomé an Sigmund Freud, 15. Oktober 1916, ebd., S. 29
390 Sigmund Freud an Lou Andreas-Salomé, 13. September 1917, ebd., S. 39.
391 Rainer Maria Rilke an Lou Andreas-Salomé, 4. Juli 1914, Briefwechsel, S. 345.
392 Rainer Maria Rilke an Lou Andreas-Salomé, 9. September 1914, ebd., S. 353.
393 Ebd.
394 Lou Andreas-Salomé an Sigmund Freud, 19. Oktober 1917, Briefwechsel, S. 74.
395 Lou Andreas-Salomé, Lebensrückblick, S. 50.
396 Rainer Maria Rilke an Clara Rilke, 7. November 1918, Briefe 1914–1921, S. 209.
397 Rainer Maria Rilke an Lou Andreas-Salomé, 21. Januar 1919, Briefwechsel, S. 388.
398 Lou Andreas-Salomé an Rainer Maria Rilke, 17. Februar 1919, ebd., S. 393.
399 Lou Andreas-Salomé an Rainer Maria Rilke, 16. Januar 1919, ebd., S. 386.
400 Rainer Maria Rilke an Lou Andreas-Salomé, 21. Februar 1919, ebd., S. 394.
401 Rainer Maria Rilke an Lou Andreas-Salomé, 21. Februar 1919, ebd., S. 395.
402 Rainer Maria Rilke an Lou Andreas-Salomé, 25. März 1919, ebd., S. 398.
403 Lou Andreas-Salomé an Rainer Maria Rilke, 6. Juni 1919, ebd., S. 409.
404 Lou Andreas-Salomé an Sigmund Freud, 2. März 1922, Briefwechsel, S. 123.
405 zit. nach Lou Andreas-Salomé, Rainer Maria Rilke, Leipzig 1928, S. 92.
406 Rainer Maria Rilke an Lou Andreas-Salomé, 11. Februar 1922, Briefwechsel, S. 444 f.
407 Sigmund Freud an Lou Andreas-Salomé, 13. März 1922, Briefwechsel, S. 124.
408 Anna Freud an Lou Andreas-Salomé, 26. März 1922, in: Lou Andreas-Salomé/Anna Freud, »... als käm ich heim zu Vater und Schwester«. Briefwechsel 1919–1937, hrsg. von Daria A. Rothe und Inge Weber, München 2004, S. 31.

409 Anna Freud, Schlagephantasie und Tagtraum, Vortrag in der Wiener Psychoanalytischen Vereinigung, Publié dans Imago, VIII Band, 1922, Internationaler Psychoanalytischer Verlag, Leipzig-Wien-Zürich-London, S. 317–332, S. 317; alle Zitate bis auf Weiteres ebd.

410 Anna Freud an Lou Andreas-Salomé, 21. Juni 1922, Briefwechsel, S. 60.

411 Sigmund Freud an Lou Andreas-Salomé, 5. August 1923, Briefwechsel, S. 137.

412 Anna Freud an Lou Andreas-Salomé, 18. April 1923, Briefwechsel, S. 175.

413 Anna Freud an Lou Andreas-Salomé, 26. November 1923, ebd., S. 253.

414 Anna Freud an Lou Andreas-Salomé, 30. Oktober 1923, ebd., S. 240.

415 Lou Andreas-Salomé an Rainer Maria Rilke, 18. Januar 1923, Briefwechsel, S. 461.

416 Lou Andreas-Salomé an Rainer Maria Rilke, 16. März 1924, ebd., S. 463 f.

417 Ebd., S. 464.

418 Rainer Maria Rilke an Lou Andreas-Salomé, 22. April 1924, ebd., S. 466.

419 Lou Andreas-Salomé an Rainer Maria Rilke, 16. März 1924, ebd., S. 465.

420 Lou Andreas-Salomé an Anna Freud, 26. Juni 1924, Briefwechsel, S. 300.

421 Rainer Maria Rilke an Lou Andreas-Salomé, 2. Mai 1924, Briefwechsel, S. 473.

422 Anna Freud an Lou Andreas-Salomé, 1. Juni 1924, Briefwechsel, S. 300.

423 Lou Andreas-Salomé an Anna Freud, 5. Juni 1924, ebd., S. 318.

424 Ebd.

425 Lou Andreas-Salomé an Anna Freud, 5. Juli 1924, ebd., S. 327.

426 Lou Andreas-Salomé an Rainer Maria Rilke, 24. Februar 1922, Briefwechsel, S. 449.

427 Lou Andreas-Salomé, Rainer Maria Rilke, Leipzig 1928, S. 5 f.

428 Ebd., S. 13.

429 Ebd., S. 8.

430 Lou Andreas-Salomé an Rainer Maria Rilke, 21. Januar 1919, Briefwechsel, S. 387.

431 Lou Andreas-Salomé an Sigmund Freud, 4. Mai 1927, Briefwechsel, S. 180.

432 Lou Andreas-Salomé an Rainer Maria Rilke, 16. März 1924, Briefwechsel, S. 464.
433 Lou Andreas-Salomé an Rainer Maria Rilke, 26. Mai 1924, ebd., S. 474.
434 Lou Andreas-Salomé an Sigmund Freud, 4. Mai 1927, Briefwechsel, S. 180.
435 Lou Andreas-Salomé an Anna Freud, 31. Oktober 1930, Briefwechsel, S. 585.
436 Lou Andreas-Salomé, Lebensrückblick, S. 211.
437 Lou Andreas-Salomé an Sigmund Freud, 4. Januar 1930, Briefwechsel, S. 200.
438 Ebd., S. 201.
439 Lou Andreas-Salomé an Sigmund Freud, nach dem 10. Oktober 1930, ebd., S. 206.
440 Sigmund Freud an Lou Andreas-Salomé, 22. Oktober 1930, ebd., S. 207.
441 Lou Andreas-Salomé an Anna Freud, 5. November 1928, Briefwechsel, S. 562.
442 Sigmund Freud an Lou Andreas-Salomé, 3. April 1931, Briefwechsel, S. 208.
443 Sigmund Freud an Lou Andreas-Salomé, etwa 10. Juli 1931, ebd., S. 213.
444 Lou Andreas-Salomé an Anna Freud, 13. März 1933, Briefwechsel, S. 616.
445 Lou Andreas-Salomé, Die Tarnkappe, in: Amor. Jutta. Die Tarnkappe. Drei Dichtungen, Frankfurt a. M. 1981, S. 101.
446 Lou Andreas-Salomé, Eintragungen. Letzte Jahre, hrsg. von Ernst Pfeiffer, Frankfurt a. M. 1982, S. 12.
447 Ebd., S. 16.
448 Ebd., S. 43.
449 Friedrich Nietzsche, Ecce homo, KSA 6, S. 268.
450 Lou Andreas-Salomé an Sigmund Freud, 16. Mai 1935, Briefwechsel, S. 225.
451 Moritz Jahn, Werke, Bd. 3, Göttingen 1964, S. 517 f.
452 Gertrud Bäumer, Gestalt und Wandel, Frauenbildnisse, Berlin 1939, S. 484.
453 Lou Andreas-Salomé an Ernst Pfeiffer und Josef König, 24. Mai 1935, zit. nach: Ursula Welsch, Dorothee Pfeiffer, Lou Andreas-Salomé. Eine Bildbiographie, S. 188.
454 Gertrud Bäumer, Gestalt und Wandel, S. 482 f.
455 Lou Andreas-Salomé, Eintragungen. Letzte Jahre, S. 129.
456 Friedrich Nietzsche, Also sprach Zarathustra, S. 94 f.

Literatur

Werke

Im Kampf um Gott, Leipzig 1885 (München 2007)*
Henrik Ibsens Frauengestalten, Berlin 1892 (Leipzig und Jena 1906)
Friedrich Nietzsche in seinen Werken, Wien 1884 (Frankfurt a. M. und Leipzig 2000)
Ruth, Stuttgart 1895 (Taching am See 2008)
Aus fremder Seele. Eine Spätherbstgeschichte, Stuttgart und Berlin 1896 (München 2007)
Fenitschka. Eine Ausschweifung. Zwei Erzählungen, Stuttgart und Berlin 1898 (Frankfurt a. M. und Berlin und Wien 1983)
Ma, Stuttgart und Berlin 1901 (Frankfurt a. M. und Berlin 1996)
Im Zwischenland. Fünf Geschichten aus dem Seelenleben halbwüchsiger Mädchen, Stuttgart und Berlin 1902
Die Erotik, Frankfurt a. M. 1910 (München 1979)
Drei Briefe an einen Knaben, Leipzig 1917 (Taching am See 2008)
Das Haus, Berlin 1919 (Frankfurt a. M. und Berlin 1987)
Die Stunde ohne Gott und andere Kindergeschichten, Jena 1921
Der Teufel und seine Großmutter. Traumspiel, Jena 1922
Rodinka. Eine russische Erinnerung, Jena 1923 (Frankfurt a. M. und Berlin 1985)
Rainer Maria Rilke, Leipzig 1928
Mein Dank an Freud. Offener Brief an Professor Sigmund Freud zu seinem fünfundsiebzigsten Geburtstag, Wien 1931

* in Klammern stehende Angaben beziehen sich auf die hier verwendete Ausgabe

Lebensrückblick. Grundriß einiger Lebenserinnerungen, hrsg. von Ernst Pfeiffer, Zürich und Wiesbaden 1952 (Frankfurt a. M. 1968)
Rainer Maria Rilke/Lou Andreas-Salomé, Briefwechsel, hrsg. von Ernst Pfeiffer, Zürich und Wiesbaden 1951 (Frankfurt a. M. 1989)
In der Schule bei Freud. Tagebuch eines Jahres. 1912/1913, hrsg. von Ernst Pfeiffer, Zürich 1958 (Frankfurt a. M. und Berlin und Wien 1983)
Sigmund Freud/Lou Andreas-Salomé, Briefwechsel, hrsg. von Ernst Pfeiffer, Frankfurt a. M. 1966
Friedrich Nietzsche/Paul Rée/Lou Andreas-Salomé. Die Dokumente ihrer Begegnung, hrsg. von Ernst Pfeiffer, Frankfurt a. M. 1970
Drei Dichtungen. Amor. Jutta. Die Tarnkappe, hrsg. von Ernst Pfeiffer, Frankfurt a. M. 1981
Eintragungen. Letzte Jahre, hrsg. von Ernst Pfeiffer, Frankfurt. a. M. 1982
Russland mit Rainer. Tagebuch der Reise mit Rainer Maria Rilke im Jahre 1900, hrsg. von Stéphane Michaud und Dorothee Pfeiffer, Marbach 1999
Lou Andreas-Salomé/Anna Freud, »... als käm ich heim zu Vater und Schwester«. Briefwechsel 1919–1937, hrsg. von Daria A. Rothe und Inge Weber, München 2004

Das bislang schwer zugängliche, großartige essayistische Werk Lou Andreas-Salomés, das über 130 Aufsätze umfasst, erscheint seit 2010 im Verlag MedienEdition Welsch in vier Bänden; bereits erschienen sind:

»Von der Bestie bis zum Gott«. Aufsätze und Essays, Bd. 1: Religion, hrsg. von Hans-Rüdiger Schwab, Taching am See 2010
»Ideal und Askese«. Aufsätze und Essays, Bd. 2: Philosophie, hrsg. von Hans-Rüdiger Schwab, Taching am See 2010

in Vorbereitung:

»Lebende Dichtung«. Aufsätze und Essays, Bd. 3: Literatur, hrsg. von Hans-Rüdiger Schwab, Taching am See (iVb Januar 2011)
»Mein Dank an Freud«. Aufsätze und Essays, Bd. 4: Psychoanalyse, hrsg. von Brigitte Rempp und Inge Weber, Taching am See

Literatur zu Lou Andreas-Salomé (Auswahl)

Decker, Gunnar, Rilkes Frauen oder Die Erfindung der Liebe, Leipzig 2004
Hülsemann, Irmgard, »Mit dem Mut einer Löwin«. Lou Andreas-Salomé, München 1998
Koepcke, Cordula, Lou Andreas-Salomé. Leben – Persönlichkeit – Werk. Eine Biographie, Frankfurt a. M. 1986
Meyer, Michel, Lou Andreas von Salomé, La femme ocean, Editions du Rocher 2010
Peters, H. F., Lou Andreas-Salomé. Das Leben einer außergewöhnlichen Frau, München 1964
Prose, Francine, Das Leben der Musen. Von Lou Andreas-Salomé bis Yoko Ono, München und Wien 2004
Ross, Werner, Lou Andreas-Salomé. Weggefährtin von Nietzsche, Rilke, Freud, Berlin 1992
Salber, Linde, Lou Andreas-Salomé. Mit Selbstzeugnissen und Bilddokumenten, Reinbek bei Hamburg 1990
Wiesner-Bangard, Michaela/Welsch, Ursula, »Wie ich Dich liebe, Rätselleben«. Lou-Andreas-Salomé. Eine Biographie, Leipzig 2002
Welsch, Ursula/Dorothee Pfeiffer, Lou Andreas-Salomé. Eine Bildbiographie, Leipzig 2006

Sämtliche andere verwendete Literatur ist im Text angegeben – siehe Anmerkungen.

Zeittafel

1861 Louise Andreas-Salomé wird am 12. Februar als einzige Tochter und letztes Kind des Generals Gustav von Salomé und seiner Frau Louise in St. Petersburg geboren.

1878 Das Mädchen verweigert zu Jahresbeginn aus Gewissensgründen die Konfirmation.
Im Mai lernt die 17-Jährige den größten Prediger des deutschsprachigen St. Petersburg, den holländischen Pfarrer Hendrik Gillot, kennen und nimmt bald darauf bei ihm Privatunterricht.

1880 Sie wird in Holland von Gillot konfirmiert – denn nur wer konfirmiert ist, darf Russland verlassen – und beginnt im September, in Zürich zu studieren.

1882 Wegen »Bluthustens« in den Süden geschickt, lernt sie im Februar in Rom Malwida von Meysenbug, im März Paul Rée und im April Friedrich Nietzsche kennen. Sie fährt im Sommer zu Rée nach Stibbe, hört den »Parsifal« in Bayreuth, ist danach vom 9. bis zum 26. August Nietzsches Gast in Tautenburg bei Dornburg und lebt ab September in freier Denkergemeinschaft mit Rée in Berlin.

1885 Ihr erstes Buch »Im Kampf um Gott« erscheint. Tragischer Held ist eine Nietzsche-Figur.

1886 Am 1. November verlobt sich Lou von Salomé mit dem Orientalisten Friedrich Carl Andreas.

1887 Lou von Salomé heiratet Andreas am 20. Juni, nachdem Rée zu Jahresbeginn fortgegangen war.

1891 Im Dezember lernt sie Frieda von Bülow und Georg Ledebour näher kennen.

1892 »Henrik Ibsens Frauengestalten« erscheint.

1894 Von Februar bis September hält sie sich in Paris auf. »Friedrich Nietzsche in seinen Werken« erscheint.

1895 Der Roman ihrer Mädchenjahre »Ruth« erscheint. Sie besucht St. Petersburg und Wien, lernt dort im Dezember die Geschwister Pineles kennen.

1896 »Aus fremder Seele« erscheint. Sie lernt Helene von Klot-Heydenfeldt, später Klingenberg kennen.

1897 Rainer Maria Rilke und Lou Andreas-Salomé verbringen den Sommer in Wolfratshausen bei München. Sie nimmt ihn mit nach Berlin.

1898 »Fenitschka. Eine Ausschweifung« erscheint. Der Lieblingsbruder Eugen stirbt.

1899 »Menschenkinder« erscheint. Gemeinsam mit Rilke und ihrem Mann fährt sie nach Russland.

1900 Vom 7. Mai bis zum 22. August reisen Lou Andreas-Salomé und Rainer Maria Rilke durch Russland, anschließend »Verbannung« Rilkes nach Worpswede.
Am 25. August stirbt Friedrich Nietzsche.

1901 »Ma. Ein Porträt« erscheint; sie beginnt den Roman ihrer Heimat »Rodinka«.
Im Februar trennt sie sich von Rilke, der die Worpsweder Bildhauerin Clara Westhoff heiratet.
Lou Andreas-Salomé trifft den jüdischen Arzt Friedrich Pineles wieder und wird für acht Jahre seine Lebensgefährtin.
Paul Rée stirbt am 28. Oktober.

1902 »Im Zwischenland« erscheint.
Sie unternimmt mit Pineles von August bis September eine Fußwanderung durch die Hohen Tauern.

1903 Andreas wird nach Göttingen berufen.
Sie finden das – noch bewohnte – Haus am Hainberg. Rilke durchbricht das Verbot, sich an Lou zu wenden. Er darf ihr schreiben.

1904 Sie beginnt den Roman »Das Haus« mit Loufried als Mittelpunkt und lauter wirklichen Menschen als dessen Bewohnern, reist im Sommer mit Pineles nach Skandinavien – wo Rilke ihr vergeblich zu begegnen sucht – und anschließend zu ihrer Familie nach St. Petersburg.

1905 Zu Pfingsten besucht Rilke Lou auf Loufried, beide fahren weiter zu Helene Klingenberg in den Harz.
Pineles und Lou verbringen den Sommer in Frankreich. Sie ist in diesem und den nächsten Jahren öfter Gast bei Helene Klingenberg in Berlin und taucht noch einmal tief in die Berliner – Reinhardt'sche – Theaterwelt ein.

1908 Sie unternimmt eine große Balkanreise mit Pineles und findet dort ein Stück Russland wieder.

1909 Die Freundin Frieda von Bülow stirbt am 12. März an Krebs.

1910 Die Schrift »Die Erotik« erscheint.

1911 Im August besucht sie in Schweden die »Entdeckerin der Kindheit« Ellen Key – deren Bücher sie kritisiert hatte –, lernt dort den schwedischen Psychotherapeuten Poul Bjerre kennen, kurzfristig lieben und begegnet durch ihn der Psychoanalyse. Gemeinsam fahren sie im September zum 3. Psychoanalytischen Kongress nach Weimar.

1912 Sie liest Freuds Schriften, trifft Bjerre zu Pfingsten auf Rügen zum letzten Mal und studiert ab Oktober bei Freud in Wien Psychoanalyse.

1913 Im Januar stirbt Louise von Salomé die Ältere 89-jährig in St. Petersburg. Im April endet ihr psychoanalytisches Semester. Der erste psychoanalytisch grundierte Aufsatz »Vom frühen Gottesdienst« erscheint.

Im September nimmt sie am folgenreichen 5. Psychoanalytischen Kongress in München teil und fährt anschließend mit Rilke über Dresden ins Riesengebirge.

1913 Sie beginnt in ihrem Haus am Hainberg eine eigene psychoanalytische Praxis.

1914 Rilke und Lou Andreas-Salomé verfehlen sich bei Kriegsausbruch in München. »Zum Typus Weib« erscheint.

1915 Der älteste Bruder Alexander von Salomé stirbt.

1916 Der Aufsatz »Anal und Sexual« erscheint.

Hendrik Gillot stirbt.

1917 Der Aufsatz »Psychosexualität« und »Drei Briefe an einen Knaben« erscheinen.

1919 Rilke und Lou Andreas-Salomé treffen sich in den Münchner Nachkriegswirren zum letzten Mal.

Im Juli nimmt sich Viktor Tausk das Leben.

1921 Der Essay »Narzißmus als Doppelrichtung« und der Roman »Das Haus« erscheinen.

1922 Das psychoanalytisch grundierte Puppenspiel »Der Teufel und seine Großmutter« und »Die Stunde ohne Gott« erscheinen.

Am 31. Mai hält Anna Freud vor der Wiener Psychoanalytischen Vereinigung den auch in Gesprächen mit Lou entstandenen Vortrag »Schlagephantasie und Tagtraum«. Am 13. Juni wird auch Lou Andreas-Salomé aufgrund dieses Vortrags in die Wiener Vereinigung aufgenommen.

Vom 25. bis zum 27. September nimmt sie am Internationalen Psychoanalytischen Kongress in Berlin teil.

1923 »Rodinka. Eine russische Erinnerung« erscheint.

1926 Rainer Maria Rilke stirbt am 29. Dezember 1926.

1928 Das Gedächtnisbuch »Rainer Maria Rilke« erscheint.

1930 Friedrich Carl Andreas stirbt am 3. Oktober.

1931 Der offene Brief zu Sigmund Freuds 75. Geburtstag »Mein Dank an Freud« erscheint.
Sie lernt Ernst Pfeiffer kennen.

1933 Der jüngste Sohn ihres ältesten Bruders Konrad von Salomé, Rittmeister der zaristischen Armee, trifft in Göttingen ein; sie adoptiert ihn. Sie begegnet dem Kleistspezialisten »sonder Amt und Würden« Ernst Pfeiffer wieder, der nun zum nächsten Vertrauten ihrer letzten Jahre wird.

1934 Lou Andreas-Salomé überlässt Ernst Pfeiffer ihren Nachlass und treibt mit dessen Freund Josef König, Philosophiedozent an der Göttinger Universität, erkenntnistheoretische Studien.
Im September adoptiert sie Maria Apel, die Tochter ihrer Haushälterin, die auf »Loufried« groß wurde und sie im Alter umsorgt.

1935 Vor einer Brustoperation gibt sie ihre letzten Patienten auf. Elisabeth Förster-Nietzsche stirbt.

1937 Am Abend des 5. Februar 1937 stirbt Lou Andreas-Salomé in ihrem Haus in Göttingen.

Personenregister

Bildnachweis

Lou Andreas Salomé-Archiv, Dorothee Pfeiffer, Göttingen 1–3, 5, 6, 8, 11, 13, 14, 16–19, 20, 21, 23-27, Vor- und Nachsatz*

Lou Andreas-Salomé, *Rainer Maria Rilke*, Leipzig 1928 15, 22

Hans Günther Numberger, München 4

Gudrun Bautzmann, Göttingen 20

Bildarchiv Preußischer Kulturbesitz 9

ullstein bild 7, 10, 12

---

* Vor- und Nachsatz: Auszüge aus dem von Lou Andreas-Salomé geführten Tage- und Sentenzenbuch »Stibber Nestbuch«. Die Formulierungsvorschläge im Nachsatz stammen von Friedrich Nietzsche.